JN413522

2026

개정세법완벽반영

CPA · CTA시험대비

세법 말문제OX

양소영 저

최소 공부량으로 최고 점수를 노린다.

PREFACE

책소개

일러두기

현재 시점 입법예고된 세법 법률을 반영하였습니다. 입법예고된 내용과 다르게 확정되는 경우에는 즉시 추록으로 공지하겠습니다.

※ 1차 시험 대비 세법 교재

세법 1차 문제집		세법 이론서
세법 말문제OX	세법 계산문제300⁺	세법 요약서

세법 말문제OX는 시간이 부족한 수험생을 위해 1차 시험대비 가장 적합한 문제들을 선별하여 만든 컴팩트한 1차용 문제집입니다.

남겨진 시간을 위하여

배움의 길은 끝이 없습니다.
그러나 언젠가는 끝을 내야하는 시간이 옵니다.
그리고 그날은 생각보다 성큼 다가와 무방비 상태인 우리를 놀라게 합니다.
그렇기에 우리는 조금이라도 남겨진 시간을 헛되이 보내서는 안됩니다.

공인회계사 제1차시험 출제경향분석표

구 분	2021년	2022년	2023년	2024년	2025년	합 계	출제비율
법인세법	14	14	14	14	14	70	35%
소득세법	10	10	10	10	10	50	25%
부가가치세법	8	8	8	8	8	40	20%
국세기본법	5	5	5	5	5	25	12.5%
상속세 및 증여세법	2	2	2	2	2	10	5%
지방세법	1	1	1	1	1	5	2.5%
합 계	40	40	40	40	40	200	100%

1. 법인세법

구 분	2021년	2022년	2023년	2024년	2025년	합 계
1. 법인세법 총론						
(1) 법인세의 과세대상과 납세의무자	1	1				2
(2) 사업연도 및 납세지		1		1	1	3
(3) 세무조정	1				1	2
(4) 소득처분	1	1				2
(5) 사업연도						–
2. 손익의 귀속시기와 자산 · 부채의 평가						
(1) 익금과 손금의 귀속시기		1	1	1	1	4
(2) 자산의 취득가액과 자산·부채의 평가	1	1	2	1		5
3. 익금						
(1) 익금과 익금불산입			1		1	2
(2) 간주임대료				1		1
(3) 의제배당소득	1	1	1		1	4
(4) 수입배당금 익금불산입		1		1		2
4. 손금 I						
(1) 손금과 손금불산입	1				1	2
(2) 세금과 공과금						–
(3) 인건비						–
(4) 기업업무추진비		1	1		1	3
(5) 기부금	1		1	1		3
(6) 지급이자 손금불산입	1		1	1	1	4
5. 손금 II(감가상각비)						
(1) 감가상각시부인			1	1		2
(2) 감가상각의제		1				1
(3) 업무용승용차				1		1
(4) 감가상각방법 · 내용연수의 변경					1	1

구 분	2021년	2022년	2023년	2024년	2025년	합 계
6. 손금Ⅲ(충당금과 준비금)						
(1) 충당금과 준비금 일반				1		1
(2) 대손금과 대손충당금		1	1			2
(3) 퇴직급여충당금						–
(4) 퇴직연금충당금	1		1			2
(5) 일시상각충당금과 압축기장충당금	1				1	2
(6) 준비금	1					1
7. 부당행위계산의 부인						
(1) 부당행위계산부인		1	1			2
(2) 자산의 고가매입 · 저가양도						–
(3) 가지급금인정이자	1			1		2
(4) 불공정자본거래						–
8. 과세표준과 세액계산 I						
(1) 과세표준의 계산	1	1				2
(2) 산출세액의 계산						–
(3) 토지 등 양도소득에 대한 법인세					1	1
(4) 기업의 미환류소득에 대한 법인세						–
(5) 세액감면						–
(6) 세액공제		1	1	1	1	4
(7) 최저한세	1					1
9. 법인세의 납세절차						
(1) 가산세						–
(2) 감면분추가납부세액						–
(3) 기납부세액(원천징수, 중간예납 등)					1	1
(4) 신고와 납부						–
(5) 결정 및 경정						–
(6) 청산소득에 대한 법인세			1		1	2
(7) 비영리법인의 각사업연도소득에 대한 법인세				1		1
(8) 각 연결사업연도의 소득에 대한 법인세						–
10. 합병 및 분할 등에 대한 과세특례						
(1) 합병에 대한 과세체계		1		1		2
(2) 분할에 대한 과세체계						–
(3) 현물출자시 과세특례						–
합 계	14	14	14	14	14	70

2. 소득세법

구 분	2021년	2022년	2023년	2024년	2025년	합 계
1. 소득세법 총론						
(1) 소득세의 납세의무자, 납세지 및 과세대상				1	1	2
(2) 소득세의 과세방법과 특징						–
2. 종합소득 I(이자소득, 배당소득)						
(1) 금융소득	1	1	1	1	1	5
3. 종합소득 II(사업소득)						
(1) 사업소득	1		1		1	3
(2) 기준경비율법 · 단순경비율법				1		1
4. 종합소득 III(근로소득, 연금소득, 기타소득)						
(1) 근로소득	1		1		1	3
(2) 연금소득		1	1	1		3
(3) 기타소득	1	1	1	2	1	6
5. 종합소득 IV(소득금액 및 세액계산의 특례)						
(1) 부당행위계산의 부인						–
(2) 공동사업 등의 소득금액계산의 특례		1		1		2
(3) 결손금과 이월결손금의 공제	1		1			2
(4) 기타 소득금액계산의 특례		1			1	2
6. 종합소득과세표준의 계산						
(1) 인적공제	1	1				2
(2) 특별소득공제			1			1
(3) 기타의 공제(신용카드 등 소득공제 등)		1			1	2
(4) 종합소득산출세액						–
(5) 세액공제	2	1		1	1	5
(6) 가산세						–
(7) 기납부세액(원천징수, 중간예납 등)	1	1	1	1		4
(8) 과세표준확정신고와 납부 및 결정과 경정						–
(9) 성실신고확인제도						–
7. 퇴직소득세의 계산						
(1) 퇴직소득세			1		1	2
8. 양도소득세의 계산과 납세절차						
(1) 양도소득세 과세대상 및 비과세 양도소득	1		1			2
(2) 양도차손 통산				1		1
(3) 양도차익, 과세표준 및 산출세액		1				1
(4) 이월과세와 우회양도						–
(5) 부담부증여와 고가주택					1	1
(6) 국외자산 양도 · 국외전출세						–
9. 소득세법의 기타사항						
(1) 비거주자에 대한 소득세						–
합 계	10	10	10	10	10	50

3. 부가가치세법

구 분	2021년	2022년	2023년	2024년	2025년	합 계
1. 부가가치세법 총론						
(1) 부가가치세의 특징과 과세대상					1	1
(2) 납세의무자와 사업자등록				1		1
(3) 과세기간과 납세지		1	1			2
(4) 일반적인 과세거래	1	1				2
(5) 재화의 공급의제						–
(6) 재화와 용역의 공급시기와 공급장소				1		1
(7) 영세율과 면세		1	2	2	1	6
2. 과세표준과 매출세액의 계산						
(1) 일반적인 과세표준	1	1		1	1	4
(2) 재화의 공급의제에 대한 과세표준				1	1	2
(3) 과세표준계산의 특례	1	1		1		3
(4) 대손세액공제	1					1
(5) 세금계산서			1		1	2
3. 매입세액의 계산						
(1) 매입세액 공제	1		1	1	1	4
(2) 의제매입세액	1					1
(3) 공통매입세액의 안분계산	1		1			2
(4) 과세전환 매입세액						–
(5) 납부(환급)세액의 재계산		1			1	2
(6) 차가감 납부할 세액의 계산			1			1
(7) 가산세					1	1
(8) 신고 · 납부 · 환급 및 결정 · 경정 · 징수		1				1
4. 간이과세						
(1) 간이과세	1	1				2
(2) 과세유형변경시 세액계산의 특례			1			1
합 계	8	8	8	8	8	40

세무사 제1차시험 출제경향분석표

구 분	2021년	2022년	2023년	2024년	2025년	합 계	출제비율
법인세법	10	10	10	10	10	50	25%
소득세법	10	10	10	10	10	50	25%
부가가치세법	8	8	8	8	8	40	20%
국세기본법	4	4	4	4	4	20	10%
국세징수법	4	4	4	4	4	20	10%
국제조세조정에 관한 법률	2	2	2	2	2	10	5%
조세범처벌법	2	2	2	2	2	10	5%
합 계	40	40	40	40	40	200	100%

1. 법인세법

구 분	2021년	2022년	2023년	2024년	2025년	합 계
1. 법인세법 총론						
(1) 법인세의 과세대상과 납세의무자		1				1
(2) 사업연도 및 납세지				1		1
(3) 세무조정			1			1
(4) 소득처분				1		1
(5) 사업연도						–
2. 손익의 귀속시기와 자산 · 부채의 평가						
(1) 익금과 손금의 귀속시기		1			1	2
(2) 자산의 취득가액과 자산·부채의 평가	1	1			2	4
3. 익금						
(1) 익금과 익금불산입						–
(2) 간주임대료					1	1
(3) 의제배당소득		1		1	1	3
(4) 수입배당금 익금불산입	1		1			2
4. 손금 I						
(1) 손금과 손금불산입					1	1
(2) 세금과 공과금	1			1		2
(3) 인건비						–
(4) 기업업무추진비	1		1	1		3
(5) 기부금	1	1				2
(6) 지급이자 손금불산입	1		1			2
5. 손금 II(감가상각비)						
(1) 감가상각시부인			1		1	2
(2) 감가상각의제		1				1
(3) 업무용승용차		1				1
(4) 감가상각방법의 변경						–

구 분	2021년	2022년	2023년	2024년	2025년	합 계
6. 손금Ⅲ(충당금과 준비금)						
(1) 대손금과 대손충당금				1		1
(2) 퇴직급여충당금						–
(3) 퇴직연금충당금					1	1
(4) 일시상각충당금과 압축기장충당금				1		1
(5) 준비금						–
7. 부당행위계산의 부인						
(1) 부당행위계산부인						–
(2) 자산의 고가매입 · 저가양도				1		1
(3) 가지급금인정이자			1			1
(4) 불공정자본거래						–
8. 과세표준과 세액계산 I						
(1) 과세표준의 계산	1		1	1		3
(2) 산출세액의 계산			1			1
(3) 토지 등 양도소득에 대한 법인세	1					1
(4) 기업의 미환류소득에 대한 법인세						–
(5) 세액감면						–
(6) 세액공제	1	1				2
(7) 최저한세						–
9. 법인세의 납세절차						
(1) 가산세		1				1
(2) 감면분추가납부세액						–
(3) 기납부세액(원천징수, 중간예납 등)					1	1
(4) 신고와 납부			1			1
(5) 결정 및 경정					1	1
(6) 청산소득에 대한 법인세						–
(7) 비영리법인의 각사업연도소득에 대한 법인세			1			1
(8) 각 연결사업연도의 소득에 대한 법인세						–
10. 합병 및 분할 등에 대한 과세특례						
(1) 합병에 대한 과세체계	1	1		1		3
(2) 분할에 대한 과세체계						–
(3) 현물출자시 과세특례						–
합 계	10	10	10	10	10	50

2. 소득세법

구 분	2021년	2022년	2023년	2024년	2025년	합 계
1. 소득세법 총론						
(1) 소득세의 납세의무자, 납세지 및 과세대상		1		1		2
(2) 소득세의 과세방법과 특징						–
2. 종합소득 I(이자소득, 배당소득)						
(1) 금융소득(산출세액계산특례 포함)	2	1	3	2	1	9
3. 종합소득 II(사업소득)						
(1) 사업소득	2	1		1		4
(2) 기준경비율법 · 단순경비율법						–
4. 종합소득 III(근로소득, 연금소득, 기타소득)						
(1) 근로소득	1	1		1	1	4
(2) 연금소득	1			1		2
(3) 기타소득	1		2		1	4
5. 종합소득 IV(소득금액 및 세액계산의 특례)						
(1) 부당행위계산의 부인	1					1
(2) 공동사업 등의 소득금액계산의 특례					1	1
(3) 결손금과 이월결손금의 공제	1					1
(4) 기타 소득금액계산의 특례				1		1
6. 종합소득과세표준의 계산						
(1) 인적공제						–
(2) 특별소득공제						–
(3) 기타의 공제						–
(4) 종합소득산출세액						–
(5) 세액공제		1		1		2
(6) 가산세						–
(7) 기납부세액(원천징수, 중간예납 등)		1	1		1	3
(8) 과세표준확정신고와 납부 및 결정과 경정		1	1		1	3
(9) 성실신고확인제도						–
7. 퇴직소득세의 계산						
(1) 퇴직소득세		1			1	2
8. 양도소득세의 계산과 납세절차						
(1) 양도소득세 과세대상 및 비과세 양도소득	1	1	1			3
(2) 양도차손 통산		1				1
(3) 양도차익, 과세표준 및 산출세액						–
(4) 이월과세와 우회양도			1		1	2
(5) 부담부증여와 고가주택						–
(6) 양도소득세의 계산과 납세절차			1		1	2
(7) 국외자산 양도 · 국외전출세				1	1	2
9. 소득세법의 기타사항						
(1) 비거주자에 대한 소득세				1		1
합 계	10	10	10	10	10	50

3. 부가가치세법

구 분	2021년	2022년	2023년	2024년	2025년	합 계
1. 부가가치세법 총론						
(1) 부가가치세의 특징과 과세대상			1	1		2
(2) 납세의무자와 사업자등록		1	1	1		3
(3) 과세기간과 납세지	1					1
(4) 일반적인 과세거래	1	1				2
(5) 재화의 공급의제						–
(6) 재화와 용역의 공급시기와 공급장소					1	1
(7) 영세율과 면세	1	1	1	1	1	5
2. 과세표준과 매출세액의 계산						
(1) 일반적인 과세표준	1	1	1			3
(2) 재화의 공급의제에 대한 과세표준						–
(3) 과세표준계산의 특례	1	1		1		3
(4) 대손세액공제		1				1
(5) 세금계산서		1	1		1	3
3. 매입세액의 계산						
(1) 매입세액 공제			1	1		2
(2) 의제매입세액					1	1
(3) 공통매입세액의 안분계산		1	1	1		3
(4) 과세전환 매입세액	1					1
(5) 납부(환급)세액의 재계산	1				1	2
(6) 차가감 납부할 세액의 계산				1		1
(7) 가산세					1	1
(8) 신고·납부·환급 및 결정·경정·징수	1				1	2
4. 간이과세						
(1) 간이과세			1	1	1	3
(2) 과세유형변경시 세액계산의 특례						–
합 계	8	8	8	8	8	40

CONTENTS

1편 부가가치세법

2편 법인세법

3편 소득세법

부록 진도별 모의고사

세법 말문제 OX

제1편

부가가치세법

01 부가가치세법 총론

Theme 부가가치세 기초이론

01 다음의 설명 중 옳은 것은 ○표, 틀린 것은 ×표로 구분하시오.

답	번호	해설
×	①	부가가치세 → 일반소비세 (모든 재화나 용역의 공급에 과세)
○	②	
○	③	
○	④	

① 부가가치세는 특정한 재화나 용역의 소비행위에 대해서 과세하는 소비세에 해당한다.

② 부가가치세법상 납부세액을 산출함에 있어 매출세액에서 매입세액을 공제하는 이유는 이전 거래단계에서 창출된 부가가치에 대한 중복과세를 회피하기 위한 것이다.

③ 부가가치세법은 부가가치를 직접 산출하여 과세하지 않고 전단계세액공제법에 따라 재화 또는 용역의 공급, 재화의 수입에 대하여 부가가치세를 부과한다.

④ 전단계세액공제법은 매출액에 세율을 곱하여 거래징수한 매출세액에서 재화 등을 매입할 때 거래징수당한 매입세액을 공제하여 부가가치세 납부세액을 계산하는 방법이다.

Theme 부가가치세 납세의무

02 다음의 설명 중 옳은 것은 ○표, 틀린 것은 ×표로 구분하시오.

답	번호	해설
×	①	영리목적 불문
×	②	사업자등록여부, 거래징수여부 불문 → 납세의무 有
×	③	국가 · 지방자치단체 및 지방자치단체조합도 납세의무자가 될 수 있다.
×	④	영세율적용사업자 → 부가가치세법상 납세의무자

① 부가가치세를 납부할 의무가 있는 사업자란 영리목적에 따라 사업상 독립적으로 부가가치세가 과세되는 재화 또는 용역을 공급하는 자이다.

② 사업자가 부가가치세가 과세되는 재화의 공급시 부가가치세를 거래징수하지 못한 경우에는 부가가치세를 납부할 의무가 없다.

③ 개인, 법인, 법인격이 없는 사단 · 재단 또는 그 밖의 단체는 부가가치세법상 납세의무자가 될 수 있으나, 국가 · 지방자치단체와 지방자치단체조합은 부가가치세법상 납세의무자가 될 수 없다.

④ 부가가치세의 납세의무자는 영리목적의 유무에 불구하고 사업상 독립적으로 재화 또는 용역을 공급하는 사업자이며, 여기에는 면세사업자와 영세율적용을 받는 사업자는 제외된다.

⑤ 법인의 합병으로 인한 소멸법인의 최종과세기간분에 대한 확정신고는 합병후 존속하는 법인 또는 합병으로 인하여 설립된 법인이 소멸법인을 해당 과세기간의 납세의무자로 하여 소멸법인의 사업장관할세무서장에게 신고하여야 한다.

⑤ ○

⑥ 과세의 대상이 되는 행위 또는 거래의 귀속이 명의일 뿐이고 사실상 귀속되는 자가 따로 있는 경우라 하더라도 명의자에 대하여 부가가치세법을 적용한다.

> 과세의 대상이 되는 행위 또는 거래의 귀속이 명의일 뿐이고 사실상 귀속되는 자가 따로 있는 경우에는 **사실상 귀속되는 자**에 대하여 부가가치세법을 적용한다.

⑥ ×

⑦ 농민이 자기농지의 확장 또는 농지개량작업에서 생긴 토사석을 일시적으로 판매하는 경우 부가가치세 납세의무가 있다.

> 농민이 자기농지의 확장 또는 농지개량작업에서 생긴 토사석을 일시적으로 판매하는 경우에는 **납세의무가 없다**

⑦ ×

⑧ 청산 중에 있는 내국법인이 상법에 따른 계속등기 여부에 불구하고 사실상 사업을 계속하는 경우 부가가치세 납세의무가 있다.

⑧ ○

⑨ 새마을금고법에 따라 설립된 새마을금고가 사업상 독립적으로 부가가치세가 과세되는 재화를 공급하는 경우 부가가치세 납세의무가 있다.

⑨ ○

⑩ 사업자가 아닌 자가 개인적으로 사용하기 위해 부가가치세가 과세되는 재화를 수입하는 경우 부가가치세 납세의무가 있다.

⑩ ○

⑪ 농 · 어민이 부업으로 소득세가 과세되지 아니하는 민박, 음식물 판매, 특산물 제조, 전통차 제조 및 그 밖에 이와 유사한 활동을 하는 경우 부가가치세 납세의무가 있다.

⑪ ○

Theme 과세기간 & 납세지

03 다음의 설명 중 옳은 것은 ○표, 틀린 것은 ×표로 구분하시오.

① 신규로 사업을 시작하는 자가 사업개시일 이전에 사업자등록을 신청한 경우의 최초의 과세기간은 사업개시일로부터 신청일이 속하는 과세기간의 종료일까지로 한다.

> 신규로 사업을 시작하는 자가 사업개시일 0 전에 사업자등록을 신청한 경우의 최초의 과세기간은 **등록신청일부터** 신청일이 속하는 과세기간의 종료일까지로 한다.

① ×

② 제조업은 최종제품을 완성하는 장소를 사업장으로 하며, 따로 제품 포장만을 하거나 용기에 충전만을 하는 장소와 개별소비세법에 따른 저유소는 사업장으로 보지 않는다.

② ○

③ 직매장은 사업장으로 보지만 하치장은 사업장으로 보지 아니한다.

③ ○

④ 건설업은 사업자가 법인인 경우 건설하는 장소를 사업장으로 하며, 사업자가 개인인 경우 사업에 관한 업무를 총괄하는 장소를 사업장으로 한다.

> 사업자가 법인인 경우
> → 법인의 **등기부상 소재지**(등기부상의 지점소재지 포함)

④ ×

○	⑤		⑤ 한국자산관리공사가 부동산을 임대하는 경우에는 그 사업에 관한 업무를 총괄하는 장소가 사업장이다.
○	⑥		⑥ 다단계판매원이 재화를 공급하는 경우에는 해당 다단계판매원이 등록한 다단계판매업자의 주된 사업장소재지가 사업장이다.
○	⑦		⑦ 방문판매 등에 관한 법률에 따른 다단계판매원이 상시 주재하여 거래의 전부 또는 일부를 하는 별도의 장소가 있는 경우에는 그 장소를 사업장으로 한다.
○	⑧		⑧ 임시사업장을 개설하는 경우에는 임시사업장의 사업개시일부터 10일 이내에 임시사업장의 관할세무서장에게 임시사업장개설신고서를 제출하여야 하지만, 임시사업장의 설치기간이 10일 이내인 경우에는 임시사업장 개설신고를 하지 아니할 수 있다.
×	⑨	관세법에 따라 수입을 신고하는 세관의 소재지로 한다.	⑨ 재화를 수입하는 자의 부가가치세 납세지는 수입재화를 보관하는 장소로서 신고된 장소로 한다.
○	⑩		⑩ 사업장을 설치하지 아니하고 사업자등록도 하지 아니한 경우에는 과세표준 및 세액을 결정하거나 경정할 당시의 사업자의 주소 또는 거소를 사업장으로 한다.
×	⑪	무인자동판매기 →신청에 의하여 추가로 사업장으로 등록할 수 없다.	⑪ 무인자동판매기를 통하여 재화·용역을 공급하는 사업에 있어서는 그 사업에 관한 업무를 총괄하는 장소가 납세지이나 사업자의 신청에 의하여 무인자동판매기의 설치장소를 납세지로 할 수 있다.
×	⑫	그 부동산의 등기부상의 소재지	⑫ 부동산임대업은 그 업무를 총괄하는 장소를 사업장으로 한다.
○	⑬		⑬ 사업장은 사업자가 사업을 하기 위하여 거래의 전부 또는 일부를 하는 고정된 장소로 한다.
○	⑭		⑭ 광업의 경우 광업사무소의 소재지로 하되, 광업사무소가 광구(鑛區) 밖에 있을 때에는 그 광업사무소에서 가장 가까운 광구에 대하여 작성한 광업 원부의 맨 처음에 등록된 광구 소재지에 광업사무소가 있는 것으로 본다.
×	⑮	부동산상의 권리만을 대여하는 경우에는 그 사업에 관한 업무를 총괄하는 장소를 사업장으로 한다.	⑮ 부동산상의 권리만 대여하는 부동산임대업의 경우에는 부동산의 등기부상 소재지를 사업장으로 하여야 한다.
○	⑯		⑯ 기획재정부령으로 정하는 이동통신역무를 제공하는 전기통신사업의 사업장은 사업자가 법인인 경우에는 그 법인의 본점소재지이다.
○	⑰		⑰ 운수업의 사업장은 개인의 명의로 등록된 차량을 다른 개인이 운용하는 경우 그 등록된 개인이 업무를 총괄하는 장소이다.
○	⑱		⑱ 사업자가 자기의 사업과 관련하여 생산하거나 취득한 재화를 직접 판매하기 위하여 특별히 판매시설을 갖춘 장소는 사업장으로 본다.

Theme **총괄납부 vs 사업자단위과세**

04 다음의 설명 중 옳은 것은 ○표, 틀린 것은 ×표로 구분하시오.

문제	해설	답
① 신규로 사업을 개시하는 자가 주된 사업장에서 총괄하여 납부하려는 경우에는 사업개시일부터 20일 이내에 주사업장총괄납부신청서를 제출하여야 한다.	신규사업자 → 주된 사업장의 사업자등록증을 받은 날부터 20일 이내	① ×
② 주사업장 총괄납부 사업자가 종된 사업장을 신설하는 경우 주된 사업장 관할세무서장에게 주사업장 총괄납부 변경신청서를 제출하여야 한다.	신설하는 종된 사업장 관할세무서장에게 변경신청서를 제출하여야 한다.	② ×
③ 신규로 사업을 시작하는 자가 주된 사업장의 사업자등록증을 받은 날부터 20일 이내에 주사업장 총괄납부를 신청하는 경우 해당 신청일이 속하는 과세기간의 다음 과세기간부터 총괄하여 납부한다.	해당 신청일이 속하는 과세기간부터 총괄하여 납부한다.	③ ×
④ 사업자단위과세사업자가 종된 사업장을 신설하는 때에는 종된 사업장에 대한 신규 사업자등록과 함께 사업자등록정정신고를 하여야 한다.	사업자단위과세사업자 → 신설하는 종된사업장은 별도의 사업자등록을 하지 않는다.	④ ×
⑤ 사업자 단위로 등록한 사업자의 세금계산서 발급 · 수취 의무와 부가가치세 신고 · 납부 의무는 본점 또는 주사무소에서 사업자 단위로 이행한다.		⑤ ○
⑥ 기존의 사업자가 주사업장총괄납부의 적용을 받기 위해서는 과세기간 개시 20일 전에 신청서를 주된 사업장 관할세무서장에게 제출해야 되고 사업자단위과세를 적용받기 위해서는 과세기간 개시 20일 전에 사업자단위과세 적용사업장 관할세무서장에게 변경등록을 신청하여야 한다.		⑥ ○
⑦ 2025년도에 사업자단위과세를 적용받고 있는 사업자가 2026년 1월 1일부터 각 사업장별로 신고 · 납부하려는 경우에는 2025년 12월 1일까지 사업자단위과세포기신고서를 관할세무서장에게 제출하여야 한다.	과세기간 개시 20일 전 → 2025년 12월 11일까지	⑦ ×
⑧ 주사업장총괄납부 사업자가 각 사업장별로 납부하고자 하는 경우에는 적용기간의 제한없이 총괄납부의 포기가 가능하지만, 사업자단위과세 사업자의 경우는 사업자단위로 등록을 한 날부터 5년이 되는 날이 속하는 과세기간까지는 사업자단위과세의 포기가 불가능하다.	사업자단위과세사업자의 경우에도 적용기간의 제한없이 사업자단위과세의 포기가 가능하다.	⑧ ×

×	⑨	사업자단위과세 사업자의 경우 지점소재지를 납세지로 할 수 없다. 사업자 단위 과세 사업자는 각 사업장을 대신하여 그 사업자의 본점 또는 주사무소의 소재지를 부가가치세 납세지로 한다.	⑨ 사업자단위과세 사업자가 법인인 경우 지점소재지를 납세지로 할 수 있다.
×	⑩	• 주사업장총괄납부 ① 납부 : 주사업장에서 총괄 ② 신고 : 각 사업장별	⑩ 사업자가 주된 사업장에서 총괄하여 납부하려는 경우, 주된 사업장 외의 다른 사업장의 부가가치세의 과세표준과 납부세액의 신고 · 납부는 주된 사업장에서 하여야 한다.
×	⑪	승인을 요하지 않는다.	⑪ 사업자단위과세를 적용받으려는 사업자는 본점 또는 주사무소 관할세무서장의 승인을 받아야 한다.
×	⑫	• 주사업장총괄납부 ① 법인 : 본점 또는 지점 中 선택 가능 ② 개인 : 주사무소만 가능	⑫ 법인이 주된 사업장에서 부가가치세를 총괄하여 납부하려는 경우, 지점을 주된 사업장으로 할 수 없다.
×	⑬	주사업장 총괄납부 사업자의 세금계산서 발급 · 수취 및 부가가치세 신고 의무는 각 사업장 단위로 이행하지만, 부가가치세 납부 의무는 주사업장에서만 이행한다.	⑬ 주사업장 총괄납부 사업자의 세금계산서 발급 · 수취 의무는 각 사업장 단위로 이행하지만, 부가가치세 신고 · 납부 의무는 주사업장에서만 이행한다.
○	⑭		⑭ 사업자단위과세 사업자가 사업자단위과세를 적법하게 포기한 경우 그 포기한 날이 속하는 과세기간의 다음 과세기간부터 각 사업장별로 신고 · 납부하거나 주사업장총괄납부를 해야 한다.
×	⑮	둘 이상의 사업장이 있는 사업자가 사업자 단위로 사업자등록을 신청한 경우에는 사업자 단위로 부가가치세를 신고하고 사업자 단위로 부가가치세를 납부할 수 있다.	⑮ 둘 이상의 사업장이 있는 사업자가 사업자 단위로 사업자등록을 신청한 경우에는 사업장 단위로 부가가치세를 신고하고 사업자 단위로 부가가치세를 납부할 수 있다.

Theme 사업자등록

05 다음의 설명 중 옳은 것은 ○표, 틀린 것은 ×표로 구분하시오.

문항	해설	정답
① 사업자는 사업장마다 사업개시일부터 20일 이내에 사업장 관할세무서장에게 등록하여야 한다. 다만, 신규로 사업을 개시하고자 하는 자는 사업개시일 전이라도 등록할 수 있다.		① ○
② 추가로 사업장을 개설하여 둘 이상의 사업장이 있는 사업자는 사업자 단위로 해당 사업자의 본점 또는 주사무소 관할세무서장에게 등록하여야 한다.	• 둘 이상의 사업장 ① 원칙 : 사업장단위과세 ② 예외 : 사업자단위과세 → 선택사항, 강제사항×	② ×
③ 관할세무서장은 부가가치세 업무의 효율적인 처리를 위하여 필요하다고 인정하는 때에는 사업자등록증을 갱신 발급할 수 있다.		③ ○
④ 사업자등록증을 발급받은 사업자는 휴업 또는 폐업을 하거나 등록사항이 변경되면 지체 없이 사업장 관할 세무서장에게 신고하여야 한다.		④ ○
⑤ 국내사업장이 없어 사업자등록을 하지 아니한 비거주자가 국내에 전자적 용역을 공급하는 경우에는 간편사업자등록을 하여야 한다.		⑤ ○
⑥ 공급시기가 속하는 과세기간이 끝난 후 20일 이내에 사업자등록을 신청한 경우에는 사업개시일 이전 기간의 매입세액은 공제하지 않는다.	공급시기가 속하는 과세기간이 끝난 후 20일 이내에 사업자등록을 신청한 경우에는 과세기간기산일[1] 이전 기간의 매입세액은 공제하지 않는다.	⑥ ×
⑦ 사업자등록을 신청하기 전의 매입세액은 매출세액에서 공제하지 않는다. 다만, 공급시기가 속하는 과세기간의 신고기간 내에 등록을 신청한 경우 등록신청일부터 공급시기가 속하는 과세기간 기산일까지 역산한 기간 내의 것은 제외한다.	다만, 공급시기가 속하는 과세기간이 끝난 후 20일 이내에 등록을 신청한 경우 등록신청일부터 공급시기가 속하는 과세기간 기산일까지 역산한 기간 내의 것은 제외한다.	⑦ ×
⑧ 신규로 제조업을 시작하려는 자는 제조장별로 재화의 제조를 시작하는 날 이전이라도 사업자등록을 신청할 수 있다.		⑧ ○
⑨ 사업장 단위로 등록한 사업자가 사업자 단위 과세 사업자로 변경하려면 사업자 단위 과세 사업자로 적용받으려는 과세기간 개시 20일 전까지 사업장 관할 세무서장에게 변경등록을 신청하여야 한다.	사업자 단위 과세 사업자로 적용받으려는 과세기간 개시 20일 전까지 사업자의 본점 또는 주사무소 관할 세무서장에게 변경등록을 신청하여야 한다.	⑨ ×
⑩ 사업자 단위로 등록신청을 한 사업자에게는 사업자 단위 과세 적용 사업장에 한 개의 등록번호를 부여한다.		⑩ ○
⑪ 사업자가 상호를 변경하는 경우에는 지체 없이 사업자의 인적사항, 사업자등록의 변경사항 및 그 밖의 필요한 사항을 적은 사업자등록 정정신고서를 관할 세무서장이나 그밖에 신고인의 편의에 따라 선택한 세무서장에게 제출해야 한다.		⑪ ○
⑫ 신규로 사업을 시작하려는 자는 사업개시일 이전이라도 사업자등록을 신청할 수 있다. 다만, 해당 법인의 설립등기 전 또는 사업의 허가·등록이나 신고 전에는 사업자등록을 신청할 수 없다.	해당 법인의 설립등기 전 또는 사업의 허가·등록이나 신고 전에도 사업자등록을 신청할 수 있다.	⑫ ×

1) 과세기간기산일 : 일반과세자인 경우 1기는 1월 1일, 2기는 7월 1일을 말하며, 간이과세자인 경우 1월 1일을 말한다.

Theme 과세거래

06 다음의 거래 중 과세대상거래는 ○표, 과세대상거래가 아닌 것은 ×표로 구분하시오.

정답	해설	문제
× ①	선적되지 아니한 물품을 보세구역으로부터 반입하는 것 → 재화의 수입×	① 수출신고가 수리된 물품으로서 선적되지 아니한 물품을 보세구역에서 반입하는 경우
○ ②	재화의 수입자 - 사업자여부불문	② 사업자가 아닌 개인이 소형승용차를 수입하는 경우
○ ③	특수관계인 + 사업용부동산 + 무상임대 → 용역의 공급○	③ 특수관계인에게 사업용부동산을 무상으로 임대하는 경우
○ ④	공급자 - 과세사업자(중고자동차 매매사업자)	④ 면세사업자가 중고자동차 매매사업자로부터 사무실로 사용하던 건물을 구입하는 경우
× ⑤	민사집행법에 의한 강제경매 → 재화의 공급×	⑤ 민사집행법에 의한 강제경매절차에 따라 재화를 양도하는 것
× ⑥	사업의 포괄양수도 → 재화의 공급×	⑥ 사업장별로 그 사업에 관한 모든 권리와 의무를 포괄적으로 승계시키는 것
× ⑦	조세의 물납 → 재화의 공급×	⑦ 사업용 자산을 상속세 및 증여세법의 규정에 의하여 물납하는 것
× ⑧	공급자 - 비사업자	⑧ 사업자가 아닌 개인이 사용하던 소형승용차를 중고자동차 매매사업자에게 판매하는 경우
○ ⑨	공급자 - 과세사업자(아파트 매매업자)	⑨ 사업자가 아닌 개인이 국민주택 규모를 초과하는 아파트를 분양받은 경우
× ⑩	용역의 무상공급 → 과세×	⑩ 사업자가 자기의 사업과 관련하여 사업장 내에서 그 사용인에게 음식용역을 무상으로 제공하는 경우
× ⑪	재화의 공급×	⑪ 신탁의 종료로 인하여 수탁자로부터 위탁자에게 신탁재산을 이전하는 경우

⑫ 소매업을 운영하는 사업자가 외국의 소매업자로부터 구입한 운동화를 우리나라의 보세구역으로 반입한 경우	보세구역으로 반입 → 재화의 수입×	⑫ ×
⑬ 골프장 경영자가 골프장 이용자로부터 일정기간 거치 후 반환하지 아니하는 입회금을 받은 경우	용역의 공급○	⑬ ○
⑭ 선주와 화주와의 계약에 따라 화주가 조기선적을 하고 선주로부터 조출료를 받은 경우	화주는 공급받는 자이므로 과세거래×	⑭ ×
⑮ 장난감대여업을 운영하는 사업자가 대여한 장난감의 망실에 대하여 변상금을 받은 경우	손해배상금을 수령한 것으로 재화의 공급×	⑮ ×
⑯ 사업자가 대가를 받지 않고 특수관계가 없는 타인에게 용역을 공급하는 경우	용역의 무상공급 → 과세×	⑯ ×
⑰ 사업자가 건물을 신축하여 국가에 기부채납하고 그 대가로 일정기간 해당 건물에 대한 무상사용·수익권을 얻는 경우		⑰ ○
⑱ 사업자가 사업을 위하여 대가를 받고 다른 사업자에게 인도 또는 양도하는 견본품	견본품의 무상공급 → 재화의 공급× 견본품의 유상공급 → 재화의 공급○	⑱ ○
⑲ 중고자동차 매매사업자가 사업에 사용하던 중고컴퓨터를 사업자가 아닌 개인에게 판매하는 경우	공급자 - 과세사업자(중고자동차 매매사업자)	⑲ ○
⑳ 도시 및 주거환경정비법등에 따른 수용절차에서 수용대상 재화의 소유자가 수용된 재화에 대한 대가를 받는 경우	도시 및 주거환경정비법등에 따른 수용 → 재화의 공급×	⑳ ×
㉑ 소유재화의 파손, 훼손, 도난 등으로 인하여 가해자로부터 받는 손해배상금	손해배상금은 재화, 용역의 공급에 대한 대가가 아니므로 과세거래에 해당하지 않는다.	㉑ ×
㉒ 외상매출채권의 양도	외상매출채권은 재화가 아니므로 과세거래에 해당하지 않는다.	㉒ ×
㉓ 출자자가 자기의 출자지분을 타인에게 양도·상속·증여하거나 법인 또는 공동사업자가 출자지분을 현금으로 반환하는 경우	출자자가 자기의 출자지분을 타인에게 양도하거나 법인 또는 공동사업자가 출자지분을 현금으로 반환하는 것은 재화의 공급에 해당하지 않는다.	㉓ ×
㉔ 온라인 게임에 필요한 사이버 화폐인 게임머니를 계속적·반복적으로 판매하는 것	재화의 공급으로 과세거래에 해당한다.	㉔ ○

×	㉕	이주보상비는 재화, 용역의 공급에 대한 대가가 아니므로 과세거래에 해당하지 않는다.	㉕ 재화 또는 용역에 대한 대가 관계가 없이 잔여 임대기간에 대한 보상으로서 받는 이주보상비
×	㉖	재화의 공급으로 보지 않는 사업의 포괄양수도에는 승계받은 사업의 종류를 변경하는 경우도 포함한다.	㉖ 사업에 관한 모든 권리와 의무를 포괄적으로 승계시키는 사업의 양도로서 양수자가 승계받은 사업의 종류를 변경한 경우
○	㉗	위탁자로부터 수탁자에게 신탁재산을 이전하는 경우는 재화의 공급으로 보지 않으나, 위탁자가 신탁재산을 수탁자의 명의로 매매하는 경우에는 재화의 공급으로 과세된다.	㉗ 신탁법에 따른 위탁자가 신탁재산을 수탁자의 명의로 매매하는 경우
○	㉘	재화의 공급	㉘ 사업자간에 상품 · 제품 등의 재화를 차용하여 사용하거나 소비하고 동종 또는 이종의 재화를 반환하는 소비대차의 경우의 해당 재화의 차용 또는 반환
○	㉙	재화의 공급	㉙ 재화의 인도 대가로서 다른 재화를 인도받거나 용역을 제공받는 교환계약에 따른 재화의 인도 · 양도
○	㉚	법인 또는 공동사업자가 출자지분을 현금으로 반환하는 것은 재화의 공급이 아니나, 현물로 반환하는 것은 재화의 공급에 해당한다.	㉚ 공동사업자 구성원이 각각 독립적으로 사업을 영위하기 위하여 공동사업용 건물의 분할등기(출자지분의 현물반환)로 소유권이 이전되는 건축물
○	㉛	재화의 수입	㉛ 사업자가 외국으로부터 국내에 도착한 물품으로서 수입신고가 수리되기 전의 것을 국내에 반입하는 것
○	㉜	용역의 저가공급	㉜ 사업자가 특수관계인에게 사업용 부동산의 임대용역을 시가보다 낮은 대가를 받고 공급하는 것
×	㉝	선주는 공급받는 자이므로 과세거래×	㉝ 선주와 하역회사 간의 계약으로 하역회사의 선적지연으로 인하여 선주가 하역회사로부터 체선료를 받는 경우
×	㉞	열거된 자가공급× → 과세거래×	㉞ 사업자가 자기의 사업과 관련하여 생산하거나 취득한 재화를 자기의 과세사업과 관련한 사후 무료서비스를 제공하기 위하여 사용 · 소비하는 경우
×	㉟	공급에 따른 대가관계가 없으므로 과세거래×	㉟ 협회 등 단체가 재화의 공급 또는 용역의 제공에 따른 대가관계 없이 회원으로부터 협회비 및 찬조비를 받은 경우
○	㊱	임대용역의 공급	㊱ 부동산임대업을 영위하는 사업자가 부동산임대차 계약기간이 만료되었음에도 불구하고 임차인으로부터 임대한 부동산을 반환받지 못하여 소송을 제기한 경우로서 그 소송이 종료될 때까지 실질적으로 계속하여 임대용역을 제공하고 해당 소송에서 승소하여 임차인으로부터 임대료 상당액을 받은 경우

07 다음의 설명 중 옳은 것은 ○표, 틀린 것은 ×표로 구분하시오.

문제	해설	번호	정답
① 주된 사업에 부수된 거래로 주된 사업과 관련하여 우연히 또는 일시적으로 공급되는 재화 또는 용역의 공급은 별도의 공급으로 보며, 과세 및 면세 여부 등도 주된 사업과 별도로 판단하여야 한다.	별도의 공급으로 보되, 과세 및 면세 여부를 별도로 판단하는 것은 아니다.[2]	①	×
② 질권, 저당권 또는 양도담보의 목적이라고 하더라도 동산, 부동산 및 부동산상의 권리를 제공하는 것은 재화의 공급으로 본다.	담보제공은 재화의 공급으로 보지 않는다.	②	×
③ 사업자가 거래상대방으로부터 인도받은 재화에 주요 자재를 전혀 부담하지 않고 단순가공만 하여 대가를 받는 것은 용역의 공급으로 본다.		③	○
④ 대학이 사업용 부동산을 그 대학의 산학협력단에 대가를 받지 않고 임대하는 것은 용역의 공급으로 보지 않는다.		④	○
⑤ 사업자가 가공계약에 따라 거래상대방으로부터 인도받은 재화에 주요 자재의 일부를 부담하고 새로운 재화를 만들어 인도하면 재화의 공급으로 본다.		⑤	○
⑥ 사업자가 현물출자에 의하여 재화를 인도하는 경우에는 해당 재화가 과세대상에 해당하더라도 사업성이 없으므로 부가가치세 납세의무가 없다.	현물출자 → 부가가치세 과세대상	⑥	×
⑦ 건설업의 경우 건설업자가 건설자재의 전부를 부담하는 경우 재화의 공급으로 본다.	건설업은 자재부담여부와 무관하게 용역의 공급(재화의 공급×)으로 본다.	⑦	×
⑧ 사업자가 위탁가공을 위하여 원자재를 국외의 수탁가공사업자에게 대가없이 반출하는 경우에는 재화의 공급으로 보지 않는다.		⑧	○
⑨ 자기가 주요자재의 전부를 부담하고 상대방으로부터 인도받은 재화에 공작을 가하여 새로운 재화를 만드는 가공계약에 의하여 재화를 인도하는 것은 재화의 공급이다.		⑨	○
⑩ 부동산의 매매 또는 그 중개를 사업목적으로 나타내어 부동산을 판매하는 것은 용역의 공급이다.	부동산임대업 → 용역의 공급 부동산매매업 → 재화의 공급	⑩	×

2) 주된 사업에 부수된 거래로 주된 사업과 관련하여 우연히 또는 일시적으로 공급되는 재화 또는 용역의 공급은 별도의 공급으로 보되, 과세 및 면세 여부 등은 주된 사업의 과세 및 면세 여부 등을 따른다. 다만, 해당 재화·용역이 면세대상이라면 주된 사업이 과세사업이든 면세사업이든 면세된다.

○	⑪		⑪ 사업자가 과학상의 지식 · 경험 또는 숙련에 관한 정보를 제공하는 것은 용역의 공급으로 본다.
×	⑫	특수관계인이 아닌 자에게 사업용부동산의 무상임대용역 제공 → 과세되는 용역의 공급×	⑫ 대가를 받지 아니하고 특수관계인이 아닌 타인에게 사업용 부동산의 임대용역을 공급하는 것은 용역의 공급이다.
○	⑬		⑬ 건설업을 영위하는 사업자가 건설자재의 일부 또는 전부를 부담하고 용역을 공급한 경우 사업자가 부담한 건설자재는 용역의 공급으로 본다.
×	⑭	용역의 무상공급 → 과세× 단, 특수관계인에게 사업용부동산 무상임대용역 제공 → 과세	⑭ 사업자가 자기의 사업과 관련하여 거래처에 경영컨설팅 용역을 무상으로 제공하는 경우에는 과세되는 용역의 공급으로 본다.
×	⑮	사업자가 저작권을 양도 → 재화의 공급	⑮ 사업자가 저작권을 양도하는 것은 용역의 공급으로 본다.
○	⑯		⑯ 주된 사업과 관련하여 주된 재화의 생산에 필연적으로 부수하여 생산되는 재화는 주된 사업에 부수되는 재화로 본다.
○	⑰		⑰ 재화를 공급하는 사업의 구분은 통계청장이 고시하는 해당 과세기간 개시일 현재의 한국표준산업분류를 기준으로 한다.
×	⑱	과세사업자가 우연히 · 일시적으로 공급 → 해당 재화 또는 용역이 면세대상인 경우 면세된다.	⑱ 면세사업자가 우연히 또는 일시적으로 공급하는 재화 또는 용역은 부가가치세가 과세되지 않지만, 과세사업자가 우연히 또는 일시적으로 공급하는 재화 또는 용역은 부가가치세가 과세된다.
×	⑲	전기, 가스, 열 등 관리할 수 있는 자연력은 재화에 해당한다.	⑲ 전기, 가스, 열 등 관리할 수 있는 자연력은 재화로 보지 아니한다.
○	⑳		⑳ 재화를 수입하는 자가 재화의 수입에 대하여 관세법에 따라 관세를 세관장에게 신고 · 납부하는 경우 재화의 수입에 대한 부가가치세를 함께 신고 · 납부하여야 한다.
○	㉑		㉑ 사업자가 사업을 위하여 「재난 및 안전관리 기본법」의 적용을 받아 특별재난지역에 물품을 증여하는 경우는 과세대상이 아니다.

㉒ 외국 선박에 의하여 공해(公海)에서 잡힌 수산물을 국내로 반입하는 거래는 과세대상이 아니다.	외국 선박에 의하여 공해(公海)에서 잡힌 수산물을 국내로 반입하는 거래는 재화의 수입으로 과세대상에 해당한다.	㉒ ×
㉓ 사업자가 아닌 개인이 중고자동차를 사업자에게 판매하는 거래는 과세대상이지만, 사업자가 아닌 개인이 소형승용차를 외국으로부터 수입하는 거래는 과세대상이 아니다.	사업자가 아닌 개인이 중고자동차를 사업자에게 판매하는 거래는 과세대상이 아니지만, 사업자가 아닌 개인이 소형승용차를 외국으로부터 수입하는 거래는 과세대상이다.	㉓ ×
㉔ 사업자가 민사집행법에 따른 경매로 재화를 공급하는 경우는 과세대상이지만, 국세징수법에 따른 공매로 재화를 공급하는 경우는 과세대상이 아니다.	사업자가 민사집행법에 따른 경매로 재화를 공급하는 경우 및 국세징수법에 따른 공매로 재화를 공급하는 경우는 모두 과세대상이 아니다.	㉔ ×
㉕ 사업자가 주요자재를 전혀 부담하지 아니하고 인도받은 재화를 단순히 가공만 해주는 경우는 과세대상이 아니다.	사업자가 주요자재를 전혀 부담하지 아니하고 인도받은 재화를 단순히 가공만 해주는 경우는 용역의 공급으로 과세대상이다.	㉕ ×

Theme 재화의 공급의제

08 다음의 설명 중 공급의제로 과세되는 것은 ○표, 과세되지 않는 것은 ×표로 구분하시오.

① 운수업을 경영하는 사업자가 자기의 과세사업과 관련하여 취득한 재화(매입세액 공제받음) 중 배기량 2,000cc를 초과하는 승용자동차를 운수업에 직접 영업으로 사용하지 않고 개인적 용도로 사용하는 경우	비영업용소형승용차 전용	① ○
② 사업장이 둘인 사업자가 사업자 단위 과세사업자로 적용을 받는 과세기간에 자기의 사업과 관련하여 취득한 재화를 판매할 목적으로 자기의 다른 사업장으로 반출하는 경우	사업자단위과세사업자 & 판매목적반출 → 재화의 공급×	② ×
③ 동일사업장내에서 2 이상의 사업을 겸영하는 사업자가 그 중 일부 사업을 폐지하는 경우, 폐지한 사업과 관련된 재고재화	일부 사업 폐업시에는 폐업시 잔존재화로 과세×	③ ×
④ 사업양수자가 아닌 사업자가 매입세액이 공제되지 않은 재화를 사업과 직접 관계없이 대가를 받지 아니하고 사용인의 개인적 목적으로 사용·소비하는 경우	매입세액불공제된 재화를 개인적 사용·소비하는 경우 → 재화의 공급×	④ ×
⑤ 사업자가 세금계산서를 발급받지 아니하고 취득한 재화를 부가가치세가 면제되는 재화 또는 용역을 공급하는 사업을 위하여 사용 또는 소비하는 경우	매입세액불공제된 재화를 면세전용하는 경우 → 재화의 공급×	⑤ ×
⑥ 사업자가 자기생산·취득재화를 경조사와 관련된 재화로서 사용인 1명당 연간 10만원 이하의 재화를 제공하는 경우	개인적공급×	⑥ ×

○	⑦	면세전용	⑦ 사업자가 자기의 과세사업과 관련하여 취득한 재화(내국신용장에 의해 공급받아 영세율을 적용받음)를 자기의 면세사업을 위하여 직접 사용하는 경우
○	⑧	사업장단위과세사업자 & 판매목적 타사업장 반출 → 매입세액공제여부 불문 재화의 공급	⑧ 사업장별로 신고 및 납부를 하는 2 이상의 사업장이 있는 사업자가 자기사업과 관련하여 취득한 재화(매입당시 매입세액이 불공제된 재화에 해당함)를 타인에게 직접 판매할 목적으로 다른 사업장에 반출하는 것
×	⑨	열거된 재화의 자가공급에 해당×	⑨ 사업자가 자기의 사업과 관련하여 취득한 재화를 자기의 과세사업과 관련한 수선비 등에 대체하여 사용하거나 소비하는 경우
○	⑩	사업상증여	⑩ 사업자가 자기의 고객 중 추첨을 통하여 당첨된 자에게 자기가 취득한 재화(해당 경품 구입에 대한 매입세액이 불공제 되는 경우는 제외)를 경품으로 제공하는 경우
×	⑪	주사업장총괄납부사업자 & 판매목적반출 → 재화의 공급×	⑪ 주사업장총괄납부의 신청을 한 사업자가 판매목적으로 제품을 직매장으로 반출하고 세금계산서를 발급하지 않은 경우
○	⑫	판매목적 타사업장 반출 → 매입세액공제여부불문 → 재화의 공급○	⑫ 주사업장총괄납부 및 사업자단위과세를 적용받지 않는 사업자가 매입세액을 공제받지 못한 재화를 판매목적으로 타사업장에 반출하는 경우
×	⑬	광고선전물품의 제공 → 사업상증여×	⑬ 화장품제조업을 영위하는 사업자가 광고선전을 목적으로 자기가 생산한 광고선전용 화장품을 그 대리점을 통하여 불특정 다수인에게 무상으로 증여하는 경우
○	⑭	폐업시 잔존재화	⑭ 사업자가 폐업할 시 자기생산 · 취득재화(매입세액공제 받음) 중 남아 있는 재화
○	⑮	면세전용	⑮ 운송업자가 취득후 1년 동안 전세버스사업에 사용하던 자동차 수리용 설비를 신규로 겸영하게 된 시내버스사업에 공동으로 사용하는 경우
×	⑯	사업상증여×	⑯ 사업자가 자기가 생산한 재화를 자기의 고객에게 사업을 위하여 증여한 것으로서 법령에 따른 자기적립마일리지로만 전부를 결제 받은 경우
○	⑰	개인적공급○	⑰ 사업자가 매입세액공제를 받은 취득재화를 사업과 직접적인 관계없이 자기의 개인적인 목적으로 사용 · 소비한 것으로서 사업자가 그 대가를 받지 아니한 경우

09 다음의 설명 중 옳은 것은 ○표, 틀린 것은 ×표로 구분하시오.

문항	해설	정답
① 사업자가 보세구역 내에서 보세구역 이외의 국내에 재화를 공급하는 경우에 해당 재화가 수입재화에 해당하는 때에는 수입신고수리일을 공급시기로 한다.		① ○
② 중계무역방식으로 수출하는 경우에는 수출재화의 선(기)적일을 공급시기로 한다.		② ○
③ 2026년 6월 중에 무인판매기를 이용하여 재화를 공급하고 2026년 7월 1일에 무인판매기에서 현금을 꺼내면서 2026년 7월 1일을 재화의 공급시기로 하였다.		③ ○
④ 사업자가 재화를 법인에 현물출자하는 경우에는 현물출자로서의 이행이 완료되는 때를 공급시기로 본다.		④ ○
⑤ 상품권을 현금 또는 외상으로 판매하고 그 후 상품권에 의하여 현물과 교환하는 경우에는 상품권이 인도되는 때를 공급시기로 본다.	상품권과 교환으로 제품 등이 판매되는 날을 공급시기로 한다.	⑤ ×
⑥ 중간지급 · 장기할부 · 완성도기준지급조건부로 용역을 공급하는 경우에는 그 대가의 각 부분을 받기로 한 때를 공급시기로 본다.		⑥ ○
⑦ 사업자가 재화 또는 용역의 공급시기가 되기 전에 세금계산서를 발급하고 그 세금계산서 발급일부터 7일 이내에 대가를 받으면 해당 대가를 받은 때를 재화 또는 용역의 공급시기로 본다.	그 발급하는 때(대가를 받은 때×)를 해당 재화 또는 용역의 공급시기로 본다.	⑦ ×
⑧ 재화를 위탁판매수출하는 경우에는 외국에서 해당 재화가 인도되는 때를 재화의 공급시기로 본다.	위탁판매수출 → 수출재화의 공급가액이 확정되는 때를 공급시기로 한다.	⑧ ×
⑨ 건설회사가 공사도급계약의 기성고 대금을 약속어음으로 발급받은 경우에는 약속어음의 만기일이 공급시기가 된다.	완성도기준지급 → 대가의 각 부분을 받기로 한 때 (어음의 만기일×)[3]	⑨ ×
⑩ 재화의 공급으로 보는 가공의 경우 가공이 완료된 때를 공급시기로 본다.	재화의 공급 → 인도일	⑩ ×

3) 기성고(completed amount) : 약정된 총공사비 중에서 공사한 부분만큼의 공사비를 말한다.

정답	번호	해설	지문
○	⑪		⑪ 반환조건부 판매, 동의조건부 판매, 그 밖의 조건부 판매 및 기한부 판매의 경우에는 그 조건이 성취되거나 기한이 지나 판매가 확정되는 때를 공급시기로 본다.
×	⑫	현금판매의 경우에는 인도일을 재화의 공급시기로 한다.	⑫ 현금판매의 경우에는 대금이 지급된 때를 재화의 공급시기로 한다.
×	⑬	계속적 공급 → 대가의 각 부분을 받기로 한 때를 공급시기로 한다.	⑬ 전력이나 그 밖에 공급단위를 구획할 수 없는 재화를 계속적으로 공급하는 경우에는 재화가 인도되거나 이용가능하게 되는 날을 재화의 공급시기로 본다.
○	⑭	장기할부판매 → 대가수령여부불문 세금계산서 선발급시 선발급특례를 적용한다.	⑭ 사업자가 장기할부판매의 공급시기가 되기 전에 대가의 일부를 받지 않고 이에 대한 법정의 세금계산서나 영수증을 발급하는 경우에는 이를 발급하는 때에 공급된 것으로 본다.
○	⑮	간주임대료 → 예정신고기간 또는 과세기간종료일	⑮ 사업자가 부동산임대용역을 공급하고 전세금 또는 임대보증금을 받은 경우에는 예정신고기간이나 과세기간의 종료일이 공급시기가 된다.
○	⑯		⑯ 사업자가 다른 사업자와 상표권 사용계약을 할 때 사용대가 전액을 일시불로 받고 상표권을 둘 이상의 과세기간에 걸쳐 계속적으로 사용하게 하는 경우 해당 용역의 공급시기는 예정신고기간 또는 과세기간의 종료일이다.
○	⑰		⑰ 헬스클럽장 등 스포츠센터를 운영하는 사업자가 연회비를 미리 받고 둘 이상의 과세기간에 걸쳐 계속적으로 회원들에게 시설을 이용하게 하는 경우 해당 용역의 공급시기는 예정신고기간 또는 과세기간의 종료일이다.
×	⑱	해당 사업자(시설대여업자×)가 공급자로부터 재화를 공급받거나 외국으로부터 재화를 수입한 것으로 보아 공급시기에 관한 규정을 적용한다.	⑱ 납세의무가 있는 사업자가 여신전문금융업법에 따라 등록한 시설대여업자로부터 시설 등을 임차하고 그 시설 등을 공급자 또는 세관장으로부터 직접 인도받은 경우에는 시설대여업자가 공급자로부터 재화를 공급받거나 외국으로부터 재화를 수입한 것으로 보아 공급시기에 관한 규정을 적용한다.
○	⑲		⑲ 완성도기준지급조건부로 용역을 공급하는 경우 대가의 각 부분을 받기로 한 때를 용역의 공급시기로 본다. 다만, 역무의 제공이 완료되는 날 이후 받기로 한 대가의 부분에 대해서는 역무의 제공이 완료되는 날을 그 용역의 공급시기로 본다.

⑳ 2026년 5월 1일에 계약금 ₩10,000,000, 2026년 6월 1일에 중도금 ₩40,000,000을 수령하고 2026년 7월 31일에 잔금 ₩50,000,000 수령과 동시에 재화를 인도하기로 하였다. 세금계산서를 대금수령시마다 작성·발급한 경우 세금계산서불성실가산세가 부과된다.	중간지급조건부× → 공급시기 : 인도시점 단, 공급시기 이전에 대가를 수령하고 세금계산서를 발급한 때에는 그 발급한 때를 공급시기로 보므로 가산세가 적용되지 않는다.	⑳ ×
㉑ 재화를 2026년 1월 10일에 인도하고, 2026년 2월 20일 대금수령시 세금계산서를 작성·발급한 경우 세금계산서불성실가산세가 적용된다.	인도시점이 공급시기이나 공급시기 이후에 세금계산서를 발급(지연발급)하였으므로 세금계산서불성실가산세(1%)가 적용된다.	㉑ ○
㉒ 재화의 수입시기는 당해 재화가 보세창고에 입고된 때로 한다.	재화의 수입시기는 수입신고수리일로 한다.	㉒ ×
㉓ 공급시기가 2026년 8월 25일인 재화의 공급대가를 2026년 7월 25일에 수령한 경우 2026년 7월 20일자로 세금계산서를 발급할 수 있다.	선발급 특례 : 세금계산서 발급 후 7일 이내에 대가를 수령한 경우 선발급을 인정한다.	㉓ ○
㉔ 사업자는 15일 단위로 거래처별 공급가액을 합하여 그 기간이 속하는 달의 말일을 작성연월일로 하여 세금계산서를 발급할 수 있다.	사업자는 월의 1일부터 말일까지의 기간 이내에서 사업자가 임의로 정한 기간의 공급가액을 합하여 그 기간의 종료일을 작성연월일로 하여 세금계산서를 발급할 수 있다.	㉔ ×
㉕ 사업자가 재화의 공급시기가 되기 전에 재화에 대한 대가의 전부 또는 일부를 받고, 그 받은 대가에 대하여 세금계산서를 발급하면 그 세금계산서를 발급하는 때를 그 재화의 공급시기로 본다.		㉕ ○
㉖ 사업자가 폐업 전에 공급한 재화의 공급시기가 폐업일 이후에 도래하는 경우에는 그 폐업일을 공급시기로 본다.		㉖ ○
㉗ 소득세법상 국내사업장이 없는 비거주자로부터 권리를 공급받는 경우 공급받는 자의 국내 사업장 소재지 또는 주소지를 해당 권리의 공급장소로 본다.		㉗ ○
㉘ 장기할부조건부로 용역을 공급하는 경우 역무의 제공이 완료되는 날 이후 받기로 한 대가의 부분에 대해서는 역무의 제공이 완료되는 날을 그 용역의 공급시기로 본다.	장기할부조건부 공급 → 대가의 각 부분을 받기로 한 때를 공급시기로 한다.	㉘ ×

Theme 영세율

10 영세율에 관한 다음 설명 중 옳은 것은 ○표, 틀린 것은 ×표로 구분하시오.

×	①	수출대행수수료 → 10%	① 수출업자가 국내에서 수출품생산업자와의 계약에 따라 수출을 대행하고 수출대행수수료를 받는 경우 영세율이 적용된다.
×	②	국내건설용역 → 10%	② 사업자가 국내사업장이 있는 외국법인으로부터 국내 건설용역을 수주하여 공급하고 그 대가를 외국법인의 본점으로부터 받는 경우 영세율이 적용된다.
○	③	국외제공용역 → 거래상대방 및 대가수령방법 불문 영세율 적용	③ 사업자가 국외에서 건설공사를 도급받은 사업자로부터 해당 건설공사를 재도급받아 국외에서 건설용역을 제공하고 그 대가를 원도급자인 국내사업자로부터 원화로 받는 경우에도 영세율을 적용한다.
○	④		④ 사업자가 국내에서 국내사업장이 없는 비거주자가 지정하는 국내사업자에게 재화를 인도하고 그 대금을 외국환은행에서 원화로 받는 경우로서 재화를 인도받은 국내사업자가 해당 재화를 과세사업에 사용하는 경우에는 영세율을 적용한다.
○	⑤		⑤ 사업자가 재화(견본품이 아님)를 국외로 무상으로 반출하는 경우에는 영의 세율을 적용한다.
×	⑥	사업자가 국내에 주재하는 외국정부기관 · 국제기구 · 국제연합군 또는 미국군에게 재화나 용역을 공급하는 경우 → 대가수령방법불문 영세율적용	⑥ 사업자가 국내에 주재하는 외국정부기관 · 국제기구 · 국제연합군 또는 미국군에게 재화나 용역을 공급하는 경우에는 그 대가를 외국환은행에서 원화로 받는 것에 한하여 영세율을 적용한다.
○	⑦		⑦ 수탁자가 자기명의로 내국신용장을 개설받아 위탁자의 재화를 공급하는 경우에는 위탁자가 영의 세율을 적용받는다.
○	⑧		⑧ 국내에 주소를 둔 거주자 갑이 국내 사업장이 없는 비거주자에게 법률자문(전문서비스)용역을 제공하는 경우 거래상대방의 해당 국가에서 우리나라의 거주자 또는 내국법인에 대하여 동일하게 면세하는 경우에만 영세율을 적용한다.
○	⑨		⑨ 내국신용장의 개설을 전제로 하여 재화나 용역이 공급된 후 그 공급시기가 속하는 과세기간이 끝난 후 25일(그 날이 공휴일 또는 토요일인 경우에는 바로 다음 영업일을 말한다) 이내에 내국신용장이 개설된 경우에도 영세율이 적용된다.

⑩ 사업자가 국내에서 국내사업장이 있는 외국법인에게 용역을 공급하고 그 대가로 외화를 받은 경우에 그 대가에 대하여는 영세율이 적용되지 않는다.	대금결제요건(외국환은행에서 원화로 받을 것) 불충족 → 10% 세율 적용	⑩ ○
⑪ 영세율 적용대상자는 과세사업자가 이행하여야 할 제반 의무를 이행하여야 하고 불이행시에는 가산세 등의 제재를 받는다.		⑪ ○
⑫ 사업자가 국외에서 제공하는 용역의 공급에 대하여는 영세율을 적용한다.		⑫ ○
⑬ 외국법인의 국내사업장이 있는 경우에 사업자가 국내에서 국외의 외국법인과 직접 계약하여 교육지원서비스업에 해당하는 용역을 공급하고 그 대금을 해당 외국법인으로부터 외국환은행에서 원화로 받는 경우에는 영세율을 적용한다.	열거된 용역 & 대금결제요건 충족 → 영세율	⑬ ○
⑭ 사업자가 외국법인인 경우에는 그 외국에서 우리나라의 내국법인에게 동일한 면세를 하는 경우에 한하여 영세율을 적용하지만, 사업자가 비거주자인 경우에는 영세율을 적용하지 않는다.	사업자가 비거주자 또는 외국법인인 경우 그 외국에서 우리나라의 거주자 또는 내국법인에게 동일한 면세를 하는 경우에 한하여 영세율을 적용한다.(상호면세주의)	⑭ ×
⑮ 신제품의 해외시장 확대를 위하여 신제품의 견본품 1,500개(시가 @₩10,000)를 해외거래처에 무상 반출한 경우 영세율이 적용된다.	견본품 무상반출 → 과세대상×	⑮ ×
⑯ 국내사업장만 있는 사업자가 가공임을 지급하는 조건으로 베트남 현지 가공업자에게 원재료를 반출하여 가공시킨 후 가공물품을 현지에서 중국에 인도하는 경우 영세율이 적용된다.	위탁가공무역방식의 수출	⑯ ○
⑰ 수출업자와 직접 도급계약에 의하여 수출재화를 임가공하고 그 대가로 원화를 받았다면 그 대가에 대하여는 영세율 적용이 배제된다.	수출재화임가공용역 → 대가수령방법불문 영세율 적용	⑰ ×
⑱ 수출업자와 직접 도급계약에 의하여 수출재화의 반제품을 임가공하는 용역은 직접 도급계약을 체결한 사업자 자신이 임가공을 하지 않았더라도 영세율을 적용받을 수 있다.		⑱ ○

×	⑲ 외국으로 반출되지 않는 재화의 공급과 관련하여 개설된 내국신용장(주한미국군 군납계약서 등)에 의한 재화 또는 용역의 공급은 영세율을 적용하지 않는다.	⑲ 외국으로 반출되지 아니하는 재화의 공급인 경우에도 주한미국군 군납계약서와 관련하여 개설된 내국신용장에 의한 재화의 공급은 영의 세율을 적용한다.
○	⑳	⑳ 사업자가 영세율의 적용대상이 되는 재화의 공급가액에 대한 신고를 누락하였다고 하더라도 그 재화의 공급가액에 대하여 영세율의 적용이 배제되는 것은 아니다.
×	㉑ 간이과세자는 간이과세포기여부와 무관하게 수출하는 재화등에 대해 영세율을 적용한다. cf) 면세사업자는 면세를 포기하지 않는 한 영세율을 적용받을 수 없다.	㉑ 간이과세자는 간이과세를 포기하지 않는 한 영세율을 적용받을 수 없다.
×	㉒ 위탁판매수출의 경우 대금결제방식과 무관하게 영세율을 적용한다.	㉒ 국내사업장에서 계약하고 대가를 수령한 위탁판매수출(물품 등을 무환으로 수출하여 해당 물품이 판매된 범위에서 대금을 결제하는 계약에 의한 수출)을 하고 판매대금을 외화로 수령하는 경우에는 영세율을 적용하지 아니한다.
×	㉓ 내국신용장에 의해 공급되는 재화(금지금은 제외)는 영세율을 적용하며, 공급받는 자인 비거주자가 지정하는 사업자에게 인도하는 경우에 한정하지 아니한다.	㉓ 내국신용장에 의해 공급되는 재화(금지금은 제외)는 공급받는 자인 비거주자가 지정하는 사업자에게 인도하는 경우에만 영세율을 적용한다.
○	㉔ 상품중개업은 열거된 용역이며, 대금결제요건을 충족하였으므로 영세율을 적용한다.	㉔ 상품중개업을 영위하고 있는 내국법인이 국내에서 국내사업장이 없는 비거주자 또는 외국법인에게 상품중개용역을 제공하고 그 대가를 외국환은행에서 원화로 받는 경우에는 영세율을 적용한다.
×	㉕ 내국신용장 또는 구매확인서에 의해 공급된 재화는 수출재화에 해당한다.	㉕ 구매확인서에 의해 공급된 재화는 수출재화에 해당하지 않는다.
×	㉖ 해당 관세환급금은 대가의 일부로 영세율 과세표준에 포함되므로 세금계산서를 발급하여야 한다.	㉖ 사업자가 수입원재료를 사용하여 제조 또는 가공한 재화를 내국신용장에 의하여 수출업자에게 공급하고 수출업자로부터 해당 수입원재료에 대한 관세환급금을 받는 경우, 해당 관세환급금에 대해 세금계산서 발급의무가 없다.

㉗ 영세율을 적용할 때 사업자가 비거주자 또는 외국법인(국내에 사업의 실질적인 관리장소가 소재하지 않음)인 경우에는 그 외국에서 대한민국의 거주자 또는 내국법인에게 우리나라의 부가가치세 또는 이와 유사한 성질의 조세를 면제하는 때와 그 외국에서 우리나라의 부가가치세 또는 이와 유사한 성질의 조세가 없는 때에만 영세율을 적용한다.	상호면세주의	㉗ ○
㉘ 영세율적용대상 거래만 있는 사업자는 부가가치세법상 신고의무가 없다.	영세율적용대상사업자도 납세의무자에 해당하므로 부가가치세법상 신고의무 등의 모든 납세의무가 있다.	㉘ ×
㉙ 외국인도수출(수출대금을 국내에서 영수하지만 국내에서 통관되지 아니한 수출물품 등을 외국으로 인도하거나 제공하는 수출)로서 국내사업장에서 계약과 대가수령 등 거래가 이루어지는 것은 영세율을 적용하지 아니한다.	외국인도수출(수출대금을 국내에서 영수하지만 국내에서 통관되지 아니한 수출물품 등을 외국으로 인도하거나 제공하는 수출)로서 국내사업장에서 계약과 대가수령 등 거래가 이루어지는 것은 영세율을 적용한다.	㉙ ×
㉚ 내국신용장 또는 구매확인서에 의하여 금지금(金地金)을 공급하는 것은 영세율을 적용한다.	내국신용장에 의해 공급되는 재화(금지금은 제외)는 영세율을 적용한다.	㉚ ×
㉛ 원료를 대가 없이 국외의 수탁가공 사업자에게 반출하여 가공한 재화를 양도하는 경우에 그 원료의 반출은 영세율을 적용한다.		㉛ ○
㉜ 관세법에 따른 수입신고 수리 전의 물품으로서 보세구역에 보관하는 물품을 외국으로 반출할 경우(국내 사업장에서 계약과 대가 수령 등 거래가 이루어짐) 영세율 적용이 된다.		㉜ ○
㉝ 사업자가 부가가치세를 별도로 적은 세금계산서를 발급하여 수출업자와 직접도급계약에 의한 수출재화 임가공용역을 제공한 경우 영세율을 적용한다.	사업자가 부가가치세를 별도로 적은 세금계산서(10% 세금계산서를 말한다)를 발급하여 수출업자와 직접도급계약에 의한 수출재화 임가공용역을 제공한 경우 영세율을 적용하지 않는다.	㉝ ×
㉞ 선박 또는 항공기에 의한 외국항행용역의 공급에 부수하여 외국항행사업자가 자기의 승객전용 여부에 관계없이 호텔에 투숙하는 것에 대하여 영세율을 적용한다.	선박 또는 항공기에 의한 외국항행용역의 공급에 부수하여 외국항행사업자가 자기의 승객만이 전용하는 호텔에 투숙하게 하는 것에 대하여 영세율을 적용한다.	㉞ ×

×	㉟	모두 조세특례제한법상 영세율 적용대상이다.[4]	㉟ 사업자가 지방자치단체에 직접 공급하는 도시철도건설용역은 영세율적용대상이나, 사회기반시설에 대한 민간투자법에 따른 사업시행자에게 직접 공급하는 도시철도건설용역은 영세율적용대상이 아니다.
×	㊱	사업자가 국외에서 건설용역을 제공하는 경우 대금결제방법 및 거래상대방을 불문하고 영세율이 적용된다.	㊱ 사업자가 국외에서 건설용역을 제공하는 경우 해당 용역을 제공받는 자로부터 그 대가를 외국환은행에서 원화로 받는 경우에 한하여 영세율이 적용된다.
○	㊲		㊲ 선박 또는 항공기에 의한 외국항행용역의 공급은 영세율을 적용한다. 이 때, 외국항행용역에는 선박 또는 항공기에 의하여 여객이나 화물을 국내에서 국외로, 국외에서 국내로 또는 국외에서 국외로 수송하는 것을 포함한다.
×	㊳	관광진흥법에 따른 종합여행업자가 외국인 관광객에게 공급하는 관광알선용역은 대금결제요건(외국환은행에서 원화로 받을 것 등)을 충족한 경우에 한하여 영세율을 적용한다.	㊳ 관광진흥법에 따른 종합여행업자가 외국인 관광객에게 공급하는 관광알선용역은 대가수령방법과 관계없이 영세율을 적용한다.
○	㊴		㊴ 사업자가 내국신용장에 의해 공급하는 재화(금지금은 제외)는 영세율 대상이며 세금계산서를 발급할 의무가 있다.
○	㊵		㊵ 사업자가 자기의 명의와 계산으로 내국물품을 외국으로 유상반출하는 경우는 영세율 대상이며 세금계산서를 발급할 의무가 없다.
×	㊶	사업자가 국내사업장이 없는 외국법인에게 공급한 컨테이너 수리용역은 대금결제요건(외국환은행에서 원화로 받을 것 등)을 충족한 경우에 한하여 영세율 대상이다.	㊶ 사업자가 국내사업장이 없는 외국법인에게 공급한 컨테이너 수리용역은 대금수취 방법에 관계없이 영세율 대상이다.
○	㊷		㊷ 외국을 항행하는 원양어선에 재화를 공급하고 부가가치세를 별도로 적은 세금계산서를 발급한 경우 영세율을 적용하지 않는다.

---

4) 조세특례제한법상 영세율 적용대상거래
① 방위사업법에 따라 지정을 받은 방산업체가 공급하는 방산물자(경찰이 작전용으로 사용하는 것 포함)와 비상대비자원 관리법에 따라 중점 관리대상으로 지정된 자가 생산공급하는 시제품 및 자원 동원으로 공급하는 용역
② 국군조직법에 따라 설치된 부대 또는 기관에 공급(군인복지기본법에 따른 체육시설 중 군 골프장과 골프연습장에 공급하는 경우는 제외)하는 석유류
③ 국가 · 지방자치단체(사회기반시설 사업시행자가 면세사업 목적으로 국가 · 지방자치단체에 공급하는 건설용역은 면세대상이므로 제외) · 도시철도공사 · 국가철도공단 · 사회기반시설의 사업시행자 · 한국철도공사에게 직접 공급하는 도시철도건설용역
④ 국가 또는 지방자치단체에 공급하는 사회기반시설 또는 사회기반시설의 건설용역
⑤ 장애인용 보장구(의수족 · 휠체어 · 보청기 등), 장애인용 특수 정보통신기기 및 장애인의 정보통신기기 이용에 필요한 특수 소프트웨어
⑥ 농민 또는 임업종사자에게 공급하는 일정한 농업용 · 축산업용 · 임업용 기자재
⑦ 어민에게 공급하는 일정한 어업용 기자재

㊸ 사업자가 대한적십자사에 공급하는 재화(대한적십자사가 그 목적사업을 위하여 당해 재화를 외국으로 무상 반출하는 경우에 한함)는 영세율을 적용한다.		㊸ ○
㊹ 대한민국 선박에 의하여 채집되거나 잡힌 수산물을 외국으로 반출하는 것은 영세율을 적용한다.		㊹ ○
㊺ 사업자가 국내에서 국내사업장이 없는 비거주자에게 직접 재화를 공급하고 그 대가를 외국환은행에서 원화로 받는 경우 영세율을 적용한다.	사업자가 국내에서 국내사업장이 없는 비거주자에게 직접 재화를 공급하고 그 대가를 외국환은행에서 원화로 받는 경우에는 10% 세율로 과세된다.5)	㊺ ×
㊻ 항공사업법에 따른 상업서류 송달용역은 영세율을 적용한다.		㊻ ○
㊼ 수출업자(A)에게 내국신용장으로 재화를 공급하는 사업자(B)와 직접 도급계약에 의하여 수출재화임가공용역을 제공하는 사업자(C)의 수출재화임가공용역은 영세율을 적용한다.	수출업자(A)에게 내국신용장으로 재화를 공급하는 사업자(B)와 직접 도급계약에 의하여 수출재화임가공용역을 제공하는 사업자(C)의 수출재화임가공용역은 영세율을 적용하지 않는다.6)	㊼ ×
㊽ 「철도의 건설 및 철도시설 유지관리에 관한 법률」에 따른 고속철도에 의한 여객운송용역은 영세율을 적용한다.	고속철도(KTX)에 의한 여객운송용역은 10%로 과세된다.	㊽ ×
㊾ 개별소비세법에 따른 지정을 받아 외국인전용판매장을 경영하는 자가 국내에서 재화를 공급하고 그 대가를 외화로 받아 외국환은행에서 원화로 환전하는 경우 영세율을 적용한다.		㊾ ○

5) 국내사업장이 없는 외국법인 또는 비거주자에게 국내에서 공급하는 재화는 다음의 요건을 모두 충족해야 영세율을 적용한다.
① 지정사업자 & 과세사업 요건 : 비거주자 등이 지정하는 국내사업자에게 재화를 공급하고, 그 국내사업자가 그 재화를 과세사업에 사용할 것.
② 대금결제요건 : 비거주자 등으로부터 외국환은행에서 원화로 수령할 것.

6) 수출업자와 직접 도급계약에 의하여 수출재화를 임가공하는 수출재화임가공용역(수출재화염색임가공 포함)에 대해 영세율을 적용한다.

Theme 면세

11 다음 중 부가가치세법상 면세되는 재화 또는 용역의 공급은 ○표, 면세되지 않는 것은 ×표로 구분하시오.

① 과세재화의 제조업을 영위하는 사업자가 그 제조업에 부수하여 금융용역과 동일 또는 유사한 용역을 공급하는 경우의 그 금융용역과 동일 또는 유사한 용역의 공급

② 은행법에 따른 은행업무 및 부수업무로서 전자상거래와 관련한 지급대행에 해당하는 금융용역

③ 주무관청의 허가 또는 인가 등을 받은 수학학원에서 제공하는 교육용역

④ 잡지 등 정기간행물의 진흥에 관한 법률에 따른 정기간행물(광고 제외)

⑤ 약사법에 따른 약사가 제공하는 의약품의 조제용역

⑥ 집합투자업자가 투자자로부터 자금 등을 모아서 실물자산에 운용하는 경우

⑦ 저술가 · 작곡가 기타 대통령이 정하는 자가 직업상 제공하는 인적용역

⑧ 주택과 부수되는 토지(주택정착면적의 5배 이내의 것)의 임대용역

⑨ 국내에서 열리는 영화제에 출품하기 위하여 무상으로 수입하는 물품으로서 관세가 면제되는 수입재화

⑩ 은행업에 관련된 전산시스템과 소프트웨어의 판매 · 대여 용역

⑪ 저가항공기에 의한 국내 여객운송 용역

⑫ 미가공된 다이아몬드 원석

⑬ 의료법에 따른 안마사가 제공하는 용역

⑭ 금융 · 보험용역 중 기업합병 중개용역

⑮ 모자보건법에 따른 산후조리원에서 분만 직후의 임산부에게 제공하는 급식 용역

⑯ 사업자가 면세재화를 운반하는 용역을 제공하고 그 대가를 받는 경우

○	①	금융용역 – 면세
○	②	금융용역 – 면세
○	③	교육용역 – 면세
○	④	도서, 잡지 – 면세
○	⑤	의약품 조제용역 – 면세
×	⑥	실물자산 등에 운용 – 과세
○	⑦	인적용역 – 면세
○	⑧	주택임대 – 면세
○	⑨	관세가 면제되는 수입재화 – 면세
×	⑩	전산시스템과 소프트웨어 판매 · 대여용역 – 과세
×	⑪	항공기 여객운송 용역 – 과세
×	⑫	과세
○	⑬	의료보건 용역 – 면세
×	⑭	기업합병 중개용역 – 과세
○	⑮	의료보건 용역 – 면세
×	⑯	화물운송용역 – 과세

12 **면세에 관한 다음 설명 중 옳은 것은 ○표, 틀린 것은 ×표로 구분하시오.**

문제	해설	정답
① 음악산업진흥에 관한 법률의 적용을 받는 전자출판물의 공급에 대해서는 부가가치세를 과세한다.		① ○
② 규격단위로 포장하지 않고 판매하는 두부는 면세대상 재화이다.		② ○
③ 여객자동차 운수사업법에 따른 여객자동차 운수사업 중 관광용 전세버스 운송사업을 영위하는 내국법인은 부가가치세 납세의무를 부담하지 아니한다.	관광용 전세버스 운송사업은 과세사업이므로 해당 업종을 영위하는 내국법인은 부가가치세 납세의무를 부담한다.	③ ×
④ 겸용주택의 임대에 있어서 주택부분의 면적이 사업용 건물부분의 면적보다 큰 경우에는 사업용 건물부분의 임대에 대하여도 부가가치세를 면제한다.		④ ○
⑤ 발표회 · 연구회 · 경연대회 등의 예술행사는 영리 목적으로 하지 않는 경우에 면세대상이다.		⑤ ○
⑥ 면세되는 교육용역 제공시 필요한 교재의 대가를 수강료에 포함하지 않고 별도로 받는 경우에는 주된 용역인 교육용역에 부수되는 재화로서 면세되지 않는다.	교육용역 제공시 교재 등의 대가를 별도로 받는 때에도 주된 용역인 교육용역에 부수되는 재화 또는 용역으로서 면세한다.	⑥ ×
⑦ 외국에서 생산되어 식용으로 제공되지 아니하는 수산물로서 원생산물의 수입에 대해서는 면세를 적용한다.	외국에서 생산되어 식용으로 제공되지 아니하는 수산물로서 원생산물의 수입에 대해서는 면세하지 않는다. 즉, 비식용 농산물은 국산만 면세대상이다.	⑦ ×
⑧ 면세사업자도 부가가치세가 과세되는 재화 또는 용역을 공급받는 때에는 그에 대한 부가가치세를 부담하여야 한다.		⑧ ○
⑨ 국가에 공급하는 재화 또는 용역에 대하여는 유상 또는 무상을 불문하고 부가가치세가 면제된다.	• To. 국가 등 ① 무상공급 → 면세 ② 유상공급 → 과세	⑨ ×
⑩ 미술창작품의 공급에 대해서는 부가가치세를 면제한다.		⑩ ○
⑪ 금융회사가 국가 · 지방자치단체에 제공하는 금고대행용역에 대해서는 부가가치세를 면제한다.		⑪ ○
⑫ 외국에서 수입한 관상용 거북이는 면세대상 재화이다.	외국에서 수입한 관상용 거북이는 비식용으로 과세대상에 해당한다.	⑫ ×
⑬ 법인이 물적 시설 없이 근로자를 고용하여 작곡용역을 공급한 후 대가를 받는 용역은 면세대상이다.	개인이 물적시설 없이 작곡용역을 공급하고 대가를 받는 인적용역은 면세이나, 법인의 경우에는 과세된다.	⑬ ×

○	⑭		⑭ 시내버스에 의한 여객운송용역은 면세대상이지만, 시외우등고속버스에 의한 여객운송용역은 과세대상이다.
×	⑮	주택의 임대용역은 모두 면세대상이다. cf) 국민주택규모를 초과하는 주택의 양도는 과세대상이다.	⑮ 국민주택규모 이하 주택의 임대용역은 면세대상이지만, 국민주택규모를 초과하는 주택의 임대용역은 과세대상이다.
○	⑯		⑯ 약사가 제공하는 의약품의 조제용역은 면세대상이지만, 약사가 조제하지 않고 단순히 판매하는 의약품은 과세대상이다.
○	⑰		⑰ 도서의 공급은 면세대상이지만, 도서에 게재되는 광고의 공급은 과세대상이다.
×	⑱	항공기에 의한 여객운송 용역 → 과세	⑱ 항공사업법에 따른 항공기에 의한 여객운송 용역은 면세한다.
×	⑲	인쇄 · 제본 등의 용역 → 과세	⑲ 면세되는 도서 · 신문 · 잡지 등의 인쇄 · 제본 등을 위탁받아 인쇄 · 제본 등의 용역을 제공하는 것에 대하여는 면세한다.
×	⑳	피부관리용역 → 과세	⑳ 피부과의원에 부설된 피부관리실에서 제공하는 피부관리용역은 면세한다.
×	㉑	국내산 관상용의 새 → 면세 cf) 수입산 관상용의 새 → 과세	㉑ 우리나라에서 생산되어 식용으로 제공되지 아니하는 관상용의 새에 대하여는 면세하지 아니한다.
○	㉒		㉒ 치즈를 최종소비자에게 공급하는 것에 대하여는 면세하지 아니한다.
○	㉓		㉓ 수입하는 상품의 견본과 광고용 물품으로서 관세가 면제되는 재화의 수입에 대해서는 면세를 적용한다.
○	㉔		㉔ 상시주거용(사업을 위한 주거용 제외)으로 사용하는 건물의 임대용역에 대해서는 부가가치세를 면제한다.
×	㉕	도서, 신문, 잡지, 관보, 「뉴스통신 진흥에 관한 법률」에 따른 뉴스통신, 방송은 부가가치세를 면제하나, 광고는 부가가치세를 과세한다.	㉕ 도서, 신문, 잡지, 관보, 「뉴스통신 진흥에 관한 법률」에 따른 뉴스통신, 방송 및 광고에 대해서는 부가가치세를 면제한다.
×	㉖	공익사업을 위하여 주무관청의 승인을 받아 금품을 모집하는 단체에 무상 공급하는 재화 또는 용역에 대해서는 부가가치세를 면제한다. → 유상×	㉖ 공익사업을 위하여 주무관청의 승인을 받아 금품을 모집하는 단체에 무상 또는 유상으로 공급하는 재화 또는 용역에 대해서는 부가가치세를 면제한다.
○	㉗		㉗ 수입신고한 물품으로서 수입신고 수리 전에 변질된 것에 대해서는 관세가 경감되는 비율만큼 부가가치세를 면제한다.

㉘ 기획재정부령으로 정하는 차도선형여객선에 의한 여객운송 용역에 대해서는 부가가치세를 면제한다.	7)	㉘ ○
㉙ 집합투자업자가 투자자로부터 자금 등을 모아서 어업권에 운용하는 용역의 공급에 대해서는 부가가치세를 면제한다.	실물자산 등에 운용 - 과세[8]	㉙ ×
㉚ 간이과세자가 수입하는 상품의 견본과 광고용 물품으로서 관세가 면제되는 재화의 수입에 대해서는 부가가치세를 면제한다.		㉚ ○

Theme 면세포기

13 면세포기에 관한 다음 설명 중 옳은 것은 ○표, 틀린 것은 ×표로 구분하시오.

① 부가가치세의 면세포기를 적용받기 위해서는 그 적용을 받으려는 달의 마지막 날까지 사업장 관할세무서장에게 신고하고, 지체없이 등록하여야 한다.	면세포기신고는 언제든지 가능하다.	① ×
② 영세율이 적용되는 재화 또는 용역 및 학술연구단체 · 기술연구단체가 학술연구 또는 기술연구와 관련하여 실비 또는 무상으로 공급하는 재화 또는 용역을 제외한 재화 또는 용역에 대해서만 면세포기를 할 수 있다.	영세율이 적용되는 경우와 학술연구단체나 기술연구단체인 경우에만 면세를 포기할 수 있다.	② ×
③ 면세되는 2 이상의 사업 또는 종목을 영위하는 사업자는 면세포기대상이 되는 재화 또는 용역의 공급 중 면세포기를 하고자 하는 재화 또는 용역의 공급만을 구분하여 면세포기를 할 수 있다.		③ ○
④ 영세율이 적용되는 면세사업자는 면세포기신고를 한 때에 과세사업자가 된다.	면세포기효력은 면세포기신고를 하고 사업자등록을 한 이후 분 거래부터 적용되며, 사업자등록신청과 함께 면세포기신청한 경우는 사업개시일(개시전 등록신청의 경우 등록신청일)부터 적용된다.	④ ×
⑤ 면세재화의 공급이 영세율 적용의 대상이 되는 경우 면세포기가 가능하나 면세포기를 신고한 날부터 3년 간 부가가치세를 면제받지 못한다.		⑤ ○

7) 다음의 선박에 의한 여객운송 용역은 과세한다. 다만, 기획재정부령으로 정하는 차도선형여객선에 의한 여객운송 용역은 면세한다.
① 수중익선(水中翼船)
② 에어쿠션선
③ 자동차운송 겸용 여객선
④ 항해시속 20노트 이상의 여객선

8) 집합투자업자가 투자자로부터 자금 등을 모아서 부동산, 실물자산 및 다음의 자산에 운용하는 경우 과세한다.
① 지상권 · 전세권 · 임차권 등 부동산 관련 권리
② 어업권
③ 광업권
④ 그 밖에 ①부터 ③까지의 자산과 유사한 재산 가치가 있는 자산

Theme 영세율 vs 면세

14 다음의 설명 중 옳은 것은 ○표, 틀린 것은 ×표로 구분하시오.

○ ①		① 영세율이 적용되는 경우에는 이전 단계까지 과세된 부가가치세를 환급해 주는 반면에 면세의 경우에는 환급해주지 않는다.
○ ②		② 영세율 적용대상자는 과세사업자로서 부가가치세법상의 제반 의무를 수행하는 반면에 면세사업자는 이러한 의무를 수행하지 않는 것이 원칙이다.
○ ③		③ 영세율은 소비지국에서 부가가치세를 과세하는 것이 주된 목적인 반면에 면세는 부가가치세의 역진성을 완화하는 것이 주된 목적이다.
○ ④		④ 영세율은 영세율사업자의 매입세액을 전액 환급받을 수 있으므로 완전면세제도이다.
× ⑤	면세사업자는 면세단계에서 창출된 부가가치에 대해서만 면세하고 그 이전단계에서 창출한 부가가치에 대해서는 과세하므로 부분면세제도라고 한다.	⑤ 면세는 면세사업자의 매입세액을 일부만 환급받을 수 있으므로 부분면세제도이다.
○ ⑥		⑥ 영세율 적용대상자는 부가가치세법상 사업자이지만, 면세사업자는 부가가치세법상 사업자가 아니다.

MEMO

02 과세표준과 매출세액의 계산

Theme 과세표준

01 다음의 설명 중 옳은 것은 ○표, 틀린 것은 ×표로 구분하시오.

× ①	할부판매 및 장기할부판매의 이자상당액은 과세표준에 포함한다.	① 할부판매의 경우 공급한 재화의 총가액을 과세표준으로 하는 것이 원칙이나, 장기할부판매의 경우에는 할부판매의 이자상당액을 공급가액에서 공제한다.
× ②	과세표준에 포함하지 않는다.	② 사업자가 용기의 회수를 보장받기 위하여 받는 보증금은 과세표준에 포함한다.
× ③	과세표준에 세율을 곱하면 매출세액이 계산된다.	③ 과세표준에 세율을 곱하면 납부할 세액이 된다.
○ ④		④ 금전으로 대가를 받는 경우에는 그 대가가 공급가액이다.
○ ⑤	cf) 재화 또는 용역의 공급과 직접 관련되지 아니하는 국고보조금은 과세표준에 포함되지 아니한다.	⑤ 재화의 공급과 직접 관련된 국고보조금과 공공보조금은 과세표준에 포함된다.
○ ⑥		⑥ 재화 또는 용역을 공급한 후의 그 공급가액에 대한 대손금은 과세표준에서 공제하지 아니한다.
○ ⑦		⑦ 특수관계인에게 재화를 공급하고 부당하게 낮은 대가를 받는 경우에는 자기가 공급한 재화의 시가가 과세표준이다.
○ ⑧		⑧ 사업자가 재화 또는 용역을 공급하고 그 대가로 받은 금액에 부가가치세가 포함되어 있는지가 분명하지 아니한 경우에는 그 대가로 받은 금액에 110분의 100을 곱한 금액을 공급가액으로 한다.

⑨ 완성도기준지급조건부 또는 중간지급조건부로 재화나 용역을 공급하는 경우에는 계약에 따라 받기로 한 대가의 각 부분을 공급가액으로 한다.		⑨ ○
⑩ 사업자가 그와 특수관계에 있는 자에게 시가보다 낮은 대가를 받고 제공하는 용역의 경우 자기가 공급한 용역의 시가를 과세표준으로 하나, 모든 용역의 무상공급의 경우에는 과세거래에 해당하지 아니하여 과세표준에 해당하는 금액은 없다.	특수관계자에게 사업용 부동산무상임대용역 제공시 자기가 공급한 용역의 시가를 과세표준으로 한다. (모든 용역×)	⑩ ×
⑪ 사업자가 재화나 용역을 공급받는 자에게 지급하는 장려금은 과세표준에서 공제하지 않지만, 회수불능으로 확정된 대손금액은 과세표준에서 공제한다.	장려금 및 대손금은 과세표준에서 공제하지 않는다.	⑪ ×
⑫ 사업자가 음식 · 숙박 용역을 공급하고 그 대가와 함께 받는 종업원의 봉사료를 신용카드매출전표등에 구분하여 적고 자기의 수입금액으로 계상한 경우에는 그 봉사료를 공급가액에 포함하지 않는다.	사업자가 자기의 수입금액에 계상하지 아니한 경우에 그 봉사료는 과세표준에 포함하지 않는다.	⑫ ×
⑬ 계약 등에 의하여 확정된 공급대가의 지급지연으로 인하여 지급받는 연체이자는 소비대차로 전환하였는지의 여부에 관계없이 과세표준에 포함하지 않는다.		⑬ ○
⑭ 사업자가 완성도기준지급조건부로 재화 또는 용역을 공급하고 계약에 따라 대가의 각 부분을 받을 때 하자보증을 위하여 공급받은 자에게 보관시키는 하자보증금은 과세표준에서 공제한다.	하자보증금은 과세표준에서 공제하지 아니한다.	⑭ ×
⑮ 위탁가공무역 방식으로 수출하는 경우 완성된 제품의 인도가액을 과세표준으로 한다.		⑮ ○
⑯ 기부채납의 경우 해당 기부채납의 근거가 되는 법률에 따라 기부채납된 가액을 과세표준으로 하되 기부채납된 가액에 부가가치세가 포함된 경우 그 부가가치세는 제외한다.		⑯ ○
⑰ 국내 사업장에서 계약과 대가 수령 등 거래가 이루어지는 것으로서 국내에서 통관되지 아니한 수출물품 등을 외국으로 인도하는 경우 그 공급가액은 과세표준에 포함한다.	외국인도수출 → 과세표준에 포함하며, 영세율을 적용한다.	⑰ ○

Theme 대손세액공제

02 다음의 설명 중 옳은 것은 ○표, 틀린 것은 ×표로 구분하시오.

정답	번호	해설	문제
×	①	2026년 제2기 확정신고시 대손세액공제를 받을 수 있다.	① 어음의 부도발생일이 2026년 2월 10일이라면 2026년 제2기 예정신고시 대손세액공제를 받을 수 있다.
×	②	매출세액(매입세액×)에 더한다.	② 대손세액공제를 받은 사업자가 대손금액의 전부 또는 일부를 회수한 경우에는 회수한 대손금액에 관련된 대손세액을 회수한 날이 속하는 과세기간의 매입세액에서 뺀다.
○	③		③ 대손세액은 부가가치세를 포함한 대손금액에 110분의 10을 곱한 금액으로 한다.
×	④	공급일로부터 10년이 지난 날이 속하는 과세기간에 대한 확정신고기한까지 확정되는 경우에는 대손세액공제가 적용된다.	④ 대손세액공제의 범위는 사업자가 부가가치세가 과세되는 재화나 용역을 공급한 후 공급일로부터 10년이 지난 날이 속하는 과세기간까지 확정되는 대손세액으로 한다.
○	⑤		⑤ 대손이 확정된 경우 공급자는 매출세액에서 대손세액을 빼고, 공급받는 자는 매입세액에서 대손세액을 뺀다.
×	⑥	저당권을 설정하고 있는 경우에는 대손세액공제를 적용받을 수 없다.	⑥ 수표 또는 어음의 부도발생일로부터 6개월이 된 경우에는 사업자가 채무자의 재산에 대하여 저당권을 설정하고 있더라도 대손세액공제를 받을 수 있다.
×	⑦	대손기한(2026년 7월 25일)까지 대손사유가 발생한 경우에 해당하지 않아 대손세액공제를 받을 수 없다.	⑦ 2016년 2월 1일이 공급일인 경우 2026년 9월 25일에 법에서 정한 회수불능사유가 발생하였다면 공급자는 대손세액공제를 받을 수 있다.
○	⑧		⑧ 일반과세자만 대손세액공제를 적용받을 수 있으며, 간이과세자는 대손세액공제를 적용받을 수 없다.
×	⑨	간이과세자와 면세사업자는 대손세액공제를 적용받을 수 없다.	⑨ 대손세액공제는 과세사업자와 면세사업자에 대하여 모두 적용할 수 있다.

⑩ 대손세액을 매입세액에서 차감한 해당 사업자가 대손금의 전부 또는 일부를 변제한 경우에는 변제한 대손금액에 관련된 대손세액을 변제한 날이 속하는 예정신고기간 또는 확정신고기간의 매입세액에 더한다.	예정신고기간에는 대손세액공제를 적용받을 수 없다.	⑩ ×
⑪ 사업자가 과세재화를 공급하는 경우 공급받는 자가 파산하여 부가가치세가 포함된 매출채권을 회수할 수 없는 경우에는 대손세액을 그 대손확정이 된 날이 속하는 과세기간의 매출세액에서 뺄 수 있다.		⑪ ○
⑫ 공급자가 대손세액을 매출세액에서 차감한 경우 공급자의 관할세무서장은 대손세액공제사실을 공급받는 자의 관할세무서장에게 통지하여야 한다.		⑫ ○
⑬ 채무자회생 및 파산에 관한 법률에 의한 회생계획인가의 결정으로 채권이 회수불능으로 확정된 경우에는 대손세액공제를 받을 수 없다.	회생계획인가의 결정으로 채권이 회수불능으로 확정된 경우에는 대손세액공제를 받을 수 있다.	⑬ ×
⑭ 대손세액공제를 받고자 하는 사업자는 부가가치세 예정신고서 및 확정신고서에 대손세액공제신고서와 대손사실을 증명하는 서류를 첨부하여 관할세무서장에게 제출하여야 한다.	대손세액공제는 확정신고시에만 적용된다.	⑭ ×
⑮ 재화 또는 용역을 공급받은 사업자가 대손세액의 전부 또는 일부를 매입세액으로 공제받은 경우로서 공급자의 대손이 그 공급을 받은 사업자가 폐업하기 전에 확정되는 경우에는 관련 대손세액에 해당하는 금액을 그 공급받은 사업자의 폐업일이 속하는 과세기간의 매입세액에서 뺀다.	대손이 확정된 날(폐업일×)이 속하는 과세기간의 매입세액에서 뺀다.	⑮ ×
⑯ 공급받은 자가 대손세액 상당액을 빼지 아니하여 공급받은 사업자의 관할세무서장이 이를 경정하는 경우 신고불성실가산세와 납부지연가산세를 적용하지 않는다.		⑯ ○

03 다음의 설명 중 옳은 것은 ○표, 틀린 것은 ×표로 구분하시오.

○	①		① 대리인에 의한 판매의 경우에 대리인이 재화를 인도하는 때에는 대리인이 본인의 명의로 세금계산서를 발급하며, 본인이 직접 재화를 인도하는 때에는 본인이 세금계산서를 발급할 수 있다. 이 경우에 대리인의 등록번호를 덧붙여 적어야 한다.
○	②	9)	② 사업자등록 여부와 관계없이 사업자는 세금계산서를 발급하여야 한다.
×	③	공급연월일은 임의적 기재사항이고 작성연월일이 필요적 기재사항이다.	③ 세금계산서의 기재사항 중 공급연월일은 필요적 기재사항이다.
○	④		④ 납세의무가 있는 사업자가 시설대여업자로부터 시설 등을 임차하고 해당 시설 등을 공급자 또는 세관장으로부터 직접 인도받는 경우에는 공급자 또는 세관장이 해당 사업자에게 직접 세금계산서를 발급할 수 있다.
×	⑤	위탁판매의 경우에는 수탁자가 위탁자의 명의로 세금계산서를 발급하며, 이 경우 수탁자의 등록번호를 덧붙여 적어야 한다.	⑤ 위탁에 의하여 재화를 공급하는 위탁판매의 경우에는 수탁자가 수탁자의 명의로 세금계산서를 발급하며, 이 경우 위탁자의 등록번호를 덧붙여 적어야 한다.
○	⑥		⑥ 위탁매입의 경우에는 공급자가 위탁자를 공급받는 자로 하여 세금계산서를 발급하며, 이 경우에는 수탁자의 등록번호를 덧붙여 적어야 한다.
×	⑦	세관장이 수입자로부터 부가가치세를 징수하고 세금계산서를 작성·발급한다.	⑦ 수입되는 재화에 대하여는 국세청장이 세금계산서를 수입업자에게 발급한다.
○	⑧		⑧ 위탁매매 또는 대리인에 의한 매매에 있어서는 위탁자 또는 본인이 직접 재화를 공급하거나 공급받은 것으로 본다. 다만, 위탁자 또는 본인을 알 수 없는 경우에는 그러하지 아니한다.
×	⑨	신용카드매출전표 등은 영수증으로 본다.	⑨ 필요적 기재사항이 모두 기재된 신용카드매출전표와 현금영수증은 세금계산서로 본다.
○	⑩		⑩ 납세의무자로 등록한 사업자가 부가가치세 과세대상인 재화를 공급하는 경우에는 거래상대방이 면세사업자일지라도 세금계산서를 발급하여야 한다.

9) 사업자가 재화 또는 용역을 공급하는 경우에는 세금계산서를 그 공급을 받는 자에게 발급하여야 한다. 여기서 사업자란 사업자등록 여부를 불문하고 사업 목적이 영리이든 비영리이든 관계없이 사업상 독립적으로 재화 또는 용역을 공급하는 자를 말한다. 그러므로 사업자는 부가가치세법에 따른 사업자등록을 하였는지와 상관없이 부가가치세법에 따라 세금계산서를 작성하여 발급하여야 할 자에 해당한다.[대법원 2020. 6. 27. 선고 2018도14148 판결]

⑪ 관계증빙서류 등에 따라 실제거래사실이 확인되는 경우로서 해당 거래일자를 작성일자로 하여 재화의 공급일이 속하는 다음달 10일까지 세금계산서를 발급한 경우에는 적법하게 세금계산서를 발급한 것으로 본다.

⑫ 자기생산 · 취득재화가 공급의제되는 경우 세금계산서 발급의무가 없으나, 판매목적 타사업장 반출로서 공급의제되는 경우에는 세금계산서를 발급하여야 한다.

⑬ 공급하는 자의 주소, 공급품목, 단가와 수량, 작성연월일이 기재되지 않은 세금계산서라도 그 매입세액은 매출세액에서 공제한다.

⑭ 세관장은 수입되는 재화에 대하여 부가가치세를 징수할 때(부가가치세법 제50조의2에 따라 부가가치세의 납부가 유예되는 때를 포함)에는 수입된 재화에 대한 세금계산서를 법령으로 정하는 바에 따라 수입하는 자에게 발급하여야 한다.

⑪ ○

⑫ ○

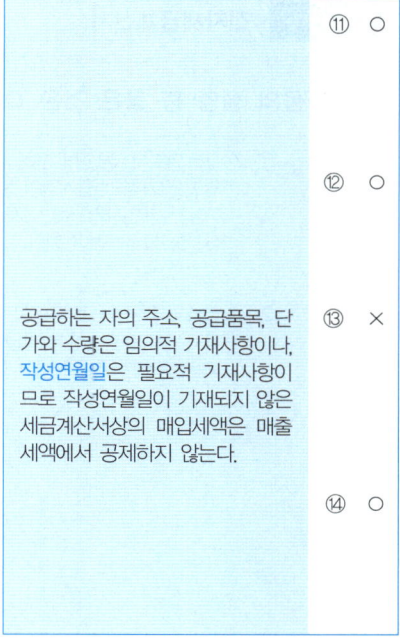

공급하는 자의 주소, 공급품목, 단가와 수량은 임의적 기재사항이나, 작성연월일은 필요적 기재사항이므로 작성연월일이 기재되지 않은 세금계산서상의 매입세액은 매출세액에서 공제하지 않는다.

⑬ ×

⑭ ○

Theme 전자세금계산서

04 다음의 설명 중 옳은 것은 ○표, 틀린 것은 ×표로 구분하시오.

① 직전 과세기간의 사업장별 재화 및 용역의 공급가액의 합계액이 8천만원 이상인 개인사업자는 전자세금계산서를 발급하여야 한다.

② 전자세금계산서를 발급하였을 때에는 전자세금계산서 발급일에 지체 없이 전자세금계산서 발급명세를 국세청장에게 전송하여야 한다.

③ 전자세금계산서를 발급한 사업자가 국세청장에게 전자세금계산서 발급명세를 전송한 경우에는 세금계산서를 5년간 보존해야 하는 의무가 면제된다.

④ 법인사업자가 전자세금계산서를 발급하였을 경우 부가가치세법에 따라 국세청장에게 전자세금계산서 발급명세를 전송해야 하며, 미전송시 가산세가 부과된다.

⑤ 관할 세무서장은 개인사업자가 전자세금계산서 의무발급 개인사업자에 해당하는 경우에는 전자세금계산서를 발급하여야 하는 기간이 시작되기 전까지 그 사실을 해당 개인사업자에게 통지하여야 한다.

⑥ 직전연도 공급가액이 과세 0.5억원, 면세 0.5억원이며 사업장이 하나인 개인사업자가 세금계산서를 발급하려면 전자세금계산서를 발급하여야 한다.

⑦ 전자세금계산서 발급명세 전송기한이 지난 후 재화 또는 용역의 공급시기가 속하는 과세기간에 대한 확정신고기한까지 국세청장에게 전자세금계산서 발급명세를 전송하는 경우 그 공급가액의 0.5%를 납부세액에 더하거나 환급세액에서 뺀다.

⑧ 전자세금계산서를 발급하고 전자세금계산서 발급명세를 해당 재화의 공급시기가 속하는 과세기간 마지막 날의 다음 달 11일까지 국세청장에게 전송한 경우에는 해당 확정신고시 매출처별 세금계산서합계표를 제출하지 아니할 수 있다.

⑨ 전자세금계산서 의무발급 사업자가 세금계산서의 발급시기가 지난 후 해당 재화 또는 용역의 공급시기가 속하는 과세기간에 대한 확정신고기한까지 세금계산서를 발급하지 아니한 경우에는 그 공급가액의 1%의 가산세가 적용된다.

×	①	직전 연도의 사업장별 재화 및 용역의 공급가액의 합계액이 8천만원 이상인 개인사업자는 전자세금계산서를 발급하여야 한다.
×	②	전자세금계산서 발급일의 다음날까지 전자세금계산서 발급명세를 국세청장에게 전송하여야 한다.
○	③	
○	④	
×	⑤	관할 세무서장은 개인사업자가 전자세금계산서 의무발급 개인사업자에 해당하는 경우에는 전자세금계산서를 발급하여야 하는 기간이 시작되기 1개월 전까지 그 사실을 해당 개인사업자에게 통지하여야 한다.
○	⑥	직전연도 사업장별 재화 및 용역의 공급가액(면세공급가액 포함)의 합계액이 8천만원 이상인 개인사업자이므로 전자세금계산서를 발급하여야 한다.
×	⑦	지연전송 → 그 공급가액의 0.3%를 납부세액에 더하거나 환급세액에서 뺀다.
○	⑧	
×	⑨	세금계산서 미발급 → 그 공급가액의 2%의 가산세가 적용된다.

문제	해설	정답
⑩ 직전 연도 사업장별 공급가액의 합계액이 8천만원 미만인 법인사업자(과세사업자에 해당함)는 전자세금계산서 의무발급대상자에 해당하지 않는다.	법인사업자는 공급가액과는 관계없이 전자세금계산서를 발급하여야 한다.	⑩ ×
⑪ 전자세금계산서를 발급하여야 하는 사업자가 아닌 사업자는 전자세금계산서를 발급하거나 전자세금계산서 발급명세를 전송할 수 없다.	전자세금계산서를 발급하여야 하는 사업자가 아닌 사업자도 전자세금계산서를 발급하고 전자세금계산서 발급명세를 전송할 수 있다.(선택)	⑪ ×
⑫ 전자세금계산서 의무발행 사업자가 전자세금계산서를 공급시기인 10월 25일 발행하고, 전자세금계산서 발급명세를 다음달 25일 국세청장에게 전송한 경우에도 매출처별세금계산서합계표를 제출하여야 한다.	전자세금계산서 의무발행 사업자가 전자세금계산서를 공급시기인 10월 25일 발행하고, 전자세금계산서 발급명세를 다음달 25일(11월 25일) 국세청장에게 전송한 경우에는 과세기간(예정신고의 경우 예정신고기간) 마지막 날의 다음달 11일(다음연도 1월 11일)까지 전송한 경우이므로 매출처별세금계산서합계표를 제출하지 아니할 수 있다.	⑫ ×
⑬ 재화 또는 용역을 공급받는 자가 전자세금계산서를 발급받을 수신함을 지정하지 아니한 경우에는 국세청장이 구축한 전자세금계산서 발급 시스템을 이용하는 방법에 따른 전자세금계산서 발급 시스템을 수신함으로 지정한 것으로 본다.		⑬ ○
⑭ 전자세금계산서는 「전자문서 및 전자거래 기본법」에 따른 전자문서 및 전자거래의 표준화 사업에 따라 제정된 전자세금계산서의 표준에 따라 생성하여 발급 · 전송되어야 한다.		⑭ ○
⑮ 2025년 사업장별 재화 및 용역의 공급가액(면세공급가액을 포함)의 연간 합계액이 처음으로 8천만원 이상이 된 개인사업자는 2026년 제1기 과세기간이 시작하는 날부터 전자세금계산서를 발급해야 한다.	2026년 제2기 과세기간이 시작하는 날부터 전자세금계산서를 발급해야 한다.	⑮ ×

Theme	세금계산서 발급의무면제

05 다음의 설명 중 옳은 것은 ○표, 틀린 것은 ×표로 구분하시오.

정답	해설	문제
○ ①		① 간주임대료에 대한 부가가치세는 이를 임대인과 임차인 중 누가 부담하는지를 불문하고 세금계산서를 발급하거나 발급받을 수 없다.
× ②	미용업을 영위하는 일반과세자가 미용용역을 제공하는 경우에는 세금계산서 발급이 금지되므로 공급받은 자가 사업자등록증을 제시하고 세금계산서 발급을 요구하는 경우에도 세금계산서를 발급할 수 없다.	② 미용업을 영위하는 일반과세자가 미용용역을 제공하는 경우에 세금계산서 발급의무가 면제되지만 공급받은 자가 사업자등록증을 제시하고 세금계산서 발급을 요구하는 경우에는 세금계산서를 발급할 수 있다.
× ③	소매업을 영위하는 사업자는 공급을 받는 사업자가 사업자등록증을 제시하고 세금계산서의 발급을 요구한 경우에는 세금계산서를 발급하여야 한다.	③ 소매업, 미용·욕탕 및 유사서비스업, 여객운송업을 영위하는 일반과세자는 세금계산서 발급의무가 면제되므로 공급받는 자가 세금계산서의 발급을 요구하더라도 세금계산서를 발급할 수 없다.
○ ④	개인적공급은 세금계산서발급대상거래가 아니므로 세금계산서 불성실 가산세가 적용되지 아니한다.	④ ㈜A가 생산한 제품인 보온병을 직원에게 기념품으로 무상 지급하고 세금계산서를 발급하지 아니한 경우에도 세금계산서 불성실 가산세가 적용되지 아니한다.
○ ⑤		⑤ 내국신용장에 의하여 영세율이 적용되는 재화의 공급은 세금계산서 발급의무가 있다.
× ⑥	일반과세자 중 소비자업종을 영위하는 자는 세금계산서를 발급하는 대신 영수증을 발급한다. 즉, 모든 일반과세자가 세금계산서를 발급해야 하는 것은 아니다.	⑥ 모든 일반과세자는 세금계산서를 발급하여야 하며, 영수증을 발급할 수 없다.
× ⑦	직전 연도의 공급대가의 합계액이 4천 800만원 미만인 간이과세자가 영수증 발급에 관한 규정이 적용되는 기간[10]에 부가가치세가 과세되는 재화를 공급하는 경우에는 재화의 공급시기에 그 공급을 받은 자에게 세금계산서를 발급하는 대신 영수증을 발급하여야 한다.	⑦ 직전 연도의 공급대가의 합계액이 4천 800만원 미만인 간이과세자가 부가가치세가 과세되는 재화를 공급하는 경우에는 재화의 공급시기에 그 공급을 받은 자에게 영수증 또는 세금계산서를 발급할 수 있다.
○ ⑧		⑧ 자동차운전학원 사업을 하는 일반과세자가 감가상각자산을 공급하는 경우에 그 공급받는 사업자가 사업자등록증을 제시하고 세금계산서의 발급을 요구하면 세금계산서를 발급해야 한다.
○ ⑨		⑨ 도로 및 관련시설 운영용역을 공급하는 자는 공급받는 자로부터 세금계산서 발급을 요구받은 경우를 제외하고 세금계산서를 발급하지 아니할 수 있다.

10) 영수증 발급에 관한 규정이 적용되거나 적용되지 아니하게 되는 기간은 해의 1월 1일부터 12월 31일까지의 공급대가의 합계액(신규로 사업을 시작한 개인사업자의 경우 공급대가의 합계액을 12개월로 환산한 금액)이 4,800만원에 미달하거나 그 이상이 되는 해의 다음 해의 7월 1일부터 그 다음 해의 6월 30일까지로 한다.

Theme 매입자발행세금계산서 & 수정세금계산서

06 다음의 설명 중 옳은 것은 ○표, 틀린 것은 ×표로 구분하시오.

① 세금계산서 교부의무가 있는 일반과세자로부터 재화를 공급받은 간이과세자는 공급하는 자가 세금계산서를 발급하지 아니한 경우 매입자발행 세금계산서를 발급할 수 없다.

② 매입자발행세금계산서를 발행하려는 자는 거래건당 공급가액이 10만원 이상인 거래에 한하여 해당 재화 또는 용역의 공급시기가 속하는 과세기간의 종료일부터 1년 이내에 신청인 관할 세무서장에게 거래사실의 확인을 신청하여야 한다.

③ 사업자가 세금계산서 발급 후 필요적 기재사항 등이 착오로 잘못 적힌 경우에는 처음 발급한 세금계산서 내용대로 수정발급할 수 있다. 단, 과세표준과 세액을 경정할 것을 미리 알고 있는 경우에는 수정세금계산서를 발급할 수 없다.

④ 세율을 잘못 적용하여 세금계산서를 발급한 경우에는 과세표준 및 세액을 경정할 것을 미리 알고 있는 경우에도 처음에 발급한 세금계산서를 수정하여 발급할 수 있다.

⑤ 세금계산서의 필요적 기재사항이 착오 외의 사유로 잘못 적힌 경우에는 관할세무서장이 부가가치세의 과세표준과 납부세액을 경정하여 통지하기 전까지 세금계산서를 수정하여 발급할 수 있다.

⑥ 착오로 전자세금계산서를 이중으로 발급한 경우에는 처음에 발급한 세금계산서의 내용대로 음(陰)의 표시를 하여 수정세금계산서를 발급한다.

⑦ 세금계산서를 발급한 후 계약의 해지 등에 따라 공급가액에 추가 또는 차감되는 금액이 발생한 경우에는 처음 세금계산서 작성일을 적어 세금계산서를 수정하여 발급할 수 있다.

⑧ 계약의 해제로 재화 또는 용역이 공급되지 아니한 경우 수정세금계산서의 작성일은 처음 세금계산서 작성일로 적고, 비고란에 계약해제일을 덧붙여 적은 후 붉은색 글씨로 쓰거나 음(陰)의 표시를 하여 발급할 수 있다.

---

① × 세금계산서 교부의무가 있는 일반과세자로부터 재화를 공급받은 사업자는(면세사업자, 간이과세자 포함)는 공급하는 자가 세금계산서를 발급하지 아니한 경우 매입자발행 세금계산서를 발급할 수 있다.

② × 매입자발행세금계산서를 발행하려는 자는 거래건당 공급대가가 5만원 이상인 거래에 한하여 해당 재화 또는 용역의 공급시기가 속하는 과세기간의 종료일부터 1년 이내에 신청인 관할 세무서장에게 거래사실의 확인을 신청하여야 한다.

③ ○

④ × 과세표준 및 세액을 경정할 것을 미리 알고 있는 경우에는 수정세금계산서를 발급할 수 없다.

⑤ × 착오 외의 사유 → 공급일이 속하는 과세기간에 대한 확정신고기한의 다음날부터 1년까지 세금계산서를 수정하여 발급할 수 있다.

⑥ ○

⑦ × 공급가액의 증감사유가 발생한 날을 적어 수정세금계산서를 발급하여야 한다.

⑧ × 계약의 해제로 재화 또는 용역이 공급되지 아니한 경우 수정세금계산서의 작성일은 계약해제일로 적고, 비고란에 처음 세금계산서 작성일을 덧붙여 적은 후 붉은색 글씨로 쓰거나 음(陰)의 표시를 하여 발급할 수 있다.

○	⑨		⑨ 계약의 해제로 재화 또는 용역이 공급되지 아니한 경우 또는 계약의 해지에 따라 공급가액에 추가되는 금액이 발생한 경우 수정세금계산서를 발급할 수 있다.
×	⑩	재화가 환입된 날을 작성일로 적고 비고란에 처음 세금계산서 작성일을 덧붙여 적은 후 붉은색 글씨로 쓰거나 음의 표시를 하여 수정세금계산서를 발급한다.	⑩ 세금계산서를 발급한 후 처음 공급한 재화가 환입된 경우, 재화를 처음 공급한 날을 작성일로 적고 비고란에 환입일을 덧붙여 적은 후 붉은 색 글씨로 쓰거나 음(陰)의 표시를 하여 수정세금계산서를 발급한다.
○	⑪		⑪ 면세 등 발급대상이 아닌 거래에 대하여 세금계산서를 발급한 경우 수정세금계산서를 발급할 수 있다.
○	⑫		⑫ 재화를 공급한 후 공급시기가 속하는 과세기간 종료 후 25일(25일이 되는 날은 영업일임) 이내에 내국신용장이 개설된 경우 수정세금계산서를 발급할 수 있다.
×	⑬	처음 공급한 재화가 환입된 경우 재화가 환입된 날을 작성일로 적고 비고란에 처음 세금계산서 작성일을 덧붙여 적은 후 감소된 금액을 붉은색 글씨로 쓰거나 음(陰)의 표시를 하여 수정세금계산서 또는 수정전자세금계산서를 발급한다.	⑬ 처음 공급한 재화가 환입된 경우 재화가 환입된 날을 작성일로 적고 비고란에 처음 공급일을 덧붙여 적은 후 감소된 금액을 검정색 글씨로 쓰거나 음(陰)의 표시를 하여 수정세금계산서 또는 수정전자세금계산서를 발급한다.
×	⑭	과세유형전환 → 처음에 발급한 세금계산서 작성일을 수정세금계산서의 작성일로 적어야 한다.	⑭ 간이과세자에서 일반과세자로 과세유형이 전환된 후 과세유형전환 전에 공급한 재화가 환입되어 수정세금계산서를 발급하는 경우에는 재화가 환입된 날을 수정세금계산서의 작성일로 적어야 한다.
○	⑮		⑮ 세금계산서 발급 의무가 있는 사업자가 연락두절 상태인 경우로서 사업자가 수정세금계산서를 발급하지 아니한 경우 그 재화 또는 용역을 공급받은 자는 대통령령으로 정하는 바에 따라 관할 세무서장의 확인을 받아 세금계산서를 발행할 수 있다.

MEMO

03 매입세액의 계산

Theme 매입세액공제

01 다음의 설명 중 옳은 것은 ○표, 틀린 것은 ×표로 구분하시오.

정답	해설	문제
○ ①		① 사업자가 자기의 사업을 위하여 사용하였거나 사용할 목적으로 공급받은 재화 또는 용역에 대한 부가가치세액은 매출세액에서 공제한다.
○ ②		② 사업과 직접 관련이 없는 지출에 대한 매입세액은 공제받을 수 없다.
○ ③		③ 면세재화를 제조·공급하는 사업자가 구입한 원재료관련 부가가치세는 매입세액으로 공제받을 수 없다.
○ ④		④ 건축물이 있는 토지를 취득하여 그 건축물을 철거하고 토지만 사용하는 경우에 철거한 건축물의 취득 및 철거 비용과 관련된 매입세액은 공제하지 아니한다.
× ⑤	무허가 교육용역 → 과세 → 건물임차료에 대한 부가가치세는 매입세액으로 공제받을 수 있다.	⑤ 주무관청으로부터 허가·인가 또는 등록·신고하지 않은 학원의 경우 건물임차료에 대한 부가가치세는 매입세액으로 공제받을 수 없다.
× ⑥	개별소비세법에 따른 자동차(운수업에 직접 영업으로 사용되는 것을 제외)의 구입에 관한 매입세액은 매출세액에서 공제하지 아니한다.	⑥ 개별소비세법에 따른 자동차(운수업에 직접 영업으로 사용되는 것을 포함)의 구입에 관한 매입세액은 매출세액에서 공제하지 아니한다.
○ ⑦		⑦ 골프장 토지 소유자가 골프코스를 조성하기 위해 지출한 정지비에 대한 부가가치세는 매입세액으로 공제받을 수 없다.
× ⑧	전송되지 아니하였으나 발급사실이 확인되는 경우 전자세금계산서 매입세액은 매출세액에서 공제한다.	⑧ 전자세금계산서 의무발급 사업자로부터 받은 전자세금계산서가 국세청장에게 전송되지 않으면 발급사실이 확인되더라도 전자세금계산서 매입세액은 매출세액에서 공제하지 않는다.
× ⑨	공급시기가 속하는 과세기간이 끝난 후 20일 이내에 등록을 신청한 경우 과세기간 기산일까지 역산한 기간 이내의 매입세액을 공제한다.	⑨ 2026년 6월 25일에 사업을 개시하고 2026년 7월 15일 사업자등록 신청을 한 도매업자가 2026년 6월 28일에 매입한 상품에 대한 매입세액은 공제받을 수 없다.
× ⑩	면세전용으로 공급으로 의제하며, 매입세액을 조정하지 않는다.	⑩ 과세사업에만 사용하던 감가상각대상 재화를 면세사업에만 사용하게 된 경우에는 불공제되는 매입세액을 계산하여 납부세액에 가산한다.
○ ⑪		⑪ 신용카드매출전표 등 수령명세서를 국세기본법에 따른 기한후과세표준신고서와 함께 제출하여 관할세무서장이 결정하는 경우의 매입세액은 매출세액에서 공제한다.

⑫ 세법에 규정된 기업업무추진비 및 이와 유사한 비용의 지출에 관련된 매입세액은 공제가능하다.

> 기업업무추진비관련 매입세액 → 불공제 — ⑫ ×

⑬ 과세표준과 납부세액을 추계결정하는 경우에는 그 기재내용이 분명한 세금계산서를 발급받아 관할 세무서장에게 제출하더라도 매입세액을 공제할 수 없다.

> 해당 매입세액을 공제할 수 있다. — ⑬ ×

⑭ 부가가치세법상 전자세금계산서 의무발급 사업자로부터 재화 또는 용역의 공급시기가 속하는 과세기간에 대한 확정신고기한까지 전자세금계산서 외의 세금계산서를 발급받았더라도 그 거래사실이 확인된 경우라면 매입세액공제를 받을 수 있다.

> ⑭ ○

⑮ 사업자가 일반과세자로부터 재화를 공급받고 부가가치세액이 별도로 구분되는 신용카드매출전표를 발급받은 경우 법정요건을 모두 갖추면 매입세액을 공제할 수 있다.

> ⑮ ○

⑯ 재화의 공급시기 전에 세금계산서를 발급받았더라도 재화의 공급시기가 그 세금계산서의 발급일부터 6개월 이내에 도래하고 해당 거래사실이 확인되어 납세지 관할 세무서장이 경정하는 경우 매입세액을 공제할 수 있다.

> ⑯ ○

⑰ 재화 또는 용역의 공급시기가 속하는 과세기간에 대한 확정신고기한이 지난 후 세금계산서를 발급받았더라도 그 세금계산서의 발급일이 확정신고기한 다음 날부터 1년 이내이고, 국세기본법 시행령에 따른 과세표준수정신고서와 경정청구서를 세금계산서와 함께 제출하는 경우 매입세액공제를 받을 수 있다.

> ⑰ ○

Theme 의제매입세액

02 다음의 설명 중 옳은 것은 ○표, 틀린 것은 ×표로 구분하시오.

① 면세농산물을 공급받아 과세재화와 면세재화를 공급하는 사업자가 당기 중에 매입하였으나 사용하지 않은 면세농산물은 의제매입세액공제를 적용하지 아니한다.

> 의제매입세액은 매입시점에 공제하므로 매입하였으나 사용하지 않은 면세농산물에 대한 의제매입세액도 공제된다. — ① ×

② 의제매입세액은 원칙적으로 면세농산물 등을 공급받은 날이 속하는 예정신고기간 또는 확정신고기간의 매출세액에서 공제한다.

> ② ○

③ 외국으로부터 수입한 농산물 등도 의제매입세액공제의 대상이 될 수 있다.

> ③ ○

④ 의제매입세액공제를 받은 면세농산물 등을 그대로 판매하는 때에는 그 판매가액을 부가가치세의 과세표준에 가산하여야 한다.

> 의제매입세액을 재계산하여 납부세액에 가산하거나 환급세액에서 차감하여야 한다. — ④ ×

⑤ 제조업은 물론이고 음식점업을 영위하는 사업자도 의제매입세액의 공제를 받을 수 있다.

> ⑤ ○

⑥ 통조림 제조업을 영위하는 중소기업인 법인사업자의 의제매입세액 공제율은 면세농산물 등의 종류에 관계없이 4/104로 하고 있다.

> ⑥ ○

Theme 차가감납부세액

03 다음의 설명 중 옳은 것은 ○표, 틀린 것은 ×표로 구분하시오.

○	①	업종 구분없이 1.3%를 적용한다.	① 신규사업자인 간이과세자가 부가가치세가 과세되는 재화 · 용역을 공급하고 신용카드매출전표를 발급한 경우에는 업종 구분없이 그 발급금액에 동일한 공제율을 곱하여 계산한 금액을 공제한다.
×	②	연간 한도 1,000만원 이내에서 신용카드매출전표 등 발행세액공제를 받을 수 있다.	② 일반과세자 중 사업장을 기준으로 직전 연도 공급가액 합계액이 5억원 미만인 영수증 발급대상 개인사업자가 부가가치세가 과세되는 재화 · 용역을 공급하고 신용카드매출전표를 발급한 경우에는 한도없이 그 발급금액의 일정률을 공제한다.
○	③		③ 예정신고 · 납부 시 신용카드매출전표 발급등에 대한 세액공제 및 전자세금계산서 발급 · 전송에 대한 세액공제는 적용하고 가산세는 적용하지 않는다.

Theme 겸영사업자

04 다음의 설명 중 옳은 것은 ○표, 틀린 것은 ×표로 구분하시오.

○	①		① 공통으로 사용하기 위하여 재화를 매입하는 경우에는 해당 과세기간의 공급가액을 이용하여 공통매입세액을 안분계산하며, 예정신고를 하는 때에는 예정신고기간의 총공급가액에 대한 면세공급가액의 비율에 의하여 안분계산하고, 확정신고를 하는 때에 정산한다.
○	②		② 과세사업과 면세사업에 공통으로 사용되는 재화를 공급하는 날이 속하는 과세기간에 신규로 사업을 개시하여 직전과세기간이 없는 경우 해당 재화의 공급가액을 과세표준으로 한다.
○	③	직전 면세공급가액비율 5% 미만 & 5,000만원 미만 → 안분생략, 전액과표	③ 재화를 공급하는 날이 속하는 과세기간의 직전 과세기간의 총공급가액이 ₩50,000,000이고 그 중 면세공급가액이 ₩2,000,000인 경우에는 재화의 공급가액이 ₩50,000,000 미만이라면 해당 재화의 공급가액 전부를 과세표준으로 한다.
○	④	당기 면세공급가액비율 5% 미만 & 500만원 미만 → 안분생략, 전액공제	④ 재화를 공급받은 날이 속하는 과세기간의 총공급가액이 ₩70,000,000이고 그 중 면세공급가액이 ₩3,000,000인 경우에는 과세기간의 공통매입세액이 ₩5,000,000 미만이라면 해당 재화의 매입세액 전부를 공제한다.
○	⑤		⑤ 재화를 공급하는 경우에는 직전 과세기간의 공급가액을 이용하여 부가가치세 과세표준을 안분계산하지만, 휴업 등으로 인하여 직전 과세기간의 공급가액이 없는 경우에는 그 재화를 공급한 날에 가장 가까운 과세기간의 공급가액에 의하여 안분계산한다.
○	⑥	과세전환매입세액	⑥ 사업자는 매입세액이 공제되지 아니한 면세사업 등을 위한 감가상각자산을 과세사업에 사용하거나 소비하는 경우 대통령령으로 정하는 바에 따라 계산한 금액을 그 과세사업에 사용하거나 소비하는 날이 속하는 과세기간의 매입세액으로 공제할 수 있다.

Theme	가산세

05 **다음의 설명 중 옳은 것은 ○표, 틀린 것은 ×표로 구분하시오. 별도의 언급이 없는 한 일반과세자로 가정한다.**

문제	해설	정답
① 사업자가 재화를 공급하고 실제로 재화를 공급하는 자 외의 자의 명의로 세금계산서를 발급한 경우 해당 공급가액의 100분의 3에 상당하는 금액을 가산세로 부과한다.	타인명의 발급(위장발급) → 타인명의분 공급가액의 2%	① ×
② 제조업을 영위하는 자가 탈세를 목적으로 사업자등록을 하지 아니하고 그에 따라 세금계산서도 발급하지 아니한 경우에는 사업자미등록가산세 및 세금계산서미발급가산세가 각각 적용된다.	세금계산서미발급가산세가 적용되는 부분에 대하여는 미등록가산세를 적용하지 않는다.	② ×
③ 2026년 3월 10일 사업을 개시한 사업자가 2026년 3월 31일 사업자등록을 신청하였다면 2026년 3월 10일~2026년 6월 30일 사이의 공급가액에 대하여 사업자미등록가산세를 적용한다.	3.10~3.30(등록신청직전일)의 공급가액에 대하여 사업자미등록가산세를 적용한다.	③ ×
④ 사업자가 발급한 세금계산서의 필요적 기재사항의 전부 또는 일부가 착오 또는 과실로 적혀 있지 아니하거나 사실과 다른 경우(공급가액을 과다기재한 경우에 해당하지 않음)에는 세금계산서상 공급가액의 100분의 2에 해당하는 금액을 가산세로 부과한다.	부실기재 : 공급가액의 1%	④ ×
⑤ 세금계산서의 발급시기가 지난 후 해당 재화 또는 용역의 공급시기가 속하는 과세기간에 대한 확정신고 기한까지 세금계산서를 발급하는 경우에는 가산세를 부과하지 않는다.	지연발급 : 공급가액의 1%	⑤ ×
⑥ 사업자가 거래상대방의 사업자등록증을 확인하고 거래에 따른 세금계산서를 발급하거나 발급받은 경우, 거래상대방이 관계기관의 조사로 인하여 명의위장사업자로 판정되는 경우에는 해당 사업자를 선의의 거래당사자로 볼 수 있는 때에도 경정 또는 조세범 처벌법에 따른 처벌 등 불이익한 처분을 받을 수 있다.	선의의 거래당사자로 볼 수 있는 경우에는 경정 등 불이익한 처분을 하지 않는다.	⑥ ×
⑦ 사업자가 배우자의 명의로 사업자등록을 하고 실제 사업은 자신의 계산과 책임으로 영위하는 것으로 확인되는 경우에는 타인명의등록에 따른 가산세가 부과되지 아니한다.		⑦ ○
⑧ 전자세금계산서를 발급하여야 할 의무가 있는 자가 전자세금계산서를 발급하지 아니하고 세금계산서의 발급시기에 전자세금계산서 외의 세금계산서를 발급한 경우 그 공급가액의 1퍼센트를 납부세액에 더하거나 환급세액에서 뺀다.		⑧ ○
⑨ 전자세금계산서 발급명세 전송 기한이 지난 후 재화 또는 용역의 공급시기가 속하는 과세기간에 대한 확정신고기한까지 국세청장에게 전자세금계산서 발급명세를 전송하는 경우 그 공급가액의 0.5퍼센트를 납부세액에 더하거나 환급세액에서 뺀다.	지연전송 : 공급가액의 0.3% cf) 미전송 : 공급가액의 0.5%	⑨ ×
⑩ 재화 또는 용역을 공급하고 세금계산서등의 공급가액을 과다하게 기재한 경우 그 공급가액의 1퍼센트를 가산세로 부과한다.	실제보다 과다하게 기재한 부분에 대한 공급가액의 2%	⑩ ×

×	⑪	타인명의등록 : 공급가액의 2%	⑪ 배우자가 아닌 타인의 명의로 사업자등록을 하는 경우 그 타인 명의의 사업 개시일부터 실제 사업을 하는 것으로 확인되는 날의 직전일까지의 공급가액 합계액의 0.5퍼센트를 가산세로 부과한다.
×	⑫	가공발급 : 공급가액의 3%	⑫ 재화 또는 용역을 공급하지 아니하고 세금계산서를 발급한 경우 그 공급가액의 2퍼센트를 가산세로 부과한다.

Theme 대리납부

06 다음의 설명 중 옳은 것은 ○표, 틀린 것은 ×표로 구분하시오.

×	①	대리납부의무는 비사업자, 면세사업자, 매입세액이 불공제되는 용역 등을 공급받는 과세사업자에게만 적용된다.	① 국내사업장이 없는 비거주자로부터 용역 또는 권리의 공급을 받는 자는 공급받는 용역을 과세사업에의 사용여부에 관계없이 부가가치세를 징수하여 납부하여야 한다.
×	②	대리납부의무는 비사업자, 면세사업자, 매입세액이 불공제되는 용역 등을 공급받는 과세사업자에게만 적용된다.	② 국내사업장이 없는 비거주자로부터 용역을 공급받은 과세사업자가 그 용역(매입세액공제분)을 과세사업에 사용하는 경우에는 그 대가를 지급하는 때에 부가가치세를 대리납부하여야 한다.
○	③		③ 대리납부 적용 요건을 충족한 경우 외국법인으로부터 용역을 공급받는 사업자는 용역의 공급시기에 관계없이 그 대가를 지급하는 때에 부가가치세액을 징수한다.
×	④	대리납부의무자에는 비사업자도 포함된다.	④ 국내사업장이 없는 비거주자로부터 용역 또는 권리의 공급을 받는 경우의 대리납부의무자는 사업자에 한한다.
×	⑤	대리납부세액을 납부하지 아니한 경우에는 국세기본법상 원천징수 등 납부지연가산세[최소 3%~최대 50%(10%)]를 부과된다.	⑤ 국내사업장이 없는 비거주자로부터 용역 또는 권리의 공급을 받은 대리납부의무자가 부가가치세를 관할세무서장에게 납부하지 아니한 경우에는 관할세무서장은 그 납부하지 아니한 세액에 그 세액의 100분의 20에 해당하는 금액을 더하여 징수한다.
○	⑥		⑥ 국내사업장이 없는 비거주자로부터 부가가치세 면세대상 용역을 공급받는 자는 부가가치세 대리납부의무가 없다.
×	⑦	국내사업장이 없는 외국법인으로부터 용역 또는 권리를 공급받은 면세사업자는 대리납부의무가 있다.	⑦ 국내사업장이 없는 외국법인으로부터 재화를 공급받은 면세사업자는 그 대가를 지급하는 때에 부가가치세를 징수하여야 한다.
○	⑧		⑧ 국내사업장이 없는 외국법인으로부터 부가가치세법상 매입세액이 공제되지 아니하는 용역을 공급받는 과세사업자는 대리납부의무가 있다.
×	⑨	그 대가를 지급하는 날이 속하는 달(과세기간×)의 다음달 25일(말일×)까지 관할세무서장에게 납부할 수 있다.	⑨ 사업양도로 사업을 양수받는 자는 그 대가를 지급하는 때에 부가가치세를 징수하여, 그 대가를 지급하는 날이 속하는 과세기간의 말일까지 관할세무서장에게 납부할 수 있다.

Theme 신고 · 납부 및 환급절차

07 **다음은 부가가치세법상 일반과세자의 부가가치세 신고 · 납부 및 환급에 관한 설명이다. 옳은 것은 ○표, 틀린 것은 ×표로 구분하시오.**

문항	해설	정답
① 2026년 제1기 확정신고시에는 2026년 1월 1일부터 2026년 6월 30일까지의 과세기간에 대한 과세표준과 납부세액 중 예정신고 또는 조기환급신고시 이미 신고한 부분 및 수시부과된 세액을 제외한 부분을 2026년 7월 25일까지 신고하여야 한다.		① ○
② 2026년 제1기 과세기간에 대한 환급세액을 2026년 7월 15일에 신고한 경우, 조기환급이 아니면 2026년 7월 25일이 지난 후 30일 이내에 환급하여야 한다.		② ○
③ 예정신고기간에 대한 환급세액은 조기환급의 경우를 제외하고는 바로 환급되지 않으며, 확정신고시 납부세액에서 차감한다.		③ ○
④ 2026년 1월에 사업용 기계를 취득하여 2026년 2월 25일에 조기환급신고를 한 경우, 2026년 2월 25일이 지난 후 15일 이내에 환급하여야 한다.		④ ○
⑤ 관할세무서장의 경정에 따라 2026년 9월 9일 환급세액이 발생한 경우, 2026년 9월 9일이 지난 후 30일 이내에 환급하여야 한다.	결정 · 경정에 따라 환급세액이 발생한 경우에는 지체없이 환급한다.	⑤ ×
⑥ 조기환급신고를 한 부분은 예정신고 및 확정신고의 대상에서 제외하며, 조기환급신고에 있어서 매출 · 매입처별세금계산서합계표를 제출한 것은 예정신고 또는 확정신고와 함께 이를 제출한 것으로 본다.		⑥ ○
⑦ 사업장 관할세무서장은 사업자가 영세율을 적용하는 경우, 사업설비를 신설 · 취득 · 확장 또는 증축하는 경우 또는 재무구조개선계획을 이행 중인 경우에 환급세액을 사업자에게 조기환급할 수 있다.		⑦ ○
⑧ 조기환급을 받고자 하는 영세율 적용대상 사업자가 부가가치세 예정신고 또는 확정신고와 함께 법령에 정한 서류를 제출한 경우에는 환급에 관하여 신고한 것으로 본다.		⑧ ○
⑨ 사업장 관할세무서장이 개인사업자 또는 법령으로 정하는 법인사업자에 대하여 각 예정신고기간마다 직전 과세기간에 대한 납부세액의 50%에 해당하는 금액을 결정하여 고지하고 징수할 때 징수하여야 할 금액이 50만원 미만인 경우에는 이를 징수하지 아니한다.		⑨ ○
⑩ 예정신고기간 또는 조기환급기간 중에 사업설비를 신설 · 취득 · 확장 또는 증축한 사업자에게 환급세액이 발생한 때에는 그 환급세액 중 사업설비의 신설 · 취득 · 확장 또는 증축과 관련한 매입세액에 한하여 조기환급한다.	조기환급세액은 매입세액의 내역을 구분하지 아니하고 사업장별로 매출세액에서 매입세액을 공제하여 계산한다.	⑩ ×

×	⑪	영세율적용분 매입세액, 시설투자 관련 매입세액 등을 구분하지 않고 사업장단위로 매출세액에서 매입세액을 공제하여 계산한다.	⑪ 조기환급세액은 영세율이 적용되는 공급분에 관련된 매입세액, 시설투자에 관련된 매입세액 또는 국내공급분에 대한 매입세액을 구분하여 사업장별로 해당 매출세액에서 매입세액을 공제하여 계산한다.
×	⑫	결정 · 경정은 원칙적으로 각 사업장 관할세무서장이 행한다.	⑫ 결정 · 경정은 원칙적으로 국세청장이 행한다.
×	⑬	조기환급세액은 매입세액의 내역을 구분하지 아니하고 사업장별로 매출세액에서 매입세액을 공제하여 계산한다.	⑬ 부가가치세 조기환급세액은 사업장별로 해당 매출세액에서 영세율이 적용되는 공급분에 관련된 매입세액과 시설투자에 관련된 매입세액을 공제하여 계산한다. 다만, 국내공급분에 대한 매입세액은 조기환급세액을 계산할 때 매출세액에서 공제하지 않는다.
○	⑭		⑭ 사업자는 각 과세기간에 대한 과세표준과 납부세액 또는 환급세액을 그 과세기간이 끝난 후 25일(폐업하는 경우에는 폐업일이 속한 달의 다음 달 25일) 이내에 각 사업장 관할세무서장에게 신고 · 납부하여야 한다.
○	⑮		⑮ 사업장 관할세무서장은 영세율 등 조기환급신고내용의 오류 또는 탈루의 사유로 부가가치세를 포탈할 우려가 있는 경우, 그 과세기간에 대한 부가가치세의 과세표준과 납부세액 또는 환급세액을 조사하여 결정 또는 경정한다.
×	⑯	일반과세자인 개인사업자는 예정신고기간에 대하여 고지납부함을 원칙으로 하지만, 해당 과세기간 개시일 현재 일반과세자로 변경된 경우에는 징수하지 아니한다.	⑯ 일반과세자인 개인사업자는 예정신고기간에 대하여 예정신고함을 원칙으로 하지만, 해당 과세기간 개시일 현재 일반과세자로 변경된 경우에는 관할 세무서장이 납부고지한다.
○	⑰		⑰ 납세지 관할세무서장 등은 결정한 과세표준과 납부세액에 오류가 있는 경우 즉시 다시 경정한다.
×	⑱	조기환급기간 종료일로부터 25일 이내에 영세율 등 조기환급신고를 하여야 한다.	⑱ 조기환급기간의 환급세액을 조기환급 받고자 하는 영세율 사업자는 조기환급기간 종료일로부터 15일 이내에 영세율 등 조기환급신고를 해야 한다.
×	⑲	영세율의 적용대상이 되는 과세표준이 있는 경우에 한하여 조기환급을 받을 수 있다.	⑲ 영세율 적용대상 사업자는 각 신고기간 단위별로 영세율의 적용대상이 되는 과세표준이 없는 경우에도 항상 조기환급대상에 해당한다.
○	⑳		⑳ 사업자가 사업 설비를 신설·취득·확장 또는 증축하는 경우 조기환급이 가능하며, 이 경우 사업 설비는 감가상각자산을 말한다.
×	㉑	법인사업자 중 직전 과세기간 공급가액의 합계액이 1억 5천만원 미만인 법인사업자는 원칙적으로 고지납부한다. 즉, 모든 법인사업자가 예정신고의무가 있는 것은 아니다.	㉑ 일반과세자 중 모든 법인사업자는 예정신고기간이 끝난 후 25일 이내에 각 예정신고기간에 대한 과세표준과 납부세액 또는 환급세액을 납세지 관할 세무서장에게 신고하여야 한다.
×	㉒	조기환급 대상인 경우에 한하여 예정신고기한이 지난 후 15일 이내에 부가가치세를 환급하여야 한다.	㉒ 납세지 관할 세무서장은 일반과세자가 예정신고기간에 대한 환급세액을 예정신고기한까지 신고하면 조기환급 대상이 아닌 경우에도 예정신고기한이 지난 후 15일 이내에 부가가치세를 환급하여야 한다.

㉓ 예정신고를 하는 사업자가 예정신고와 함께 매출·매입처별 세금계산서합계표를 제출하지 못하는 경우 해당 예정신고기간이 속하는 과세기간의 확정신고를 할 때 함께 제출할 수 있다.

㉓ ○

㉔ 개인사업자의 경우 관할세무서장은 제1기 예정신고기간분 예정고지세액에 대해서 4월 1일부터 4월 25일까지의 기간 이내에 납부고지서를 발부해야 한다.

㉔ × 개인사업자의 경우 관할세무서장은 제1기 예정신고기간분 예정고지세액에 대해서 4월 1일부터 4월 10일까지의 기간 이내에 납부고지서를 발부해야 한다.[11]

㉕ 간이과세자에서 해당 과세기간 개시일 현재 일반과세자로 변경된 경우에는 부가가치세법 제48조 제3항에 의한 예정고지세액을 징수하지 않는다.

㉕ ○

㉖ 개인사업자(일반과세자) 중 각 예정신고기간분에 대해 조기환급을 받으려는 자는 예정신고를 할 수 있다.

㉖ ○

㉗ 사업자가 조기환급신고를 한 경우에 관할 세무서장은 조기환급기간에 대한 환급세액을 조기환급기간이 끝난 날부터 15일 이내에 사업자에게 환급하여야 한다.

㉗ × 사업자가 조기환급신고를 한 경우에 관할 세무서장은 조기환급기간에 대한 환급세액을 조기환급신고기한이 지난 후 15일 이내에 사업자에게 환급하여야 한다.

11) 납부고지서 발부기간과 납부기한

구 분	납부고지서 발부기간	납부기한
① 제1기분 예정신고기간분	4월 1일부터 4월 10일까지	4월 25일
② 제2기분 예정신고기간분	10월 1일부터 10월 10일까지	10월 25일

04 간이과세자

Theme 간이과세자

01 다음의 설명 중 옳은 것은 ○표, 틀린 것은 ×표로 구분하시오.

정답	해설	문제
○ ①		① 간이과세자 중 신규사업자 및 직전연도 공급대가 합계액이 4,800만원 미만인 자는 세금계산서를 발급할 수 없고 영수증 발급의무가 있다.
○ ②		② 일반과세자는 세액을 별도로 거래징수하는데 비하여 간이과세자는 공급대가에 포함하여 영수한다.
○ ③		③ 간이과세자의 해당여부를 가리는 직전 과세기간(해의 1월 1일부터 12월 31일까지)의 공급대가는 부가가치세가 포함된 금액을 말한다.
○ ④		④ 직전 연도의 재화와 용역의 공급대가가 10,400만원에 미달하는 개인사업자는 간이과세자에 관한 규정을 적용한다. 다만, 간이과세가 적용되지 않는 다른 사업장(공동사업을 위한 사업장에 해당하지 않음)을 보유하고 있는 사업자 또는 특정 업종, 규모, 지역 등에 해당하는 사업자는 간이과세자에 관한 규정을 적용받을 수 없다.
× ⑤	법인은 어떤 경우에도 간이과세의 적용을 받을 수 없다.	⑤ 중소기업기본법상 중소기업 중 소비성서비스업 이외의 법인사업자의 경우 직전 연도의 공급대가의 합계액이 대통령령으로 정하는 금액에 미달하면 간이과세 대상이다.
○ ⑥		⑥ 직전 과세기간에 신규로 사업을 개시한 개인사업자에 대하여는 그 사업개시일로부터 그 과세기간종료일까지의 공급대가의 합계액을 12개월로 환산한 금액을 기준으로 하여 간이과세 적용여부를 판단한다.
○ ⑦		⑦ 확정신고의 내용에 오류가 있어 사업장 관할세무서장이 결정 또는 경정한 공급대가가 간이과세 기준금액 이상인 개인사업자는 그 결정 또는 경정한 날이 속하는 과세기간까지 간이과세자로 본다.
○ ⑧		⑧ 2026년 1월 음식점을 개업한 개인사업자 A(타사업장 없음)는 사업자등록을 하면서 간이과세 적용신고서를 제출하였다. A는 매출금액에 관계없이 2026년은 간이과세자 규정을 적용받는다.
× ⑨	간이과세자의 공제세액 합계는 납부세액 합계를 한도로 하여 공제하므로 해당 금액은 환급되지 않는다.	⑨ 일반과세자이든 간이과세자이든 환급규정이 동일하게 적용된다.
× ⑩	부동산임대업 또는 개별소비세법에 따른 과세유흥장소를 경영하는 사업자로서 해당 업종의 직전 연도의 공급대가의 합계액이 4천 800만원 이상이 아니므로 간이과세 대상에 해당한다.	⑩ 부동산임대업 또는 개별소비세법에 따른 과세유흥장소를 경영하는 사업자로서 해당 업종의 직전 연도의 공급대가의 합계액이 4천만원인 사업자는 간이과세 대상이 아니다.

Theme 과세유형 변경

02 다음의 설명 중 옳은 것은 ○표, 틀린 것은 ×표로 구분하시오.

① 간이과세자가 간이과세 적용이 배제되는 사업을 신규로 겸영하는 경우에는 해당 사업의 개시일이 속하는 과세기간의 다음 과세기간부터 간이과세자에 관한 규정을 적용하지 아니한다.

② 과세유형이 변경되는 경우에 해당 사업자의 관할세무서장은 그 변경되는 과세기간 개시 20일전까지 그 사실을 통지하여야 하며, 사업자등록증을 정정하여 과세기간 개시 당일까지 발급하여야 한다.

③ 화장품소매업을 운영하는 간이과세자의 1역년의 공급대가의 합계액이 간이과세 기준금액 이상이 되는 해의 다음 해의 1월 1일부터 12월 31일까지는 일반과세를 적용받는다.

④ 음식점업을 영위하는 간이과세자가 일반과세자에 관한 규정을 적용받는 도매업 사업장을 신규로 개설하는 경우에는 해당 사업개시일이 속하는 과세기간의 다음 과세기간부터 음식점업 사업장도 간이과세를 적용하지 아니한다.

⑤ 음식점업을 영위하는 일반과세자가 직전 과세기간(해의 1월 1일부터 12월 31일까지) 공급대가가 10,400만원에 미달하여 간이과세자로 전환하게 되는 경우, 관할세무서장으로부터 과세유형의 전환에 관한 통지를 받은 날이 속하는 과세기간까지는 일반과세를 적용한다.

⑥ 간이과세자가 2026년 1월 31일에 간이과세포기신고를 하는 경우에는 2026년 2월 1일부터 일반과세자가 된다.

⑦ 소매업을 영위하는 사업자가 일반과세자에서 간이과세자로 변경될 경우 과세관청의 과세유형전환사실에 대한 통지가 없으면 간이과세자로 전환되지 않는다.

⑧ 간이과세자가 일반과세자에 관한 규정을 적용받으려는 경우에는 직전 연도의 재화와 용역의 공급대가에 관계없이 일반과세자에 관한 규정을 적용받을 수 있지만, 법령으로 정하는 사유가 없는 경우 그 적용받으려는 달의 1일부터 3년이 되는 날이 속하는 과세기간까지는 일반과세자에 관한 규정을 적용받아야 한다.

⑨ 간이과세자에서 일반과세자로 변경되어 간이과세가 적용되지 않게 되는 사업자에 대하여는 그 통지를 받은 날이 속하는 과세기간까지는 간이과세를 적용한다.

---

① ○

② ○

③ × 화장품소매업을 운영하는 간이과세자의 1역년의 공급대가의 합계액이 간이과세 기준금액 이상이 되는 해의 다음 해의 7월 1일부터 그 다음 해 6월 30일까지는 일반과세를 적용받는다.

④ ○

⑤ × 음식점업을 영위하는 일반과세자가 직전 해의 1월 1일부터 12월 31일까지의 공급대가가 10,400만원에 미달하여 간이과세로 변경되는 경우에는 관할세무서장의 통지에 관계없이 간이과세를 적용한다.

⑥ ○

⑦ × 일반과세자 → 간이과세자 통지여부에 관계없이 간이과세자로 전환된다.

⑧ ○

⑨ ○

Theme 과세표준과 세액의 계산

03 다음의 설명 중 옳은 것은 ○표, 틀린 것은 ×표로 구분하시오.

정답	해설	문제
× ①	간이과세자는 부가가치세가 포함된 공급대가의 합계액을 과세표준으로 한다.	① 일반과세자는 공급가액의 합계액을 과세표준으로 하나, 간이과세자는 매출액에서 매입액을 차감하여 계산한 부가가치를 과세표준으로 한다.
○ ②		② 간이과세자의 2026년도 부가가치세 신고 과세표준은 해당 과세기간(2026.1.1~12.31)의 공급대가의 합계액으로 한다.
× ③	간이과세자 중 직전연도 공급대가가 4,800만원에 미달하는 자는 세금계산서 발급이 금지되므로 세금계산서와 관련된 가산세만 적용배제 → 타인명의등록가산세와 납부지연가산세도 적용한다.	③ 일반과세자는 부가가치세법상 모든 가산세를 적용하는데 비하여, 간이과세자 중 직전연도 공급대가가 4,800만원에 미달하는 자는 미등록가산세 및 신고불성실가산세(영세율과세표준에 대한 신고불성실가산세 포함)만 적용한다.
○ ④		④ 납부세액은 공급대가에 해당 업종별 부가가치율과 세율을 곱하여 계산하며, 둘 이상의 업종을 겸영하면 각각의 업종별로 계산한 금액의 합계액으로 한다.
○ ⑤		⑤ 간이과세자의 납부세액을 계산하는 경우 적용되는 업종별 부가가치율은 직전 3년간 신고된 업종별 평균 부가가치율 등을 고려하여 100분의 5에서 100분의 50의 범위 안에서 정해진다.
× ⑥	간이과세자는 의제매입세액공제를 적용받을 수 없다.	⑥ 제조업 또는 음식점업을 영위하는 간이과세자가 부가가치세의 면제를 받아 공급받은 농산물·축산물·수산물 또는 임산물을 원재료로 하여 제조·가공한 재화 또는 창출한 용역의 공급이 과세되는 경우에는 의제매입세액을 납부세액에서 공제할 수 있다.
○ ⑦		⑦ 영수증 발급대상 간이과세자가 부가가치세가 과세되는 재화 또는 용역을 공급하고 신용카드매출전표, 현금영수증을 발급하거나 또는 전자적 결제수단에 의하여 대금을 결제받는 경우에는 그 발급금액·결제금액의 1.3%에 해당하는 금액(연간 1,000만원 한도)을 납부세액에서 공제한다.
× ⑧	세금계산서등을 발급받은 재화와 용역의 공급대가의 0.5%를 납부세액에서 공제한다.	⑧ 과세사업만을 영위하는 간이과세자A는 매입세액공제 대상 재화를 매입하면서 정상적인 세금계산서를 발급받아 당해 과세기간 신고를 하면서 매입처별 세금계산서합계표를 제출하였다. 이 경우 매입세금계산서상 매입세액에 업종별 부가가치율을 곱한 금액을 납부세액에서 공제한다.
× ⑨	간이과세자의 매입세금계산서 등의 대한 세액공제를 적용하는 경우 매출세액에서 공제되지 아니하는 매입세액은 세액공제의 대상에서 제외한다.	⑨ 간이과세자가 다른 사업자로부터 세금계산서 등을 발급받아 매입처별 세금계산서합계표 또는 신용카드매출전표 등 수령명세서를 사업장 관할세무서장에게 제출하는 경우에는 해당 과세기간에 발급받은 세금계산서 등에 적힌 매입세액(매출세액에서 공제하지 아니하는 매입세액을 포함)에 5.5%를 곱하여 계산한 금액을 과세기간에 대한 납부세액에서 공제한다.

Theme 신고와 납부

04 다음의 설명 중 옳은 것은 ○표, 틀린 것은 ×표로 구분하시오.

① 간이과세자는 과세기간의 과세표준과 납부세액을 그 과세기간이 끝난 후 25일(폐업하는 경우에는 폐업일이 속한 달의 다음달 25일) 이내에 사업장 관할세무서장에게 신고·납부하여야 하며, 매출처별 세금계산서 합계표 및 매입처별세금계산서합계표도 함께 제출하여야 한다.

② 2025년부터 계속하여 간이과세를 적용받고 있는 간이과세자 B는 2026년 과세기간에 대한 공급대가의 합계액이 4,300만원인 경우 2026년 부가가치세 납부세액의 납부의무를 면제받는다.

③ 해당 연도에 간이과세자에서 일반과세자로 과세유형이 변경된 사업자의 간이과세자로의 해당 과세기간(1월 1일～6월 30일)에 대한 공급대가가 2,500만원인 경우에는 해당 과세기간(1월 1일～6월 30일)의 납부세액은 납부할 의무를 면제한다.

④ 2026년 납부의무가 면제되는 간이과세자A는 2026년 부가가치세 ₩23,000을 납부하였다. 이 경우 관할세무서장은 납부금액에 대한 환급의무를 지지 아니한다.

해설	정답
	① ○
4,800만원 미만 → 납부의무면제	② ○
6개월간 2,500만원은 1년간 5,000만원에 해당하므로 납부의무가 면제되지 않는다.	③ ×
납부의무면제대상자가 자진 납부한 사실이 확인되면 납세지 관할세무서장은 납부한 금액을 환급하여야 한다.	④ ×

Theme 재고납부세액 및 재고매입세액

05 다음의 설명 중 옳은 것은 ○표, 틀린 것은 ×표로 구분하시오.

① 일반과세자가 간이과세자로 변경되는 경우 재고납부세액을 납부세액에 가산하여야 하는데, 이의 가산대상은 부가가치세를 이미 환급받은 해당 변경당시의 재고품에 한한다.

② 간이과세자가 일반과세자로 변경되는 경우에는 해당 변경당시의 재고품, 건설중인자산 및 감가상각자산에 대하여 법령이 정하는 바에 따라 계산한 금액을 매입세액으로서 공제할 수 있다.

③ 감가상각자산 중 건물 및 구축물을 제외한 기타의 감가상각자산의 경우에는 취득 또는 제작 후 2년 이내의 것에 한하여 재고매입세액공제가 가능하다.

④ 재고매입세액공제액 계산시 재고품 및 감가상각자산의 금액은 장부 또는 세금계산서에 의하여 확인되는 해당 재고품 및 감가상각자산의 취득가액(부가가치세를 제외한다)으로 한다.

해설	정답
매입세액공제를 받은 재고품, 건설중인자산 및 감가상각자산도 재고납부세액 계산대상이다.	① ×
	② ○
	③ ○
장부 또는 세금계산서에 의해 확인되는 해당 재고품 및 감가상각자산의 취득가액(부가가치세를 포함한다)으로 한다.	④ ×

○	⑤		⑤ 일반과세자로 전환하는 경우에는 그 변경되는 날 현재의 재고품, 건설 중인 자산 및 감가상각자산을 변경되는 날의 직전 과세기간에 대한 확정신고와 함께 각 사업장관할세무서장에게 신고하여야 한다.
×	⑥	신고기한 경과후 1개월 이내에 승인 통지를 하지 않은 경우에 해당 사업자가 신고한 재고금액을 승인한 것으로 본다.	⑥ 신고를 받은 관할세무서장이 공제될 재고매입세액을 신고기한 경과후 20일 이내에 해당 사업자에게 통지하지 않은 때에는 해당 사업자가 신고한 재고금액을 승인한 것으로 본다.
×	⑦	간이과세자가 일반과세를 적용받게 되면 재고매입세액을 공제하며, 일반과세자가 간이과세를 적용받게 되면 재고납부세액을 납부하여야 한다.	⑦ 일반과세자가 간이과세를 적용받게 되면 일반과세자인 경우에 공제받지 못한 매입세액을 추가적으로 공제하기 위하여 간이과세자의 납부세액에서 차감한다.

MEMO

세법 말문제 OX

제2편
법인세법

01 법인세법 총설

Theme 과세대상과 납세의무자

01 다음의 설명 중 옳은 것은 ○표, 틀린 것은 ×표로 구분하시오.

정답	해설	문제
○ ①		① 외국법인은 청산소득에 대한 법인세 납세의무를 부담하지 않는다.
× ②	국가 및 지방자치단체 → 비과세법인	② 지방자치단체가 수익사업을 영위하여 획득한 소득에 대해서는 법인세 납세의무가 없으나, 법 소정 주택 및 비사업용 토지의 양도로 인한 토지 등 양도소득에 대해서는 법인세 납세의무가 있다.
○ ③		③ 법 소정 주택 및 비사업용 토지 등 양도소득에 대한 법인세는 내국법인뿐만 아니라 외국법인도 납세의무를 진다.
× ④	내국법인 : 본점 · 주사무소 또는 실질적 관리장소가 국내에 有 외국법인 : 내국법인 외의 법인	④ 외국법인이란 외국의 법률에 의하여 설립된 법인을 말한다.
○ ⑤		⑤ 법인 아닌 단체도 법인세 납세의무를 지는 경우가 있다.
○ ⑥		⑥ 외국의 지방자치단체가 국내에서 수익사업을 영위하는 경우 법인세 납세의무를 진다.
○ ⑦	주식 등의 양도로 인하여 생기는 수입 → 수익사업소득	⑦ 비영리내국법인은 주식 · 신주인수권 또는 출자지분의 양도로 인한 수입에 대하여 법인세 납세의무가 있다.
× ⑧	내국법인 중 국가 및 지방자치단체(지방자치단체조합을 포함)에 대하여는 법인세를 부과하지 아니한다.	⑧ 내국법인 중 지방자치단체조합에 대하여는 법인세를 부과한다.
○ ⑨		⑨ 국세기본법에 따라 법인으로 보는 단체로서 국내에 주사무소를 둔 단체는 법인세법상 비영리내국법인에 해당한다.
○ ⑩		⑩ 자산이나 사업에서 생기는 수입이 법률상 귀속되는 법인과 사실상 귀속되는 법인이 서로 다른 경우에는 그 수입이 사실상 귀속되는 법인에 대하여 법인세법을 적용한다.
○ ⑪		⑪ 비영리내국법인의 각 사업연도 소득은 세법상 수익사업에서 생기는 소득으로 한정한다.

⑫ 외국에서 주된 영업을 하는 영리법인은 국내에 본점이나 주사무소 또는 사업의 실질적 관리장소를 두고 있다 하더라도 내국법인으로 분류될 수 없다.

⑬ 하나의 법인과세 신탁재산에 신탁법에 따라 둘 이상의 수탁자가 있는 경우에는 수탁자 중 신탁사무를 주로 처리하는 수탁자로 신고한 자가 법인과세 신탁재산에 귀속되는 소득에 대하여 법인세를 납부하여야 한다.

⑭ 비영리외국법인은 청산소득에 대한 법인세 납세의무가 없으나, 비영리내국법인은 청산소득에 대한 법인세 납세의무가 있다.

⑮ 사업의 실질적 관리장소가 국내에 있지 아니하면서 본점 또는 주사무소가 외국에 있고, 구성원이 유한책임사원으로만 구성된 단체는 외국법인으로 본다.

⑯ 신탁재산에 귀속되는 소득에 대해서는 원칙적으로 그 신탁의 이익을 받을 수익자가 그 신탁재산을 가진 것으로 보고 법인세법을 적용한다.

⑰ 수탁자의 변경에 따라 수탁자가 그 법인과세 신탁재산에 대한 자산과 부채를 변경되는 수탁자에게 이전하는 경우 수탁자 변경일 현재의 공정가액을 그 자산과 부채의 이전가액으로 보고 장부가액과의 차이를 이전에 따른 손익으로 과세한다.

국내에 본점이나 주사무소 또는 사업의 실질적인 관리장소를 두고 있는 경우에는 내국법인으로 분류된다.	⑫ ×
	⑬ ○
청산소득에 대한 법인세는 영리내국법인에 한하여 납세의무가 있다.	⑭ ×
	⑮ ○
	⑯ ○
수탁자의 변경에 따라 법인과세 신탁재산의 수탁자가 그 법인과세 신탁재산에 대한 자산과 부채를 변경되는 수탁자에게 이전하는 경우 그 자산과 부채의 이전가액을 수탁자 변경일 현재의 장부가액으로 보아 이전에 따른 손익은 없는 것으로 한다.	⑰ ×

02 다음의 설명 중 옳은 것은 ○표, 틀린 것은 ×표로 구분하시오.

정답	해설	문제
○ ①		① 국내사업장을 가지고 있으며 법령이나 정관 등에 사업연도에 관한 규정이 없는 외국법인 (주)B가 사업연도 신고를 하지 않은 경우 (주)B의 최초 사업연도는 국내사업장을 가지게 된 날부터 그 날이 속하는 해의 12. 31까지로 한다.
○ ②	변경신고기한(직전 사업연도 종료일로부터 3개월 이내) 이후에 변경신고하였으므로 2027년부터 사업연도가 변경된다. • 2027. 1. 1 ~ 2027. 9. 30 • 2027. 10. 1 ~ 2028. 9. 30	② 법령에 의하여 사업연도가 정해지는 법인이 아닌 (주)A(사업연도 1. 1~12. 31)가 제26기 사업연도를 2026. 10. 1~2027. 9. 30로 변경하기 위하여 2026. 4. 5에 사업연도 변경신고서를 납세지 관할세무서장에게 제출한 경우 변경 후 최초사업연도는 2027. 1. 1~2027. 9. 30이다.
○ ③		③ 내국법인(법인으로 보는 법인 아닌 단체 및 법인과세 신탁재산에 해당하지 아니함)의 최초 사업연도 개시일은 설립등기일로 한다.
○ ④		④ 내국법인이 사업연도 중에 해산(합병 · 분할 또는 분할합병에 의한 해산은 제외)한 경우에는 그 사업연도 개시일부터 해산등기일까지의 기간과 해산등기일 다음 날부터 그 사업연도 종료일까지의 기간을 각각 1사업연도로 본다.
× ⑤	조직변경시 사업연도가 의제되지 않는다.	⑤ 내국법인이 사업연도 중에 상법, 기타 법령의 규정에 의하여 조직을 변경한 경우 그 사업연도 개시일부터 조직변경일까지의 기간과 조직변경일 다음날부터 그 사업연도 종료일까지의 기간을 각각 1사업연도로 본다.
○ ⑥		⑥ 청산중에 있는 내국법인이 상법의 규정에 의하여 사업을 계속하는 경우 그 사업연도 개시일부터 계속등기일까지의 기간과 계속등기일의 다음날부터 사업연도 종료일까지 기간을 각각 1사업연도로 본다.
○ ⑦		⑦ 국내사업장이 있는 외국법인이 사업연도 중에 해당 국내사업장을 가지지 아니하게 된 경우에는 그 사업연도 개시일부터 해당 사업장을 가지지 않게 된 날까지의 기간을 그 법인의 1사업연도로 본다.
× ⑧	합병 또는 분할(분할합병 포함)에 의한 해산의 경우 그 사업연도 개시일부터 합병·분할등기일(해산등기일×)까지의 기간을 그 해산한 법인의 1사업연도로 본다.	⑧ 내국법인인 (주)C(사업연도 1. 1~12. 31)가 분할에 따라 해산하여 2026. 5. 1에 해산등기를 한 경우에는 2026. 1. 1부터 2026. 5. 1까지를 (주)C의 1사업연도로 본다.
○ ⑨		⑨ 내국법인이 사업연도 중에 연결납세방식을 적용받는 경우에는 그 사업연도 개시일부터 연결사업연도 개시일의 전일까지의 기간을 1사업연도로 본다.
× ⑩	사업연도의 변경이 아닌 경우에 법인의 사업연도는 원칙적으로 1년을 넘지 못한다.	⑩ 사업연도의 변경이 아닌 경우에 법인의 사업연도는 원칙적으로 1년을 넘지 못하나 정당한 사유가 있어 관할세무서장의 승인을 받으면 초과도 가능하다.

⑪ 정관상 사업연도에 관한 규정이 있다 하더라도 내국법인은 법인설립신고 또는 사업자등록과 함께 납세지 관할세무서장에게 그 내용을 신고하여야 한다.	• 정관상 사업연도에 관한 규정有 → 정관상 회계기간을 사업연도로 한다. • 정관상 사업연도에 관한 규정無 → 사업연도를 신고하여야 한다.	⑪ ×
⑫ 사업연도를 변경하려면 직전 사업연도 종료일 이전 3개월 이내에 관할세무서장에게 신고하여야 한다.	사업연도변경 → 직전 사업연도 종료일로부터 3개월 이내에 관할세무서장에게 신고하여야 한다.	⑫ ×
⑬ 국내사업장이 없는 외국법인이라도 국내에 소재한 건물양도에 따른 소득이 있을 경우 사업연도를 신고하여야 한다.		⑬ ○
⑭ 법령에 따라 사업연도가 정하여지는 법인의 경우 사업연도를 정하고 있는 법령이 개정되어 사업연도가 변경되었을 때 신고를 하지 아니하면 종전의 사업연도가 적용된다.	법령이 개정되어 사업연도가 변경되었을 때 신고를 하지 아니한 경우에도 그 법령의 개정 내용과 같이 사업연도가 변경된 것으로 본다.	⑭ ×
⑮ (주)C가 최초사업연도의 개시일 전에 생긴 손익을 사실상 (주)C에 귀속시킨 것이 있는 경우 조세포탈의 우려가 없을 때에는 (주)C에 귀속시킨 손익이 최초로 발생한 날을 사업연도의 개시일로 할 수 있다. 이때에는 예외적으로 사업연도의 기간이 1년을 초과할 수 있다.	최초사업연도의 기간이 1년을 초과하지 않는 범위내에서 이를 해당법인의 최초사업연도의 손익에 산입할 수 있다.	⑮ ×
⑯ 둘 이상의 국내사업장이 있는 외국법인이 사업연도 중에 그 중 하나의 국내사업장을 가지지 아니하게 된 경우에는 그 사업연도 개시일로부터 그 사업장을 가지지 아니하게 된 날까지의 기간을 그 법인의 1사업연도로 본다.	둘 이상의 국내사업장이 있는 외국법인이 사업연도 중에 그 중 하나의 국내사업장을 가지지 아니하게 된 경우에는 국내의 다른 사업장을 계속하여 가지고 있으므로 사업연도가 의제되지 않는다.	⑯ ×
⑰ 국내사업장이 없는 외국법인으로서 국내원천 토지양도소득이 있는 경우 법인의 최초사업연도 개시일은 국내원천 토지양도소득이 최초로 발생한 날이다.		⑰ ○
⑱ 원천징수의무자가 거주자로서 사업장이 없는 경우에는 그 거주자의 주소지 또는 거소지를 원천징수한 법인세의 납세지로 한다.		⑱ ○
⑲ 내국법인의 법인세 납세지는 그 법인의 등기부에 따른 본점이나 주사무소의 소재지로 한다. 다만, 법인으로 보는 단체의 경우에는 당해 단체가 신고하는 장소로 하고 신고가 없는 경우 관할세무서장이 정하는 장소로 한다.	법인으로 보는 단체의 경우에는 사업장이 있는 경우 주된 사업장 소재지(단, 주된 소득이 부동산임대소득인 경우에는 주된 부동산의 소재지)로 한다.[12]	⑲ ×
⑳ 관할지방국세청장이나 국세청장이 납세지를 지정하는 경우 그 법인의 당해 사업연도 종료일로부터 45일 이내에 지정통지를 하여야 한다.		⑳ ○

12) 다만, 사업장이 없는 경우 정관 등에 기재된 주사무소의 소재지(정관 등에 주사무소에 관한 규정이 없는 단체의 경우에는 그 대표자 또는 관리인의 주소지)로 한다.

㉑ 납세지가 변경된 법인이 법인세법에 따라 납세지 변경신고를 한 경우에는 그 법인이 부가가치세법에 의한 사업자등록 정정신고를 한 것으로 본다.

× ㉑ 법인세법상 변경신고 → 부가가치세법상 사업자등록 정정신고를 한 것으로 보지 않는다.(부가가치세법상 사업자등록 정정신고 → 법인세법상 변경신고를 한 것으로 본다.)

㉒ 둘 이상의 국내사업장이 있는 외국법인의 경우 주된 사업장의 소재지를 납세지로 한다.

○ ㉒

㉓ 납세지 관할세무서장은 내국법인의 본점 소재지가 등기된 주소와 동일하지 아니한 경우 납세지를 지정할 수 있다.

× ㉓ 관할지방국세청장이나 국세청장은 내국법인의 본점 소재지가 등기된 주소와 동일하지 아니한 경우 납세지를 지정할 수 있다.

㉔ 법인과세 신탁재산의 법인세 납세지는 그 법인과세 수탁자의 납세지로 한다.

○ ㉔

㉕ 법인과세 신탁재산은 설립일로부터 2개월 이내에 법인설립신고서를 납세지 관할 세무서장에게 신고하여야 한다.

○ ㉕

㉖ 국내사업장이 없는 외국법인으로서 국내원천 부동산소득이 있는 법인은 따로 사업연도를 정하여 그 소득이 최초로 발생하게 된 날부터 1개월 이내에 납세지 관할 세무서장에게 사업연도를 신고하여야 한다.

○ ㉖

㉗ 사업연도를 변경하려는 법인은 그 법인의 직전 사업연도 종료일부터 2개월 이내에 법령으로 정하는 바에 따라 납세지 관할 세무서장에게 이를 신고하여야 한다. 사업연도가 변경된 경우에는 종전의 사업연도 개시일부터 변경된 사업연도 개시일 전날까지의 기간을 1사업연도로 한다. 다만, 그 기간이 3개월 미만인 경우에는 변경된 사업연도에 그 기간을 포함한다.

× ㉗ 사업연도를 변경하려는 법인은 그 법인의 직전 사업연도 종료일부터 3개월 이내에 법령으로 정하는 바에 따라 납세지 관할 세무서장에게 이를 신고하여야 한다. 사업연도가 변경된 경우에는 종전의 사업연도 개시일부터 변경된 사업연도 개시일 전날까지의 기간을 1사업연도로 한다. 다만, 그 기간이 1개월 미만인 경우에는 변경된 사업연도에 그 기간을 포함한다.

㉘ 납세지가 변경된 법인이 부가가치세법에 따라 그 변경된 사실을 신고한 경우에는 그 변경된 날부터 15일 이내에 변경 후의 납세지 관할세무서장에게 납세지 변경신고를 하여야 한다.

㉙ 국내사업장이 없는 외국법인이 사업연도 중에 국내원천 부동산소득이 발생하지 아니하게 되어 납세지 관할세무서장에게 그 사실을 신고한 경우에는 그 사업연도 개시일부터 신고일까지의 기간을 1사업연도로 본다.

㉚ 국세청장은 납세지가 그 법인의 납세지로 적당하지 아니하다고 인정되는 경우로서 대통령령으로 정하는 경우에는 그 납세지를 지정할 수 있다.

해설	번호	정답
납세지가 변경된 법인이 부가가치세법에 따라 그 변경된 사실을 신고한 경우에는 법인세법에 따른 납세지 변경신고를 한 것으로 본다.	㉘	×
	㉙	○
	㉚	○

03 다음의 설명 중 옳은 것은 ○표, 틀린 것은 ×표로 구분하시오.

정답	번호	해설	문제
×	①	기타사외유출로 소득처분한다.	① 사외유출된 익금산입액의 귀속자가 사업소득이 있는 개인으로서 그 자의 사업소득을 구성하는 경우에는 그 자에게 기타소득으로 처분한다.
×	②	① 현금매출누락 〈익금산입〉 ₩2,200,000 (상여) ② 부가가치세 예수금 〈손금산입〉 ₩200,000 (△유보)	② 세무조사 과정에서 현금매출 ₩2,200,000(부가가치세 포함)이 누락되어 회계처리도 이루어지지 않고 회사에 입금도 되지 않았다는 사실을 알게 되었다면 부가가치세를 제외한 ₩2,000,000을 익금산입(상여)으로 세무조정한다.
×	③	소멸시효가 완성된 채권 → 신고조정사항 → 손금산입시기를 선택할 수 없다.	③ 소멸시효가 완성된 채권에 대한 대손금의 손금산입은 손금산입시기의 선택이 가능하다.
×	④	무형자산의 감가상각비도 결산조정사항에 해당한다.	④ 일반적인 유형자산의 감가상각은 결산조정사항이므로 감가상각비를 결산서에 반영한 경우에 한하여 손금으로 인정되지만, 무형자산의 감가상각비는 신고조정사항이므로 과소계상액은 세무조정시 손금산입하면 인정된다.
○	⑤		⑤ 결산조정항목을 손금으로 산입하기 위하여는 결산서상에 비용으로 계상하여야 한다.
○	⑥		⑥ 부도발생일로부터 6개월 이상이 지난 ₩3,000,000의 상거래 어음채권에 대하여 회수불능상태(채무자의 재산에 대하여 설정된 저당권은 없음)임을 확인하고 장부상 전액 대손처리한 경우에는 대손액에서 ₩1,000을 손금불산입(유보)으로 세무조정한다.
○	⑦		⑦ 추계조사로 결정된 과세표준과 결산서상 법인세비용차감전손익과의 차이에 대해서는 대표자상여로 처분한다. 다만, 천재지변 · 기타 불가항력 등으로 인한 추계조사결정의 경우에는 기타사외유출로 처분한다.
×	⑧	출자임원 → 상여로 소득처분한다.	⑧ 익금산입액이 주식소유비율에 따라 각 주주에게 배분된 경우로서 그 이익을 분여받은 자가 그 법인의 주주이면서 동시에 임원에 해당한다면 그 자에 대한 배당으로 처분한다.
○	⑨		⑨ 일시상각충당금은 원칙적으로 결산조정사항이지만, 예외적으로 신고조정을 허용한다.
○	⑩		⑩ 법인세 신고 후 신고조정항목 중에 강제조정항목이 누락된 것을 알게 되었다면 경정청구가 가능하다.
○	⑪		⑪ 사외유출된 금액의 귀속이 불분명하여 대표자(법령이 정하는 대표자로 함)에게 귀속된 것으로 처분한 경우 당해 법인이 그 처분에 따른 소득세 등을 대납하고 이를 손비로 계상하거나 그 대표자와의 특수관계가 소멸될 때까지 회수하지 아니함에 따라 익금에 산입한 금액은 기타사외유출로 처분한다.

⑫ 법인이 합병과 같은 자본거래로 인하여 특수관계인인 다른 주주에게 이익을 분여함으로써 그 이익이 익금에 산입되는 경우로서 이익을 분여받은 자에게 증여세가 과세되는 때에는 그 익금산입액에 대하여 배당으로 처분한다.	증여세가 과세되는 경우에는 기타사외유출로 소득처분한다.	⑫	×
⑬ 업무무관자산에 대한 지급이자 및 건설자금이자 등과 같은 지급이자 손금불산입액은 모두 기타사외유출로 처분한다.	건설자금이자는 유보로 소득처분한다.	⑬	×
⑭ 외국법인 국내사업장의 각사업연도소득에 대한 법인세의 과세표준을 신고함에 있어서 익금에 산입한 금액이 동 외국법인의 본점에 귀속되는 소득은 기타사외유출로 처분한다.		⑭	○
⑮ 건당 3만원을 초과한 기업업무추진비 중 증빙미수취 기업업무추진비의 손금불산입액은 기타사외유출로 처분한다.	증빙누락(미수취)의 경우에는 대표자에 대한 상여로 소득처분하여야 한다.	⑮	×
⑯ 익금항목은 모두 신고조정사항이다.		⑯	○
⑰ 채무자 회생 및 파산에 관한 법률에 따른 회생계획인가의 결정 또는 법원의 면책결정에 따라 회수불능으로 2026년도에 확정된 채권을 2029년도에 손금에 계상한 경우 손금으로 인정되지 않는다.	신고조정사항 → 2026년 손금	⑰	○
⑱ 익금에 산입한 금액이 사외로 유출된 것이 분명하지만 그 귀속자가 불분명한 경우에는 해당 법인의 대표자에 대한 상여로 처분한다.		⑱	○
⑲ 감가상각비의 손금산입은 모두 결산조정사항이다.	감가상각비는 원칙적으로 결산조정사항이나 일부 예외가 존재한다.[13]	⑲	×
⑳ 전기 이월된 기부금 한도초과액의 당기손금추인액은 법인세 세무조정계산서 작성시 소득금액조정합계표 및 자본금과 적립금조정명세서(을)의 작성과 연관이 없다.	소득처분 : 기타	⑳	○
㉑ 법인의 자기자본총액은 자본금과 적립금조정명세서(갑)을 통하여 파악할 수 있다.		㉑	○

13) 감가상각비는 원칙적으로 결산조정사항이나 다음의 예외가 존재한다.

임의신고조정사항	강제신고조정사항
K-IFRS 적용 법인 감가상각비 특례	① 감가상각의제 대상법인의 의제상각비 ② 장부가액이 시가에 미달하는 자산의 감가상각비 ③ 2016.1.1. 이후 개시하는 사업연도에 취득한 업무용승용차의 감가상각비

㉒ 배당 · 상여 및 기타소득으로 소득처분하는 경우 소득처분하는 법인에게는 원천징수의무가 있다.

○ ㉒

㉓ 익금산입액 중 법인의 세무계산상의 자본을 증가시키는 금액이 사내유보이며, 법인의 세무계산상의 자본에 영향을 미치지 않고 사외로 빠져나간 금액이 사외유출이다.

○ ㉓

㉔ 내국법인이 국세기본법상 수정신고기한 내에 매출누락, 가공경비 등 부당하게 사외유출된 금액을 회수하고 세무조정으로 익금에 산입하여 신고하는 경우 기타사외유출로 처분한다.

× ㉔ 내국법인이 국세기본법상 수정신고기한 내에 매출누락, 가공경비 등 부당하게 사외유출된 금액을 회수하고 세무조정으로 익금에 산입하여 신고하는 경우 유보로 처분한다.

㉕ 소득처분은 각 사업연도 소득에 대한 법인세 납세의무가 있는 영리법인뿐만 아니라 비영리내국법인과 비영리외국법인에 대하여도 적용된다.

○ ㉕

㉖ 사외유출된 금액의 귀속자가 법인으로서 그 분여된 이익이 내국법인 또는 외국법인의 국내사업장의 각 사업연도의 소득을 구성하는 경우 기타사외유출로 처분한다.

○ ㉖

㉗ 천재지변으로 장부나 그 밖의 증명서류가 멸실되어 법인세 과세표준을 추계결정하는 경우 그 추계에 의한 과세표준과 결산서상 당기순이익과의 차액(법인세상당액을 공제하지 아니한 금액)을 기타사외유출로 처분한다.

○ ㉗

㉘ 법령으로 정하는 채권자가 불분명한 사채의 이자(동 이자에 대한 원천징수세액은 제외)는 대표자에 대한 상여로 처분하고 익금에 산입한 이자 · 할인액 또는 차익에 대한 원천징수세액에 상당하는 금액은 기타사외유출로 처분한다.

○ ㉘

㉙ 익금에 산입한 금액 중 사외로 유출된 것이 분명하나 그 처분이 배당, 상여, 기타사외유출에 해당하지 않는 경우 기타소득으로 처분한다.

○ ㉙

㉚ 익금에 산입한 금액이 사외에 유출되지 아니한 경우 유보 또는 기타로 처분한다.

○ ㉚

㉛ 대표자상여 처분시 사업연도중에 대표자가 변경된 경우 대표자 각인에게 귀속된 것이 분명한 금액은 이를 대표자 각인에게 구분하여 처분하고 귀속이 분명하지 아니한 경우에는 사업연도말 현재 재직하고 있는 대표자에게 상여로 처분한다.

× ㉛ 대표자상여 처분시 사업연도중에 대표자가 변경된 경우 대표자 각인에게 귀속된 것이 분명한 금액은 이를 대표자 각인에게 구분하여 처분하고 귀속이 분명하지 아니한 경우에는 재직기간의 일수에 따라 구분계산하여 이를 대표자 각인에게 상여로 처분한다.

04 다음의 적법한 세무조정을 자본금과 적립금조정명세서(을)에 적어서 관리하여야 하는 것은 ○표, 나머지는 ×표로 구분하시오.

① 보험업법 등 법률에 의하지 않은 유형자산 및 무형자산의 평가차익을 수익으로 계상함에 따라 이를 익금불산입하였다.	△유보	① ○
② 채무의 출자전환으로 발생한 채무면제이익(수익으로 계상함)을 이월결손금을 보전하는 데에 충당하고 익금불산입하였다.	기타	② ×
③ 불공정자본거래로 인하여 특수관계인에게 분여한 이익으로서 귀속자에게 상속세 및 증여세법에 의하여 증여세가 과세되는 금액을 익금산입하였다.	기타사외유출	③ ×
④ 채권자불분명사채이자의 원천징수세액을 손금불산입하였다.	기타사외유출	④ ×
⑤ 국고보조금을 지급받아 사업용 유형자산 및 무형자산을 취득하는 데에 사용하였으며, 과세이연 요건을 충족함에 따라 일시상각충당금을 손금산입하였다.	△유보	⑤ ○
⑥ 당기말 현재 건설 중인 공장건물의 취득에 소요되는 특정차입금에 대한 지급이자를 이자비용으로 계상함에 따라 이를 손금불산입하였다.	유보	⑥ ○
⑦ 특수관계인으로부터 토지를 시가보다 높은 가액으로 매입함에 따라 그 시가초과액을 손금산입하였다.	△유보	⑦ ○
⑧ 귀속자가 불분명하여 대표자에 대한 상여로 처분한 경우에 해당 법인이 그 처분에 따른 소득세 등을 대납하고 이를 손비로 계상한 금액을 손금불산입하였다.	기타사외유출	⑧ ×
⑨ 자기주식을 처분하여 발생한 이익을 자본계정으로 회계처리한 경우의 자기주식처분이익을 익금산입하였다.	기타	⑨ ×

05 **다음 사항에 대한 소득처분으로 법인에게 원천징수의무가 발생하는 것은 ○표, 나머지는 ×표로 구분하시오.**

× ① 유보		① 대주주(개인)로부터 저가로 취득한 유가증권의 취득원가와 시가와의 차액에 대한 익금산입액
× ② 유보		② 건설자금이자의 손금불산입액
× ③ △유보		③ 전기 이월된 감가상각부인액의 당기손금추인액
× ④ 유보		④ 무상주 의제배당의 익금산입액
× ⑤ 기타사외유출		⑤ 외국법인 국내사업장의 각사업연도소득에 대한 법인세의 과세표준을 신고하거나 결정 또는 경정함에 있어서 익금에 산입한 금액이 동 외국법인의 본점 등에 귀속되는 소득
× ⑥ 기타사외유출		⑥ 기부금 한도초과액
○ ⑦ 대표자 상여		⑦ 채권자가 불분명한 사채이자(원천징수세액 제외)
× ⑧ 기타사외유출		⑧ 업무무관자산관련 지급이자 손금불산입액

MEMO

02 손익의 귀속사업연도와 자산·부채의 평가

Theme 손익의 귀속사업연도

01 다음의 설명 중 옳은 것은 ○표, 틀린 것은 ×표로 구분하시오.

정답	해설	문항
○ ①		① 장기할부조건에 의하여 자산을 판매함으로써 발생한 채권에 대하여 기업회계기준이 정하는 바에 따라 계상한 현재가치할인차금은 그에 따라 환입하였거나 환입할 금액을 각 사업연도의 익금에 산입한다.
× ②	정기예금은 원천징수대상인 이자이므로 귀속미도래 & 기간경과분을 이자수익으로 계상시 익금불산입한다.	② 제조업을 영위하는 법인이 정기예금에 대한 이자를 지급받기 이전에 기간경과분을 이자수익으로 계상한 경우에는 해당 사업연도의 익금으로 한다.
○ ③		③ 임대료는 결산을 확정함에 있어서 이미 경과한 기간에 대응하는 임대료 상당액과 이에 대응하는 비용을 해당 사업연도의 수익과 손비로 계상한 경우 및 임대료 지급기간이 1년을 초과하는 경우 이미 경과한 기간에 대응하는 임대료 상당액과 비용은 이를 각각 해당 사업연도의 익금과 손금으로 한다.
○ ④		④ 중소기업이 수행하는 계약기간이 1년 미만인 단기용역매출의 경우에는 인도기준에 의해 계산한 수익과 비용을 각 사업연도의 익금과 손금에 산입할 수 있다.
× ⑤	특수관계인 and 1년 초과 → 특례적용×[14]	⑤ 법인이 결산을 확정함에 있어서 차입일부터 이자지급일이 1년을 초과하는 특수관계인과의 거래에 따른 기간경과분 미지급이자를 해당 사업연도의 손비로 계상한 경우에는 그 계상한 사업연도의 손금으로 한다.
× ⑥	금융보험업 이외의 법인이 이미 경과한 기간에 대응하는 이자를 해당 사업연도의 수익으로 계상한 경우 그 계상한 사업연도의 익금으로 본다. 다만, 원천징수되는 이자는 제외한다.	⑥ 금융보험업 이외의 법인이 원천징수되는 이자로서 이미 경과한 기간에 대응하는 이자를 해당 사업연도의 수익으로 계상한 경우 그 계상한 사업연도의 익금으로 본다.
○ ⑦		⑦ 자산을 위탁매매하는 경우 수탁자가 그 위탁자산을 매매한 날을 귀속사업연도로 한다.
○ ⑧		⑧ 금융보험업을 영위하는 법인(보험업법에 따른 보험회사는 제외)의 수입보험료(원천징수대상 아님)로서 해당 법인이 결산을 확정할 때 이미 경과한 기간에 대응하는 보험료상당액을 해당 사업연도에 수익으로 계상한 경우에는 그 계상한 사업연도의 익금으로 한다.

14) 법인이 결산을 확정할 때 이미 경과한 기간에 대응하는 이자 및 할인액(차입일부터 이자지급일이 1년을 초과하는 특수관계인과의 거래에 따른 이자 및 할인액은 제외한다)을 해당 사업연도의 손비로 계상한 경우에는 그 계상한 사업연도의 손금으로 한다.

⑨ 자회사로부터 현금으로 수령하는 배당금수익은 배당금을 실제로 지급받은 사업연도의 익금으로 한다.

현금배당은 원칙적으로 **잉여금처분결의일**이 속하는 사업연도의 익금이다.

⑨ ×

⑩ 중소기업이 아닌 기업의 건설 · 제조 기타 용역은 작업진행률에 의해 계산된 금액을 해당 사업연도의 익금과 손금으로 한다.

⑩ ○

⑪ 부동산매매업을 영위하는 법인의 부동산의 판매로 인하여 발생한 판매손익의 귀속사업연도는 그 부동산을 인도한 날이 속하는 사업연도이다.(단, 대금청산일이 인도일보다 빠름)

부동산 단매손익의 귀속시기
→ 대금청산일, 소유권이전등기일(등록일), 인도일, 사용수익일 중 가장 **빠른 날**

⑪ ×

⑫ 세법에 의하여 금전등록기를 설치 · 사용하는 법인의 경우 그 수입하는 물품대금과 용역대가의 귀속사업연도는 그 금액이 실제로 수입된 사업연도로 하여야 한다.

실제로 수입된 사업연도(현금주의)로 **할 수 있다.**(하여야 한다.×)
→ 선택규정○, 강제규정×

⑫ ×

⑬ 제조업을 영위하는 법인이 사채를 발행하는 경우에 상환할 사채금액의 합계액에서 사채발행가액(사채발행수수료와 사채발행을 위하여 직접 필수적으로 지출된 비용을 차감한 후의 가액을 말한다)의 합계액을 공제한 금액은 기업회계기준에 의한 사채할인발행차금의 상각방법에 따라 이를 손금에 산입한다.

⑬ ○

⑭ 사업연도 종료일 현재 발생하여 회수되지 않은 외상매출액에 대하여 매출할인을 적용하기로 하고 결산상 순액법에 의하여 회계처리한 경우 동 매출할인액을 매출한 사업연도의 익금에 산입하여야 한다.

15)

⑭ ○

⑮ 법인이 비치 · 기장한 장부가 없어 해당 사업연도 종료일까지 실제로 소요된 총공사비누적액 또는 작업시간 등을 확인할 수 없는 경우에는 추계조사방법에 의하여 계산한 수익과 비용을 각각 해당 사업연도의 익금과 손금에 산입한다.

공사진행률을 산정할 수 없는 경우에는 **인도기준**에 의한 수익과 비용을 각각 익금과 손금에 산입한다.

⑮ ×

⑯ 업무에 사용하던 트럭의 양도손익은 그 대금을 청산하기 전에 소유권 이전에 관한 등록을 한 경우에는 그 등록일이 속하는 사업연도의 익금 및 손금으로 한다.

⑯ ○

⑰ 중소기업의 경우 장기할부매출에 대하여 결산상 회계처리에 관계없이 장기할부조건에 따라 각 사업연도에 회수하였거나 회수할 금액과 이에 대응하는 비용을 각각 해당 사업연도의 익금과 손금에 산입할 수 있다.

⑰ ○

⑱ 잉여금의 처분에 따른 배당소득의 귀속사업연도는 잉여금을 처분한 법인의 결산확정일이 속하는 사업연도로 한다.

잉여금의 처분에 따른 배당소득의 귀속사업연도
→ **잉여금처분결의일**

⑱ ×

---

15) 결산상 순액법에 의하여 회계처리한 경우 매출한 사업연도의 세무조정은 다음과 같다.
if) 판매가격 ₩1,000,000, 2% 할인 조건

구분	차변		대변	
B	매출채권	980,000	매출액	1,000,000
	매출할인	20,000		
T	매출채권	1,000,000	매출액	1,000,000
D	〈익금산입〉 매출채권 ₩20,000 (유보)			

○	⑲		⑲ 내국법인의 각 사업연도의 익금과 손금의 귀속사업연도는 그 익금과 손금이 확정된 날이 속하는 사업연도로 한다.
×	⑳	중소기업이 아닌 법인이 장기할부조건으로 자산을 판매하고 인도기준으로 회계처리한 경우 그 장기할부조건에 따라 각 사업연도에 회수하였거나 회수할 금액과 이에 대응하는 비용을 신고조정으로 각각 해당사업연도의 익금과 손금에 산입할 수 없다. → 결산조정○, 신고조정×	⑳ 중소기업이 아닌 법인이 장기할부조건으로 자산을 판매하고 인도기준으로 회계처리한 경우, 그 장기할부조건에 따라 각 사업연도에 회수하였거나 회수할 금액과 이에 대응하는 비용을 신고조정에 의하여 해당 사업연도의 익금과 손금에 산입할 수 있다.
○	㉑		㉑ 계약의 목적물을 인도하지 아니하고 목적물의 가액 변동에 따른 차액을 금전으로 정산하는 파생상품의 거래로 인한 손익은 그 거래에서 정하는 대금결제일이 속하는 사업연도의 익금과 손금으로 한다.
×	㉒	가상자산은 선입선출법에 따라 평가해야 한다.	㉒ 「특정 금융거래정보의 보고 및 이용 등에 관한 법률」 제2조제3호에 따른 가상자산은 이동평균법에 따라 평가해야 한다.
○	㉓		㉓ 투자회사 등이 결산을 확정할 때 증권 등의 투자와 관련된 수익 중 이미 경과한 기간에 대응하는 이자 및 할인액과 배당소득을 해당 사업연도의 수익으로 계상한 경우에는 그 계상한 사업연도의 익금으로 한다.
×	㉔	납품계약 또는 수탁가공계약에 의하여 물품을 납품하거나 가공하는 경우에는 당해물품을 계약상 인도하여야 할 장소에 보관한 날이 속하는 사업연도의 손익으로 한다. 다만, 계약에 따라 검사를 거쳐 인수 및 인도가 확정되는 물품의 경우에는 당해검사가 완료된 날로 한다.	㉔ 납품계약 또는 수탁가공계약에 따라 검사를 거쳐 인수 및 인도가 확정되는 물품의 경우에는 당해 물품을 계약상 인도하여야 할 장소에 보관한 날이 속하는 사업연도의 손익으로 한다.
×	㉕	실제로 지급받은 날이 속하는 사업연도의 익금에 산입한다.	㉕ 「은행법」에 따른 은행 등의 금융회사가 금융채무등 불이행자의 신용회복 지원과 채권의 공동추심을 위하여 공동으로 출자하여 설립한 「자산유동화에 관한 법률」에 따른 유동화전문회사로부터 수입하는 배당금은 잉여금처분결의일이 속하는 사업연도의 익금에 산입한다.
○	㉖		㉖ 조세특례제한법에 따른 프로젝트금융투자회사가 「택지개발촉진법」에 따른 택지개발사업 등 기획재정부령으로 정하는 토지개발사업을 하는 경우로서 해당 사업을 완료하기 전에 그 사업의 대상이 되는 토지의 일부를 양도하는 경우에는 그 양도대금을 해당 사업의 작업진행률에 따라 각 사업연도의 익금에 산입할 수 있다.

02 제조업을 영위하는 영리내국법인 ㈜A(중소기업 아님)의 제26기(2026.1.1.~12.31) 손익의 귀속사업연도에 관한 설명 중 옳은 것은 ○표, 그렇지 않은 것은 ×표로 구분하시오.

문항	해설	정답
① 「자본시장과 금융투자업에 관한 법률」에 따른 증권시장에서 동법에 의한 증권시장업무규정에 따라 보통거래방식의 유가증권 매매로 인한 익금과 손금의 귀속사업연도는 매매계약을 체결한 날이 속하는 사업연도로 한다.		① ○
② 장기할부조건으로 자산을 판매하고 인도기준으로 회계처리한 경우, 그 장기할부조건에 따라 각 사업연도에 회수하였거나 회수할 금액과 이에 대응하는 비용을 신고조정에 의하여 해당 사업연도의 익금과 손금에 산입할 수 있다.	㈜A는 중소기업이 아니므로 장기할부조건으로 자산을 판매하고 인도기준으로 회계처리한 경우에는 회수기일도래기준으로 신고조정할 수 없다.	② ×
③ 약정에 의한 지급기일이 2026.12.15.인 매출할인금액을 2027.1.15.에 지급한 경우 그 매출할인금액은 제27기의 매출액에서 차감한다.	매출할인은 상대방과의 약정에 의한 지급기일이 속하는 사업연도의 매출액에서 차감하므로 제26기의 매출액에서 차감한다.	③ ×
④ 이미 경과한 기간에 대응하는 이자 ₩300,000을 제26기의 비용으로 계상한 경우 그 이자는 법인세법에 따라 원천징수되는 이자에 해당하지 않는 경우에만 제26기의 손금으로 한다.	이미 경과한 기간에 대응하는 이자 ₩300,000을 제26기의 비용으로 계상한 경우 그 이자는 원천징수여부를 불문하고 제26기의 손금으로 한다. 다만, 차입일로부터 이자지급일이 1년을 초과하는 특수관계인과의 거래에 따른 이자 및 할인액은 제외한다.	④ ×
⑤ 임대료 ₩12,000,000(임대계약기간 : 2026.10.1.~2027.9.30.)을 2026.10.1. 선불로 받는 조건으로 임대계약을 체결하고, 그 임대료를 제26기의 수익으로 계상하지 않은 경우 제26기의 법인세법상 임대료수익은 ₩3,000,000이다.	제26기의 법인세법상 임대료수익은 ₩12,000,000이다.16)	⑤ ×
⑥ 전기 초 2년분 임차료 ₩500,000을 지급하고 장부상 전액 비용으로 처리 후 당기 말 ₩250,000을 (차)임차료비용과 (대)잡이익으로 회계처리한 부분에 대해 익금불산입·△유보로 조정한다.	17)	⑥ ○

16) 임대료 지급기간* 이 1년 이하이므로 단기임대료에 해당하므로 귀속시기는 계약상 지급일이다.
* 임대료 지급기간 : 임대계약기간이 4년이라 할 때 임대료를 2년마다 지급하기로 한 경우 그 2년을 말한다.

17) 장기임차료는 발생주의(강제)이므로 다음과 같이 세무조정한다.

구분	차변		대변	
B	임차료비용	250,000	잡이익	250,000
T	임차료비용	250,000	선급임차료	250,000
D	손금산입(= 익금불산입) 선급임차료 ₩250,000 (△유보)			

* 장부상 같은 금액을 비용과 수익으로 각각 계상하였으므로 순액으로 회계처리를 하지 않은 것과 효과가 동일하다. 세무상 ₩250,000의 비용이 있어야 하므로 손금산입(△유보)의 세무조정을 해야 한다.

03 다음 중 비상장 영리내국법인 (주)A(중소기업이 아님, 제조업)의 제26기 사업연도(2026. 1. 1~12. 31) 법인세를 계산함에 있어서 세무조정이 필요한 경우는 ○표, 필요하지 않은 경우는 ×표로 구분하시오.

정답	해설	문제
× ①	기간경과분을 비용으로 계상한 경우 이를 인정한다. → 세무조정 無	① 전기 말 현재 특수관계가 없는 자에 대한 차입금의 미지급이자는 ₩2,000,000인데, 당기 말에 전기 말 미지급이자를 포함한 이자 ₩4,000,000을 지급하였다. (주)A는 미지급이자를 기업회계기준에 따라 회계처리하였으며, 전기 말 미지급이자에 대한 세무조정을 하지 않았다.
× ②	연체이자는 손금에 해당한다. → 세무조정 無	② 2026년 5월 은행차입금 이자의 지급기일까지 이자를 지급하지 못하여 연체이자를 납부하고 이를 손익계산서상 이자비용으로 계상하였다.
× ③	특례로 인정한다. → 세무조정 無	③ 은행이 신용을 공여하는 기한부 신용장방식에 따라 원자재를 연지급수입하면서 연지급수입이자를 부담하고 이를 손익계산서상 이자비용으로 계상하였다.
○ ④	단기용역에 해당하나 중소기업이 아니므로 진행기준을 적용하여야 한다. → 세무조정 有	④ 건설용역(계약기간 : 2026. 8. 16~2027. 3. 31)에 대하여 인도기준(완성기준)을 적용하고자 제26기에 공사수익과 공사원가를 계상하지 아니하였다. 단, 작업진행률은 40%로 확인이 된다.

Theme 자산의 취득가액

04 다음의 설명 중 옳은 것은 ○표, 틀린 것은 ×표로 구분하시오.

정답	해설	문제
○ ①	교환취득시 자산의 취득가액 → 취득한 자산의 시가	① 법인이 소유한 기계장치(시가 5천만원, 장부가액 6천만원)를 다른 법인이 소유한 기계장치(시가 4천만원, 장부가액 4천 5백만원)와 교환하였을 경우 교환으로 취득하는 기계장치의 취득가액은 4천만원으로 한다.
○ ②		② 내국법인이 특수관계가 없는 타인으로부터 자산(당기손익 공정가치 측정 금융자산은 제외)을 매입한 경우 그 자산의 취득가액은 매입가액에 부대비용을 가산한 금액으로 한다.
○ ③		③ 유형자산의 취득과 함께 국·공채를 매입하는 경우 기업회계기준에 따라 그 국·공채의 매입가액과 현재가치의 차액을 당해 유형자산의 취득가액으로 계상한 금액은 그 취득가액에 포함한다.
○ ④		④ 토지를 장기할부조건으로 취득하면서 취득가액을 할부대금의 명목가액 1억원 대신 기업회계기준에 따라 현재가치 7천만원으로 장부에 계상한 경우 7천만원을 취득가액으로 인정한다.
× ⑤	현물출자 : 적격·비적격을 불문하고 해당 자산의 시가를 취득가액으로 한다. → 토지의 취득가액 : 9천만원	⑤ 시가 1억원의 주식을 발행하여 시가 9천만원의 토지를 현물출자(적격현물출자 아님) 받은 경우 세무상 토지의 취득가액은 1억원으로 한다.
○ ⑥		⑥ 한국채택국제회계기준을 적용하는 법인이 당기손익 공정가치 측정 금융자산의 취득가액은 매입가액으로 하고 매입관련부대비용을 포함하지 않는다.

⑦ 특수관계 없는 자로부터 시가 2억원의 건물을 2억 5천만원에 매입하고 장부에 2억 5천만원으로 계상하였다면 건물의 세무상 취득가액은 2억 5천만원이다.	비특수관계인 + 고가매입 정상가액 : ~2억 6천만원 → 세무조정 無	⑦ ○
⑧ 특수관계인인 법인으로부터 시가 3천만원의 유가증권을 2천만원에 매입한 경우 해당 유가증권의 취득가액은 2천만원으로 한다.		⑧ ○
⑨ 자산을 시가보다 고가로 매입한 경우에는 시가를 취득가액으로 한다.	특수관계인 : 시가 비특수관계인 : 정상가액	⑨ ×
⑩ 특수관계 없는 자로부터 유형자산을 취득하면서 정당한 사유없이 정상가액보다 높은 가격으로 매입하고 실제지급액을 장부상 취득원가로 계상한 경우, 동 유형자산의 세무상 취득가액은 시가이다.	비특수관계자 & 고가매입 → 세무상 취득가액 : 정상가액	⑩ ×
⑪ 감가상각대상 자산을 시가보다 고가로 매입한 것이 부당행위계산의 부인에 해당하는 경우 그 시가초과액은 해당 자산의 취득가액에 포함하지 아니한다.		⑪ ○
⑫ (주)A로부터 건물(명목가액 4억원, 현재가치 3억원)을 장기할부조건으로 매입하여 현재가치를 취득원가로 계상하고 명목가액과 현재가치의 차이를 현재가치할인차금으로 계상하였다면 별도의 세무조정이 필요없다.		⑫ ○
⑬ 법인이 합병(적격합병 아님)에 의하여 취득한 자산은 합병등기일 현재의 시가를 그 자산의 취득가액으로 한다.		⑬ ○
⑭ 자산을 장기할부조건으로 취득함에 따라 발생한 채무를 기업회계기준이 정하는 바에 따라 현재가치로 평가하여 계상하는 현재가치할인차금은 취득가액에 포함한다.	자산을 장기할부조건으로 취득함에 따라 발생한 채무를 기업회계기준이 정하는 바에 따라 현재가치로 평가하여 계상하는 현재가치할인차금은 취득가액에 포함하지 않는다.	⑭ ×
⑮ 특수관계에 있는 개인으로부터 유가증권을 시가에 미달하는 가액으로 매입한 경우에 그 유가증권의 시가와 매입가액과의 차액에 상당하는 금액은 취득가액에 포함한다.		⑮ ○

정답	번호	해설	문제
○	⑯		⑯ 법인의 증자에 있어서 주주인 A법인이 신주를 시가보다 높은 가액으로 인수함으로써 부당행위계산의 부인규정이 적용되는 경우, 그 시가초과액은 A법인이 취득한 주식의 취득가액에 포함하지 않는다.
○	⑰		⑰ 출자법인이 현물출자로 인하여 피출자법인을 새로 설립하면서 그 대가로 주식만 취득하는 경우 현물출자에 따라 출자법인이 취득한 주식의 취득가액은 현물출자한 순자산의 시가로 한다.
○	⑱		⑱ 물적분할에 따라 출자법인이 취득한 주식의 취득가액은 물적분할한 순자산의 시가로 한다.
×	⑲	특수관계인으로부터 자산을 고가매입한 경우 시가초과액은 취득가액에 포함되지 않는다.	⑲ 법인의 업무와 관련 없는 자산을 특수관계인으로부터 시가보다 높은 가액으로 매입한 경우 그 시가초과액은 취득가액에 포함한다.
○	⑳		⑳ 현재가치할인차금을 계상하지 않은 경우 매입가액 전액을 취득가액으로 한다.
○	㉑		㉑ 현재가치할인차금은 유효이자율법으로 상각한다.
○	㉒		㉒ 이자비용으로 계상된 현재가치할인차금상각액에 대해서는 원천징수 및 지급명세서 제출의무가 없다.
○	㉓		㉓ 유효이자율법에 의한 현재가치할인차금상각액은 지급이자 손금불산입 대상인 지급이자로 보지 아니한다.
×	㉔	교환으로 취득한 자산의 취득원가는 교환으로 인하여 취득한 자산의 취득 당시의 시가로 한다.	㉔ 동종자산과 교환으로 취득하는 유형자산의 취득가액은 교환으로 제공한 자산의 장부가액을 자산의 취득가액으로 한다.
○	㉕	장기금전대차 → 현재가치 평가 인정×	㉕ 법인이 장기금전대차거래에 대하여 장부가액과 현재가치와의 차액을 현재가치할인차금으로 계상하고, 이를 기업회계기준의 상각 또는 환입방법에 따라 손금 또는 익금으로 계상하는 경우에는 그 계상한 사업연도의 손금 또는 익금에 산입하지 아니한다.

㉖ 상업적 실질이 없는 교환으로 취득한 자산(공정가치 ₩700,000)의 취득원가를 제공한 자산의 장부가액(₩500,000)으로 회계처리한 부분에 대해 ₩200,000을 익금산입·유보로 조정한다.

㉗ 합병 · 분할에 따라 취득한 자산이 적격합병 · 적격분할에 해당하는 경우에는 피합병법인 · 분할법인의 자산의 장부가액을 자산의 취득가액으로 한다.

㉘ 「온실가스 배출권의 할당 및 거래에 관한 법률」에 따라 정부로부터 무상으로 할당받은 배출권의 취득가액은 ₩0으로 한다.

	㉖ ○
	㉗ ○
	㉘ ○

Theme 자산 · 부채의 평가기준

05 다음의 설명 중 옳은 것은 ○표, 틀린 것은 ×표로 구분하시오.

× ①	제조업을 영위하는 법인이 보유하는 화폐성 외화자산 · 부채의 평가방법을 관할세무서장에게 신고하여 적용하기 이전 사업연도의 경우 취득일 또는 발생일 현재의 매매기준율로 평가하여야 한다.	① 제조업을 영위하는 법인이 보유하는 화폐성외화자산 · 부채의 평가방법을 관할세무서장에게 신고하여 적용하기 이전 사업연도의 경우 사업연도 종료일 현재의 매매기준율로 평가하여야 한다.
× ②	변경하고자 하는 사업연도종료일 이전 3개월(2026년 9월 30일)까지 납세지 관할세무서장에게 제출해야 한다.	② 제조업을 영위하는 영리내국법인 ㈜A가 제26기 사업연도(2026.1.1.~12.31.)부터 법인세법상 재고자산의 평가방법을 선입선출법(적법하게 신고)에서 총평균법으로 변경할 경우, 회사는 재고자산 등 평가방법변경신고서를 2027년 3월 31일까지 납세지 관할세무서장에게 제출해야 한다.
× ③	법인이 신고한 화폐성외화자산 · 부채의 평가방법은 그 후의 사업연도에도 계속하여 적용하여야 한다. 다만, 금융회사 등 외의 법인은 신고한 평가방법을 적용한 사업연도를 포함하여 5개 사업연도가 지난 후에는 다른 방법으로 신고하여 변경된 평가방법을 적용할 수 있다.	③ 법인이 신고한 화폐성외화자산 · 부채의 평가방법은 그 후의 사업연도에도 계속하여 적용하여야 한다. 다만, 신고한 평가방법을 적용한 사업연도를 포함하여 3개 사업연도가 지난 후에는 다른 방법으로 신고하여 변경된 평가방법을 적용할 수 있다.
○ ④		④ 제조업을 영위하는 법인이 기한 내에 신고한 재고자산 평가방법 외의 방법으로 평가한 경우, 납세지 관할세무서장은 회사가 신고한 평가방법에 의하여 평가한 가액과 선입선출법에 의하여 평가한 가액 중 큰 금액으로 재고자산을 평가한다.
○ ⑤	외국환은행의 화폐성 외화자산 · 부채는 시가법(강제)이므로 외화평가이익이 익금이다.	⑤ 외국환은행이 화폐성 외화자산을 처분함에 있어서 해당 자산의 보유기간 중 매매기준율로 환산한 외화평가이익은 세무상 장부가액에 포함된다.
○ ⑥	보험업법이나 그 밖의 법률에 따른 유형자산 및 무형자산의 평가증을 인정한다.	⑥ 자산재평가법에 의하여 재평가한 사실이 있는 유형자산을 처분함에 있어서 해당 재평가자산에 대한 재평가차액은 세무상 장부가액에 포함된다.
× ⑦	비화폐성 외화자산 및 부채의 평가손익을 익금과 손금으로 인정하지 않는다.	⑦ 제조업을 영위하는 내국법인이 보유하고 있는 모든 외화자산 및 부채의 평가손익은 해당 사업연도에 익금 또는 손금으로 인정한다.
○ ⑧		⑧ 재고자산으로서 파손 · 부패 등의 사유로 인하여 정상가격으로 판매할 수 없는 것은 장부가액을 감액할 수 있다.
○ ⑨		⑨ 주권상장법인이 발행한 주식으로 그 발행법인이 부도가 발생한 경우 사업연도 종료일 현재 시가로 평가한 가액으로 장부가액을 감액할 수 있다. 이 경우 주식 발행법인별로 보유주식 총액을 시가로 평가한 가액이 1천원 이하인 경우에는 1천원을 시가로 한다.

문제	해설	정답
⑩ 신설된 영리내국법인은 해당 법인 설립일이 속하는 사업연도의 과세표준신고기한까지 재고자산평가방법을 신고하여야 한다.		⑩ ○
⑪ 제조업을 영위하는 영리내국법인 ㈜A(사업연도 : 1.1~12.31)가 2026년 3월 1일에 파산한 ㈜C의 주식을 2026년 12월 31일 현재 시가로 감액하고, 그 감액한 금액을 당해 사업연도의 손금으로 계상한 경우 ㈜A와 ㈜C가 법인세법상 특수관계가 아니어야 ㈜C 주식의 장부가액을 감액할 수 있다.	파산의 경우 ㈜A와 ㈜C의 특수관계 여부와 무관하게 ㈜C 주식의 장부가액을 감액할 수 있다.	⑪ ×
⑫ 재고자산의 평가방법상 원가법에는 개별법 · 선입선출법 · 후입선출법 · 총평균법 · 이동평균법 및 매출가격환원법이 있고, 유가증권 평가방법상 원가법에는 개별법(채권의 경우에 한한다) · 총평균법 · 이동평균법이 있다.		⑫ ○
⑬ 「자본시장과 금융투자업에 관한 법률」에 의한 투자회사가 보유한 유가증권과 금융회사가 매매목적으로 보유하고 있는 유가증권은 재고자산에 해당하므로 법인이 기한 내에 평가방법을 신고하지 아니한 경우에는 납세지 관할세무서장은 선입선출법에 의하여 평가한다.	① 투자회사가 보유한 유가증권 → 시가법 ② 매매목적 유가증권 → by 유가증권의 평가방법 → 무신고시 총평균법	⑬ ×
⑭ 재고자산에 대한 평가방법으로 저가법을 신고하는 경우에는 시가와 비교되는 원가법을 함께 신고하여야 하고, 저가법 적용시 원가법과 비교하는 시가는 기업회계기준에 따라 평가한다.		⑭ ○
⑮ 제조업을 영위하는 법인이 보유한 주식의 평가는 총평균법과 이동평균법 중 법인이 납세지 관할세무서장에게 신고한 방법에 의한다.		⑮ ○
⑯ 재고자산은 제품 및 상품, 반제품 및 재공품, 원재료 및 저장품으로 구분하여 평가할 수 있으나 영업장별로 다른 평가방법을 적용할 수는 없다.	재고자산은 종류별, 영업장별로 평가방법을 달리 적용할 수 있다.	⑯ ×
⑰ 매매를 목적으로 소유하는 부동산의 평가방법을 법령에 따른 기한 내에 신고하지 아니한 경우, 납세지 관할세무서장이 개별법에 의하여 평가한다.		⑰ ○
⑱ 은행법에 의한 인가를 받아 설립된 은행이 보유하는 화폐성 외화자산 · 부채는 취득일 또는 발생일 현재의 외국환거래규정에 따른 매매기준율 또는 재정된 매매기준율로 평가하여야 한다.	은행이 보유하는 화폐성 외화자산 · 부채는 사업연도 종료일(취득일 · 발생일×) 현재의 매매기준율 등으로 평가하여야 한다.	⑱ ×
⑲ 시설개체 또는 기술낙후로 인하여 생산설비의 일부를 폐기한 경우 당해 자산의 장부가액에서 1천원을 공제한 금액을 폐기일이 속하는 사업연도의 손금에 산입할 수 있다.		⑲ ○

○	⑳		⑳ 법률에 의하지 아니하고 유형자산을 재평가하여 발생한 재평가이익 ₩1,000,000을 기타포괄손익으로 회계처리한 경우, 익금산입 ₩1,000,000(기타), 익금불산입 ₩1,000,000(△유보)으로 처리하여야 한다.
×	㉑	재고자산평가손실 : 결산조정사항 → 손금산입할 수 없다.	㉑ 파손 · 부패 등의 사유로 정상가격으로 판매할 수 없는 재고자산에 대한 평가손실 ₩800,000을 손익계산서에 계상하지 아니하고 소득금액조정합계표에서 손금에 산입하였다.(단, 재고자산평가방법은 저가법으로 신고함)
×	㉒	유가증권 : 원가법(시가법×) 단, 투자회사는 시가법	㉒ 제조업을 영위하는 법인이 보유하는 주식을 시가법으로 평가하고 회계상 평가이익을 계상한 경우에는 그 계상한 사업연도의 익금으로 한다.
○	㉓		㉓ 자본시장과 금융투자업에 관한 법률에 따른 종합금융회사가 보유하는 화폐성 외화자산 · 부채를 평가함에 따라 발생하는 평가한 원화금액과 원화기장액의 차익 또는 차손은 해당 사업연도의 익금 또는 손금에 산입한다.
○	㉔		㉔ 공정가치측정 금융자산의 평가이익 ₩800,000을 기타포괄손익으로 회계처리한 경우, 익금산입 ₩800,000(기타), 익금불산입 ₩800,000(△유보)으로 처리하여야 한다.

06 비상장 영리내국법인 (주)A(제조업)는 다음 사항에 대하여 당기에 세무조정을 하지 않았는데, 세무조정이 필요한 것은 ○표, 세무조정이 필요하지 않은 것은 ×표로 구분하시오.

문항	해설	번호	답
① 토지의 취득과 함께 공채를 매입하고 기업회계기준에 따라 그 공채의 매입가액과 현재가치의 차액을 당해 토지의 취득가액으로 계상하였다.	특례로 인정한다. → 세무조정 無	①	×
② 유가증권 중 당기에 부도가 발생한 주권상장법인 (주)B의 주식을 사업연도종료일 현재의 시가(₩2,000)로 감액하고 관련 손실을 장부상 손금으로 계상하였다.	부도발생한 상장법인 주식을 시가(시가로 평가한 가액이 ₩1,000 이하인 경우에는 ₩1,000)로 감액하고 장부상 손금으로 계상하였다. → 세무조정 無	②	×
③ 재고자산의 시가(기업회계기준에 따른 평가액)가 원가법에 따른 평가액보다 낮은 것을 확인하고 관련 재고자산평가손실을 장부상 손금으로 계상하였다. (주)A는 재고자산의 평가방법으로 저가법을 적법하게 신고·평가하였다.	저가법신고의 경우 저가법평가를 인정한다. → 세무조정 無	③	×
④ 단기금융자산을 1억원에 매입하고, 당해 자산의 취득과 직접 관련되는 거래원가 1천만원을 포함한 1억 1천만원을 장부상 취득가액으로 회계처리하였다.	단기금융자산은 매입가액을 취득가액으로 보므로 부대비용은 취득가액에 포함하지 않고 손금산입한다. 손入 ₩10,000,000 (△유보)	④	○

07 영리내국법인이 보유하는 자산에 대한 평가손실을 허용하는 경우는 ○표, 허용하지 않는 경우는 ×표로 구분하시오.

문항	해설	번호	답
① 보험업법이나 그 밖의 법률에 따른 유형자산의 평가로 장부가액을 감액한 경우	보험업법이나 그 밖의 법률에 따른 유형자산 및 무형자산의 평가증을 인정하며, 평가감은 인정되지 않는다.	①	×
② 주권상장법인이 발행한 주식으로서 주식의 발행법인이 부도가 발생한 경우		②	○
③ 유형자산으로서 천재지변·화재 등의 사유로 파손되거나 멸실된 경우		③	○
④ 재고자산으로서 파손·부패 등의 사유로 정상가격으로 판매할 수 없는 경우		④	○
⑤ 주권상장법인이 발행한 주식으로서 그 주식의 발행법인이 기업구조조정촉진법에 따른 부실징후기업이 된 경우		⑤	○

03 익금

Theme 익금과 익금불산입

01 **다음은 (주)E의 제26기 사업연도(2026. 1. 1~12. 31)의 법인세 계산을 위한 세무조정 내역이다. 다음의 설명 중 옳은 것은 ○표, 틀린 것은 ×표로 구분하시오.**

정답	번호	해설	지문
○	①		① 유가증권을 특수관계인인 개인으로부터 ₩50,000(시가 ₩70,000)에 매입하여 취득가액으로 회계처리하고, 시가와 매입가액의 차이인 ₩20,000을 익금산입(유보)로 소득처분하였다.
○	②		② 채무 ₩8,000,000의 출자전환으로 주식(액면가액 ₩5,000,000, 시가 ₩6,000,000)을 발행하면서 차변에 차입금 ₩8,000,000, 대변에 자본금 ₩5,000,000, 주식발행초과금 ₩3,000,000으로 회계처리하고 ₩2,000,000을 익금산입(기타)로 소득처분하였다.
○	③		③ 채무면제이익 ₩4,000,000을 장부상 이익잉여금으로 회계처리하고, 동 금액을 익금산입(기타)로 세무조정하였다.
○	④	• 자기주식처분이익 세법상 : 익금항목 장부상 : 수익계상 → 세무조정 無	④ 제3자로부터 취득한 자기주식(취득가액 ₩50,000)을 ₩60,000에 처분하고 그 차액 ₩10,000을 손익계산서상 자기주식처분이익으로 계상하고, 별도의 세무조정을 하지 않았다.
×	⑤	• 업무관련자산에 대한 재산세 세법상 : 당초 손금 → 환입시 익금 장부상 : 수익계상 → 세무조정 無	⑤ 전기분 업무관련 토지에 대한 재산세 ₩100,000이 당기에 환입되어 이를 손익계산서상 잡이익으로 계상하고, ₩100,000을 익금불산입(기타)로 소득처분하였다.
○	⑥		⑥ 전기 이전 납부한 법인세 중 당기에 환급된 금액 ₩1,000,000과 국세환급가산금 ₩150,000을 손익계산서상 잡이익으로 처리하고, ₩1,150,000 전액을 익금불산입(기타)로 세무조정하였다.
○	⑦	유가증권 : 원가법	⑦ 수입배당금 ₩3,000,000(이 중 수입배당금 익금불산입규정에 따라 익금불산입되는 금액은 ₩900,000임)을 수령하면서 투자주식을 지분법에 따라 감액하고, ₩3,000,000을 익금산입(유보)로, ₩900,000은 익금불산입(기타)로 세무조정하였다.
×	⑧	세법상 자기주식은 자산으로 보므로 취득시 양쪽조정이 필요하다.[18]	⑧ 자기주식을 ₩2,000,000에 취득하고 기업회계기준에 따라 장부상 자본에서 차감표시하고, 동 금액에 대하여 손금산입(기타)로 세무조정하였다.

18) 자기주식을 취득하고 자본차감으로 표시한 경우 아래의 세무조정이 필요하다. (단, 실무상 아래의 세무조정은 생략가능하다.)
〈손금산입〉 자본계정 (기타) 〈손금불산입〉 자산계정 (유보)

02 다음의 설명 중 옳은 것은 ○표, 틀린 것은 ×표로 구분하시오.

문제	해설	번호	정답
① 내국법인의 각 사업연도의 소득금액 계산에 있어서 주식의 포괄적 이전차익은 익금에 산입하지 아니하나 주식의 포괄적 교환차익은 익금에 산입한다.	주식의 포괄적 이전차익과 주식의 포괄적 교환차익은 익금에 산입하지 아니한다.	①	×
② 대주주로부터 결손보전 목적으로 ₩800,000,000의 토지를 수증받아 수익으로 계상하고 이 중 ₩600,000,000을 발생연도로부터 8년이 경과한 세무상 이월결손금(합병 · 분할시 승계받은 결손금 아님)으로서 결손금 발생 후 각 사업연도 과세표준 계산시 공제되지 아니한 금액의 보전에 충당하였다면 ₩600,000,000을 익금불산입(기타)으로 세무조정한다.		②	○
③ 법인이 합병, 증자, 감자로 인하여 특수관계인으로부터 이익을 분여받은 경우 그 이익은 익금이다.		③	○
④ 법인이 특수관계 없는 개인으로부터 유가증권을 시가보다 낮은 가액으로 양수했을 때, 그 시가와 실제 양수가액과의 차액은 익금이 아니다.		④	○
⑤ 채무의 출자전환으로 주식을 발행함에 있어 시가가 액면가액에 미달하는 경우, 그 주식의 시가를 초과하여 발행된 금액 중에는 채무면제이익을 제외한 주식발행액면초과액만큼의 익금불산입항목이 존재한다.	이 경우 익금불산입항목이 존재하지 않는다.[19]	⑤	×
⑥ 익금은 자본 또는 출자의 납입 및 법인세법에서 규정하는 것은 제외하고 해당 법인의 순자산을 증가시키는 거래로 인하여 발생하는 수익의 금액으로 한다.		⑥	○
⑦ 채무 1억원을 출자전환함에 따라 주식(액면가액 5천만원, 시가 7천만원)을 발행하고, 발행가액과 액면가액의 차액인 5천만원을 주식발행초과금(자본)으로 회계처리한 경우 별도의 세무조정이 필요하지 않다.	채무 1억원과 시가 7천만원의 차액은 채무면제이익이므로 익금에 해당한다. → 익入 3천만원 (기타)	⑦	×
⑧ 보험업법에 따른 유형자산 및 무형자산의 평가로 재평가이익 ₩3,000,000을 장부상 자본항목으로 회계처리한 경우, 익금산입 ₩3,000,000(유보), 익금불산입 ₩3,000,000(기타)으로 처리하여야 한다.	익금산입 ₩3,000,000 (기타)로 처리하여야 한다. →보험업법이나 그 밖의 법률에 따른 유형자산 및 무형자산의 평가이익은 세법상 익금으로 인정한다.	⑧	×
⑨ 채무의 출자전환시 시가가 액면가액에 미달하는 경우 익금에 산입되는 채무면제이익은 발행가액에서 액면가액을 차감하여 계산한다.		⑨	○
⑩ 당기에 특수관계자인 개인으로부터 ₩500,000(취득당시 시가 ₩800,000)에 취득하고 지급액을 장부상 취득원가로 회계처리한 기타포괄손익 공정가치 측정 금융자산(유가증권)을 당기말 시가(₩400,000)로 평가하면서 평가손실(₩100,000)을 기타포괄손익으로 회계처리한 경우, 익금산입 ₩400,000(유보), 익금불산입 ₩100,000(기타)으로 처리하여야 한다.	• 취득시 : 익入 ₩300,000 (유보) • 평가시 : 손入 ₩100,000 (기타) 손不 ₩100,000 (유보) → 세무조정의 순효과가 지문과 동일함	⑩	○

19) 채무의 출자전환으로 주식을 발행함에 있어 시가가 액면가액에 미달하는 경우 세법상 회계처리는 다음과 같다.
if) 주식(시가 ₩300, 액면가 ₩500) 부채 ₩1,000

차 변		대 변	
부채	1,000	자본금	500
		채무면제이익	500

○	⑪	
×	⑫	이월결손금의 보전에 충당하지 않은 자산수증이익은 익금으로 과세되며, 향후 결손금 보전에 충당할 수 없다.[20]
○	⑬	
○	⑭	
×	⑮	법인세 과세표준을 추계결정하는 법인은 임대보증금(주택임대보증금 포함)에 대한 간주임대료를 익금에 산입한다.
○	⑯	
×	⑰	익금불산입 ₩500,000 (기타)[21]

⑪ 전기에 토지를 취득하면서 장부상 비용처리한 취득세 중 당기에 ₩1,000,000이 과오납금으로 환급되면서 환급금 이자 ₩25,000을 함께 받고 모두 잡이익으로 회계처리한 경우, 익금불산입 ₩1,000,000(△유보), 익금불산입 ₩25,000(기타)으로 처리하여야 한다.

⑫ 이월결손금의 보전에 충당하지 않은 자산수증이익과 채무의 출자전환에 따른 채무면제이익은 해당 사업연도에 익금불산입하고 그 이후의 각 사업연도에 발생한 결손금의 보전에 충당할 수 있다.

⑬ 이익잉여금의 자본전입에 따른 무상주 수령액 ₩1,500,000(이 중 수입배당금 익금불산입 금액은 ₩450,000임)을 장부상 회계처리 하지 않은 경우, 익금산입 ₩1,500,000(유보), 익금불산입 ₩450,000(기타)으로 처리하여야 한다.

⑭ 법인의 각 사업에서 생기는 사업수입금액은 익금에 산입하되, 기업회계기준에 의한 매출에누리금액 및 매출할인금액은 산입하지 아니한다.

⑮ 법인세 과세표준을 추계결정하는 법인은 임대보증금에 대한 간주임대료를 익금에 산입하되, 주택임대보증금에 대한 간주임대료는 익금에 산입하지 아니한다.

⑯ 자기주식 소각에 따라 발생한 감자차익 ₩300,000을 손익계산서상 수익으로 회계처리한 경우, 익금불산입 ₩300,000(기타)으로 처리하여야 한다.

⑰ 법인의 채무 ₩6,000,000을 출자전환하면서 교부한 주식(액면가액 ₩3,500,000, 시가 ₩4,000,000)에 대해 채무감소액과 액면가액의 차액 ₩2,500,000을 손익계산서상 채무면제이익으로 회계처리한 경우, 익금산입 ₩500,000(기타), 익금불산입 ₩500,000(△유보)으로 처리하여야 한다.

---

20) 채무의 출자전환에 따른 채무면제이익으로서 법 소정의 요건을 충족한 법인에 해당하는 경우에 한하여 향후에 발생할 세무상 결손금 보전에 충당하고자 하는 금액을 익금불산입할 수 있다.
 * 법 소정의 요건을 충족한 법인
 ① 채무자회생 및 파산에 관한 법률에 따라 채무를 출자전환하는 내용이 포함된 회생계획인가의 결정을 받은 법인
 ② 기업구조조정촉진법에 따라 채무를 출자전환하는 내용이 포함된 기업개선계획의 이행을 위한 약정을 체결한 부실징후기업
 ③ 해당 법인에 대하여 채권을 보유하고 있는 금융회사와 채무를 출자전환하는 내용이 포함된 경영정상화계획의 이행을 위한 협약을 체결한 법인
 ④ 기업 활력 제고를 위한 특별법에 따라 주무부처의 장으로부터 사업재편계획을 승인받은 법인

21) 세무조정은 다음과 같다.

구분	차변		대변	
B	부채	6,000,000	자본금	3,500,000
			채무면제이익	2,500,000
T	부채	6,000,000	자본금	3,500,000
			주식발행초과금	500,000
			채무면제이익	2,000,000
D	〈익금불산입〉 채무조정이익 ₩500,000 (기타)			

03 다음 중 법인세법상 익금에 해당하는 항목은 ○표, 익금에 해당하지 않는 항목은 ×표로 구분하시오.

① 전기에 손금으로 처리한 업무용 건물에 대한 재산세를 환급받아 전기 오류수정이익(이익잉여금)으로 회계처리한 금액

② 자기주식의 양도금액

③ 보험업법에 따라 유형자산 및 무형자산을 평가하여 장부가액을 증액한 경우의 평가이익

④ 손해배상청구권에 의하여 받은 보상금

⑤ 지방세 과오납금의 환급금에 대한 이자

⑥ 부가가치세의 매출세액

⑦ 각 사업연도의 소득으로 이미 과세된 것을 다시 당해 연도의 소득으로 계상한 것

⑧ 증자 시 주식발행액면초과액

⑨ 무액면주식의 경우 발행가액 중 자본금으로 계상한 금액을 초과하는 금액

해설	번호	정답
전기에 손금으로 산입된 금액의 환입 → 익금항목	①	○
	②	○
	③	○
익금항목 cf) 「소상공인 보호 및 지원에 관한 법률」에 따라 받은 손실보상금 → 익不항목	④	○
보상성격 → 익不항목	⑤	×
부채성격 → 익不항목	⑥	×
이월익금 → 익不항목	⑦	×
주식발행초과금 → 익不항목	⑧	×
주식발행초과금 → 익不항목	⑨	×

Theme 의제배당 & 수입배당금 익금불산입

04 다음의 설명 중 옳은 것은 ○표, 틀린 것은 ×표로 구분하시오.

×	①	소각당시의 시가가 취득가액을 초과하지 아니하는 경우에는 소각일로부터 2년 이내에 자본에 전입하는 경우에만 배당으로 의제된다.	① 자기주식소각이익의 경우 소각당시의 시가가 취득가액을 초과하지 아니하는 경우로서 소각일부터 2년이 경과한 후 자본에 전입하는 경우 배당으로 의제된다.
○	②		② 법인이 자기주식을 보유한 상태에서 법인의 잉여금을 자본전입함에 따라 해당 법인 외의 주주의 지분비율이 증가한 경우 그 증가한 지분비율에 상당하는 주식의 가액은 배당으로 의제된다.
○	③		③ 주식의 소각으로 인하여 주주가 취득하는 금전 기타 재산가액의 합계액이 주주가 해당 주식을 취득하기 위하여 소요된 금액을 초과하는 금액은 배당으로 의제된다.
○	④		④ 해산한 법인의 주주가 그 법인의 해산으로 인한 잔여재산의 분배로서 취득하는 금전 기타 재산의 가액이 해당 주식을 취득하기 위하여 소요된 금액을 초과하는 금액은 배당으로 의제된다.
○	⑤		⑤ 합병으로 인하여 소멸하는 법인의 주주 등이 합병 후 존속하는 법인으로부터 그 합병으로 인하여 취득하는 합병대가가 그 소멸법인의 주식을 취득하기 위하여 소요된 금액을 초과하는 금액은 배당으로 의제된다.
○	⑥	자본의 감소로 인한 감자차익은 익금불산입항목이므로 해당 감자차익의 자본전입으로 인한 무상주수령은 배당으로 의제되지 않는다.	⑥ 자본감소시 그 감소액이 주식소각, 주금의 반환에 소요된 금액과 결손보전에 충당된 금액을 초과하는 금액을 A법인이 자본금에 전입함에 따라 주주인 B법인은 무상주를 교부받았다. 무상주 수령 후에도 B법인의 지분율의 변동이 없다면 B법인의 배당소득으로 의제되는 금액은 없다.
×	⑦	고유목적사업준비금을 손금에 산입하는 비영리내국법인의 경우 수입배당금 익금불산입 규정을 적용하지 않는다.	⑦ 고유목적사업준비금을 손금에 산입하는 비영리내국법인이 지분을 출자한 다른 내국법인으로부터 받은 수입배당금에 대해서는 일반법인에 대한 수입배당금액 익금불산입액의 50%를 익금불산입한다.
○	⑧		⑧ 내국법인 중 「독점규제 및 공정거래에 관한 법률」에 따른 지주회사가 주권상장법인인 자회사(소득공제 · 비과세 · 감면 등 적용법인 아님)로부터 수취한 배당금에 대하여 익금불산입을 적용받기 위해서는 그 주식을 배당기준일 현재 3개월 이상 계속하여 보유하고 있어야 한다.
○	⑨		⑨ 지급한 배당에 대하여 소득공제를 적용받는 법인과세 신탁재산으로부터 받은 수입배당금에 대하여는 내국법인 수입배당금액의 익금불산입 규정을 적용하지 않는다.
×	⑩	주발초(시가 - 액면가) → 의제배당재원에 해당하지 않음 cf) 채무면제이익(시가를 초과하여 발행된 금액) → 의제배당재원에 해당함	⑩ 채무의 출자전환으로 주식등을 발행하는 경우로서 시가로 발행된 금액 중 액면금액을 초과한 금액을 자본에 전입하여 주주가 받은 주식가액은 의제배당에 해당한다.

⑪ 상법에 따른 주식의 상환에 관한 종류주식의 주식발행액면초과액 중 이익잉여금으로 상환된 금액을 자본에 전입하여 주주가 받은 금액은 의제배당에 해당한다.	상환주식 주발초 → 의제배당재원에 해당함 ⑪ ○
⑫ 자기주식 소각시점에 그 자기주식의 시가가 취득가액을 초과한 경우로서 소각일부터 2년이 지난 후 자기주식소각이익을 자본에 전입하여 주주가 받은 주식가액은 의제배당에 해당한다.	소각당시 시가 〉 취득가액 → 전입시기와 무관하게 의제배당재원에 해당함 ⑫ ○
⑬ 적격분할을 한 경우 분할등기일 현재 분할신설법인 등이 승계한 재산의 가액이 그 재산의 분할법인 재무상태표상 장부가액을 초과하는 경우 그 초과하는 금액이 분할차익 한도 내에 해당하여 그 금액을 자본에 전입하여 주주가 받은 주식가액은 의제배당에 해당한다.	분할평가차익(자산조정계정) → 의제배당재원에 해당함 ⑬ ○
⑭ 적격합병을 한 경우에 피합병법인의 이익잉여금에 상당하는 금액이 합병차익 한도 내에 해당하여 그 금액을 자본에 전입하여 주주가 받은 주식가액은 의제배당에 해당한다.	이익잉여금 → 의제배당재원에 해당함 ⑭ ○

05 외국자회사 수입배당금액의 익금불산입에 관한 설명이다. 다음의 설명 중 옳은 것은 ○표, 틀린 것은 ×표로 구분하시오.

① 내국법인(법령에 따른 간접투자회사등을 포함한다)이 해당 법인이 출자한 외국자회사로부터 받은 수입배당금액은 각 사업연도의 소득금액을 계산할 때 익금에 산입하지 아니한다.	내국법인(법령에 따른 간접투자회사등을 제외한다)이 해당 법인이 출자한 외국자회사로부터 받은 수입배당금액의 100분의 95에 해당하는 금액은 각 사업연도의 소득금액을 계산할 때 익금에 산입하지 아니한다. ① ×
② 내국법인이 수입배당금을 익금불산입할 수 있는 외국자회사란 내국법인이 의결권 있는 발행주식총수의 100분의 1을 초과하여 출자하고 있는 외국법인을 말한다.	내국법인이 수입배당금을 익금불산입할 수 있는 외국자회사란 내국법인이 의결권 있는 발행주식총수의 100분의 10(해외자원개발사업을 하는 외국법인의 경우에는 100분의 5) 이상을 출자하고 있는 외국법인으로서 법령으로 정하는 요건을 갖춘 법인을 말한다. ② ×
③ 국제조세조정에 관한 법률에 따라 특정외국법인의 유보소득에 대하여 내국법인이 배당받은 것으로 보는 금액에 대해서는 각 사업연도의 소득금액을 계산할 때 익금에 산입하지 아니한다.	국제조세조정에 관한 법률에 따라 특정외국법인의 유보소득에 대하여 내국법인이 배당받은 것으로 보는 금액에 대해서는 수입배당금 익금불산입 규정을 적용하지 아니한다. ③ ×
④ 내국법인이 적격합병에 따라 다른 내국법인이 보유하고 있던 외국자회사의 주식등을 승계받은 때에는 그 승계 전 다른 내국법인이 외국자회사의 주식등을 취득한 때부터 해당 주식등을 보유한 것으로 본다.	④ ○
⑤ 혼성금융상품의 거래에 따라 내국법인이 지급받는 수입배당금액은 각 사업연도의 소득금액을 계산할 때 익금에 산입하지 않는다.	혼성금융상품의 거래에 따라 내국법인이 지급받는 수입배당금액은 각 사업연도의 소득금액을 계산할 때 익금에 산입한다. ⑤ ×

04 손금

Theme 손금과 손금불산입

01 다음의 설명 중 옳은 것은 ○표, 틀린 것은 ×표로 구분하시오.

		해설	문제
×	①	형법상 뇌물에 해당하는 금전은 손금불산입 항목이다.	① 법인의 임원이 공무원에게 공여한 형법상 뇌물에 해당하는 금전은 손금이다.
○	②		② 손금은 자본 또는 출자의 환급 · 잉여금의 처분 및 손금불산입항목을 제외하고 법인의 순자산을 감소시키는 거래로 인하여 발생하는 손비의 금액으로 한다.
×	③	부당행위계산부인규정에 의해 시가초과액은 세무상 토지의 취득가액에 포함하지 않는다. → 양도시 장부가액 중 시가초과액은 손금에 해당하지 않는다.	③ 법인이 특수관계인으로부터 토지를 시가보다 높은 가액으로 매입하여 양도한 경우, 양도 당시의 장부가액(법인의 실제 매입가액을 말함) 전액이 손금이다.
○	④		④ 자기주식소각손실은 그 본질이 감자차손에 해당하므로 손금에 산입하지 않는다.
×	⑤	법인이 출자임원(지배주주와 특수관계에 있는 자)에게 지급한 여비 또는 교육훈련비는 임직원에 대한 것이므로 손금으로 인정한다.	⑤ 법인이 출자임원(지배주주와 특수관계에 있는 자)에게 지급한 여비 또는 교육훈련비는 업무와 관련된 지출이라 하더라도 전액 손금불산입한다.
×	⑥	회수할 수 없는 부가가치세 매출세액미수금은 부가가치세법에 따라 대손세액공제를 받지 않은 것에 한정하여 손금으로 인정한다.	⑥ 회수할 수 없는 부가가치세 매출세액미수금은 부가가치세법에 따라 대손세액공제를 받은 것에 한정하여 손금으로 인정한다.
×	⑦	비출자공동사업자가 지출한 공동광고선전비는 비출자공동사업자간에 특수관계가 있는 경우 법정비율 중 선택한 기준에 따르며, 특수관계가 없는 경우 약정에 따른 분담비율에 따라 분담한다.	⑦ 비출자공동사업자가 지출한 공동광고선전비는 비출자공동사업자 사이의 약정에 따른 분담비율과 매출액 비율 중 해당 법인이 선택한 기준에 따라 분담하며, 이를 초과하는 분담금액은 손금에 산입하지 아니한다.
○	⑧		⑧ 법인세법은 손비의 범위에 관한 일반적 기준으로서 그 법인의 사업과 관련하여 발생하거나 지출된 손실 또는 비용으로서 일반적으로 인정되는 통상적인 것이거나 수익과 직접 관련된 것으로 규정하고 있다.

⑨ 환경미화의 목적으로 여러 사람이 볼 수 있는 복도에 항상 전시하기 위해 미술품 1점을 2천만원에 취득하고, 그 취득가액을 손익계산서상 복리후생비로 계상한 경우 세무조정이 필요하지 않다.	미술품 1점이 1,000만원을 초과하므로 손금으로 인정하지 않는다. → 손不 ₩20,000,000 (유보)	⑨ ×
⑩ 해당 법인의 발행주식총수의 1%를 보유한 출자임원이 업무와 관련없이 사용하고 있는 사택의 유지관리비 5백만원을 손익계산서상 수선비로 계상한 경우 해당 사택유지비는 손금으로 인정된다.	업무무관비용으로 손금으로 인정하지 않는다. → 손不 ₩5,000,000 (상여)	⑩ ×
⑪ 장부가액이 ₩2,000,000인 토지에 대하여 시가하락으로 인한 회수가능가액을 ₩1,500,000으로 평가하여 그 차액 ₩500,000을 손익계산서상 감액손실로 회계처리하고, ₩500,000을 손금불산입(유보)로 소득처분하였다.	천재지변·화재·수용·폐광 등의 사유 없이 계상한 유형자산평가손실은 손금으로 인정되지 않는다. → 옳은 지문	⑪ ○
⑫ 특정인에게 광고선전 목적으로 기증한 물품(개당 3만원 이하는 제외)의 구입비용으로 연간 5만원 이내의 금액은 손금에 산입한다.		⑫ ○
⑬ 법인이 다른 법인과 출자에 의해 공동으로 사업을 운영하는 경우 발생하는 공동경비 중 출자비율에 따른 분담금액을 초과하는 금액은 손금에 산입하지 아니한다.		⑬ ○
⑭ 법인이 영리내국법인으로부터 건당 3만원(부가가치세 포함)을 초과하는 용역을 공급받고 그 대가를 지급하는 경우 법정증명서류 이외의 증명서류를 수취하면 손금에 산입하지 아니한다.	① 기업업무추진비 : 손금불산입 ② 기타손비 : 손금인정 but 증명서류 수취 불성실 가산세 적용[22]	⑭ ×
⑮ 법인이 노동조합 및 노동관계조정법을 위반하여 근로시간면제자에게 지급한 급여는 손금에 산입하지 아니한다.		⑮ ○

22) 법정증명서류 미수취시 제재

구 분		손금인정여부	가산세*2
기업업무추진비	건당 3만원*1 초과	손금불산입	가산세 無
기타 손비	건당 3만원 초과	손금인정	가산세 有

*1. 기업업무추진비 중 경조사비의 경우 법정증명서류 의무수취 대상을 건당 20만원 초과분으로 한다.
2. 증명서류 수취 불성실 가산세 = 법정증명서류 미수취금액 중 손금으로 인정되는 금액 × 2%

02 법인세법령상 손비로 볼 수 있는 항목은 O표, 손비로 볼 수 없는 항목은 ×표로 구분하시오.

○	①	손금항목	① 특수관계인으로부터 감가상각대상자산을 양수하면서 기업회계기준에 따라 장부에 계상한 자산의 가액이 시가에 미달하는 경우에 실제취득가액과 장부에 계상한 가액과의 차이에 대한 감가상각비 상당액
×	②	cf) 대손세액공제를 받지 않은 부가가치세 매출세액미수금 → 손금항목	② 대손세액공제를 받은 회수할 수 없는 부가가치세 매출세액미수금
×	③	· 법정단체 경상회비 → 손금항목 · 그 외 회비 → 손不항목	③ 영업자가 조직한 단체로서 주무관청에 등록된 협회에 지급한 경상경비 외에 충당할 목적으로 납부한 회비
○	④	손금항목	④ 광업의 탐광을 위한 개발비
○	⑤	손금항목	⑤ 우리사주조합에 출연하는 자사주의 장부가액
×	⑥	cf) 유족에게 학자금 등으로 일시적으로 지급하는 금액으로서 기획재정부령으로 정하는 요건을 충족하는 것 → 손금항목	⑥ 이사회의 결의에 의하여 직원의 사망 이후 유족에게 지속적으로 지급하는 학자금 등의 금액
×	⑦	보험업법에 따른 보험회사의 책임준비금 증가액으로서 보험감독회계기준에 따라 비용으로 계상된 금액은 손금항목으로 한다. 다만, 할인율의 변동으로 인한 책임준비금 공정가치평가금액은 제외한다.	⑦ 보험업법에 따라 보험회사가 적립한 할인율의 변동에 따른 책임준비금 평가액의 증가분
○	⑧	손금항목	⑧ 「식품등 기부 활성화에 관한 법률」에 따라 식품 제조업체가 같은 법에 따른 제공자에게 무상으로 기증한 식품의 장부가액
○	⑨	항상 전시하는 소액미술품(건별 1천만원 이하)의 취득가액을 비용계상한 금액 → 손금항목	⑨ 환경미화를 위해 사무실 등 여러 사람이 볼 수 있는 공간에 항상 전시하는 미술품 1점을 800만원에 구입하고 비용으로 계상한 금액
○	⑩	손금항목	⑩ 「파견근로자보호 등에 관한 법률」에 따른 파견근로자를 위하여 지출한 직장체육비

Theme 세금과 공과금

03 다음의 설명 중 옳은 것은 ○표, 틀린 것은 ×표로 구분하시오.

① 부가가치세 신고불성실가산세 납부액을 잡손실로 회계처리한 경우에는 별도의 세무조정이 필요없다.

② 부동산임차인이 부담한 사실이 확인되는 전세금 및 임차보증금에 대한 매입세액은 임차인의 손금으로 산입할 수 있다.

③ 간이과세자(직전연도 공급대가가 4,800만원 미만인 사업자에 해당함)로부터 부가가치세가 과세되는 재화를 공급받고 부가가치세법 제36조 제1항의 규정에 의한 영수증을 교부받은 거래분에 포함된 매입세액으로서 매입세액공제대상이 아닌 금액은 손금으로 인정된다.

④ 업무와 관련하여 발생한 교통사고 벌과금은 손금으로 인정된다.

⑤ 제조업을 영위하는 법인이 보유한 개별소비세 과세대상인 승용자동차의 수선비에 대한 부가가치세 매입세액은 손금에 산입한다.

⑥ 비용으로 처리된 징벌적 목적의 손해배상금 중 실제발생이 분명한 손해액을 초과하여 지급한 금액 ₩1,000,000에 대해서는 손금불산입·기타사외유출로 조정해야한다.

가산세 → 손不(기타사외유출)	① ×
간주임대료에 대해서는 세금계산서를 수취할 수 없으므로 불공제매입세액을 손금으로 인정한다.	② ○
간이과세자 중 세금계산서발급금지대상으로부터의 매입은 세금계산서를 수취할 수 없으므로 불공제매입세액을 손금으로 인정한다.	③ ○
업무와 관련하여 발생한 교통사고 벌과금은 손금으로 인정되지 않는다.	④ ×
	⑤ ○
	⑥ ○

Theme | 인건비

04 다음의 설명 중 옳은 것은 ○표, 틀린 것은 ×표로 구분하시오.

			문제
○	①		① 법인이 지배주주인 임원에게 정당한 사유 없이 동일직위에 있는 다른 임원에게 지급하는 금액을 초과하여 보수를 지급한 경우 그 초과금액은 이를 손금에 산입하지 아니한다.
○	②		② 상근이 아닌 법인의 임원에게 지급하는 보수는 법인세법 제52조(부당행위계산의 부인)에 해당하는 경우를 제외하고 이를 손금에 산입한다.
○	③		③ 법인이 임원에게 지급한 퇴직금 중 정관(정관에서 위임된 퇴직급여지급규정 포함)에 퇴직금(퇴직위로금 등을 포함한다)으로 지급할 금액이 정하여진 경우에는 정관에 정하여진 금액을 초과하는 금액은 이를 손금에 산입하지 아니한다.
○	④		④ 합명회사 또는 합자회사의 노무출자사원에게 지급하는 보수는 이익처분에 의한 상여로 보아 손금에 산입하지 아니한다.
×	⑤	직원에게 지급하는 상여금은 한도 없이 손금에 산입한다.	⑤ 법인이 임원 또는 직원에게 지급하는 상여금 중 이사회의 결의에 의하여 결정된 급여지급기준을 초과하여 지급한 경우 그 초과금액은 이를 손금에 산입하지 아니한다.
○	⑥		⑥ 사업연도 말 현재 건설공사가 진행 중인 건설본부에 근무하는 임원의 인건비 지급액 ₩30,000,000(이 중 세법상 손금불산입 해당액은 ₩5,000,000임)을 장부상 비용처리하고, ₩25,000,000은 손금불산입(유보)로, ₩5,000,000은 손금불산입(상여)로 세무조정하였다.

Theme 기업업무추진비와 기부금

05 다음의 설명 중 옳은 것은 ○표, 틀린 것은 ×표로 구분하시오.

① 기업업무추진비를 신용카드로 결제한 경우 실제로 접대행위를 한 사업연도가 아니라 대금청구일이 속하는 사업연도를 손금의 귀속시기로 한다.

② 기업업무추진비란 접대, 교제, 사례 또는 그 밖에 어떠한 명목이든 상관없이 이와 유사한 목적으로 지출한 비용으로서 내국법인이 직접 또는 간접적으로 업무와 관련이 있는 자와 업무를 원활하게 진행하기 위하여 지출한 금액을 말한다.

③ 내국법인이 1회의 접대에 지출한 기업업무추진비가 1만원을 초과(경조금은 20만원 초과)한 경우에는 세법상 요구되는 증빙이 있어야만 손금으로 산입할 수 있다.

④ 주주 또는 출자자나 임원 또는 직원이 부담하여야 할 성질의 기업업무추진비를 법인이 지출한 것은 이를 기업업무추진비로 보지 아니한다.

⑤ 법인이 그 직원이 조직한 조합 또는 단체에 복리시설비를 지출한 경우 해당 조합이나 단체가 법인인 때에는 이를 기업업무추진비로 보며, 해당 조합이나 단체가 법인이 아닌 때에는 그 법인의 경리의 일부로 본다.

⑥ 특수관계인과의 거래에서 발생한 수입금액에 대해서는 수입금액을 기준으로 하는 기업업무추진비 한도액을 일반수입금액에 비해 낮게 정하고 있다.

⑦ 법인이 기업업무추진비를 금전 외의 자산으로 제공한 경우 해당 자산의 가액은 이를 제공한 때의 시가(시가가 장부가액보다 낮은 경우에는 장부가액)에 의한다.

⑧ 법인이 특수관계인 외의 자에게 정당한 사유 없이 자산을 정상가액보다 낮은 가액으로 양도함으로써 그 차액 중 실질적으로 증여한 것으로 인정되는 금액은 기부금으로 본다.

⑨ 기부금 한도는 기업회계기준에 따라 계산한 매출액에 일정률을 곱해 산출하며, 기업업무추진비 한도는 해당 사업연도의 소득금액에 일정률을 곱해 산출한다.

해설	정답
기업업무추진비는 원칙적으로 실제로 접대행위를 한 사업연도를 손금의 귀속시기로 한다. → 발생주의	① ×
	② ○
1회 3만원(경조사비의 경우는 20만원)을 초과한 경우에는 법정증빙이 있어야만 손금으로 산입할 수 있다.	③ ×
	④ ○
	⑤ ○
	⑥ ○
	⑦ ○
	⑧ ○
기업업무추진비의 수입금액 한도는 기업회계기준에 따라 계산한 매출액에 일정률을 곱해 산출하며, 기부금 한도는 해당 사업연도의 소득금액에 일정률을 곱해 산출한다.	⑨ ×

○	⑩	특례기부금이므로 현물기부금을 장부가액으로 평가한다.	⑩ 지진으로 생긴 이재민을 위해 장부가액 3억원, 시가 5억원인 상품을 기부한 경우 해당 현물기부금의 가액은 3억원으로 한다.
○	⑪	비특수관계자 + 고가매입 정상가액 : ~₩130,000,000 → 의제기부금 : ₩70,000,000 토지 : 손금산입(△유보) 비지정기부금 : 손不(기타사외유출)	⑪ 특수관계인이 아닌 (주)B로부터 시가 1억원인 토지를 2억원에 매입하고 실제 매입가액을 취득가액으로 계상하였다면 토지가액 ₩70,000,000을 손금산입(△유보), 같은 금액을 손금불산입(기타사외유출)으로 세무조정한다.
○	⑫		⑫ 손금불산입한 미지급기부금은 사내유보로 처분한다.
×	⑬	법인이 기부금을 금전 외의 자산으로 제공한 경우 특수관계인이 아닌 자에게 기부한 일반기부금은 기부했을 때의 장부가액으로 해당 자산가액을 산정한다.	⑬ 법인이 기부금을 금전 외의 자산으로 제공한 경우 특수관계인이 아닌 자에게 기부한 일반기부금은 기부했을 때의 장부가액과 시가 중 큰 금액으로 해당 자산가액을 산정한다.
×	⑭	① 건당 3만원(경조금은 20만원 초과)을 초과하는 기업업무추진비로서 법정증명서류미수취 but 영수증 수취 → 손不(기타사외유출) ② 증명서류미수취 → 손不(상여)	⑭ 내국법인이 한 차례의 접대에 지출한 기업업무추진비 중 3만원(경조금은 10만원)을 초과하는 기업업무추진비로서 증명서류를 수취하지 않은 것은 전액 손금불산입하고 소득귀속자에 관계없이 기타사외유출로 처분한다.
○	⑮	위장가맹점에 대한 신용카드사용분 → 적격증명서류 미수취분(영수증 수취분)으로 본다.	⑮ 재화 또는 용역을 공급하는 신용카드 등의 가맹점이 아닌 다른 가맹점의 명의로 작성된 매출전표 등을 발급받은 경우 해당 지출액은 신용카드 등을 사용하여 지출한 기업업무추진비로 보지 않는다.
×	⑯	법인이 기부금의 지출을 위하여 어음을 발행한 경우에는 그 어음을 결제한 날에 지출한 것으로 본다.	⑯ 법인이 기부금의 지출을 위하여 어음을 발행한 경우에는 그 어음을 발행한 날에 지출한 것으로 본다.
○	⑰	기부금의 귀속시기 : 현금주의(원칙)	⑰ 법인이 기부금을 가지급금 등으로 이연계상한 경우에는 이를 그 지출한 사업연도의 기부금으로 하고 그 후의 사업연도에는 이를 기부금으로 보지 않는다.
○	⑱		⑱ 법령에 따라 특별재난지역으로 선포된 경우 그 선포의 사유가 된 재난으로 생기는 이재민을 위한 구호금품의 가액은 특례기부금이다.
○	⑲		⑲ 내국법인이 각 사업연도에 지출하는 일반기부금 중 손금산입한도액을 초과하여 손금에 산입하지 아니한 금액은 해당 사업연도의 다음 사업연도 개시일부터 10년 이내에 끝나는 각 사업연도로 이월하여 그 이월된 사업연도의 소득금액을 계산할 때 손금산입한도액의 범위에서 손금에 산입한다.

Theme 지급이자

06 다음의 설명 중 옳은 것은 ○표, 틀린 것은 ×표로 구분하시오.

① 건설자금의 명목으로 차입한 것으로서 그 건설 등이 준공된 후 남은 차입금에 대한 이자는 각 사업연도의 손금으로 한다.

② 사업용 유형자산의 건설에 소요된 것이 분명한 특정차입금의 연체로 인하여 생긴 이자를 원본에 가산한 경우 그 가산한 금액과 원본에 가산한 금액에 대한 지급이자는 해당 사업연도의 자본적 지출로 한다.

③ 특정차입금에 대한 지급이자등은 건설등이 준공된 날이 속하는 사업연도 종료일까지 이를 자본적 지출로 하여 그 원본에 가산한다.

④ 직원에 대한 월정급여액의 범위 안에서의 일시적인 급료의 가불금은 지급이자의 손금불산입 규정을 적용하는 업무무관가지급금으로 보지 않는다.

⑤ 사업용 유형자산 및 무형자산의 건설에 소요된지의 여부가 분명한 차입금의 일부를 운영자금에 전용한 경우에는 그 부분에 상당하는 지급이자는 이를 손금으로 한다.

⑥ 건설자금에 충당한 차입금 이자 중 특정차입금에 대한 지급이자는 건설등이 준공된 날까지 이를 자본적 지출로 하여 그 원본에 가산한다. 다만, 특정차입금의 일시예금에서 생기는 수입이자는 원본에 가산하는 자본적 지출금액에서 차감한다.

⑦ 채권자가 불분명한 사채이자에는 알선수수료 · 사례금등 명목여하에 불구하고 사채를 차입하고 지급하는 금품을 포함한다.

⑧ 지급이자의 손금불산입 규정이 동시에 적용되는 경우 부인 순서는 채권자가 불분명한 사채의 이자, 지급받은 자가 불분명한 채권 · 증권의 이자 · 할인액 또는 차익, 건설자금에 충당한 차입금의 이자, 업무무관자산 등에 대한 지급이자의 순으로 부인한다.

⑨ 지급이자가 손금부인되는 지급받은 자가 불분명한 채권 · 증권의 이자 · 할인액 또는 차익이란 당해 채권 또는 증권의 발행법인이 직접 지급하는 경우 그 지급사실이 객관적으로 인정되지 아니하는 이자 · 할인액 또는 차익을 말한다.

⑩ 지급이자가 손금부인되는 채권자가 불분명한 사채의 이자에는 거래일 현재 주민등록표에 의하여 그 거주사실 등이 확인된 채권자가 차입금을 변제받은 후 소재불명이 된 경우의 차입금에 대한 이자도 포함된다.

정답 및 해설

① ○

② × 그 가산한 금액은 건설자금이자로 처리하되, 원본에 가산한 금액에 대한 지급이자는 건설용 차입금에 대한 이자가 아니므로 이를 손금으로 처리한다.

③ × 특정차입금에 대한 지급이자등은 건설등이 준공된 날까지 이를 자본적 지출로 하여 그 원본에 가산한다.

④ ○

⑤ ○

⑥ ○

⑦ ○

⑧ ○

⑨ ○

⑩ × 지급이자가 손금부인되는 채권자가 불분명한 사채의 이자에는 거래일 현재 주민등록표에 의하여 그 거주사실 등이 확인된 채권자가 차입금을 변제받은 후 소재불명이 된 경우의 차입금에 대한 이자를 제외한다.

×	⑪	₩495,000 → 손不(기타사외유출) ₩505,000 → 손不(상여)	⑪ 채권자가 불분명한 사채이자 ₩1,000,000(소득세 등으로 원천징수된 금액 ₩495,000 포함)을 비용으로 계상한 경우, ₩1,000,000을 손금불산입하고 전액 대표자에 대한 상여로 소득처분한다.
○	⑫		⑫ 손금불산입대상 지급이자는 기업회계상 이자비용에 해당하는 것으로 하되 현재가치할인차금상각액과 연지급수입이자 등은 포함하지 아니한다.
○	⑬	채권자불분명사채이자	⑬ 채권자의 능력 및 자산상태로 보아 금전을 대여한 것으로 인정할 수 없는 차입금에 대한 이자는 손금에 산입하지 아니한다.
○	⑭		⑭ 업무무관자산등에 대한 지급이자 손금불산입액을 계산할 때 업무무관자산의 취득가액에는 특수관계인으로부터 시가를 초과하여 취득한 금액을 포함한다.
×	⑮	• 건설자금이자를 과대계상한 경우 손금산입(△유보) → 처분 혹은 감가상각시 손금불산입(유보)	⑮ 건설자금이자를 과대계상한 경우 손금불산입(유보)하고, 그 후 기간에 있어서 해당 자산에 대한 처분 혹은 감가상각시 손금산입(△유보)으로 처리한다.
○	⑯		⑯ 손금불산입대상에 해당하는 업무무관자산 관련이자는 선순위로 부인된 채권자불분명사채이자, 비실명채권 · 증권이자, 건설자금이자는 제외한 금액이다.
×	⑰	법인세법상 건설자금이자의 계상대상은 사업용 유 · 무형자산에 한한다. → 투자자산×, 재고자산×	⑰ 건설자금이자의 계상대상에 유형자산과 무형자산뿐 아니라 투자자산 및 제조 등에 장기간 소요되는 재고자산을 포함시킨다.
○	⑱		⑱ 건설자금이자(특정차입금)에는 유형자산과 무형자산의 매입 · 제작 · 건설에 소요되는지의 여부가 분명하지 아니한 차입금의 이자는 제외한다.
×	⑲	업무무관가지급금은 적정이자 수령여부와 무관하게 업무무관자산등에 대한 지급이자의 손금불산입 규정이 적용된다.	⑲ 주주(지분율 1%)에게 주식취득자금을 대여하고 적정이자를 수령하였다면 업무무관자산으로 보지 않으므로 업무무관자산 등에 대한 지급이자의 손금불산입 규정이 적용되지 아니한다.
○	⑳		⑳ 지급이자 손금불산입에 있어서 업무무관가지급금의 적수 계산 시 동일인에 대한 가지급금과 가수금이 함께 있는 경우에는 이를 상계한 금액으로 하되, 가지급금과 가수금의 발생 시에 각각 상환기간 및 이자율 등에 관한 약정이 있어 이를 상계할 수 없는 경우에는 상계하지 않는다.
×	㉑	중소기업에 근무하는 지배주주가 아닌 직원에 대한 주택구입 또는 전세자금의 대여액은 특수관계인 가지급금에 포함하지 아니한다.	㉑ 업무무관자산등에 대한 지급이자 손금불산입액을 계산할 때 중소기업에 근무하는 지배주주등인 직원에 대한 주택구입 또는 전세자금의 대여액은 특수관계인 가지급금에 포함하지 아니한다.
○	㉒		㉒ 국민연금법에 의하여 근로자가 지급받은 것으로 보는 퇴직금전환금(당해 근로자가 퇴직할 때까지의 기간에 상당하는 금액에 한한다)은 특수관계인에게 해당 법인의 업무와 관련 없이 지급한 가지급금등에서 제외한다.

MEMO

05 유·무형자산의 감가상각

Theme 즉시상각의제

01 회사가 다음의 지출액을 당기비용으로 처리한 경우 즉시상각의제의 대상이 되는 것은 ○표, 되지 않는 것은 ×표로 구분하시오.

① 건물에 대한 취득세

② 건물 노후화에 따른 방수공사비

③ 재해로 훼손되어 본래의 용도에 이용가치가 없는 기계의 복구

④ 재해입은 건물에 대한 외장의 복구비용

⑤ 면세사업에 사용되는 건물의 부가가치세 매입세액

⑥ 빌딩의 피난시설의 설치

⑦ 기계의 소모된 벨트의 대체

⑧ 본래의 용도를 변경하기 위한 개조

○	①	취득부대비용
×	②	수익적 지출
○	③	자본적 지출
×	④	수익적 지출
○	⑤	취득부대비용
○	⑥	자본적 지출
×	⑦	수익적 지출
○	⑧	자본적 지출

Theme 감가상각 시부인

02 다음의 설명 중 옳은 것은 ○표, 틀린 것은 ×표로 구분하시오.

① 취득 후에 사용하지 않고 보관 중인 자산과 일시적 조업중단에 따른 유휴설비는 감가상각을 하지 아니한다.

② 감가상각비의 경우 특정연도의 세무상의 손금산입액이 회계상의 비용계상액을 초과하는 경우가 발생할 수 있다.

③ 감가상각자산인 기계장치의 물리적 손상(천재지변 등 법령이 정한 사유로 인한 손상이 아님)에 따라 시장가치가 급격히 하락하여 기업회계기준에 따라 손상차손을 장부상 손금으로 계상하였는데, 이 금액이 법인세법상 상각범위액을 초과하는 경우 손금불산입의 세무조정이 필요하다.

④ 개발비의 감가상각에 적용할 내용연수를 신고하지 아니한 경우에는 관련 제품을 판매 또는 사용하여 수익을 얻을 것으로 예상되는 기간 동안 균등안분액을 상각한다.

×	①	• 유휴설비 감가상각대상자산에 포함
○	②	당기에 시인부족액이 발생한 경우 전기이월 상각부인액을 당기 시인부족액 범위 내에서 손금산입하므로 세무상 손금산입액이 회계상 비용계상액보다 큰 경우도 있다.
○	③	손상차손을 감가상각비로 본다. 상각부인액(상각범위액을 초과하는 금액)을 손금불산입해야 한다.
×	④	개발비는 무신고시 5년(기준내용연수)동안 균등안분액을 상각한다.

⑤ 신규로 취득한 자산이나 기중에 발생한 자본적 지출액은 취득 또는 발생시점부터 월할계산하여 상각범위액을 계산하는데, 이 경우 1월 미만의 일수는 1월로 한다.

기중에 발생한 자본적 지출액은 기초에 발생한 것으로 가정하여 상각범위액을 계산한다.

⑤ ×

⑥ ㈜A에게 적용되는 기계장치의 기준내용연수가 5년일 때 기준내용연수의 100분의 50 이상이 경과된 기계장치를 다른 법인으로부터 취득한 경우 당해 중고자산의 내용연수는 2년과 5년의 범위에서 선택하여 납세지 관할세무서장에게 신고한 연수로 할 수 있다.

⑥ ○

⑦ 2026년 7월 2일에 취득 즉시 사업에 사용한 기계장치에 대한 상각범위액은 7월 2일부터 12월 31일까지 월수에 따라 계산한다. 이 때 월수는 역에 따라 계산하되 1월 미만의 일수는 없는 것으로 한다.

월수는 역에 따라 계산하되 1월 미만의 일수는 1월로 본다.

⑦ ×

⑧ 당기 중 공구를 1천만원에 취득하여 사업에 사용하고, 당해 자산의 취득가액을 손익계산서상 수선비로 계상한 경우 별도의 세무조정이 필요하지 않다.

공구의 취득가액은 즉시상각의제 특례를 적용받으므로 비용계상시 손금으로 인정한다.
→ 세무조정 無

⑧ ○

⑨ 감가상각방법 무신고시 광업용 유형자산은 정액법을 적용한다.

감가상각방법 무신고시 광업용 유형자산은 생산량비례법을 적용한다.

⑨ ×

⑩ 감가상각방법 무신고시 해저광물자원 개발법에 의한 채취권은 생산량비례법을 적용한다.

⑩ ○

⑪ 3년의 기간마다 주기적인 수선을 위하여 지출하는 수선비(자본적지출)를 비용으로 계상한 경우 전액 손금으로 인정하며, 감가상각시부인 대상 감가상각비에 포함하지 않는다.

즉시상각의제에 해당하므로 감가상각시부인 대상 감가상각비에 포함한다.[23]

⑪ ×

⑫ 사업장의 이전으로 임대차계약에 따라 임차한 사업장의 원상회복을 위하여 시설물을 철거하는 경우 해당 자산의 장부가액에서 1천원을 공제한 금액을 폐기일이 속하는 사업연도의 손금에 산입할 수 있다.

⑫ ○

⑬ 재해 등으로 인하여 훼손되어 본래의 용도에 이용할 가치가 없는 건축물·기계·설비 등의 복구를 위하여 지출한 수선비를 손비로 계상한 경우에는 법인이 계상한 감가상각비에 합산되어 시부인계산의 대상이 됨과 동시에 상각범위액을 계산할 때 감가상각 기초가액에 합산한다.

자본적지출을 비용계상한 경우(즉시상각의제)이므로 상각시부인시 B와 T에 영향이 있다.
① B(감가상각비 해당액)
② T(상각범위액)

⑬ ○

⑭ 개별자산별로 수선비로 지출한 금액이 직전 사업연도종료일 현재 재무상태표상의 취득가액의 100분의 5에 미달하는 경우로서 그 수선비를 해당 사업연도의 손비로 계상한 경우에는 손금에 산입한다.

직전 사업연도종료일 현재 재무상태표상 장부가액의 5% 미만

⑭ ×

⑮ 개별자산별로 수선비로 지출한 금액이 600만원 미만인 경우로서 그 수선비를 해당 사업연도의 손비로 계상한 경우에는 손금에 산입한다.

소액수선비 → 즉시상각의제 특례

⑮ ○

⑯ 휴대용 전화기 및 개인용 컴퓨터를 그 고유업무의 성질상 대량으로 취득하여 그 사업에 사용한 날이 속하는 사업연도의 손비로 계상한 것에 한정하여 손금에 산입한다.

휴대용 전화기 및 개인용 컴퓨터는 대량 취득여부를 불문하고 즉시상각의제 특례에 해당한다.

⑯ ○

---

23) 법인이 각 사업연도에 지출한 수선비가 다음의 어느 하나에 해당하는 경우로서 그 수선비를 해당 사업연도의 손비로 계상한 경우에는 자본적 지출에 포함하지 않는다.
① 개별자산별로 지출한 수선비의 합계액이 600만원 미만인 경우
② 개별자산별로 지출한 수선비의 합계액이 직전 사업연도종료일 현재 재무상태표상 장부가액(취득가액 − 감가상각누계액)의 5% 미만인 경우
③ 3년 미만의 기간마다 지출하는 주기적인 수선비

06 충당금과 준비금

Theme 퇴직급여충당금과 퇴직연금충당금

01 다음의 설명 중 옳은 것은 ○표, 틀린 것은 ×표로 구분하시오.

정답	해설	문제
○ ①		① 퇴직급여충당금의 손금산입은 결산조정사항이나, 확정급여형 퇴직연금 부담금의 손금산입은 신고조정사항이다.
○ ②		② 확정기여형 퇴직연금이 설정된 임원 또는 직원에 대한 급여는 퇴직급여충당금 손금산입한도액 산정시 총급여액에 포함하지 않는다.
○ ③		③ 퇴직급여충당금의 당기설정액이 세법상 한도액을 초과하는 경우 그 초과액은 손금불산입(유보)으로 처리하고, 그 이후 퇴직급여를 지급하는 경우 손금산입한 퇴직급여충당금과 상계하고 남은 금액에 대하여는 기 손금불산입된 금액을 손금으로 추인한다.
○ ④		④ 법령에 따라 퇴직급여충당금을 손금에 산입한 내국법인이 합병한 경우 그 법인의 합병등기일 현재의 해당 퇴직급여충당금 중 합병법인에 인계한 금액은 그 합병법인이 합병등기일에 가지고 있는 퇴직급여충당금으로 본다.
× ⑤	규정이 있는 경우 규정상의 금액으로 한다.[24]	⑤ 일시퇴직급여지급기준에 의한 퇴직급여추계액을 산정하는 경우 정관이나 기타 퇴직급여지급규정에 의해 계산한 금액과 근로자퇴직급여보장법에 따라 계산한 금액 중 큰 금액으로 한다.
○ ⑥		⑥ 종전에 퇴직급여를 중간정산하여 지급한 적이 있는 직원·임원에 대한 퇴직급여 중간정산 시 근무연수는 직전 중간정산 대상기간 종료일의 다음날부터 기산하여 퇴직급여를 중간정산하는 경우에 한하여 현실적 퇴직으로 본다.

24) 일시퇴직기준 추계액은 해당 사업연도종료일 현재 재직하는 임원 또는 직원의 전원이 퇴직할 경우에 퇴직급여로 지급되어야 할 금액의 추계액(퇴직급여 등으로 손금에 산입하지 아니하는 금액과 확정기여형 퇴직연금 등으로서 손금에 산입하는 금액은 제외한다)으로 정관 기타 퇴직급여지급에 관한 규정에 의하여 계산한 금액을 말한다. 다만, 퇴직급여지급에 관한 규정 등이 없는 법인의 경우에는 근로자퇴직급여 보장법이 정하는 바에 따라 계산한 금액으로 한다.

Theme	대손금과 대손충당금

02 다음의 설명 중 옳은 것은 ○표, 틀린 것은 ×표로 구분하시오.

문제	해설	정답
① 제조업을 영위하는 영리내국법인 (주)A는 어음의 지급기일부터 6개월이 지난 부도어음(채무자의 재산에 대하여 저당권을 설정하고 있지 아니함) ₩1,000,000을 전액 대손충당금과 상계하고 이에 대한 세무조정을 하지 아니하였다.	• 비망가액 ₩1,000 손금불산입 ₩1,000 (유보)	① ×
② 내국법인이 채무자의 부도발생일 이전부터 보유하고 있는 채권 중 채무자의 재산에 대한 저당권 없이 채무자의 부도발생일부터 6개월 이상이 지나 회수할 수 없는 중소기업의 외상매출금은 1천원을 뺀 금액을 해당 사유가 발생하여 손금으로 계상한 날에 손금에 산입한다.		② ○
③ 민법상의 소멸시효가 완성된 선급금은 소멸시효가 완성된 날이 속하는 사업연도의 손금으로 한다.		③ ○
④ 제조업을 영위하는 내국법인 거래처 (주)C의 매출채권에 대해 기업회계기준에 따른 채권의 재조정에 따라 매출채권의 장부가액과 현재가치의 차액 ₩2,000,000을 대손금으로 계상하였으나, 이에 대한 세무조정을 하지 아니하였다.	기업회계기준에 따른 채권의 재조정에 따라 채권의 장부가액과 현재가치의 차액을 대손금으로 계상한 경우에는 이를 손금에 산입한다. → 세무조정 無	④ ○
⑤ 채무자의 파산, 강제집행, 형의 집행, 사업의 폐지, 사망, 실종 또는 행방불명으로 회수할 수 없는 채권은 해당사유가 발생하여 손금으로 계상한 날이 속하는 사업연도의 손금으로 한다.		⑤ ○
⑥ 법인세법에 따라 손금산입한 대손금 중 회수한 금액은 회수한 날이 속하는 사업연도의 소득금액 계산시 익금으로 산입한다.		⑥ ○
⑦ 부도발생일이 6개월 이상 지난 채권(해당법인이 저당권을 설정한 경우는 제외)은 해당 사유가 발생한 날이 속하는 사업연도의 손금으로 한다.	사유가 발생하여 장부상 비용으로 계상한 날이 속하는 사업연도의 손금으로 한다	⑦ ×
⑧ 회수할 수 없는 부가가치세 매출세액 미수금(부가가치세법에 따라 대손세액공제를 받지 아니한 것임)은 대손금의 범위에 포함된다.	cf) 대손세액공제를 받은 매출세액 미수금 → 대손불능채권	⑧ ○

×	⑨	채무보증에 따른 구상채권 대손불능채권 & 대손충당금 설정 제외채권	⑨ 채무보증(대통령령이 정하는 채무보증은 제외)으로 인하여 발생한 구상채권은 대손금으로 인정한다.
○	⑩		⑩ 내국법인이 다른 법인과 합병하는 경우로서 채무자의 파산으로 회수할 수 없는 채권에 대한 대손금을 합병등기일이 속하는 사업연도까지 손비로 계상하지 않은 경우 그 대손금은 해당 법인의 합병등기일이 속하는 사업연도의 손비로 한다.
○	⑪		⑪ 대손충당금을 손금에 산입한 내국법인은 대손금이 발생한 경우 그 대손금을 대손충당금과 먼저 상계해야 하고, 상계하고 남은 대손충당금의 금액은 다음 사업연도의 소득금액을 계산할 때 익금에 산입한다.
○	⑫		⑫ 내국법인이 동일인에 대하여 매출채권과 매입채무를 가지고 있는 경우에는 당해 매입채무를 상계하지 아니하고 대손충당금을 계상할 수 있으나 당사자간의 약정에 의하여 상계하기로 한 경우에는 그러하지 아니하다.
×	⑬	대손충당금을 손금에 산입한 내국법인이 합병하거나 분할하는 경우 그 법인의 합병등기일 또는 분할등기일 현재의 해당 대손충당금 중 합병법인등이 승계(해당 대손충당금에 대응하는 채권이 함께 승계되는 경우만 해당한다)받은 금액은 그 합병법인등이 합병등기일 또는 분할등기일에 가지고 있는 대손충당금으로 본다.	⑬ 대손충당금을 손금에 산입한 내국법인이 합병하는 경우 그 법인의 합병등기일 현재 해당 대손충당금 중 합병법인이 승계받은 금액은 그 합병법인이 합병등기일에 가지고 있는 대손충당금으로 보지 아니한다.

03 법인세법상 신고조정 대손사유에 해당하는 것은 ○표, 결산조정 대손사유에 해당하는 것은 ×표로 구분하시오.

문항	해설	정답
① 민사집행법 제102조에 따라 채무자의 재산에 대한 경매가 취소된 압류채권	신고조정 대손사유	① ○
② 민사소송법에 따른 화해에 따라 회수불능으로 확정된 채권	결산조정 대손사유	② ×
③ 중소기업의 외상매출금으로서 부도발생일부터 6개월 이상 지난 어음상의 채권(부도발생일 이전의 것으로서 해당 법인이 채무자의 재산에 대하여 저당권을 설정하고 있지 않음)	결산조정 대손사유	③ ×
④ 중소기업의 외상매출금으로서 회수기일이 2년 이상 지난 것(단, 특수관계인과의 거래로 인하여 발생한 외상매출금은 제외함)	결산조정 대손사유	④ ×
⑤ 회수기일이 6개월 이상 지난 채권 중 채권가액이 30만원 이하(채무자별 채권가액의 합계액을 기준으로 함)인 채권	결산조정 대손사유	⑤ ×
⑥ 채무자 회생 및 파산에 관한 법률에 따른 회생계획인가의 결정에 따라 회수불능으로 확정된 채권	신고조정 대손사유	⑥ ○
⑦ 중소벤처기업부장관이 정한 대손기준에 해당한다고 인정한 중소기업창업투자회사의 창업자에 대한 채권	결산조정 대손사유	⑦ ×
⑧ 채무자의 사업 폐지로 인하여 회수할 수 없는 채권	결산조정 대손사유	⑧ ×
⑨ 금융감독원장으로부터 대손금으로 승인받은 금융회사의 채권	결산조정 대손사유	⑨ ×

Theme 기타의 충당금과 준비금

04 다음의 설명 중 옳은 것은 ○표, 틀린 것은 ×표로 구분하시오.

정답	해설	문제
× ①	법인세법은 압축기장충당금의 설정에 대하여 신고조정도 인정한다.	① 물적분할로 인하여 취득한 주식의 가액 중 물적분할로 인하여 발생한 자산의 양도차익에 상당하는 금액을 과세이연하려면 압축기장충당금을 회계장부에 계상하여야 한다.
× ②	책임준비금은 결산조정만 인정되며 신고조정은 허용되지 않는다.	② 보험사업을 영위하는 내국법인(보험업법에 따른 보험회사 제외)이 수산업협동조합법이나 그 밖의 법률에 따른 책임준비금을 신고조정에 의하여 손금산입한 경우에는 해당 준비금설정액 상당액을 해당 사업연도의 이익처분에 있어서 적립금으로 적립하여야 한다.
× ③	법인세법상 준비금 중 일부는 잉여금처분에 의한 신고조정이 허용된다.[25]	③ 법인세법상 준비금은 기업회계에서도 인정하고 있으므로 결산조정만 가능하며 신고조정은 허용되지 않는다.
○ ④		④ 비영리내국법인이 고유목적사업준비금을 손금산입할 때에는 결산조정에 의하는 것이 원칙이지만 외부감사대상법인의 경우에는 잉여금처분에 의한 신고조정도 허용된다.
○ ⑤		⑤ 고유목적사업준비금을 손금에 산입한 비영리내국법인이 사업에 관한 모든 권리와 의무를 다른 비영리내국법인에 포괄적으로 양도하고 해산하는 경우 해산등기일 현재의 고유목적사업준비금 잔액은 그 다른 비영리내국법인이 승계할 수 있다.
× ⑥	이자소득금액 및 배당소득금액에 100%를 곱하여 산출한 금액을 한도로 손금에 산입한다.	⑥ 고유목적사업준비금은 소득세법상 이자소득금액 및 배당소득금액에 100분의 50을 곱하여 산출한 금액을 한도로 손금에 산입한다.
× ⑦	고유목적사업준비금을 손금에 산입한 사업연도의 종료일 이후 5년이 되는 날까지 고유목적사업에 일부만 사용한 경우 미사용 잔액을 익금에 산입한다.	⑦ 고유목적사업준비금을 손금에 산입한 사업연도의 종료일 이후 10년이 되는 날까지 고유목적사업에 일부만 사용한 경우 미사용 잔액을 익금에 산입한다.

25) 법인세법상 준비금

설정대상법인	구 분	설 정 방 법
보험업 영위법인	책임준비금	결산조정사항
	비상위험준비금	결산조정사항 단, 국제회계기준을 적용하는 법인인 경우에는 잉여금처분에 의한 신고조정 허용
	해약환급금준비금	잉여금처분에 의한 신고조정사항
비영리법인	고유목적사업준비금	결산조정사항 단, 외감대상인 경우에는 잉여금처분에 의한 신고조정 허용

⑧ 법인으로 보는 단체가 거주자로 변경된 경우 손금에 산입한 고유목적사업준비금 잔액을 익금에 산입하고 그 잔액에 대한 이자상당액을 법인세에 더하여 납부하여야 한다.

> 법인으로 보는 단체가 거주자로 변경된 경우 손금에 산입한 고유목적사업준비금 잔액을 익금에 산입하되, 그 잔액에 대한 이자상당액은 납부하지 않는다. ⑧ ×

⑨ 손금에 산입한 고유목적사업준비금의 잔액이 있는 비영리내국법인이 고유목적사업을 일부라도 폐지한 경우 그 잔액은 해당 사유가 발생한 날이 속하는 사업연도의 소득금액을 계산할 때 익금에 산입한다.

> 고유목적사업을 전부 폐지한 경우 그 잔액은 해당 사유가 발생한 날이 속하는 사업연도의 소득금액을 계산할 때 익금에 산입한다. ⑨ ×

⑩ ㈜A는 공장건물의 화재로 인하여 보험금을 지급받은 사업연도에 사용하지 못하였으나 그 다음 사업연도 개시일부터 2년 이내에 공장건물의 취득에 보험금을 사용하려는 경우에는, 지급받은 사업연도에 일시상각충당금으로 손금에 산입할 수 있다.

> ⑩ ○

⑪ ㈜B가 아파트 건설과 관련하여 기업회계기준에 따라 공사손실충당부채를 손금으로 계상한 때에는 법 소정 한도 내에서 그 계상한 사업연도의 손금으로 한다.

> 공사손실충당부채는 법인세법상 손금으로 인정되지 않는 충당부채이므로 비용으로 계상시 손금불산입(유보)한다. ⑪ ×

⑫ 국고보조금, 공사부담금 등은 법인세법령상 모두 익금이지만 이를 과세이연시키기 위하여 일시상각충당금 및 압축기장충당금을 설정할 수 있다.

> ⑫ ○

⑬ 국고보조금등 상당액을 손금에 산입한 내국법인이 손금에 산입한 금액을 기한 내에 사업용자산의 취득 또는 개량에 사용하지 아니하거나 사용하기 전에 폐업 또는 해산하는 경우 그 사용하지 아니한 금액은 해당 사유가 발생한 날이 속하는 사업연도의 소득금액을 계산할 때 익금에 산입한다. 다만, 합병하거나 분할하는 경우로서 합병법인등이 그 금액을 승계한 경우는 합병법인 등이 손금에 산입한 것으로 본다.

> ⑬ ○

⑭ 내국법인이 유형자산(이하 "보험대상자산")의 멸실(滅失)이나 손괴(損壞)로 인하여 보험금을 지급받아 그 지급받은 날이 속하는 사업연도의 종료일까지 멸실한 보험대상자산과 같은 종류의 자산을 대체 취득하거나 손괴된 보험대상자산을 개량(그 취득한 자산의 개량을 포함)하는 경우에는 해당 자산의 가액 중 그 자산의 취득 또는 개량에 사용된 보험차익 상당액을 대통령령으로 정하는 바에 따라 그 사업연도의 소득금액을 계산할 때 손금에 산입할 수 있다.

> ⑭ ○

⑮ 과세이연을 위하여 손금에 산입하는 금액은 당해 사업용자산별로 감가상각자산은 일시상각충당금으로, 감가상각자산 이외의 자산은 압축기장충당금으로 계상하여야 한다.

> ⑮ ○

⑯ 내국법인이 일시상각충당금 또는 압축기장충당금을 법령에 따른 세무조정계산서에 계상하고 이를 법인세 과세표준신고 시 손금에 산입한 경우 그 금액은 손비로 계상한 것으로 보지 않는다.

> 내국법인이 일시상각충당금 또는 압축기장충당금을 법령에 따른 세무조정계산서에 계상하고 이를 법인세 과세표준신고 시 손금에 산입한 경우 그 금액은 손비로 계상한 것으로 본다. → 결산조정사항이나 신고조정이 허용됨. ⑯ ×

07 부당행위계산의 부인

Theme 부당행위계산의 부인

01 다음의 설명 중 옳은 것은 ○표, 틀린 것은 ×표로 구분하시오.

○ ①	소액주주는 특수관계인에 해당하지 않는다. → 자산의 고가매입시 의제기부금규정이 적용된다.	① 주권상장법인이 아닌 내국법인이 소액주주(그 법인의 지배주주와 특수관계에 있는 자를 제외한다)로부터 토지를 고가로 매입한 경우에는 부당행위계산부인규정을 적용하지 아니한다.
× ②	행위 당시를 기준으로 특수관계 해당여부를 판단한다.	② 내국법인과 특수관계에 있는 자에 해당하는지의 여부는 그 법인의 법인세 납세의무의 성립 당시를 기준으로 하여 판단한다.
× ③	권리행사기간을 조정하여 이익분여의 효과가 발생하는 경우에도 부당행위계산부인규정이 적용된다.	③ 법 소정 파생상품에 대한 권리를 행사하지 않아 특수관계인에게 이익을 분여하는 경우에는 부당행위계산부인규정이 적용되지만 파생상품의 권리행사기간을 조정하는 경우에는 비록 이익분여의 효과가 발생되었다 하더라도 부당행위계산부인규정을 적용하지 않는다.
× ④	주식의 시가가 불분명한 경우에는 상속세 및 증여세법상의 보충적 평가방법을 적용하여 평가한 가액을 시가로 본다.(주식은 감정가액×)	④ 주식의 시가가 불분명한 때에는 그 감정가액을 시가로 보되, 감정가액이 없는 때에는 상속세 및 증여세법상의 보충적 평가방법을 적용하여 평가한 가액을 시가로 본다.
× ⑤	To. 비출자임원 등(소액주주인 임원 포함) 사택무상임대 → 부당행위계산부인×	⑤ 법인이 소액주주(그 법인의 지배주주와 특수관계에 있는 자를 제외한다)인 임원에게 사택을 무상으로 임대하였다면 부당행위계산부인규정이 적용된다.
× ⑥	행위 당시를 기준으로 특수관계 해당여부를 판단한다.	⑥ 부당행위계산의 부인은 원칙적으로 해당 사업연도 말을 기준으로 하여 해당 법인과 특수관계인 간의 거래에 대하여 적용한다.
○ ⑦		⑦ 특수관계인으로부터 무수익자산을 1억원에 매입한 경우에는 부당행위계산의 부인을 적용한다.
× ⑧	시가불분명시 다음을 순차로 적용 ① 감정평가업자의 감정가액 ② 상증세법상 평가가액	⑧ 부당행위계산의 부인을 적용하기 위한 시가가 불분명한 경우에는 감정평가업자가 감정한 가액과 상속세 및 증여세법에 따른 평가방법을 준용한 가액 중 높은 금액을 시가로 한다.
× ⑨	저리차용 : 이익을 보는 거래 → 부당행위계산부인×	⑨ 특수관계인으로부터 금전을 시가보다 낮은 이율로 차용한 경우로서 시가와 거래가액의 차액이 시가의 100분의 5에 상당하는 금액 이상인 경우에는 부당행위계산의 부인을 적용한다.

문제	해설	정답
⑩ 기계를 임대하고 임대료를 계산할 때 당해 자산의 시가에서 그 자산의 제공과 관련하여 받은 보증금을 차감한 금액에 정기예금이자율을 곱하여 산출한 금액을 시가로 한다.	유형 또는 무형의 자산을 제공하거나 제공받는 경우에는 해당 자산 시가의 50%에 상당하는 금액에서 그 자산의 제공과 관련하여 받은 전세금 또는 보증금을 차감한 금액에 정기예금이자율을 곱하여 산출한 금액을 시가로 한다.	⑩ ×
⑪ 비영리내국법인에 대하여도 부당행위계산의 부인 규정을 적용할 수 있다.		⑪ ○
⑫ 법인이 주주가 아닌 임원에게 사택을 무상으로 제공하는 경우에는 부당행위계산의 부인규정을 적용할 수 없다.		⑫ ○
⑬ 법인이 특수관계에 있는 다른 법인으로부터 제품을 저가에 매입한 경우, 그 제품의 취득가액은 시가이다.	저가매입 : 이익을 보는 거래 → 부당행위계산부인× → 제품의 취득가액 : 저가매입가	⑬ ×
⑭ 부동산을 임대하거나 임차함에 있어서 시가가 불분명한 경우에는 당해 자산시가의 100분의 50에 상당하는 금액에 정기예금이자율을 곱하여 산출한 금액을 시가로 한다.	자산시가의 50%에서 전세금 또는 보증금을 차감한 금액에 정기예금이자율을 곱하여 산출한 금액을 시가로 본다.	⑭ ×
⑮ 특수관계인으로부터 용역을 시가보다 높은 요율로 제공받은 경우에는 시가와 거래가액의 차액이 3억원 이상이거나 시가의 5%에 상당하는 금액 이상인 경우에 한하여 부당행위계산 부인 규정을 적용한다.		⑮ ○
⑯ 거래행위(불공정합병의 경우에 해당하지 아니함) 당시에 내국법인과 특수관계가 없는 자의 거래에 대하여는 부당행위계산부인규정을 적용하지 아니한다.		⑯ ○
⑰ 법인이 시가 10억원인 토지를 개인 대주주에게 1억원에 매각한 거래에 대해 부당행위계산부인규정을 적용받게 된 경우 법인과 대주주간 거래의 사법상 법률효과에는 영향을 미치지 아니한다.		⑰ ○
⑱ 불량자산을 차환한 경우에는 조세의 부담을 부당히 감소시킨 것으로 인정된다.		⑱ ○
⑲ 임원의 임면권 행사, 사업방침의 결정 등 법인의 경영에 대하여 사실상 영향력을 행사하고 있다고 인정되는 자는 당해 법인의 특수관계인에 해당된다.		⑲ ○

○	⑳		⑳ 납세지 관할세무서장 또는 관할 지방국세청장은 내국법인의 행위 또는 소득금액의 계산이 특수관계인과의 거래로 인하여 그 법인의 소득에 대한 조세의 부담을 부당하게 감소시킨 것으로 인정되는 경우에는 그 법인의 행위 또는 소득금액의 계산에 관계없이 그 법인의 각 사업연도의 소득금액을 계산할 수 있다.
×	㉑	해당 법인에 30% 이상을 출자하고 있는 법인에 30% 이상을 출자하고 있는 법인이나 개인은 특수관계인에 해당한다.	㉑ 내국법인B에 과반수 이상을 출자하고 있는 내국법인C에 40%를 출자하고 있는 내국법인이나 개인은 내국법인B의 특수관계인에 해당하지 아니한다.
×	㉒	상대방 법인 또한 당해 법인의 특수관계인에 해당한다.(쌍방기준)	㉒ 당해 법인 기준으로 상대방 법인이 특수관계인의 요건에 해당하지 않는 경우 상대방 법인을 기준으로 당해 법인이 특수관계인의 요건에 해당한다 하더라도 상대방 법인은 당해 법인의 특수관계인에 해당하지 않는다.
×	㉓	• 불균등합병 특수관계인 판정 합병등기일이 속하는 사업연도의 직전 사업연도의 개시일부터 합병등기일까지의 기간을 기준으로 한다.	㉓ 부당행위계산부인 규정은 그 행위 당시를 기준으로 특수관계인간 거래에 대하여 적용하며, 불균등합병으로 인한 주주간 이익분여 거래에 있어서 특수관계인인 법인의 판정은 합병등기일을 기준으로 한다.
×	㉔	특수관계가 있는 내국법인간의 합병(분할합병을 포함함)에 있어서 주식을 시가보다 높거나 낮게 평가하여 불공정한 비율로 합병한 경우 조세의 부담을 부당하게 감소시킨 것으로 인정된다.	㉔ 특수관계가 있는 내국법인간의 합병(분할합병은 포함하지 아니함)에 있어서 주식을 시가보다 높거나 낮게 평가하여 불공정한 비율로 합병한 경우 조세의 부담을 부당하게 감소시킨 것으로 인정된다.
○	㉕		㉕ 부당행위계산부인규정을 적용함에 있어 법인과 특수관계인 간의 거래는 반드시 직접적인 거래관계에 국한하지 않고 특수관계인 외의 자를 통하여 이루어진 거래도 포함한다.
○	㉖		㉖ 비상장주식에 대하여 특수관계인이 아닌 제3자 간에 일반적으로 거래된 가격이 없으면 상속세 및 증여세법에 따른 보충적 평가방법을 준용하여 평가한 금액을 기준으로 부당행위계산부인 규정을 적용한다.
×	㉗	소득세를 과세하는 것을 원칙으로 한다.[26]	㉗ 부당행위계산에 해당하는 경우 시가와의 차액 등을 익금에 산입하여 당해 법인의 각 사업연도의 소득금액을 계산하고 귀속자에게 증여세를 과세하는 것을 원칙으로 한다.

26) 부당행위계산에 해당하는 경우 시가와의 차액 등을 익금에 산입하며, 그 금액은 귀속자의 구분에 따라 배당 · 상여 · 기타사외유출 또는 기타소득으로 처분된다. 그러므로 원칙적으로 배당, 상여, 기타소득으로 처분된 금액은 귀속자의 배당소득, 근로소득, 기타소득을 구성하므로 귀속자는 소득세 납세의무를 지게 된다. 다만, 예외적으로 불공정자본거래로 이익을 얻은 개인주주는 증여받은 이익에 대해 증여세 납세의무를 지게 된다.

㉘ 부당행위계산부인 규정은 세법상 과세소득계산상의 범위 내에서만 변동을 초래할 뿐 당사자 간에 약정한 사법상 법률행위의 효과와는 무관하다.		㉘ ○
㉙ 주권상장법인이 발행주식총수의 100분의 10의 범위에서 상법에 따라 부여한 주식매수선택권의 행사로 주식을 시가보다 낮은 가액으로 양도한 경우에는 조세의 부담을 부당하게 감소시킨 것으로 보지 아니한다.		㉙ ○
㉚ 주주(지분율 1%)에게 주택자금을 무상으로 대여한 경우에는 부당행위계산의 부인 규정이 적용되지 아니한다.	주주(지분율 1%)에게 주택자금을 무상으로 대여한 금액은 업무무관가지급금에 해당하므로 부당행위계산의 부인 규정이 적용된다.	㉚ ×
㉛ 토지의 시가가 불분명한 경우로 부동산가격공시 및 감정평가에 관한 법률에 의한 감정평가업자가 감정한 가액이 2 이상인 경우에는 그 중 가장 큰 금액으로 평가한다.	토지의 시가가 불분명한 경우로 감정평가업자가 감정한 가액이 2 이상인 경우에는 그 감정한 가액의 평균액으로 평가한다.	㉛ ×
㉜ 금전, 그 밖의 자산 또는 용역을 무상 또는 시가보다 낮은 이율 · 요율이나 임대료로 대부하거나 제공한 경우에는 시가와 거래가액의 차액에 관계없이 부당행위계산의 부인 규정을 적용한다.	금전, 그 밖의 자산 또는 용역을 무상 또는 시가보다 낮은 이율 · 요율이나 임대료로 대부하거나 제공한 경우에는 시가와 거래가액의 차액이 3억원 이상이거나 시가의 5% 이상인 경우에 한하여 부당행위계산의 부인 규정을 적용한다.	㉜ ×
㉝ 출연금을 대신 부담한 경우 부당행위계산 부인의 규정은 그 행위 당시를 기준으로 하여 당해 법인과 특수관계인 간의 거래에 대하여 적용한다.		㉝ ○
㉞ 부당행위계산에 있어서의 시가란 건전한 사회통념 및 상관행과 특수관계인이 아닌 자 간의 정상적 거래에서 적용되거나 적용될 것으로 판단되는 가격을 말한다.		㉞ ○
㉟ 내국법인A가 「독점규제 및 공정거래에 관한 법률」에 따른 기업집단에 속하는 법인인 경우 그 기업집단에 소속되어 있는 다른 계열회사는 내국법인A의 특수관계인에 해당한다.		㉟ ○

Theme	고가매입 · 저가양도

02 다음의 설명 중 옳은 것은 ○표, 틀린 것은 ×표로 구분하시오.

○	①	특수관계인 + 고가매입 → 부당행위계산부인	① 특수관계인으로부터 토지를 고가에 매입하고 매입한 날이 속하는 사업연도에 그 대금의 전부를 지급하는 경우, 매입한 날이 속하는 사업연도에 시가초과액을 손금에 산입하여 △유보로 처분하고, 해당 손금을 부인하여 그 귀속자에 따라 상여 · 배당 · 기타소득 또는 기타사외유출로 처분한다.
×	②	특수관계인 + 저가양도 시가 : 1억 1천만원(감정평가가액) → 부당행위계산부인	② (주)한국이 해당 법인의 과장인 김대한 씨에게 토지(시가 : 불분명, 상속세 및 증여세법에 의한 평가액 : 1억원, 감정평가법인에 의한 평가액 : 1억 1천만원)를 9천만원에 매각한 경우, 부당행위계산에 해당하지 않으며 기부금으로 의제되는 금액도 없다.
○	③	비특수관계인 + 저가양도 정상가액 : ₩126,000,000~ → 의제기부금 : ₩6,000,000	③ (주)한국이 특수관계인이 아닌 (주)부산에게 건물(시가 : 불분명, 상속세 및 증여세법에 의한 평가액 : 2억원, 감정평가법인에 의한 평가액 : 1억 8천만원)을 1억 2천만원에 매각한 경우, 6백만원의 기부금을 지급한 것으로 본다.
×	④	비특수관계인 + 고가매입 정상가액 : ~3억 9천만원 → 의제기부금 : ₩0	④ (주)한국이 해당 법인의 소액주주인 최대전 씨로부터 주식(시가 : 3억원)을 3억 6천만원에 구입한 경우, 6천만원의 기부금을 지급한 것으로 본다.
×	⑤	차액 〈 Min[시가× 5%, 3억원] → 부당행위계산부인×	⑤ (주)한국이 대표이사로부터 상가건물(시가 45억원)을 47억원에 구입한 경우 시가와의 차액 2억원에 대하여 부당행위계산부인규정을 적용한다.
○	⑥		⑥ 회사의 비출자 임원인 특수관계인으로부터 토지를 ₩10,000,000에 매입(시가 ₩6,000,000)하고 지급금액을 취득원가로 회계처리한 경우, 손금산입 ₩4,000,000(△유보), 손금불산입 ₩4,000,000(상여)으로 처리하여야 한다.

Theme	가지급금인정이자

03 다음의 설명 중 옳은 것은 ○표, 틀린 것은 ×표로 구분하시오.

① 특수관계인에게 금전을 대여한 경우에는 자금대여 당시의 가중평균차입이자율을 시가로 하는 것이 원칙이다.		① ○
② 중소기업이 아닌 내국법인이 종업원에게 주택구입자금을 무이자로 대여한 경우 부당행위계산 부인 규정을 적용하지 아니한다.	중소기업이 아닌 내국법인이 종업원에게 주택구입자금을 무상 또는 저리대여시 업무무관가지급금으로 본다. → 부당행위계산부인 적용O	② ×
③ 현실적으로 퇴직하지 않은 임원 또는 직원에게 지급한 퇴직급여는 그 임원 또는 직원이 현실적으로 퇴직할 때까지 업무와 관련없이 지급한 가지급금으로 본다.		③ ○
④ 특수관계인과의 금전의 대여에 대해서 부당행위계산의 부인규정을 적용하기 위한 시가를 정할 때, 특수관계인이 아닌 자로부터 차입한 금액이 없어 가중평균차입이자율의 적용이 불가능한 경우에는 해당 대여금에 한정하여 당좌대출이자율을 시가로 한다.		④ ○
⑤ 직원에 대한 월정급여액의 범위 안에서 일시적인 급료의 가불금은 가지급금 인정이자 계산대상 가지급금으로 보지 아니한다.		⑤ ○
⑥ 국외에 자본을 투자한 내국법인이 해당 국외투자법인 종사자의 여비를 대신하여 부담하고 이를 가지급금으로 계상한 금액(그 금액을 실지로 환부받을 때까지의 기간에 상당하는 금액에 한함)은 가지급금 인정이자 계산대상 가지급금으로 보지 아니한다.		⑥ ○
⑦ 익금산입액의 귀속이 불분명하여 대표자에게 상여처분한 금액에 대한 소득세를 법인이 납부하고 이를 가지급금으로 계상한 금액(특수관계가 소멸될 때까지의 기간에 상당하는 금액에 한함)은 가지급금 인정이자 계산대상 가지급금으로 보지 아니한다.		⑦ ○
⑧ 법인이 과세표준 신고와 함께 기획재정부령으로 정하는 바에 따라 당좌대출이자율을 시가로 선택하는 경우 선택한 사업연도에 한해 기획재정부령으로 정하는 당좌대출이자율을 시가로 하여 가지급금 인정이자를 계산한다.	당좌대출이자율을 시가로 선택하는 경우 선택한 사업연도와 이후 2개 사업연도는 당좌대출이자율을 시가로 하여 가지급금인정이자를 계산한다.	⑧ ×
⑨ 특수관계인에 대한 금전 대여의 경우 대여기간이 5년을 초과하는 대여금이 있으면 해당 대여금에 한정하여 가중평균차입이자율을 시가로 한다.	특수관계인에 대한 금전 대여의 경우 대여기간이 5년을 초과하는 대여금이 있으면 해당 대여금에 한정하여 당좌대출이자율을 시가로 한다.	⑨ ×

08 과세표준과 세액의 계산

Theme 과세표준의 계산 – 이월결손금

01 다음의 설명 중 옳은 것은 ○표, 틀린 것은 ×표로 구분하시오.

× ①	기부금 한도계산시 이월결손금은 발생시점에 제한이 있다.[27]	① 기부금의 손금산입한도액을 계산함에 있어 공제하는 이월결손금은 발생시점에 제한이 없다.
○ ②		② 내국법인의 각사업연도소득에 대한 과세표준 계산상 공제가능한 이월결손금은 각 사업연도의 개시일 전 15년(2019년 12월 31일 이전 발생한 결손금은 10년) 이내에 개시한 사업연도에서 발생한 이월결손금에 한한다.
○ ③		③ 무상으로 받은 자산의 가액으로 충당된 이월결손금은 각 사업연도의 과세표준 계산에 있어서 공제된 것으로 본다.
○ ④		④ 채무의 면제로 인한 부채의 감소액으로 충당하여 보전할 수 있는 이월결손금은 발생시점에 제한이 없다.
○ ⑤		⑤ 법인세의 과세표준과 세액을 추계하는 경우에는 이월결손금 공제규정을 적용하지 아니한다. 다만, 천재지변 등으로 장부나 그 밖의 증명서류가 멸실되어 법령으로 정하는 바에 따라 추계하는 경우에는 그러하지 아니하다.
○ ⑥		⑥ 결손금 공제 중 이월공제는 신청을 요건으로 하지 않는다.
○ ⑦		⑦ 중소기업과 회생계획을 이행 중인 기업 등 법령으로 정하는 법인을 제외한 내국법인의 경우 법정 이월결손금 금액에 대한 공제의 범위는 각 사업연도 소득의 100분의 80으로 한다.

27) 결손금, 이월결손금의 처리

구 분	발생시점 제한여부	소멸여부	강제공제여부
(1) 이월결손금 공제	15년(10년)이내 발생분	소멸	강제공제
(2) 결손금 소급공제	해당연도 발생분	소멸	선택공제
(3) 자산수증이익 · 채무면제이익으로 보전가능한 이월결손금	제한 無	소멸	선택공제
(4) 기부금한도계산시 기준소득금액에서 차감하는 이월결손금	15년(10년)이내 발생분	미소멸	강제공제
(5) 청산소득계산시 자기자본에서 차감하는 이월결손금	제한 無	–	강제공제

⑧ 법인은 합병시 승계한 이월결손금을 자산수증이익 및 채무면제이익으로 보전할 수 있다.

> 자산수증이익 및 채무면제이익 충당대상 이월결손금에는 합병·분할시 승계받은 결손금은 제외한다.
>
> ⑧ ×

⑨ 각사업연도소득금액에서 비과세소득, 소득공제, 이월결손금의 순서로 차감하여 과세표준을 계산한다.

> 각사업연도소득금액에서 이월결손금, 비과세소득, 소득공제의 순서로 차감하여 과세표준을 계산한다.
>
> ⑨ ×

⑩ 법인세의 과세표준과 세액을 추계결정하는 경우에는 이월결손금 공제규정을 적용하지 아니하며, 과세표준과 세액을 추계결정함에 따라 공제되지 못한 이월결손금은 그 후의 사업연도 과세표준을 계산할 때 공제할 수 없다.

> 법인세의 과세표준과 세액을 추계결정하는 경우에는 이월결손금 공제규정을 적용하지 아니하며, 과세표준과 세액을 추계결정함에 따라 공제되지 못한 이월결손금은 그 후의 사업연도 과세표준을 계산할 때 공제한다.
>
> ⑩ ×

⑪ 채무자 회생 및 파산에 관한 법률에 따라 법원이 인가결정한 회생계획을 이행 중인 법인의 공제대상 이월결손금은 각 사업연도 소득금액의 100%를 한도로 공제한다.

> ⑪ ○

02 다음의 설명 중 옳은 것은 ○표, 틀린 것은 ×표로 구분하시오.

① 결손금의 소급공제는 업종에 관계없이 가능하므로 소비성서비스업을 영위하는 법인도 결손금의 소급공제를 적용받을 수 있다.

② 법인세액을 환급한 후 결손금이 발생한 사업연도에 대한 법인세의 과세표준과 세액을 경정함으로써 결손금이 감소된 경우에는 환급취소세액에 이자상당액을 가산한 금액을 그 경정한 날이 속하는 사업연도의 법인세로 징수한다.

③ 직전 사업연도의 과세표준이 3억원이고 해당 사업연도의 결손금이 6억원인 내국법인은 해당 사업연도의 결손금 중 3억원만을 소급공제받을 결손금액으로 기재하여 환급신청을 할 수 있다.

④ 결손금소급공제를 신청한 경우라 하더라도 직전 사업연도의 토지 등 양도소득에 대한 법인세는 환급되지 않는다.

⑤ 소급공제받은 결손금은 법인세의 과세표준을 계산함에 있어서 이미 공제받은 결손금으로 본다.

⑥ 중소기업이 전기 사업연도에 대한 법인세 과세표준과 세액을 신고기한 내에 신고하고, 당기 사업연도에 대한 법인세 과세표준과 세액은 기한 후 신고한 경우 결손금소급공제를 받을 수 있다.

⑦ 조세특례제한법상 중소기업이 아닌 내국법인은 결손금 소급 공제에 따른 환급을 적용받을 수 없다.

⑧ 결손금의 일부는 이월공제받고 일부는 소급공제받은 경우 결손금의 감소에 따른 과다환급세액을 계산할 때 이월공제받은 결손금이 먼저 감소된 것으로 본다.

×	①	소비성서비스업 : 중소기업× → 결손금소급공제에 관한 규정을 적용받을 수 없다.
×	②	환급취소세액에 이자상당액을 더한 금액을 해당 결손금이 발생한 사업연도(경정의 대상이 되는 사업연도)의 법인세로서 징수한다.
○	③	
○	④	
○	⑤	
×	⑥	중소기업이 과세표준 신고기한 내에 결손금이 발생한 사업연도와 그 직전 사업연도의 소득에 대한 법인세의 과세표준 및 세액을 각각 신고한 경우에만 결손금소급공제를 받을 수 있다.
○	⑦	
○	⑧	

⑨ 중소기업은 각 사업연도에 결손금이 발생한 경우, 직전 및 직전 전 사업연도의 소득에 대하여 과세된 법인세액을 한도로 그 결손금의 환급을 신청할 수 있다.

중소기업은 각 사업연도에 세무상 결손금이 발생한 경우 그 결손금에 대하여 직전 사업연도의 소득에 대하여 과세된 법인세액을 한도로 환급을 신청할 수 있다. ⑨ ×

⑩ 결손금소급공제 한도인 직전 사업연도 법인세액에는 가산세를 포함하며 토지 등 양도소득에 대한 법인세는 제외한다.

결손금소급공제 한도인 직전 사업연도 법인세액은 직전 사업연도의 법인세 산출세액(토지등양도소득에 대한 법인세 제외)에서 직전 사업연도의 소득에 대한 법인세로서 공제 또는 감면된 법인세액을 차감한 금액을 말하므로 가산세는 포함되지 않는다. ⑩ ×

⑪ 중소기업은 결손금이 발생한 사업연도와 직전 사업연도의 소득에 대한 법인세 과세표준 및 세액을 각각의 과세표준신고기한 내에 적법하게 신고하고 환급신청을 한 경우에만 결손금 소급공제를 적용할 수 있으나 발생한 결손금의 일부만을 소급공제 신청할 수는 없다.

결손금소급공제를 적용받을 수 있는 기업은 해당 사업연도의 결손금 중 일부만을 소급공제 받을 결손금으로 기재하여 환급신청할 수 있다. ⑪ ×

Theme 과세표준의 계산 - 비과세소득, 소득공제

03 다음의 설명 중 옳은 것은 ○표, 틀린 것은 ×표로 구분하시오.

×	①	자산유동화에 관한 법률에 따른 유동화전문회사가 배당가능이익의 90% 이상을 배당한 경우 그 금액은 해당 배당을 결의한 잉여금 처분의 대상이 되는 사업연도의 소득금액에서 공제한다.	① 「자산유동화에 관한 법률」에 따른 유동화전문회사가 배당가능이익의 90% 이상을 배당한 경우 그 금액은 해당 배당을 결의한 날이 속하는 사업연도의 소득금액에서 공제한다.
○	②		② 법인과세 신탁재산이 수익자에게 배당한 경우에는 그 금액을 해당 배당을 결의한 잉여금 처분의 대상이 되는 사업연도의 소득금액에서 공제한다.
○	③		③ 배당금액이 해당 사업연도의 소득금액에서 이월결손금을 뺀 금액을 최초로 초과하는 경우에는 그 초과하는 금액을 해당 사업연도의 다음 사업연도 개시일부터 5년 이내에 끝나는 각 사업연도로 이월하여 그 이월된 사업연도의 소득금액에서 공제할 수 있다. 다만, 내국법인이 이월된 사업연도에 배당가능이익의 90% 이상을 배당하지 아니하는 경우에는 그 이월된 금액을 공제하지 아니한다.
○	④		④ 「자산유동화에 관한 법률」에 따른 유동화전문회사가 법정요건을 갖춘 이익을 배당한 경우 그 금액을 해당 배당을 결의한 잉여금 처분의 대상이 되는 사업연도에 소득공제를 받기 위해서는 법령이 정하는 바에 따라 소득공제신청을 해야 한다.
○	⑤		⑤ 공익신탁법에 따른 공익신탁의 신탁재산에서 생기는 소득은 각 사업연도 소득에 대한 법인세를 과세하지 않는다.
×	⑥	과세표준 계산시 비과세소득의 공제는 적용신청을 요하지 않는다.	⑥ 조세특례제한법에 의한 비과세소득을 적용받고자 하는 법인은 납세지 관할 세무서장에게 신청하여야 한다.
×	⑦	"대통령령으로 정하는 배당가능이익"이란 기업회계기준에 따라 작성한 재무제표상의 법인세비용 차감 후 당기순이익에 이월이익잉여금을 가산하거나 이월결손금을 공제하고 상법에 따라 적립한 이익준비금을 차감한 금액을 말한다.	⑦ 「자본시장과 금융투자업에 관한 법률」에 따른 투자회사가 대통령령으로 정하는 배당가능이익의 100분의 90 이상을 배당한 경우에서 "대통령령으로 정하는 배당가능이익"이란 기업회계기준에 따라 작성한 재무제표상의 법인세비용 차감 후 당기순이익에 이월이익잉여금을 가산하거나 이월결손금을 공제한 금액을 말한다.
○	⑧		⑧ 소득공제 규정을 적용받는 유동화전문회사 등에는 「자본시장과 금융투자업」에 관한 법률에 따른 투자합자회사는 포함되지만 이 중 같은 법의 기관전용 사모집합투자기구는 제외한다.
○	⑨		⑨ 법인세법령에 따라 지급한 배당에 대하여 소득공제를 적용받는 유동화전문회사로부터 수입배당금액을 받은 내국법인은 수입배당금액에 대하여 익금불산입 규정을 적용하지 않는다.

Theme **토지 등 양도소득**

04 다음의 설명 중 옳은 것은 ○표, 틀린 것은 ×표로 구분하시오.

① 토지등 양도소득에 대한 법인세액은 세액감면과 세액공제의 대상이 되는 법인세 산출세액에 포함된다.

> 토지등 양도소득에 대한 법인세액은 세액감면과 세액공제의 대상이 되는 법인세 산출세액에 포함되지 않는다. ① ×

② 파산선고에 의해 등기된 비사업용 토지를 처분함으로써 발생하는 소득에 대해서는 토지등 양도소득에 대한 법인세가 과세된다.

> 파산선고에 의해 등기된 비사업용 토지를 처분함으로써 발생하는 소득에 대해서는 토지등 양도소득에 대한 법인세를 과세하지 않는다. ② ×

③ 주택을 취득하기 위한 권리인 조합원입주권 및 분양권을 양도한 경우 양도소득에 100분의 30을 곱하여 산출한 세액을 각 사업연도의 소득에 대한 법인세액에 추가하여 납부하여야 한다.

> 100분의 20을 곱하여 산출한 세액을 각 사업연도의 소득에 대한 법인세액에 추가하여 납부하여야 한다. ③ ×

④ 저당권의 실행으로 인하여 취득한 주택을 취득일부터 2년 6개월 보유한 후 양도하여 발생한 소득은 토지등 양도소득에 대한 법인세 과세대상에 해당하지 않는다.

> 저당권의 실행으로 인하여 취득한 주택으로서 취득일부터 3년이 경과하지 아니한 주택이므로 토지등 양도소득에 대한 법인세 과세대상에 해당하지 않는다. ④ ○

⑤ 주주등이나 출연자가 아닌 임원에게 사택으로 제공하는 법인 소유의 주택(사택제공기간 12년)을 양도하여 발생한 소득은 토지등 양도소득에 대한 법인세 과세대상에 해당한다.

> 비출자임원(소액주주임원 포함) 및 직원에게 제공하는 사택 및 그 밖에 무상으로 제공하는 법인 소유의 주택으로서 사택제공기간 또는 무상제공기간이 10년 이상인 주택은 토지등 양도소득에 대한 법인세 과세대상에 해당하지 않는다. ⑤ ×

Theme **외국납부세액공제**

05 다음의 설명 중 옳은 것은 ○표, 틀린 것은 ×표로 구분하시오.

① 천재지변 등으로 장부나 그 밖의 증명서류가 멸실되어 법인세를 추계하여 결정하는 경우에는 이월결손금 공제와 외국납부세액공제 모두 적용 가능하다.

> ① ○

② 국외사업장이 2개 이상의 국가에 있는 경우에도 외국납부세액공제의 한도액은 국가별로 구분하지 않고 계산한다.

> 국외사업장이 2개 이상의 국가에 있는 경우 외국납부세액공제의 한도액은 국가별로 구분하여 계산한다. ② ×

③ 외국정부에 납부하였거나 납부할 외국법인세액이 공제한도를 초과하는 경우 그 초과하는 금액은 다음 사업연도로 이월하여 공제받을 수 없다.

> 다음 사업연도 개시일부터 10년 이내에 끝나는 각 사업연도에 이월하여 그 이월된 사업연도의 공제한도 범위에서 공제받을 수 있다. ③ ×

×	④	• 한도 : 과세표준에 포함된 국외원천소득에 대한 법인세 산출세액 • 이월공제 : 다음 사업연도 개시일부터 10년 이내	④ 외국납부세액공제는 해당 법인의 국내 법인세 산출세액을 한도로 하며, 이를 초과하는 금액은 15년간 이월공제 가능하다.
×	⑤	추계결정 · 경정시 원칙적으로 외국납부세액공제규정을 적용하지 않는다.[28]	⑤ 법인세의 과세표준을 추계결정 · 경정하는 경우에는 외국납부세액공제규정을 적용한다.
×	⑥	조세조약체결여부에 관계없이 간접외국납부세액공제를 적용한다.	⑥ 간접외국납부세액공제는 조세조약에서 간접외국납부세액공제제도를 채택하고 있지 않거나 조세조약 미체결국인 경우에는 적용되지 않는다.

Theme 재해손실세액공제

06 다음의 설명 중 옳은 것은 ○표, 틀린 것은 ×표로 구분하시오.

×	①	재해손실세액공제는 적용가능하다.	① 추계조사시 법인세법에 의한 이월결손금공제, 외국납부세액공제 및 재해손실세액공제는 적용되지 않는다.
○	②		② 과세표준신고기한이 경과되지 아니한 법인세에서 재해손실세액공제를 받고자 하는 내국법인은 그 신고기한내에 세액공제신청을 하여야 한다. 다만, 재해발생일부터 신고기한까지의 기간이 3월 미만인 경우에는 재해발생일부터 3월내에 신청하여야 한다.
×	③	재해손실세액공제 대상이 되는 법인세에는 재해발생일이 속하는 사업연도의 소득에 대한 법인세와 재해발생일 현재 부과된 법인세로서 미납된 법인세 및 재해발생일 현재 부과되지 아니한 법인세를 포함한다.	③ 재해손실세액공제 대상이 되는 법인세에는 재해발생일이 속하는 사업연도의 소득에 대한 법인세와 재해발생일 현재 부과된 법인세로서 미납된 법인세가 포함되며, 재해발생일 현재 부과되지 아니한 법인세는 공제대상에 포함되지 않는다.
×	④	재해손실세액공제는 천재지변 등 재해로 상실 전 자산총액의 100분의 20 이상을 상실하여 납세가 곤란하다고 인정되는 경우 적용된다.	④ 재해손실세액공제는 천재지변 등 재해로 상실 전 자산총액의 100분의 15 이상을 상실하여 납세자가 곤란하다고 인정되는 경우 적용된다.

28) 추계조사에 의한 경우의 불이익

구 분	내 용
① 간주임대료의 익금산입	모든 법인에 대하여 임대보증금에 대한 간주임대료를 익금산입한다.
② 추계조사의 경우 소득처분	추계조사로 인하여 결정된 과세표준과 결산서상 법인세비용 차감전 손익과의 차이에 대한 소득처분은 대표자에 대한 상여로 한다. 다만, 천재지변 기타 불가항력으로 장부 기타 증빙서류가 멸실되어 추계결정하는 경우에는 기타사외유출로 처분한다.
③ 이월결손금공제, 외국자회사 수입배당금액의 익금불산입과 외국납부세액공제의 배제	이월결손금공제, 외국자회사 수입배당금액의 익금불산입과 외국납부세액공제에 관한 규정을 적용하지 아니한다. 다만, 천재지변 기타 불가항력으로 장부 기타 증빙서류가 멸실되어 추계하는 경우에는 그러하지 아니한다.

Theme **경정시 세액공제**

07 다음의 설명 중 옳은 것은 ○표, 틀린 것은 ×표로 구분하시오.

① 법인세 감면에 관한 규정과 세액공제에 관한 규정이 동시에 적용되는 경우에는 사실과 다른 회계처리에 기인한 경정에 따른 세액공제를 가장 나중에 적용한다.

② 내국법인이 사실과 다른 회계처리로 인하여 경정을 받음으로써 각 사업연도의 법인세에서 과다 납부한 세액을 공제하는 경우 그 공제하는 금액은 과다 납부한 세액의 100분의 50을 한도로 하며, 공제 후 남아 있는 과다 납부한 세액은 이후 사업연도에 이월하여 공제한다.

③ 내국법인이 사실과 다른 회계처리에 기인한 경정에 의하여 환급할 세액이 발생하는 경우에는 해당 환급세액을 다른 세목에 충당하거나 충당 후 잔액을 국세환급금의 결정일로부터 30일 내에 환급하여야 한다.

해설	번호	정답
	①	○
그 공제하는 금액은 과다 납부한 세액의 100분의 20을 한도로 하며, 공제 후 남아 있는 과다 납부한 세액은 이후 사업연도에 이월하여 공제한다.	②	×
사실과 다른 회계처리에 기인한 경정에 따른 세액공제는 각 사업연도의 법인세액에서 과다납부한 세액을 공제한다.(30일 이내 환급×)	③	×

Theme **최저한세**

08 다음의 설명 중 옳은 것은 ○표, 틀린 것은 ×표로 구분하시오.

① 최저한세를 적용함에 있어 조세감면의 법정배제순서는 손금산입 · 익금불산입, 세액감면, 세액공제, 소득공제 및 비과세 순이다.

② 납세의무자가 신고한 법인세액이 최저한세액에 미달하여 법인세를 경정하는 경우에는 법정순서에 따라 감면을 배제하여 세액을 계산해야 하지만, 중소기업에 적용되는 조세특례제한법상 모든 세액감면은 이같은 순서의 적용을 받지 아니한다.

해설	번호	정답
최저한세를 적용함에 있어 조세감면의 법정배제순서는 손금산입 · 익금불산입, 세액공제, 세액감면, 소득공제 및 비과세 순이다.	①	×
납세의무자가 신고한 법인세액이 최저한세액에 미달하여 법인세를 경정하는 경우에는 중소기업여부를 불문하고 조세특례제한법상 법정순서에 따라 감면을 배제한다.	②	×

09 법인세의 납세절차

Theme 기납부세액

01 다음의 설명 중 옳은 것은 ○표, 틀린 것은 ×표로 구분하시오.

① 중간예납의무자는 중간예납기간이 지난 날부터 3개월 이내에 중간예납세액을 신고·납부하여야 한다.

② 중간예납에 대하여는 국세기본법에 의한 수정신고나 경정청구가 인정되지 않는다.

③ 각 사업연도의 기간이 6개월 이하인 법인은 중간예납세액의 납부의무를 지지 않는다.

④ 합병이나 분할에 의하지 아니하고 새로 설립된 법인의 경우 설립 후 최초의 사업연도에는 중간예납세액의 납부의무를 지지 않는다.

⑤ 중간예납세액에 대해서는 분납이 허용되지 않는다.

⑥ 합병이나 분할에 의한 신설 내국법인은 최초사업연도의 기간이 6개월을 초과하더라도 최초사업연도에 대한 중간예납의무가 없다.

⑦ 중간예납세액을 직전 사업연도에 확정된 법인세에 의하여 계산하는 경우 직전 연도의 산출세액 계산에서는 가산세와 토지등 양도소득에 대한 법인세액은 제외한다.

⑧ 납세지 관할세무서장은 중간예납기간 중 휴업 등의 사유로 사업수입금액이 없는 법인에 대하여 그 사실이 확인된 경우에는 해당 중간예납기간에 대한 법인세를 징수하지 아니한다.

⑨ 초·중등교육법 및 고등교육법에 따른 사립학교를 경영하는 학교법인과 산업교육진흥 및 산학연협력촉진에 관한 법률에 따른 산학협력단은 중간예납세액의 납부의무를 지지 않는다.

⑩ 새로 설립된 모든 내국법인의 경우 설립 후 최초의 사업연도에는 중간예납을 하지 않는다.

정답	번호	해설
×	①	중간예납의무자는 중간예납기간이 지난 날부터 2개월 이내에 중간예납세액을 신고 · 납부하여야 한다.
○	②	
○	③	
○	④	
×	⑤	중간예납세액이 1,000만원을 초과하는 경우 분납이 허용된다.
×	⑥	합병이나 분할에 의한 신설 내국법인은 최초사업연도의 기간이 6개월을 초과하는 경우 최초사업연도에도 중간예납을 하여야 한다.
×	⑦	• 가산세 포함 • 토지 등 양도소득에 대한 법인세액 제외
○	⑧	
○	⑨	
×	⑩	• 신설법인의 최초사업연도 원칙 : 중간예납의무× 예외 : 합병 또는 분할에 의해 신설된 법인 → 중간예납의무○

⑪ 해당 중간예납기간의 법인세액을 기준으로 중간예납세액을 계산할 경우 중간예납기간의 수시부과세액은 차감하지 않는다.

해당 중간예납기간의 법인세액을 기준으로 중간예납세액을 계산할 때 중간예납기간의 수시부과세액을 차감한다. ⑪ ×

⑫ 내국법인이 납부하여야 할 중간예납세액의 일부를 납부하지 아니한 경우 납부지연가산세는 적용되지 않는다.

내국법인이 납부하여야 할 중간예납세액의 일부를 납부하지 아니한 경우 신고불성실가산세는 적용되지 않는다. → 납부지연가산세만 부과한다. ⑫ ×

⑬ 직전 사업연도의 중소기업으로서 직전 사업연도의 산출세액을 기준으로 하는 방법에 따라 계산한 중간예납세액이 50만원 미만인 내국법인은 중간예납세액을 납부할 의무가 없다.

⑬ ○

⑭ 분할신설법인 또는 분할합병의 상대방 법인이 분할 후 최초 사업연도의 중간예납세액을 산출할 경우 해당 중간예납기간의 법인세액을 기준으로 하는 방법으로 중간예납세액을 계산한다.

29) ⑭ ○

⑮ 내국법인 A(제조업)가 해당 법인의 주주인 내국법인 B(제조업)에게 배당금을 지급하는 경우에는 그 배당금에 대한 법인세의 원천징수를 하여야 한다.

법인의 배당소득은 원천징수대상이 아니다. ⑮ ×

⑯ 내국법인 및 외국법인과 소득세법에 의한 거주자 및 비거주자는 법인세법에 의하여 원천징수하는 법인세를 납부할 의무가 있다.

⑯ ○

⑰ 내국법인이 법령이 정한 채권 등(법인세 비과세, 면세, 그 밖의 법령에 정하는 채권 등 제외)에서 발생하는 이자 등의 계산기간 중에 해당 채권 등을 타인에게 매도하는 경우 채권 등의 보유기간에 따른 이자 등은 해당 법인이 원천징수의무자를 대리하여 원천징수하여야 한다.

⑰ ○

⑱ 원천징수대상으로 규정하지 아니한 소득에 대하여 원천징수된 법인세액은 법인세산출세액에서 공제하는 원천징수된 세액에 해당하지 아니한다.

⑱ ○

---

29) 다음의 어느 하나에 해당하는 경우에는 해당 사업연도 중간예납기간의 실적기준(당기실적기준)으로 중간예납세액을 계산한다.
① 직전 사업연도의 법인세로서 확정된 산출세액(가산세는 제외)이 없는 경우(배당소득공제 대상인 유동화전문회사, 각종 투자회사 및 프로젝트금융투자회사는 제외함)
② 해당 중간예납기간 만료일까지 직전 사업연도의 법인세액이 확정되지 아니한 경우
③ 분할신설법인 또는 분할합병의 상대방 법인의 분할 후 최초의 사업연도인 경우
④ 직전 사업연도 종료일 현재 독점규제 및 공정거래에 관한 법률에 따른 공시대상기업집단에 속하는 내국법인(업종별 매출액 등을 고려하여 법령으로 정하는 법인은 제외)인 경우
⑤ 합병법인과 피합병법인 중 어느 하나가 위 ④에 해당하는 내국법인에 해당하는 경우로서 해당 합병법인의 합병 후 최초의 사업연도인 경우

Theme	가산세

02 다음의 설명 중 옳은 것은 O표, 틀린 것은 ×표로 구분하시오.

○	①		① 신용카드 및 현금영수증 발급 불성실 가산세는 신용카드 매출전표를 사실과 다르게 발급한 금액의 5%(건별로 계산한 금액이 5천원 미만이면 5천원으로 한다)이다.
○	②		② 업무용승용차 관련비용 등을 손금에 산입한 내국법인이 업무용승용차 관련비용 등에 관한 명세서를 제출하지 않은 경우 업무용승용차 관련비용 명세서 제출 불성실가산세가 적용된다.
○	③		③ 주식등변동상황명세서를 제출해야하는 내국법인이 명세서를 제출하지 않은 경우 그 주식등의 액면금액의 1%에 해당하는 금액을 가산세로 한다.
○	④		④ 기부금영수증을 발급하는 내국법인이 기부금영수증을 사실과 다르게 적어 발급한 경우 사실과 다르게 발급된 금액의 5%에 해당하는 금액을 가산세로 한다.
×	⑤	가입하지 않은 사업연도의 수입금액의 1%에 가입하지 아니한 기간을 고려하여 법령으로 정하는 바에 따라 계산한 비율을 곱한 금액을 가산세로 한다.	⑤ 소비자상대업종을 영위하는 법인은 그 요건에 해당하는 날이 속하는 달의 말일부터 3개월 이내에 현금영수증가맹점으로 가입하지 않은 경우 가입하지 않은 사업연도의 수입금액의 3%에 해당하는 금액을 가산세로 한다.

Theme 신고 · 납부 및 결정 · 경정

03 다음의 설명 중 옳은 것은 ○표, 틀린 것은 ×표로 구분하시오.

① 납세의무가 있는 내국법인의 법인세법에 따른 각 사업연도의 소득에 대한 법인세과세표준과 세액의 신고기한은 각 사업연도의 소득금액이 없거나 결손금이 있는 내국법인의 경우에도 적용된다.

① ○

② 내국법인은 법인세법에 따른 납부할 세액이 ₩10,000,000을 초과하는 경우에 납부할 세액의 일부를 분납할 수 있으나, 가산세와 감면분추가납부세액은 분납대상세액에 포함하지 아니한다.

② ○

③ 내국법인이 법인세과세표준의 신고기한까지 자진납부할 세액이 1천만원을 초과하는 경우에는 해당 세액의 50% 이하의 금액을 분납할 수 있다.

분납가능한 세액 : 1천만원을 초과하는 금액 또는 50% 이하의 금액[30]

③ ×

④ 주식회사의 외부감사에 관한 법률에 따라 감사인에 의한 감사를 받아야 하는 내국법인이 해당 사업연도의 감사가 종결되지 아니하여 결산이 확정되지 아니하였다는 사유로 법인세과세표준과 세액의 신고기한을 연장하고자 하는 경우에는, 법정신고기한의 종료일 이전 2주가 되는 날까지 신고기한 연장신청서를 납세지 관할세무서장에게 제출하여야 한다.

법정신고기한의 종료일 3일 전까지 신고기한의 연장을 신청하여야 한다.

④ ×

⑤ 법인세의 과세표준과 세액을 납세지 관할 세무서장에게 신고할 때 기업회계기준을 준용하여 작성한 개별 내국법인의 재무상태표 · 포괄손익계산서 및 이익잉여금처분계산서(또는 결손금처리계산서)를 신고서에 첨부하지 아니하면 법인세법에 따른 신고로 보지 아니한다.

⑤ ○

⑥ 자진납부할세액이 있고 사업연도가 2025년 10월 31일로 종료하는 영리내국법인은 2026년 1월 31일까지 법인세를 납부하여야 한다.

신고납부기한이 사업연도의 종료일이 속하는 달의 말일부터 3개월까지이므로 옳은 지문이다.

⑥ ○

⑦ 주식회사의 외부감사에 관한 법률에 따라 감사인에 의한 감사를 받아야 하는 내국법인이 해당 사업연도의 감사가 종결되지 아니하여 결산이 확정되지 아니하였다는 사유로 신고기한의 연장을 신청한 경우에는 그 신고기한을 1개월의 범위에서 연장할 수 있다.

⑦ ○

⑧ 조세특례제한법상 중소기업의 경우 납부할 세액이 1천만원을 초과하면 납부기한이 지난 날부터 2개월 이내에 분납할 수 있다.

⑧ ○

⑨ 납세지 관할 세무서장은 제출된 신고서에 오류가 있을 때에는 보정할 것을 요구할 수 있다.

⑨ ○

---

30) 자진납부할세액이 1천만원을 초과하는 경우 납부기한이 경과한 날부터 1개월(중소기업의 경우에는 2개월)이내에 분납할 수 있다.

구 분	분납가능한 세액
① 납부할세액이 2천만원 이하인 경우	1천만원을 초과하는 금액
② 납부할세액이 2천만원 초과하는 경우	그 납부할세액의 50% 이하의 금액
* 가산세와 감면분 추가납부세액은 분납대상에서 제외한다.	

○	⑩	
×	⑪	법인세의 과세표준과 세액을 결정 또는 경정한 후 그 결정·경정에 오류 또는 탈루가 있는 것이 발견된 때에는 즉시 이를 다시 경정한다.
○	⑫	
○	⑬	
×	⑭	납부할 중간예납세액이 1,500만원인 경우 500만원(1천만원을 초과하는 금액)을 납부기한이 지난 날부터 1개월(중소기업의 경우에는 2개월) 이내에 분납할 수 있다.
○	⑮	
○	⑯	
○	⑰	
×	⑱	소득세법에 따른 성실신고확인대상사업자가 사업용자산을 현물출자하여 내국법인으로 전환한 경우 그 내국법인은 법인으로 전환한 후 3년 동안 성실신고확인서를 제출해야 한다.
○	⑲	
○	⑳	

⑩ 납세지 관할 세무서장은 법인세 과세표준과 세액을 신고한 내국법인의 신고 내용에 누락이 있는 경우에는 그 법인의 각 사업연도의 소득에 대한 법인세의 과세표준과 세액을 경정한다.

⑪ 납세지 관할 세무서장은 법인세의 과세표준과 세액을 결정한 후 그 결정에 오류가 있는 것을 발견한 경우에는 1개월 이내에 이를 경정한다.

⑫ 납세지 관할세무서장은 내국법인이 각 사업연도의 소득에 대한 법인세로서 납부하여야 할 세액의 전부 또는 일부를 납부하지 아니하면 그 미납된 법인세액을 국세징수법에 따라 징수하여야 한다.

⑬ 성실신고확인대상 내국법인이 성실신고확인서를 제출하는 경우 사업연도 종료일이 속하는 달의 말일부터 4개월 이내에 법인세 과세표준과 세액을 신고하여야 한다.

⑭ 납부할 중간예납세액이 1,500만원인 경우 750만원을 납부기한이 지난 날부터 1개월 이내에 분납할 수 있다.

⑮ 외부조정대상법인이 외부조정계산서를 첨부하지 아니하는 경우 신고를 하지 않은 것으로 보고 무신고가산세를 적용한다.

⑯ 신고를 하지 아니하고 본점을 이전하여 법인세를 포탈할 우려가 있다고 인정되는 경우에는 납세지 관할 세무서장이 수시로 그 법인에 대한 법인세를 부과할 수 있다.

⑰ 주식회사 등의 외부감사에 관한 법률에 따라 감사인에 의한 감사를 받은 내국법인은 성실신고확인서를 제출하지 아니할 수 있다.

⑱ 소득세법에 따른 성실신고확인대상사업자가 사업용자산을 현물출자하여 내국법인으로 전환한 경우 그 내국법인은 법인으로 전환한 후 5년 동안 성실신고확인서를 제출해야 한다.

⑲ 성실신고확인서 제출 불성실 가산세를 적용할 때 법령에 따른 경정으로 산출세액이 0보다 크게 된 경우에는 경정된 산출세액을 기준으로 가산세를 계산한다.

⑳ 성실신고확인서 제출 불성실 가산세는 산출세액이 없는 경우에도 적용한다.

㉑ 납세의무가 있는 내국법인이 각 사업연도의 소득에 대한 법인세의 과세표준과 세액을 신고하지 않은 경우, 국세청장이 조사기간을 따로 정하지 아니한 때에는 납세지 관할세무서장은 해당 사업연도의 종료일이 속하는 달의 말일부터 1년 이내에 법인세의 과세표준과 세액에 대한 결정을 완료해야 한다.

㉒ 국세청장이 특히 중요하다고 인정하는 것에 대하여는 납세지 관할지방국세청장이 이를 결정 또는 경정할 수 있으며, 이 경우 납세지 관할세무서장은 해당 과세표준을 결정 또는 경정하기 위하여 필요한 서류를 납세지 관할지방국세청장에게 지체 없이 보내야 한다.

㉓ 과세표준 등의 신고를 한 내국법인이 지급명세서, 매출·매입처별 계산서합계표의 전부 또는 일부를 제출하지 아니한 경우 납세지 관할세무서장은 그 법인의 각 사업연도의 소득에 대한 법인세의 과세표준과 세액을 경정한다.

㉔ 납세지 관할세무서장이 행하는 법인의 각 사업연도의 소득에 대한 법인세의 과세표준과 세액의 경정은 해당 내국법인이 신고할 때에 첨부한 신고서 및 그 첨부서류에 의하거나 비치기장된 장부 또는 그 밖의 증명서류에 의한 실지조사에 의함을 원칙으로 한다.

납세지 관할세무서장은 법인세 과세표준 신고기한부터 1년 내에 법인세의 과세표준과 세액에 대한 결정을 완료해야 한다. 다만, 국세청장이 조사기간을 따로 정하거나 부득이한 사유로 인하여 국세청장의 승인을 얻은 경우에는 그러하지 아니한다.	㉑	×
	㉒	○
	㉓	○
	㉔	○

Theme 청산소득에 대한 법인세

04 다음의 설명 중 옳은 것은 ○표, 틀린 것은 ×표로 구분하시오.

정답	번호	해설	문제
×	①	세무상 잉여금 계산시 B/S상 잉여금에 유보잔액을 가감한다.[31]	① 사내유보로 처분한 금액은 청산소득에 대한 법인세 과세표준의 산정과는 직접적인 관련이 없다.
○	②		② 특별법에 따라 설립된 법인이 그 특별법의 개정이나 폐지로 인하여 상법에 따른 회사로 조직변경하는 경우에는 청산소득에 대한 법인세를 과세하지 아니한다.
○	③		③ 내국법인의 해산에 의한 청산소득의 금액을 계산함에 있어서 자기자본 총액과 상계하는 이월결손금은 발생시점에 제한이 없다.
○	④		④ 청산소득금액에 대한 법인세의 세율은 각사업연도소득에 대한 법인세와 동일하다.
○	⑤		⑤ 해산에 의한 청산소득의 금액은 그 법인의 해산에 의한 잔여재산의 가액에서 해산등기일 현재의 자기자본의 총액을 공제한 금액으로 한다.
○	⑥		⑥ 해산에 의한 청산소득의 금액을 계산함에 있어서 그 청산기간 중에 국세기본법에 의하여 환급되는 법인세액이 있는 경우 이에 상당하는 금액은 자기자본의 총액에 가산한다.
×	⑦	이를 그 법인의 해당 각사업연도소득(청산소득×)에 산입한다.	⑦ 청산소득의 금액을 계산함에 있어서 그 청산기간 중에 생기는 각 사업연도의 소득금액이 있는 경우에는 이를 청산소득의 금액에 가산한다.
×	⑧	청산소득에 대한 법인세의 납부의무가 있는 내국법인은 잔여재산가액확정일이 속하는 달의 말일부터 3개월 이내에 청산소득에 대한 법인세의 과세표준과 세액을 신고하여야 한다.	⑧ 청산소득에 대한 법인세의 납부의무가 있는 내국법인은 해산등기일이 속하는 달의 말일부터 3개월 이내에 청산소득에 대한 법인세의 과세표준과 세액을 신고하여야 한다.
×	⑨	청산소득에 대한 법인세의 납부의무가 있는 법인은 과세표준과 세액을 납세지 관할 세무서장에게 신고하여야 하며, 청산소득의 금액이 없는 경우에도 신고하여야한다.	⑨ 청산소득에 대한 법인세의 납부의무가 있는 법인은 과세표준과 세액을 납세지 관할 세무서장에게 신고하여야 하나 청산소득의 금액이 없는 경우에는 그러하지 아니하다.

31) 청산소득 = 잔여재산가액 − 세무상 자기자본*
 * 세무상 자기자본 = 자본금 + (세무상 잉여금** − 세무상 이월결손금) + 법인세 환급액
 ** 세무상 잉여금 = B/S상 잉여금 ± 유보(△유보)잔액

Theme 비영리법인의 법인세

05 다음의 설명 중 옳은 것은 ○표, 틀린 것은 ×표로 구분하시오.

문제	해설	정답
① 소득세법에 따른 이자소득만이 있는 비영리내국법인은 복식부기 방식으로 장부를 기장할 의무가 없다.		① ○
② 대한염업조합이나 신용협동조합은 민법상 조합에 해당하므로 해당 조합이 얻은 소득에 대하여는 소득세가 과세된다.	대한염업조합과 신용협동조합 → 비영리법인 → 법인세가 과세된다.	② ×
③ 비영리법인이 금융회사로부터 받는 예금 등의 이자는 수익사업에서 생기는 소득금액이 아니므로 법인세를 과세하지 아니한다.	예금 등의 이자 → 수익사업소득 → 법인세가 과세된다.	③ ×
④ 비영리내국법인은 원천징수된 비영업대금의 이익에 대하여는 각 사업연도 소득에 대한 법인세 과세표준 신고를 하지 않을 수 있다.	비영리내국법인은 원천징수된 이자소득(비영업대금의 이익은 제외)과 투자신탁의 이익에 대하여는 분리과세를 선택할 수 있다.	④ ×
⑤ 사업소득과 채권매매이익에 해당하는 수익사업을 영위하지 않는 비영리내국법인은 기장의무가 없다.		⑤ ○
⑥ 사업소득에 해당하는 수익사업이 있는 비영리내국법인은 토지 · 건물 등의 양도소득에 대하여 소득세법상의 양도소득에 관한 규정을 준용하여 계산한 과세표준에 양도소득세율을 적용하여 계산한 금액을 법인세로 납부할 수 있다.	사업소득에 해당하는 수익사업을 영위하는 비영리내국법인은 자산양도에 대한 과세특례규정을 적용할 수 없다.[32]	⑥ ×
⑦ 비영리내국법인이 출자지분의 양도로 인하여 생기는 수입은 수익사업에서 생기는 소득에 해당하지 아니한다.	비영리내국법인이 출자지분의 양도로 인하여 생기는 수입은 수익사업에서 생기는 소득에 해당한다.	⑦ ×
⑧ 수익사업을 하는 비영리내국법인은 장부의 기록 · 보관 불성실 가산세의 적용을 받지 않는다.		⑧ ○

32) 자산양도소득에 대한 과세특례
비영리내국법인(사업소득에 해당하는 수익사업을 영위하는 비영리내국법인은 제외)이 다음 중 어느 하나에 해당하는 자산의 양도로 인하여 소득이 있는 경우에는 일반법인세를 납부하는 방법과 소득세법상 양도소득세의 규정을 준용하여 산출한 세액을 법인세로 납부하는 방법(특례방법) 중 한 가지를 선택할 수 있다. → 특례방법선택시 과세표준신고를 하지 않을 수 있다.
- 토지 또는 건물(건물에 부속된 시설물과 구축물 포함)
- 소득세법상 양도소득세 과세대상인 주식 · 출자지분(기타자산에 해당하는 주식 · 출자지분 포함)
- 소득세법상 양도소득세 과세대상인 부동산에 관한 권리 및 기타자산(시설물 이용권 등)

		해설	문제
○	⑨		⑨ 비영리내국법인은 소득세법에 따른 이자소득(비영업대금의 이익은 제외하고 투자신탁의 이익은 포함)으로서 법인세법에 따라 원천징수된 이자소득에 대하여는 과세표준 신고를 하지 아니할 수 있다.
×	⑩	자산 · 부채 및 손익을 해당 수익사업에 속하는 것과 수익사업이 아닌 그 밖의 사업에 속하는 것을 각각 다른 회계로 구분하여 기록하여야 한다.	⑩ 비영리내국법인이 수익사업을 영위하는 경우 구분경리하지 않는 것을 원칙으로 한다.
×	⑪	축산업 외의 농업은 수익사업에서 제외되므로 지상권의 양도로 인하여 발생하는 소득이 있는 경우 법인세 과세표준신고를 하지 않을 수 있다.(비영리내국법인의 자산양도소득에 대한 과세특례)	⑪ 축산업 외의 농업을 영위하는 비영리내국법인은 지상권의 양도로 인하여 발생하는 소득이 있는 경우 법인세 과세표준신고를 하여야 한다.
×	⑫	비영리내국법인의 각 사업연도의 소득에는 유형자산 및 무형자산의 처분으로 인한 수입을 포함하되, 3년 이상 계속하여 고유목적사업에 직접 사용하는 유형자산 및 무형자산의 처분으로 인하여 생기는 수입은 제외한다.	⑫ 비영리내국법인의 각 사업연도의 소득에는 고유목적사업에 직접 사용하는 자산의 처분으로 인한 모든 수입을 포함한다.
×	⑬	비영리내국법인의 고유목적사업준비금을 손비로 계상한 경우에는 법소정 한도내에서 그 계상한 고유목적사업준비금을 해당 사업연도의 소득금액을 계산할 때 손금에 산입한다.	⑬ 비영리내국법인의 고유목적사업준비금을 손비로 계상한 경우에는 그 계상한 고유목적사업준비금을 이후 연속하는 3개 사업연도의 산출세액에서 순차적으로 차감한다.
×	⑭	비영리내국법인은 원천징수된 투자신탁의 이익에 대하여 과세표준 신고를 하지 아니할 수 있다. 이 경우 과세표준 신고를 하지 아니한 투자신탁의 이익은 각 사업연도의 소득금액을 계산할 때 포함하지 아니한다. → 분리과세 특례	⑭ 비영리내국법인은 원천징수된 투자신탁의 이익에 대하여 과세표준 신고를 하지 아니할 수 있다. 이 경우 과세표준 신고를 하지 아니한 투자신탁의 이익은 그 법인의 해당 각 사업연도 소득금액에 산입한다.

Theme 연결법인의 법인세

06 다음의 설명 중 옳은 것은 ○표, 틀린 것은 ×표로 구분하시오.

		해설	문제
×	①	균등배분×[33]	① 같은 사업연도에 2 이상의 연결법인에서 발생한 결손금이 있는 경우에는 연결법인 간 균등하게 배분하여 결손금 공제를 할 수 있다.
×	②	연결모법인은 각 연결사업연도의 종료일(개시일×)이 속하는 달의 말일부터 4개월 이내에 신고하여야 한다.	② 연결모법인은 각 연결사업연도의 개시일이 속하는 달의 말일부터 4개월 이내에 해당 연결사업연도의 소득에 대한 법인세의 과세표준과 세액을 납세지 관할세무서장에게 신고하여야 한다.

33) 같은 사업연도에 2 이상의 연결법인에서 발생한 결손금이 있는 경우에는 연결사업연도의 과세표준을 계산할 때 해당 연결법인에서 발생한 결손금부터 연결소득개별귀속액을 한도로 먼저 공제하고 해당 연결법인에서 발생하지 아니한 2 이상의 다른 연결법인의 결손금은 해당 결손금의 크기에 비례하여 각각 공제된 것으로 본다.

③ 각 연결사업연도의 기간이 6개월을 초과하는 연결모법인은 해당사업 연도 개시일부터 6개월간을 중간예납기간으로 하여 연결중간예납세액을 중간예납기간이 지난 날부터 3개월 이내에 납세지 관할세무서에 납부하여야 한다.

> 중간예납기간이 지난 날부터 2개월(3개월×) 이내에 납세지 관할세무서에 납부하여야 한다.

③ ×

④ 연결납세방식의 적용을 포기한 연결법인은 연결납세방식이 적용되지 않는 최초 사업연도와 그 다음 사업연도의 개시일부터 4년 이내에 끝나는 사업연도까지는 연결납세방식의 적용 당시와 동일한 법인을 연결모법인으로 하여 연결납세방식을 적용받을 수 없다.

④ ○

⑤ 연결법인세 개별귀속액으로서 연결모법인 또는 연결자법인에 지급하였거나 지급할 금액은 손금으로 산입할 수 있다.

> 연결법인세 개별귀속액으로서 연결모법인 또는 연결자법인에 지급하였거나 지급할 금액은 손금에 산입하지 않는다.

⑤ ×

⑥ 연결모법인의 연결지배를 받지 아니하게 되거나 해산한 연결자법인은 해당 사유가 발생한 날이 속하는 연결사업연도의 개시일부터 연결납세방식을 적용하지 아니한다.

⑥ ○

⑦ 내국법인과 해당 내국법인의 연결가능자법인은 법령이 정하는 바에 따라 관할지방국세청장의 승인을 받아 연결납세방식을 적용하여야 하며, 이 경우 연결가능자법인이 2 이상인 때에는 그 중 일부를 선택하여 연결납세방식을 적용할 수 있다.

> 연결가능자법인이 2 이상인 때에는 해당 법인 모두가 연결납세방식을 적용하여야 한다.(일부선택×)

⑦ ×

⑧ 추계조사결정 사유로 장부나 그 밖의 증빙서류에 의하여 연결법인의 소득금액을 계산할 수 없는 경우 관할지방국세청장은 연결납세방식의 적용승인을 취소할 수 있다.

⑧ ○

⑨ 연결납세방식을 최초로 적용받은 연결사업연도와 그 다음 연결사업연도의 개시일부터 5년 이내에 끝나는 연결사업연도까지는 연결납세방식의 적용을 포기할 수 없다.

> 연결납세방식을 최초로 적용받은 연결사업연도와 그 다음 연결사업연도의 개시일부터 4년 이내에 끝나는 연결사업연도까지는 연결납세방식의 적용을 포기할 수 없다.

⑨ ×

⑩ 연결가능모법인이 연결가능자법인을 포함하여 연결납세방식을 적용받기 위해서는 연결가능모법인의 납세지 관할 지방국세청장의 승인을 받아야 한다.

⑩ ○

⑪ 연결납세방식을 적용받으려는 내국법인과 해당 내국법인의 연결가능자법인은 최초의 사업연도 개시일부터 20일 이내에 연결납세방식 적용신청서를 해당 내국법인의 납세지 관할세무서장을 경유하여 관할지방국세청장에게 제출하여야 한다.

> 연결납세방식을 적용받으려는 내국법인과 해당 내국법인의 연결가능자법인은 최초의 연결사업연도 개시일부터 10일 이내에 연결납세방식 적용 신청서를 해당 내국법인의 납세지 관할세무서장을 경유하여 관할지방국세청장에게 제출하여야 한다.

⑪ ×

Theme 외국법인의 법인세

07 다음의 설명 중 옳은 것은 ○표, 틀린 것은 ×표로 구분하시오.

정답	해설	문제
○ ①		① 국내원천이자소득에 대해 원천징수를 당한 외국법인은 원천징수일이 속하는 달의 다음달 10일이 지난 후 5년 이내에 관할세무서장에게 경정을 청구할 수 있다.
○ ②		② 국내원천소득(사업소득, 인적용역소득 제외)에 대하여 조세조약에 따라 비과세 또는 면제를 받고자 하는 외국법인은 납세지 관할세무서장에게 신청을 하여야 한다.
× ③	국내원천소득 중 이자소득, 배당소득, 부동산주식양도소득, 사용료소득, 유가증권양도소득에 대한 규정이다.[34] → 사업소득×	③ 기획재정부장관이 고시하는 국가 또는 지역에 소재하는 외국법인의 국내원천소득 중 이자소득, 배당소득, 사업소득에 대하여 원천징수하는 경우 국세청장의 사전승인을 받지 않고는 조세조약을 적용할 수 없다.
○ ④		④ 외국법인이 자기의 자산을 타인으로 하여금 가공하게 하기 위해서만 사용하는 일정한 장소가 외국법인의 사업 수행상 예비적 또는 보조적인 성격을 가진 활동을 하기 위하여 사용되는 경우에는 외국법인의 국내사업장에 포함되지 아니한다.
○ ⑤		⑤ 외국법인이 판매를 목적으로 하지 않는 자산의 저장 · 보관을 위해서만 사용하는 일정한 장소가 외국법인의 사업 수행상 예비적 또는 보조적인 성격을 가진 활동을 하기 위하여 사용되는 경우에는 외국법인의 국내사업장에 해당하지 않는다.
× ⑥	20% → 14% 다만, 국채 및 통화안정증권에서 발생하는 이자소득에 대해서는 법인세를 과세하지 아니한다.	⑥ 국내사업장이 없는 외국법인에게 지급하는 국가, 지방자치단체 및 내국법인이 발행하는 채권에서 발생하는 이자소득에 대한 원천징수세율은 20%이다.
× ⑦	① 보유기간 이자상당액 : 법인세법 · 조세특례제한법 또는 조세조약에 의한 세율 ② 지급금액 − ① : 14%	⑦ 외국법인에게 채권의 이자를 지급하는 자는 지급이자 전액에 대하여 원천징수하지 아니하고, 지급이자 중 해당 외국법인의 보유기간 이자상당액에 법인세법 · 조세특례제한법 또는 조세조약에 의한 세율을 적용하여 원천징수한다.
× ⑧	국내사업장에 해당하지 않는다.	⑧ 외국법인이 광고, 선전, 정보의 수집 및 제공, 시장조사, 그 밖에 이와 유사한 활동만을 위하여 사용하는 일정한 장소가 외국법인의 사업 수행상 예비적 또는 보조적인 성격을 가진 활동을 하기 위하여 사용되는 경우에는 국내사업장에 포함된다.
○ ⑨		⑨ 외국법인이 국내에 상점이나 기타 고정된 판매사업장을 가지고 있지 않더라도 자기를 위하여 계약을 체결할 권한을 갖고 그 권한을 반복적으로 행사할 수 있는 자를 두고 사업을 영위한다면 국내사업장이 있는 것으로 본다.

34) 기획재정부장관이 고시하는 국가 또는 지역에 소재하는 비거주자, 외국법인의 국내원천소득 중 이자소득, 배당소득, 부동산주식양도소득, 사용료소득, 유가증권양도소득에 대하여 법인세로서 원천징수하는 경우 다음과 같이 원천징수한다.
① 원칙 : 법인세법 > 조세조약 → 법인세법에 따른 세율을 우선 적용하여 원천징수하여야 한다.
② 예외 : 조세조약 > 법인세법 → 국세청장이 사전 승인하는 경우에는 조세조약을 적용한다.

⑩ 건축 장소는 국내에 2년간 존속하더라도 외국법인의 국내사업장에 포함되지 아니한다.

⑩ × 6개월을 초과하여 존속하는 건축 장소, 건설 · 조립 · 설치공사의 현장 또는 이와 관련된 감독을 하는 장소는 외국법인의 국내사업장에 포함된다.

⑪ 외국법인이 자산의 단순한 구입만을 위하여 사용하는 일정한 시설이 외국법인의 사업 수행상 예비적 또는 보조적인 성격을 가진 활동을 하기 위하여 사용되는 경우에는 국내사업장에 포함되지 아니한다.

⑪ ○

⑫ 국내원천소득으로서 국내사업장과 실질적으로 관련되지 않거나 그 국내사업장에 귀속되지 않은 소득은 원천징수분리과세한다.

⑫ × 국내사업장과 실질적으로 관련되지 않거나 그 국내사업장에 귀속되지 않은 국내원천소득 중 부동산소득 및 양도소득을 제외한 소득에 대해서 원천징수분리과세한다.

⑬ 국내사업장을 가진 외국법인 또는 국내사업장이 없더라도 부동산소득이 있는 외국법인의 각사업연도소득에 대한 법인세의 신고 · 납부에 대하여는 원칙적으로 내국법인에게 적용되는 법인세 신고 · 납부규정을 준용하나, 법인세 신고시 이익잉여금처분계산서(또는 결손금처리계산서) 제출의무는 면제된다.

⑬ ○

⑭ 국내사업장이 없고 부동산소득이 없는 외국법인의 양도소득은 종합과세하지 않고 예납적 원천징수 후 별도로 분리하여 신고납부한다.

⑭ ○

⑮ 비영리외국법인은 지점세를 추가로 부담하지 않는다.

⑮ ○

⑯ 국내사업장을 가진 외국법인의 경우에는 외국법인의 국내원천소득의 구분에 따라 각 국내원천소득의 금액을 그 법인의 각 사업연도의 소득에 대한 법인세의 과세표준으로 한다.

⑯ × 각 국내원천소득의 총합계액에서 국내에서 발생한 이월결손금, 비과세소득 및 선박 또는 항공기의 외국항행소득을 차감한 금액을 과세표준으로 한다.

⑰ 외국법인의 국내사업장에는 지점, 사무소 또는 영업소를 포함하는 것으로 한다.

⑰ ○

⑱ 각 사업연도의 소득에 대한 법인세의 과세표준을 신고하여야 할 외국법인으로서 본점 등의 결산이 확정되지 아니하거나 기타 부득이한 사유로 그 신고기한까지 신고서를 제출할 수 없는 경우에는 납세지 관할 세무서장 또는 관할지방국세청장의 승인을 받아 그 신고기한을 연장할 수 있다.

⑱ ○

10 합병 및 분할 등에 대한 과세특례

01 다음의 설명 중 옳은 것은 ○표, 틀린 것은 ×표로 구분하시오.

① 적격합병을 한 합병법인은 피합병법인의 자산을 시가로 양도받은 것으로 하고, 양도받은 자산 및 부채의 가액을 합병등기일 현재의 장부가액으로 계상하되 시가에서 피합병법인의 장부상 장부가액을 뺀 금액은 자산조정계정으로 계상해야 한다.

② 적격합병이 아닌 경우 합병법인이 합병으로 피합병법인의 자산을 승계한 경우에는 그 자산을 피합병법인으로부터 합병등기일 현재의 시가로 양도받은 것으로 본다.

③ 합병법인은 피합병법인의 자산을 장부가액으로 양도받은 경우 피합병법인이 각 사업연도의 소득금액 및 과세표준을 계산할 때 익금 또는 손금에 산입하거나 산입하지 아니한 금액을 승계한다.

④ 분할법인이 물적분할에 의하여 분할신설법인의 주식을 취득한 경우로서 적격분할의 요건을 갖춘 경우 그 주식의 가액 중 물적분할로 인하여 발생한 자산의 양도차익에 상당하는 금액은 분할등기일이 속하는 사업연도의 소득금액을 계산할 때 손금에 산입할 수 있다.

⑤ 적격합병에 따라 피합병법인의 자산을 장부가액으로 양도받은 합병법인은 3년 이내의 기간에 피합병법인으로부터 승계받은 사업을 폐지하는 경우에는 그 사유가 발생하는 날이 속하는 사업연도의 소득금액을 계산할 때 양도받은 자산의 장부가액과 시가와의 차액을 손금에 산입한다.

⑥ 2026. 3. 1에 비적격합병에 의한 합병등기를 한 합병법인(사업연도 1. 1~12. 31)이 피합병법인의 상호·거래관계, 그 밖의 영업상의 비밀 등에 대하여 사업상 가치가 있다고 보아 대가를 지급함으로써 발생된 합병매수차손은 2026년부터 2031년까지 손금산입한다.

⑦ 합병법인은 합병으로 소멸한 피합병법인이 납부하지 않은 각 사업연도의 소득에 대한 법인세를 납부할 책임이 없다.

[정답 및 해설]

× ① 합병법인은 피합병법인의 자산을 장부가액으로 양도받은 것으로 한다. 이 경우 양도받은 자산 및 부채의 가액은 합병등기일 현재의 시가로 계상하되, 자산별로 시가에서 피합병법인의 장부가액을 뺀 금액은 자산조정계정으로 계상하여야 한다.

○ ②

○ ③

○ ④

× ⑤ 합병등기일이 속하는 사업연도의 다음 사업연도 개시일부터 2년 이내에 승계받은 사업을 폐지하는 경우 → 자산조정계정 잔액의 총합계액과 피합병법인으로부터 승계받은 결손금 중 공제한 금액 전액을 익금에 산입한다.

○ ⑥ 사업상 가치 有 → 합병등기일부터 5년간 균등분할 손금산입(초월산입 · 말월불산입[35])

× ⑦ 납부할 책임이 있다.

35) 비적격합병시 합병매수차익 및 합병매수차손의 세무상 처리

구 분		내 용
(1) 합병매수차익		합병등기일부터 5년간 균등분할 익금산입(초월산입, 말월불산입)
(2) 합병매수차손	사업상 가치 有	합병등기일부터 5년간 균등분할 손금산입(초월산입, 말월불산입)
	사업상 가치 無	손금불산입항목

⑧ 분할등기일 직전 1년 전부터 사업을 계속하던 법인이 분할하는 경우에 분할신설법인은 분할법인의 모든 세무조정사항을 승계한다.

비적격분할(분할등기일 현재 5년 이상 사업을 계속하던 법인의 분할이 아님)에 해당하므로 세무조정사항이 승계되지 않는다.

⑧ ×

⑨ 적격합병을 한 합병법인은 피합병법인으로부터 양도받은 자산을 합병등기일로부터 7년 후에 처분하여 처분손실이 발생할 경우 해당 사업연도의 각사업연도소득금액 계산시 손금에 산입할 수 없다.

5년 내에 처분 → 합병 전 피합병법인의 사업에서 발생한 소득금액의 범위에서 손금에 산입
5년 후에 처분 → 전액 손금

⑨ ×

⑩ 외국법인이며 기업인수목적회사가 아닌 피합병법인은 합병으로 발생하는 양도손익을 계산할 때 양도가액을 합병등기일 현재 순자산 장부가액으로 보아 양도손익이 없는 것으로 할 수 있다.

내국법인 간의 합병만 적격합병이 될 수 있다.(외국법인×)

⑩ ×

⑪ 내국법인이 발행주식총수 또는 출자총액을 소유하고 있는 다른 법인을 합병하거나 그 다른 법인에 합병되는 경우에는 합병에 따른 양도손익이 없는 것으로 할 수 있다.

⑪ ○

⑫ 법인세법상 요건을 모두 갖춘 적격합병의 경우에는 합병법인의 합병등기일 현재 이월결손금은 합병법인의 각 사업연도의 과세표준을 계산할 때 피합병법인으로부터 승계받은 사업에서 발생한 소득금액의 범위에서 공제할 수 있다.

법인세법상 요건을 모두 갖춘 적격합병의 경우에는 합병법인의 합병등기일 현재 이월결손금은 합병법인의 각 사업연도의 과세표준을 계산할 때 피합병법인으로부터 승계받은 사업에서 발생한 소득금액의 범위에서는 공제하지 아니한다.

⑫ ×

⑬ 합병 시 피합병법인의 대손충당금 관련 세무조정사항의 승계는 적격합병의 요건을 갖추고, 대손충당금에 대응하는 채권이 합병법인에게 함께 승계되는 경우에만 가능하다.

대손충당금 · 퇴직급여충당금에 관련된 세무조정사항은 적격합병여부와 관계없이 승계할 수 있다. → 비적격 합병인 경우에도 승계가능함

⑬ ×

⑭ 적격합병에 해당하기 위해서는 합병법인이 합병등기일이 속하는 사업연도의 다음 사업연도 개시일부터 5년이 되는 날까지 피합병법인으로부터 승계받은 사업을 계속해야 한다.

적격합병에 해당하기 위해서는 합병법인이 합병등기일이 속하는 사업연도의 종료일까지 피합병법인으로부터 승계받은 사업을 계속해야 한다.

⑭ ×

⑮ 중소기업간 적격합병인 경우 합병법인이 승계한 피합병법인의 결손금에 대한 공제는 피합병법인으로부터 승계받은 사업에서 발생한 소득금액의 100%를 한도로 한다.

⑮ ○

⑯ 합병등기일 현재 1년 이상 사업을 계속하던 내국법인 간의 합병이어야 한다는 것은 적격합병의 요건 중 하나이다.

⑯ ○

⑰ 피합병법인의 주주등이 합병으로 인하여 받은 합병대가의 전액이 합병법인의 주식등이어야 한다는 것은 적격합병의 요건 중 하나이다.

피합병법인의 주주등이 합병으로 인하여 받은 합병대가의 총합계액 중 합병법인(또는 합병법인의 모회사)의 주식가액이 80% 이상이어야 한다는 것은 적격합병의 요건 중 하나이다.

⑰ ×

○	⑱		⑱ 적격합병이 아닌 경우 합병법인이 피합병법인에게 지급한 양도가액과 피합병법인의 합병등기일 현재의 순자산 시가가 서로 일치하지 않으면, 그 차액은 합병매수차익 또는 합병매수차손으로 한다.
○	⑲		⑲ 적격분할이 아닌 경우 분할신설법인등이 분할로 분할법인등의 자산을 승계한 경우에는 그 자산을 분할법인등으로부터 분할등기일 현재의 시가로 양도받은 것으로 본다.
×	⑳	합병법인이 피합병법인의 자산을 시가로 양도받은 것으로 보는 경우(비적격합병) & 사업상 가치 有 → 합병매수차손은 합병등기일부터 5년간 균등하게 나누어 손금에 산입한다.	⑳ 합병법인이 피합병법인의 자산을 시가로 양도받은 것으로 보는 경우로서 피합병법인에 지급한 양도가액이 피합병법인의 합병등기일 현재의 자산총액에서 부채총액을 뺀 금액보다 큰 경우, 합병법인은 그 차액을 합병등기일부터 5년간 균등하게 나누어 익금에 산입한다.
○	㉑		㉑ 피합병법인의 순자산 장부가액을 계산할 때 국세기본법에 따라 환급되는 법인세액이 있는 경우에는 이에 상당하는 금액을 합병등기일 현재 피합병법인의 순자산 장부가액에 더한다.
○	㉒		㉒ 합병법인은 피합병법인의 자산을 장부가액으로 양도받은 경우 양도받은 자산 및 부채의 가액을 합병등기일 현재의 시가로 계상하되, 시가에서 피합병법인의 장부가액을 뺀 금액이 0보다 작은 경우에는 시가와 장부가액의 차액을 손금에 산입하고 이에 상당하는 금액을 자산조정계정으로 익금에 산입한다.
×	㉓	합병법인이 승계한 피합병법인의 결손금은 피합병법인으로부터 승계받은 사업에서 발생한 소득금액의 범위에서 합병법인의 각 사업연도의 과세표준을 계산할 때 공제한다.	㉓ 적격합병을 한 합병법인이 승계한 피합병법인의 결손금은 합병법인의 각 사업연도의 과세표준을 계산할 때 공제한다.
○	㉔		㉔ 적격합병시 승계한 이월결손금은 채무의 면제 또는 소멸로 인한 부채(負債)의 감소액으로 보전하는데 충당할 수 없다.
×	㉕	합병법인의 각 사업연도의 소득금액을 계산할 때 피합병법인으로부터 승계받은 사업에서 발생한 소득금액을 기준으로 계산한 특례기부금 및 일반기부금 각각의 손금산입한도액의 범위에서 손금에 산입한다.	㉕ 피합병법인의 합병등기일 현재 기부금한도초과액으로서 적격합병에 따라 합병법인이 승계한 금액은 합병법인의 각 사업연도의 소득금액을 계산할 때 피합병법인으로부터 승계받은 사업에서 발생한 소득금액한도내에서 손금에 산입한다.
×	㉖	적격합병을 한 합병법인은 2년 이내 합병법인이 피합병법인으로부터 승계받은 사업을 폐지하는 경우 → 과세이연의 중단	㉖ 적격합병을 한 합병법인은 5년 이내 합병법인이 피합병법인으로부터 승계받은 사업을 폐지하는 경우에는 그 사유가 발생한 날이 속하는 사업연도의 소득금액을 계산할 때 양도받은 자산의 장부가액과 시가와의 차액(시가가 장부가액보다 큰 경우만 해당), 승계받은 결손금 중 공제한 금액 등을 익금에 산입하고, 피합병법인으로부터 승계받아 공제한 감면·세액공제액 등을 해당 사업연도의 법인세에 더하여 납부한 후 해당 사업연도부터 감면 또는 세액공제를 적용하지 아니한다.

MEMO

세법 말문제 OX

제3편

소득세법

01 소득세법 총론

Theme 납세의무자 및 과세대상소득

01 다음의 설명 중 옳은 것은 ○표, 틀린 것은 ×표로 구분하시오.

정답	해설	문항
○ ①		① 법인으로 보는 단체 외의 법인 아닌 단체 중에서 구성원 간 이익의 분배비율이 정하여져 있지 아니하나 사실상 구성원별로 이익이 분배되는 것으로 확인되는 경우 전부 또는 일부 구성원의 이익분배가 확인되는 부분은 구성원별로 소득세법 또는 법인세법을 적용한다.
○ ②		② 국세기본법에 따른 법인 아닌 단체 중 법인으로 보는 단체 외의 법인 아닌 단체가 구성원 간 이익의 분배방법이나 분배비율이 정하여져 있지 않거나 확인되지 않는 경우에는 해당 단체를 1거주자 또는 1비거주자로 보아 과세한다.
○ ③		③ 비거주자는 국내에 주소를 둔 날에 거주자로 된다.
× ④	비거주가 국내에 주소를 둔 날 or 거소를 둔 기간이 183일이 되는 날 거주자가 된다.	④ 비거주자는 국내에 주소를 둔 기간이 183일이 되는 날부터 거주자가 된다.
× ⑤	출국하는 날의 다음날에 비거주자가 된다.	⑤ 거주자는 주소 또는 거소의 국외 이전을 위하여 출국하는 날에 비거주자로 된다.
○ ⑥		⑥ 국내에 거주하는 개인이 계속하여 183일 이상 국내에 거주할 것을 통상 필요로 하는 직업을 가진 날에 비거주자가 거주자로 된다.
○ ⑦		⑦ 외국국적을 가졌거나 외국법령에 의하여 그 외국의 영주권을 얻은 자로서 국내에 생계를 같이하는 가족이 없고 그 직업 및 자산상태에 비추어 다시 입국하여 주로 국내에 거주하리라고 인정되지 아니한 날의 다음날에 거주자가 비거주자가 된다.
× ⑧	해당 과세기간 종료일 10년 전부터 국내에 주소나 거소를 둔 기간의 합계가 5년 이하인 외국인 거주자 → 국외소득은 국내에서 지급되거나 국내로 송금된 소득에 대해서만 과세한다.	⑧ 미국국적인 A는 내국법인 ㈜한국IT에 네트워크관련 기술자로 근무하고 있으며, 해당 과세기간 종료일 10년 전부터 서울에 주소나 거소를 둔 기간의 합계는 3년이다. 이 경우 A는 국내·외 원천소득에 대하여 납세의무를 진다.

⑨ 국내에 거주하는 개인이 국내에 생계를 같이하는 가족이 있고, 그 직업 및 자산상태에 비추어 계속하여 183일 이상 국내에 거주할 것으로 인정되는 경우에는 국내에 주소를 가진 것으로 본다.

⑨ ○

⑩ 외국을 항행하는 선박 또는 항공기의 승무원의 경우 그 승무원과 생계를 같이 하는 가족이 거주하는 장소 또는 그 승무원이 근무기간 외의 기간 중 통상 체제하는 장소가 국내에 있는 때에는 해당 승무원의 주소는 국내에 있는 것으로 본다.

⑩ ○

⑪ 국외에서 근무하는 내국법인의 국외사업장에 파견된 직원의 경우 계속하여 183일 이상 국외에 거주하는 경우 비거주자로 본다.

⑪ × 국외에서 근무하는 내국법인의 국외사업장에 파견된 직원의 경우 거주자로 의제한다.

⑫ 국내에 거주하는 개인이 계속하여 183일 이상 국내에 거주할 것을 통상 필요로 하는 직업을 가진 경우에는 국내에 주소를 가진 것으로 본다.

⑫ ○

⑬ 소득세법은 개인의 과세대상 소득의 범위를 원칙적으로 소득원천설에 따라 정하지만, 법인세법은 영리법인의 과세대상 소득의 범위를 순자산증가설에 따라 정하고 있다.

⑬ ○

⑭ 미국 국적 야구선수 A는 한국의 프로야구팀과 연봉 계약을 하고, 2026년 3월 3일 생애 최초로 한국에 입국하였다. A가 프로야구 시즌이 끝난 2026년 10월 1일 출국한 경우 A의 2026년 국외원천소득은 국내에서 지급되거나 국내로 송금된 것에 대해서만 과세된다.

⑭ ○ 해당 과세기간 종료일 10년 전부터 국내에 주소나 거소를 둔 기간의 합계가 5년 이하인 외국인 거주자이므로 특례가 적용된다.

⑮ 한미행정협정에 규정된 합중국군대에서 군무원으로 근무하고 있는 미국국적인 Jane은 가족과 함께 서울에 살고 있으며 거소지 선정과 관련하여 조세회피목적은 없다. 이 경우 국내 소득세법상 Jane은 비거주자로 본다.

⑮ ○

⑯ 한국 국적 을은 외교부 소속 공무원이다. 을이 일본에 있는 한국 영사관에서 근무하며 2026년 1월 1일부터 2026년 12월 31일까지 일본에 거소를 둔 경우 을은 2026년의 국내 · 외 원천소득에 대해서 소득세 납세의무를 진다.

⑯ ○ 국외에서 근무하는 공무원, 거주자(또는 내국법인)의 국외사업장이나 해외현지법인(내국법인의 직 · 간접 지분율이 100%인 경우)등에 파견된 임직원은 거주자로 본다.

⑰ 원천징수되는 소득으로서 종합소득 과세표준에 합산되지 아니하는 소득이 있는 자는 그 원천징수되는 소득세에 대해서 납세의무를 진다.

⑰ ○

⑱ 내국법인이 발행주식총수 또는 출자지분의 90% 이상을 출자한 해외현지법인에 파견된 임원 또는 직원은 거주자로 본다.

⑱ × 내국법인이 발행주식총수 또는 출자지분의 100%를 출자한 해외현지법인에 파견된 임원 또는 직원은 거주자로 본다.

정답	번호	해설	문제
×	⑲	이 경우 甲은 국내외 모든소득에 대해서 납세의무를 진다. → 거주자	⑲ 내국법인인 (주)서울의 직원인 한국국적의 甲은 (주)서울이 100% 출자한 미국 현지법인 Seoul Ltd.에 파견되어 근무하고 있으며, 甲은 미국에서 1년 이상 거소를 두고 있다. 이러한 경우 甲은 국내원천소득에 대해서만 납세의무를 진다.
×	⑳	국내에 거소를 둔 기간은 입국하는 날의 다음날부터 출국하는 날까지로 한다.	⑳ 국내에 거소를 둔 기간은 입국하는 날부터 출국하는 날까지로 한다.
○	㉑		㉑ 국내에 거소를 두고 있던 개인이 출국 후 다시 입국한 경우에 생계를 같이하는 가족의 거주지나 자산소재지 등에 비추어 그 출국목적이 관광, 질병의 치료 등으로서 명백하게 일시적인 것으로 인정되는 때에는 그 출국한 기간도 국내에 거소를 둔 기간으로 본다.
○	㉒	출국목적이 관광, 질병의 치료 등으로서 명백하게 일시적인 것으로 인정되는 때에는 그 출국한 기간도 국내에 거소를 둔 기간으로 본다.	㉒ 국내에 거소를 두고 있으면서 서울과 미국 LA에서 부동산임대업을 영위하고 있는 한국국적의 乙은 2026. 1. 1.에 질병 치료차 일시적으로 미국으로 출국하였다가 2026. 10. 10.에 다시 입국하였다. 乙은 2026년 과세연도의 경우 서울 및 LA에서 발생한 부동산임대소득 모두에 대해서 국내에서 소득세 납세의무를 진다.
○	㉓		㉓ 비거주자로서 국내원천소득이 있는 개인은 소득세를 납부할 의무를 진다.
○	㉔		㉔ 공동으로 소유한 자산에 대한 양도소득금액을 계산하는 경우 해당 자산을 공동으로 소유하는 각 거주자가 납세의무를 진다.
○	㉕		㉕ 비거주자의 국내원천 퇴직소득은 분류과세한다.
×	㉖	비거주자에 대한 과세표준과 세액의 계산에 있어서는 인적공제 중 비거주자 본인 외의 자에 대한 공제와 특별소득공제, 자녀세액공제 및 특별세액공제는 적용하지 않는다.	㉖ 비거주자에 대하여 종합과세하는 경우 종합소득공제는 본인 및 배우자에 대한 인적공제만 적용되고 특별소득공제는 적용되지 않는다.
○	㉗		㉗ 비거주자는 원천징수한 소득세를 납부할 의무를 진다.
○	㉘		㉘ 내국법인이 발행주식총수 100%를 간접출자한 해외현지법인에 파견된 당해 내국법인의 직원이, 생계를 같이 하는 가족이나 자산상태로 보아 파견기간 종료 후 재입국할 것으로 인정되는 경우라면, 외국의 국적 취득과는 관계없이 거주자로 본다.
×	㉙	병은 2026년 5월 8일부터 국내원천소득에 대해서만 소득세 납세의무를 진다. → 거주자는 주소 또는 거소의 국외 이전을 위하여 출국하는 날의 다음 날에 비거주자가 된다.	㉙ 한국 국적 병은 2026년 5월 7일 미국 소재 IT 회사에 근무하기 위하여 가족과 함께 같은 날 출국하고 거소를 국외로 이전하였다. 병은 2026년 5월 7일부터 국내원천소득에 대해서만 소득세 납세의무를 진다.
○	㉚	거소를 둔 기간(입국하는 날의 다음날부터 출국하는 날까지)이 183일 이상이 아니므로 비거주자에 해당한다.	㉚ 프랑스 국적 B는 교량 설계용역을 제공하기 위하여 2026년 4월 4일 한국에 입국하여 2026년 9월 19일 출국하였다. B는 2026년의 국내원천소득에 대해서만 소득세 납세의무를 진다.

Theme 과세기간 & 납세지

02 다음의 설명 중 옳은 것은 ○표, 틀린 것은 ×표로 구분하시오.

① 거주자가 주소를 국외로 이전하여 비거주자가 되는 경우의 과세기간은 1월 1일부터 출국한 날까지로 한다.

① ○

② 비거주자의 납세지는 국내사업장(국내사업장이 둘 이상 있는 경우에는 주된 국내사업장)의 소재지로 하되, 국내사업장이 없는 경우에는 그 비거주자의 거류지 또는 체류지로 한다.

비거주자의 납세지는 국내사업장(국내사업장이 둘 이상 있는 경우에는 주된 국내사업장)의 소재지로 하되, 국나사업장이 없는 경우에는 국내원천소득이 발생하는 장소로 한다.

② ×

③ 거주자는 납세지가 변경된 경우 변경된 날부터 15일 이내에 그 변경 후의 납세지 관할세무서장에게 신고하여야 하나, 주소지 변경으로 사업자등록 정정을 한 경우에는 그 변경 전의 납세지 관할세무서장에게 신고하여야 한다.

주소지 변경으로 사업자등록 정정을 한 경우에는 납세지 변경신고를 한 것으로 본다.

③ ×

④ 국내사업장이 있는 비거주자가 납세관리인을 둔 경우 그 비거주자의 소득세 납세지는 그 국내사업장의 소재지 또는 그 납세관리인의 주소지나 거소지 중 납세관리인이 그 관할세무서장에게 납세지로서 신고하는 장소로 한다.

④ ○

⑤ 사업소득이 있는 거주자가 사업장 소재지를 소득세의 납세지로 신청한 경우에 관할지방국세청장은 해당 사업장 소재지를 납세지로 지정할 수 있다.

⑤ ○

⑥ 납세지 지정사유가 소멸한 경우 국세청장 또는 관할 지방국세청장은 납세의무자가 요청하는 경우에 한하여 납세지의 지정을 취소할 수 있다.

납세지 지정사유가 소멸한 경우 국세청장 또는 관할 지방국세청장은 납세지의 지정을 직권으로 취소하므로 납세의무자의 요청이 있어야 하는 것이 아니다.

⑥ ×

⑦ 주소지가 2 이상인 때에는 생활관계가 보다 밀접한 곳을 납세지로 한다.

주소지가 2 이상인 때에는 주민등록법에 의하여 등록된 곳을 납세지로 하고, 거소지가 2 이상인 때에는 생활관계가 보다 밀접한 곳을 납세지로 한다.

⑦ ×

⑧ 비거주자 甲이 국내에 두 곳의 사업장을 둔 경우, 주된 사업장을 판단하기가 곤란한 때에는 둘 중 하나를 선택하여 신고한 장소를 납세지로 한다.

⑧ ○

○	⑨		⑨ 해외근무 등으로 국내에 주소가 없는 공무원 乙의 소득세 납세지는 그 가족의 생활근거지 또는 소속기관의 소재지로 한다.
○	⑩		⑩ 납세지의 지정이 취소된 경우에도 그 취소 전에 한 소득세에 관한 신고, 신청, 청구, 납부, 그 밖의 행위의 효력에는 영향을 미치지 아니한다.
○	⑪		⑪ 소득세 납세의무가 있는 거주자가 취학, 질병의 요양, 근무상 또는 사업상의 형편으로 본래의 주소 또는 거소를 일시 퇴거한 경우에는 본래의 주소지 또는 거소지를 납세지로 본다.
×	⑫	소득세법에 따른 주소는 국내에 생계를 같이 하는 가족 및 국내에 소재하는 자산의 유무 등 생활관계의 객관적 사실에 따라 판정한다.[36]	⑫ 소득세법에 따른 거소는 국내에 생계를 같이 하는 가족 및 국내에 소재하는 자산의 유무 등 생활관계의 객관적 사실에 따라 판정한다.
×	⑬	거주자의 소득세 납세지는 그 주소지로 한다. 다만, 주소지가 없는 경우에는 그 거소지로 한다.[37]	⑬ 거주자의 사업소득에 대한 소득세 납세지는 주된 사업장 소재지로 한다.
×	⑭	사업소득이 있는 거주자가 사업장 소재지를 납세지로 지정신청하고자 할 경우 해당 과세기간의 10. 1부터 12. 31까지 소득세법령에 따라 납세지 지정신청서를 사업장 관할세무서장에게 제출(국세정보통신망에 의한 제출을 포함)하여야 한다.[38]	⑭ 납세지 지정신청을 하려는 자는 해당 과세기간의 다음 연도 1월 1일부터 2월 말일까지 기획재정부령으로 정하는 납세지 지정신청서를 사업장 관할세무서장에게 제출하여야 한다.
○	⑮		⑮ 납세조합이 그 조합원의 사업소득에 대한 소득세를 징수하는 경우 그 소득세의 납세지는 그 납세조합의 소재지로 한다.
×	⑯	거주자는 납세지가 변경된 경우에는 변경된 날부터 15일 이내에 그 변경 후의 납세지 관할 세무서장에게 신고하여야 한다.	⑯ 거주자는 납세지가 변경된 경우에는 변경된 날부터 30일 이내에 그 변경 전의 납세지 관할 세무서장에게 신고하여야 한다.
○	⑰		⑰ 국세청장 또는 지방국세청장이 납세지를 직권으로 지정한 때에는 당해 과세기간의 과세표준확정신고 또는 납부기간 개시일 전에 이를 서면으로 통지하여야 한다. 다만, 중간예납 또는 수시부과의 사유가 있는 때에는 그 납기개시 15일전에 통지하여야 한다.

36) 거소는 주소지 외의 장소 중 상당기간에 걸쳐 거주하는 장소로서 주소와 같이 밀접한 일반적 생활관계가 형성되지 아니한 장소로 한다.

37) 사업소득이 있는 거주자가 사업장 소재지를 납세지로 신청한 경우로서 납세지 지정을 받은 경우에는 예외적으로 사업장 소재지가 납세지가 되나, 항상 사업장 소재지를 납세지로 하는 것은 아니다.

38) 납세지 지정신청이 있는 경우 관할지방국세청장(새로 지정할 납세지와 종전의 납세지의 관할지방국세청장이 다를 때에는 국세청장)은 기획재정부령이 정하는 경우를 제외하고는 사업장을 납세지로 지정하여야 하며 다음 연도 2월 말일까지 그 지정여부를 서면으로 통지하여야 한다. 기한내에 통지를 하지 아니한 때에는 지정 신청한 납세지를 납세지로 한다.(① 당기 4분기에 지정신청 → ② 다음 연도 2월 말일까지 지정여부 통지)

MEMO

02 종합소득 I (이자소득, 배당소득)

Theme 이자소득의 범위

01 다음의 설명 중 옳은 것은 ○표, 틀린 것은 ×표로 구분하시오.

정답	번호	해설	문제
×	①	사업소득으로 본다.	① 외상매입금이나 미지급금을 약정기일 전에 지급함으로써 받는 할인액은 이자소득에 해당한다.
○	②		② 채권 또는 증권의 환매조건부매매차익은 이자소득에 해당한다.
×	③	주식대차거래 → 해당 주식에서 발생하는 배당에 상당하는 금액은 배당소득에 포함된다.	③ 거주자가 일정기간 후에 같은 종류로서 같은 양의 주식을 반환받는 조건으로 주식을 대여하고 해당 주식의 차입자로부터 지급받는 해당 주식에서 발생하는 배당에 상당하는 금액은 이자소득에 포함된다.
×	④	단기저축성보험의 보험차익 → 이자소득으로 과세된다.	④ 보험계약에 따라 최초로 보험료를 납입한 날로부터 만기일 또는 중도해지일까지의 기간이 10년 미만인 저축성보험(종신형 연금보험 아님)의 보험차익은 과세되지 않는다.
○	⑤		⑤ 외국법인의 국내지점 또는 국내영업소에서 발행한 채권이나 증권의 이자와 할인액은 이자소득으로 과세된다.
○	⑥		⑥ 소득세법령이 정하는 직장공제회 초과반환금은 이자소득에 해당하며, 과세대상이 되는 초과반환금에는 반환금에서 납입공제료를 뺀 금액인 "납입금 초과이익"만이 아니라 반환금 분할지급 시 발생하는 "반환금 추가이익"도 포함된다.
○	⑦		⑦ 국가가 발행한 채권이 원금과 이자가 분리되는 경우 원금에 해당하는 채권의 할인액은 이자소득으로 과세된다.
×	⑧	국채를 공개시장에서 통합발행하는 경우 그 매각가액과 액면가액과의 차액은 과세하지 않는다. → 비열거소득	⑧ 국채를 공개시장에서 통합발행하는 경우 그 매각가액과 액면가액과의 차액은 이자소득으로 과세된다.
○	⑨		⑨ 국가가 발행한 채권으로서 그 원금이 물가에 연동되는 채권의 경우 해당 채권의 원금증가분은 이자소득으로 과세된다.

Theme 배당소득의 범위

02 다음의 설명 중 옳은 것은 ○표, 틀린 것은 ×표로 구분하시오.

문항	해설	정답
① 거주자가 일정기간 후에 같은 종류로서 같은 양의 주식을 반환받는 조건으로 주식을 대여하고 해당 주식의 차입자로부터 지급받는 해당 주식에서 발생하는 배당에 상당하는 금액은 배당소득에 해당하지 않는다.	유사배당소득	① ×
② 법인으로 보는 단체로부터 받는 분배금은 배당소득에 해당하지 않는다.	법인으로 보는 단체로부터 받는 배당 또는 분배금은 배당소득에 해당한다.	② ×
③ 법인세가 과세되지 않은 잉여금을 재원으로 하는 배당소득은 Gross-up 대상이 아니다.		③ ○
④ 피투자회사의 해산 · 합병 · 분할로 인한 의제배당은 Gross-up대상이 아니다.	해산 · 합병 · 분할로 인한 의제배당도 요건충족시 Gross-up대상이 된다.	④ ×
⑤ 배당소득을 받는 거주자에게는 배당세액공제를 인정하고, 배당소득을 받는 내국법인에게는 수입배당금액의 전부 또는 일부를 익금불산입한다.		⑤ ○
⑥ 지급배당금을 해당 사업연도의 소득금액 계산시 공제한 법인으로부터 배당금을 받는 경우 법인주주에 대한 수입배당금 익금불산입 규정과 개인주주에 대한 Gross-up 및 배당세액공제 규정을 적용하지 아니한다.		⑥ ○
⑦ 법인세 과세표준이 2억원을 넘는 법인으로부터 배당금을 현금으로 받은 주주가 배당세액공제를 받는 경우 현행법상 배당소득금액은 실제로 배당받은 금액에 배당소득에 대한 법인세 실제부담액을 가산(Gross-up)한 금액보다는 크다.	배당소득금액은 실제 배당금액과 법인세 실제부담액을 가산한 금액보다 작다.[39]	⑦ ×
⑧ 외국법인으로부터 받는 이익이나 잉여금의 배당은 배당소득에 해당하지 않는다.	외국법인으로부터 받는 이익이나 잉여금의 배당 또는 분배금은 배당소득에 해당한다.	⑧ ×
⑨ 외국에서 받은 배당소득은 Gross-up대상은 아니지만 국내에서 원천징수를 당하지 않았다면 종합과세된다.		⑨ ○
⑩ 합병으로 소멸한 법인의 주주가 합병 후 존속하는 법인으로부터 그 합병으로 취득한 주식의 가액과 금전의 합계액이 그 합병으로 소멸한 법인의 주식을 취득하기 위하여 사용한 금액을 초과하는 금액은 배당소득에 해당하지 않는다.	배당소득에 해당한다.(합병시 의제배당)	⑩ ×
⑪ 국외에서 설정된 집합투자기구로부터의 이익은 해당 집합투자기구의 설정일부터 매년 1회 이상 결산 · 분배할 것이라는 요건을 갖추지 않아도 배당소득에 해당한다.	40)	⑪ ○

39) 법인세 과세표준을 3억원으로 가정시 법인세 실제부담액과 배당소득에 가산되는 총 귀속법인세(Gross-up)는 다음과 같으므로 현행법상 배당소득금액은 실제 배당금액과 법인세 실제부담액을 가산한 금액보다는 작다.
① 법인세 실제부담액 : 2억원 × 9% + 1억원 × 19% = ₩37,000,000
② 배당소득에 가산되는 총 귀속법인세(Gross-up) : 3억원 × 9%* = ₩27,000,000
* 법인세율을 9%로 가정하여 배당가산율(10%)이 산출되었다.(2027년 이후에는 법인세율을 10%로 가정하여 배당가산율이 11%로 개정될 예정이다.)

40) 집합투자기구란 다음의 요건을 모두 갖춘 집합투자기구를 말한다.
a. 자본시장과 금융투자업에 관한 법률에 따른 집합투자기구(보험회사의 특별계정은 제외하되, 금전의 신탁으로서 원본을 보전하는 것을 포함한다.)일 것
b. 해당 집합투자기구의 설정일부터 매년 1회 이상 결산 · 분배할 것
c. 금전으로 위탁받아 금전으로 환급할 것(금전 외의 자산으로 위탁받아 환급하는 경우로서 해당 위탁가액과 환급가액이 모두 금전으로 표시된 것을 포함)
위를 적용할 때 국외에서 설정된 집합투자기구는 위의 요건을 갖추지 아니하는 경우에도 집합투자기구로 본다.

Theme 수입시기

03 수입시기에 관한 설명으로 옳은 것은 ○표, 옳지 않은 것은 ×표로 구분하시오.

정답	번호	해설	지문
×	①	잉여금의 처분에 의한 배당 → 해당 법인의 잉여금처분결의일	① 잉여금의 처분에 의한 배당-해당 법인의 과세기간 종료일
○	②		② 직장공제회초과반환금-약정에 의한 공제회반환금 및 반환금 추가이익의 지급일. 다만, 반환금을 분할하여 지급하는 경우 퇴직일 또는 탈퇴일까지 발생한 공제회반환금은 특약에 의하여 원본에 전입된 날
×	③	인정배당의 수입시기 → 결산확정일	③ 법인세법에 의하여 처분된 배당-해당 법인의 해당 사업연도의 종료일
○	④		④ 통지예금의 이자-인출일
○	⑤		⑤ 채권 또는 증권의 환매조건부 매매차익-약정에 의한 당해 채권 또는 증권의 환매수일 또는 환매도일. 다만, 기일전에 환매수 또는 환매도하는 경우에는 그 환매수일 또는 환매도일
○	⑥		⑥ 내국법인이 발행한 무기명 채권의 이자와 할인액-그 지급을 받은 날
○	⑦		⑦ 출자공동사업자의 배당-과세기간 종료일
○	⑧		⑧ 내국법인이 발행한 기명식 채권의 이자와 할인액-약정에 의한 지급일
×	⑨	해산으로 인한 의제배당의 수입시기 → 잔여재산가액 확정일	⑨ 법인의 해산으로 인한 의제배당-해산결의일
○	⑩		⑩ 무기명주식의 이익이나 배당-그 지급을 받은 날
○	⑪		⑪ 저축성보험의 보험차익-보험금 또는 환급금의 지급일(기일전에 해지하는 경우에는 그 해지일)

Theme	과세방법

04 다음의 설명 중 옳은 것은 ○표, 틀린 것은 ×표로 구분하시오.

문항	해설	정답
① 이자소득과 배당소득의 합계금액이 2천만원 이하로 분리과세대상인 개인에 대하여는 배당세액공제를 인정하지 않는다.		① ○
② 국내에서 지급되는 금융소득으로서 원천징수되지 않은 소득은 당해 금액이 금융소득 종합과세기준금액 이하인 경우에도 무조건 종합과세한다.		② ○
③ 금융기관을 통해 지급받는 비실명이자 · 배당소득은 90%의 원천징수세율을 적용한다.	금융실명거래 및 비밀보장에 관한 법률에 따른 차등과세 적용대상으로 90%의 원천징수세율을 적용한다.	③ ○
④ 법인으로 보지 않는 단체로서 수익을 구성원에게 분배하지 아니하는 단체가 단체명을 표시하여 금융거래를 하는 경우에 금융회사로부터 지급받는 이자소득 및 배당소득은 종합과세하지 아니한다.		④ ○
⑤ 비실명금융소득인 경우 종합과세하지 아니한다.		⑤ ○
⑥ 조건부종합과세대상 금융소득의 종합과세여부를 판단할 때에는 귀속법인세를 가산하지 않은 금액을 기준으로 2천만원 초과여부를 판단한다.		⑥ ○
⑦ 직장공제회 초과반환금은 종합소득 과세표준에 합산하지 않는다.		⑦ ○
⑧ 직장공제회 초과반환금 중 "납입금 초과이익"에 대한 산출세액은 소득세법 제63조 제1항에서 규정하는 방식(연분연승 방식)에 따른다.		⑧ ○
⑨ 직장공제회 초과반환금 중 "반환금 추가이익"에 대한 산출세액은 해당 추가이익에 금융소득에 대한 원천징수세율인 14%의 세율을 적용하여 계산한다.	반환금 추가이익에 대한 산출세액은 해당 추가이익에 납입금 초과이익 산출세액을 납입금 초과이익으로 나눈 비율을 적용하여 계산한다.	⑨ ×

03 종합소득 II (사업소득)

Theme 일반사업소득

01 다음의 설명 중 옳은 것은 ○표, 틀린 것은 ×표로 구분하시오.

○ ①	
○ ②	
○ ③	
○ ④	
○ ⑤	
○ ⑥	
○ ⑦	

① 고용됨이 없이 독립된 자격으로 일정한 고정보수를 받지 아니하고 타인으로부터 상품 등의 구매신청을 받아 그 실적에 따라 지급받는 대가는 사업소득으로 본다.

② 부동산 양도로 인한 소득의 경우 부동산매매가 지속적 · 반복적으로 이루어진 것은 사업소득으로 과세되지만, 개인적으로 보유하고 있던 부동산을 매각하는 비반복적 양도의 경우에는 양도소득으로 과세된다.

③ 건설업에서 발생하는 소득은 사업소득이다.

④ 저작자가 저작권의 양도 또는 사용의 대가로 받는 금품은 사업소득으로 과세한다.

⑤ 연예인이 사업활동과 관련하여 받은 전속계약금은 사업소득이다.

⑥ 작물재배업 중 곡물 및 식량작물재배업으로부터의 소득은 사업소득에 해당하지 않는다.

⑦ 사업과 관련하여 사업용 자산의 손실로 취득하는 보험차익은 사업소득이다.

Theme 부동산임대업

02 다음의 설명 중 옳은 것은 ○표, 틀린 것은 ×표로 구분하시오.

× ①	부동산상의 권리에는 지역권 · 지상권을 포함하되, 공익사업과 관련된 지역권 · 지상권 설정 · 대여소득은 기타소득에 해당한다.
× ②	공익사업과 관련된 지상권과 지역권의 대여로 인한 소득은 기타소득이다.

① 부동산 또는 부동산상의 권리를 대여하는 사업은 부동산임대업으로 분류한다. 여기의 부동산상의 권리에는 지역권 · 지상권을 포함하지 아니한다.

② 모든 지상권 및 지역권과 전세권 · 부동산임차권을 대여하고 받는 금품은 사업소득에 포함된다.

③ 공장재단 또는 광업재단을 대여하는 사업은 부동산임대업으로 분류한다.

③ ○

④ 광업권자 등이 자본적 지출이나 수익적 지출의 일부 또는 전부를 제공하는 것을 조건으로 광업권 · 조광권 또는 채굴에 관한 권리를 대여하고 덕대로부터 받는 분철료도 부동산임대로 인한 총수입금액에 해당한다.

분철료는 부동산임대업소득에 해당하지 않는다. → 광업

④ ×

⑤ 부동산임대업에서 부동산 또는 부동산상의 권리의 대여라 함은 전세권 기타 권리를 설정하고 그 대가를 받는 것과 임대차계약 기타 방법에 의하여 물건 또는 권리를 사용 또는 수익하게 하고 그 대가를 받는 것을 말한다.

⑤ ○

⑥ 간주임대료 계산시 임대사업에서 발생한 금융수익은 법인세법상 추계에 의하는 경우와 소득세법상 추계에 의하는 경우, 그리고 부가가치세법에서는 차감하지 아니한다.

⑥ ○

⑦ 1개의 주택을 소유하는 자의 주택임대소득(고가주택의 임대소득은 제외)은 비과세되지만, 국외에 소재하는 주택의 임대소득은 주택 수에 관계없이 과세된다.

⑦ ○

⑧ 주택 수의 계산에 있어서 다가구주택은 1개의 주택으로 보되, 구분등기된 경우에는 각각을 1개의 주택으로 계산한다.

⑧ ○

⑨ 주택임대소득 관련하여 주택 수를 계산시 본인과 배우자가 각각 주택을 소유하는 경우에는 이를 합산한다.

⑨ ○

⑩ 주택임대소득이 과세되는 고가주택이라 함은 과세기간 종료일 또는 해당 주택의 양도일 현재 실지거래가액이 12억원을 초과하는 주택을 말한다.

부동산임대업 고가주택
→ 기준시가가 12억원을 초과하는 주택을 말한다.

⑩ ×

⑪ 국내에 1가구 1주택(고가주택 아님)을 소유한 거주자가 그 주택을 임대하고 받은 임대료 3천만원은 사업소득으로 과세된다.

국내에 1개의 주택을 소유한 자의 주택(고가주택 제외)임대소득은 총수입금액과 관계없이 비과세한다.

⑪ ×

⑫ 건축물 임대보증금에 대해 추계에 의해 소득금액을 계산하는 경우 조건이 동일하다면 법인이 개인보다 소득금액이 더 크거나 같게 계산된다.

법인은 추계시 주택의 임대보증금을 포함하여 계산한다.
→ 법인 소득금액 ≥ 개인 소득금액

⑫ ○

× ⑬ 법인세법상 추계 이외의 경우에는 일정법인(부동산임대업을 주업 & 차입금 과다 영리내국법인)만 간주임대료를 계산한다.(모든 법인×)

⑬ 주택 이외의 부동산을 임대한 모든 법인과 개인은 임대보증금에 대한 간주임대료를 익금 또는 총수입금액으로 계산하여야 한다.

○ ⑭

⑭ 주택 임대시 법인세법은 추계에 의해 소득금액을 계산하는 경우에만 간주임대료를 계산하나 소득세법은 3주택 이상을 소유하고 보증금 등의 합계액이 3억원을 초과하는 경우(또는 2주택을 소유하고 해당 주택의 보증금등의 합계액이 12억원을 초과하는 경우)에만 추계여부와 상관없이 간주임대료를 계산한다.

○ ⑮

⑮ 간주임대료계산시 임대용 부동산의 건설비상당액에 대하여는 법인세법과 소득세법 그리고 부가가치세법상 취급이 동일하지 않다.

○ ⑯

⑯ 1개의 주택을 소유하는 자의 주택임대소득은 소득세를 과세하지 아니하지만, 과세기간 종료일 또는 해당 주택의 양도일 현재 기준시가가 12억원을 초과하는 주택 및 국외에 소재하는 주택의 임대소득은 과세한다.

○ ⑰

⑰ 임차 또는 전세받은 주택을 전대하거나 전전세하는 경우에는 당해 임차 또는 전세받은 주택을 임차인 또는 전세받은 자의 주택으로 계산한다.

○ ⑱

⑱ 소득세법상 주택을 대여하고 보증금 등을 받은 경우에는 3주택(법령에 정한 요건을 충족한 주택제외) 이상을 소유하고 해당 주택의 보증금 등의 합계액이 3억원을 초과하는 경우에는 총수입금액 계산의 특례가 적용된다.

○ ⑲

⑲ 해당 과세기간에 주거용 건물 임대업에서 발생한 총수입금액의 합계액이 2천만원 이하인 자의 주택임대소득은 주택임대소득에 대한 세액계산의 특례가 적용된다.

× ⑳ 등록임대주택
① 필요경비율 : 60%
② 공제금액 : 400만원[41]

⑳ 등록임대주택의 임대사업에서 발생한 사업소득금액은 총수입금액에서 필요경비(총수입금액의 100분의 60)를 차감한 금액으로 하되, 분리과세 주택임대소득을 제외한 해당 과세기간의 종합소득금액이 2천만원 이하인 경우에는 추가로 200만원을 차감한 금액으로 한다.

41) 필요경비율과 공제금액은 다음과 같으며, 공제금액은 분리과세 주택임대소득을 제외한 해당 과세기간의 종합소득금액이 2천만원 이하인 경우에만 차감한다.

구 분	필요경비율	공제금액
임대주택등록자	60%	400만원
임대주택미등록자	50%	200만원

Theme 비과세 사업소득

03 다음 중 비과세 사업소득인 것은 ○표, 비과세 사업소득이 아닌 것은 ×표로 구분하시오.

문제	해설	정답
① 밭을 작물 생산에 이용하게 함으로써 발생한 소득금액 5천 5백만원	비과세(금액제한 없음)[42]	① ○
② 한국표준산업분류에 따른 연근해어업에서 발생한 소득금액 5천만원	비과세(연 5,000만원 이하)	② ○
③ 조림기간 5년 이상인 임지의 임목의 양도로 발생한 소득금액 5백만원	비과세[연 3,000만원(개정안) 이하]	③ ○
④ 수도권정비계획법 제2조 제1호에 따른 수도권 지역에서 전통주를 제조함으로써 발생한 소득금액 1천 3백만원	수도권 지역에서 전통주를 제조함으로써 발생한 소득금액은 금액과 무관하게 전액 소득세 과세대상이다.	④ ×
⑤ 농민이 부업으로 민박을 운영하면서 발생한 소득금액 2천만원	비과세(연 3,000만원 이하)	⑤ ○

42) 비과세 사업소득

구 분	비과세소득
(1) 농어가부업소득	① 농가부업규모의 축산소득 ② 농가부업규모초과 축산소득 + 기타부업소득이 연 3,000만원 이하인 소득
(2) 어업소득	어로어업(연근해어업 · 내수면어업) 또는 양식어업에서 발생하는 소득으로서 소득금액이 연 5,000만원 이하인 것
(3) 전통주 제조소득	수도권 밖의 읍 · 면지역에서 전통주를 제조함으로써 발생하는 소득으로서 소득금액의 합계액이 연 1,200만원 이하인 것
(4) 산림소득	조림기간 5년 이상인 임지의 임목의 벌채 또는 양도소득으로서 연 3,000만원(개정안) 이하의 금액 → 자연림과 조림기간 5년 미만인 경우 과세
(5) 작물재배업	해당 과세기간의 수입금액의 합계액이 10억원 이하인 것
(6) 논 · 밭임대소득	논 · 밭을 작물생산에 이용하게 함으로써 발생하는 소득
(7) 주택임대소득	1개의 주택을 소유하는 자의 주택임대소득(고가주택 및 국외소재주택의 임대소득은 제외)

Theme 사업소득의 계산

04 다음의 설명 중 옳은 것은 ○표, 틀린 것은 ×표로 구분하시오.

답	해설	문항
× ①	매출에누리와 환입 · 매출할인을 차감하여 사업수입금액을 계산한다.	① 매출할인은 사업소득금액 계산시 총수입금액에 산입된다.
○ ②		② 해당 사업에 직접 종사하고 있는 대표자 가족에 대한 경비는 필요경비에 산입된다.
○ ③		③ 매입한 상품 · 제품 · 부동산 및 산림 중 재해로 인하여 멸실된 것의 원가를 재해가 발생한 연도의 소득금액계산에 있어서 필요경비에 산입한 경우 필요경비로 인정된다.
× ④	지급이자는 원칙적으로 사업관련 비용으로 필요경비에 산입된다.	④ 총수입금액을 얻기 위하여 직접 사용된 부채에 대한 지급이자는 필요경비에 산입되지 않는다.
○ ⑤		⑤ 사업용 유형자산(그 사업에 속하는 일부 유휴시설을 포함한다)의 현상유지를 위한 수선비는 필요경비에 산입된다.
× ⑥	소득세법상 폐기한 생산설비를 처분하지 않고 보유하고 있는 경우에는 필요경비에 산입할 수 없다.	⑥ 시설개체 · 기술낙후로 인한 생산설비의 폐기시 장부가액에서 ₩1,000을 공제한 금액을 필요경비에 산입한다.
○ ⑦		⑦ 거주자의 각 소득에 대한 총수입금액(총급여액과 총연금액 포함)은 해당 과세기간에 수입하였거나 수입할 금액의 합계액이다.
○ ⑧		⑧ 부가가치세의 매출세액은 해당 과세기간의 소득금액을 계산할 때 총수입금액에 산입하지 않는다.
○ ⑨		⑨ 사업소득금액을 계산할 때, 해당 과세기간 전의 총수입금액에 대응하는 비용으로서 그 과세기간에 확정된 것에 대해서는 그 과세기간 전에 필요경비로 계상하지 아니한 것만 그 과세기간의 필요경비로 본다.
× ⑩	업무와 관련하여 고의 또는 중대한 과실로 타인의 권리를 침해한 경우에 지급되는 손해배상금은 필요경비에 산입하지 아니한다.	⑩ 업무와 관련하여 중대한 과실로 타인의 권리를 침해한 경우에 지급되는 손해배상금은 사업소득금액을 계산할 때 확정되는 과세기간의 필요경비에 산입한다.
× ⑪	일시상각충당금은 법인세법상 신고조정을 허용하나, 소득세법상 신고조정을 허용하지 않는다.	⑪ 소득세법은 일시상각충당금의 신고조정을 허용하지만, 법인세법은 일시상각충당금의 신고조정을 허용하지 않는다.
○ ⑫		⑫ 소득세법은 개인기업체의 사업주에 대한 급여를 필요경비에 산입하지 않으나, 법인세법은 법인의 대표자에 대한 급여를 원칙적으로 손금에 산입한다.

⑬ 소득세법은 개인의 사업소득금액 계산에서 유가증권처분손익을 총수입금액 또는 필요경비에 산입하지 않지만, 법인세법은 유가증권처분손익을 법인의 각사업연도소득금액 계산에서 익금 또는 손금에 산입한다.

⑬ ○

⑭ 거주자의 사업소득금액을 계산할 때 이전 과세기간으로부터 이월된 소득금액은 해당 과세기간의 소득금액을 계산할 때 총수입금액에 산입하지 않는다.

⑭ ○

⑮ 거주자가 재고자산을 가사용으로 소비한 경우에는 이를 소비한 때의 가액에 상당하는 금액을 그 날이 속하는 연도의 사업소득금액의 계산에 있어서 이를 총수입금액에 산입한다.

⑮ ○

⑯ 개인은 퇴직급여충당금 설정대상에 사업주가 포함되지 않는데 비하여, 법인은 퇴직급여충당금 설정대상에 대표자가 포함된다.

⑯ ○

⑰ 소득세환급액은 사업소득금액 계산시 총수입금액에 산입된다.

당초 필요경비불산입
→ 환입시 총수입금액불산입

⑰ ×

⑱ 사업자가 생산한 제품을 다른 제품의 원재료로 사용한 금액은 사업소득금액 계산시 총수입금액에 산입된다.

자가소비× → 과세대상×

⑱ ×

⑲ 총수입금액을 계산할 때 금전 이외의 것은 그 거래 당시의 가액에 의하여 수입금액을 계산한다.

⑲ ○

⑳ 거주자의 각 과세기간 총수입금액 및 필요경비의 귀속연도는 총수입금액과 필요경비가 확정된 날이 속하는 과세기간으로 한다.

⑳ ○

㉑ 거주자가 보유하는 무형자산의 장부가액을 증액한 경우 그 평가일이 속하는 과세기간 및 그 후의 과세기간의 소득금액을 계산할 때 해당 자산의 장부가액은 평가한 후의 가액으로 한다.

소득세법에서는 모든 유형자산 및 무형자산의 평가차익을 인정하지 않기 때문에 장부가액을 증액한 경우에도 해당 자산의 가액은 평가전의 가액으로 한다.

㉑ ×

㉒ 거주자가 각 과세기간의 소득금액을 계산할 때 총수입금액 및 필요경비의 귀속연도와 자산·부채의 취득 및 평가에 대하여 일반적으로 공정·타당하다고 인정되는 기업회계의 기준을 적용하거나 관행을 계속 적용하여 온 경우에는 소득세법 및 조세특례제한법에서 달리 규정하고 있는 경우 외에는 그 기업회계의 기준 또는 관행에 따른다.

㉒ ○

○	㉓		㉓ 거주자가 매입 · 제작 등으로 취득한 자산의 취득가액은 그 자산의 매입가액이나 제작원가에 부대비용을 더한 금액으로 한다.
○	㉔		㉔ 천재지변으로 파손 또는 멸실된 유형자산은 법령으로 정하는 방법에 따라 그 장부가액을 감액할 수 있다.
×	㉕	甲의 전속계약금은 사업소득으로서 2026년에 귀속되는 총수입금액은 1억원이다.(5억원 × 12/60)	㉕ 거주자 甲은 유명 연예인으로서, TV광고출연에 대한 전속계약금으로 5억원을 2026. 1. 10에 일시에 현금으로 수령하였으며, 甲의 전속계약기간이 2026. 1. 10부터 5년이라고 할 경우 甲의 전속계약금은 기타소득으로서 2026년에 귀속되는 총수입금액은 5억원이다.
○	㉖		㉖ 개인의 경우 사업주의 업무와 무관한 자금인출에 대하여는 인정이자를 계산하지 않지만, 법인 대표자의 경우에는 인정이자를 계산한다.
○	㉗		㉗ 사업자(복식부기의무자 제외)가 사업용 유형자산인 기계장치를 양도함으로써 발생하는 차익은 사업소득금액 계산시 총수입금액에 산입하지 않는다.
○	㉘		㉘ 사업자금을 은행에 예금함으로써 발생된 이자는 사업소득금액 계산시 총수입금액에 산입하지 않는다.
○	㉙		㉙ 도소매업을 영위하는 거주자의 사업소득 총수입금액에 대응하는 필요경비에는 상품 또는 제품 판매와 관련하여 사전약정 없이 지급하는 판매장려금 및 판매수당도 포함된다.
○	㉚		㉚ 거주자가 해당 과세기간에 납부한 소득세와 개인지방소득세는 사업소득금액 계산시 필요경비에 산입되지 아니한다.
○	㉛		㉛ 거주자가 사업소득금액 계산시 해당 과세기간에 납부한 법령상 직장가입자로서 부담하는 자신의 건강보험료는 필요경비에 산입되는 반면, 법령상 부담하는 자신의 연금보험료는 필요경비에 산입되지 아니한다.
○	㉜	법문구로 옳은 지문이다. 이 경우 필요경비에 산입하는 보험차익 상당액은 일시상각충당금으로 계상해야 한다.	㉜ 사업자가 유형자산의 멸실로 인하여 보험금을 지급받아 그 멸실한 유형자산을 대체하여 같은 종류의 자산을 취득한 경우 해당 자산의 가액 중 그 자산의 취득에 사용된 보험차익 상당액을 보험금을 받은 날이 속하는 과세기간의 소득금액을 계산할 때 필요경비에 산입할 수 있다.
×	㉝	해당 차입금의 이자는 채권자불분명사채이자에 해당하지 않으므로 사업소득금액을 계산할 때 필요경비에 산입된다.	㉝ 지급일 현재 주민등록표등본에 의하여 그 거주사실이 확인된 채권자가 차입금을 변제받은 후 소재불명이 된 경우 그 차입금의 이자는 사업소득금액을 계산할 때 필요경비에 산입하지 아니한다.
○	㉞		㉞ 반출하였으나 판매하지 아니한 제품에 대한 개별소비세 미납액(제품가액에 그 세액 상당액을 더하지 않음)은 사업소득금액을 계산할 때 필요경비에 산입하지 아니한다.
○	㉟	자가소비× → 과세대상×	㉟ 건설업을 경영하는 거주자가 자기가 생산한 물품을 자기가 도급받은 건설공사의 자재로 사용한 경우 그 사용된 부분에 상당하는 금액은 해당 과세기간의 소득금액을 계산할 때 총수입금액에 산입하지 아니한다.

Theme 사업소득의 수입시기

05 다음의 설명 중 옳은 것은 ○표, 틀린 것은 ×표로 구분하시오.

문항	해설	정답
① 연예인이 계약기간 1년을 초과하는 일신전속계약에 대한 대가를 일시에 받는 경우에는 용역대가를 지급받기로 한 날 또는 용역의 제공을 완료한 날 중 빠른 날을 수입시기로 한다.	1년 초과 & 일시금 → 계약기간에 따라 해당 대가를 균등하게 안분한 금액을 각 과세기간 종료일에 수입한 것으로 한다.	① ×
② 사업소득의 총수입금액은 해당 과세기간에 수입하였거나 수입할 금액의 합계액에 의한다. 따라서 소매업 등 영수증을 교부할 수 있는 사업자로서 금전등록기를 설치·사용하는 사업자의 경우에도 총수입금액은 당해연도에 수입하였거나 수입할 금액으로 하여야 한다.	수입한 금액(수입하였거나 수입할×)의 합계액에 따라 총수입금액을 계산할 수 있다. → 현금주의 가능	② ×
③ 거주자의 필요경비 귀속연도는 그 필요경비가 발생된 날이 속하는 과세기간으로 한다.	거주자의 필요경비 귀속연도는 권리의무확정주의(발생주의×)에 따른다.	③ ×
④ 부동산임대업 관련 소득의 귀속시기는 계약 또는 관습에 의하여 지급일이 정하여진 것은 그 정해진 날로 하며, 정하여지지 않은 것은 그 지급을 받은 날로 한다.		④ ○
⑤ 한국표준산업분류상의 금융보험업에서 발생하는 이자의 수입시기는 결산을 확정할 때 이자를 수익으로 계상한 날로 한다.	한국표준산업분류상의 금융보험업에서 발생하는 이자의 수입시기 : 실제로 수입된 날	⑤ ×
⑥ 어음을 할인하는 경우 수입시기는 그 어음의 만기일로 하되, 만기 전에 그 어음을 양도하는 때에는 그 양도일을 수입시기로 한다.		⑥ ○

Theme 사업소득의 과세방법

06 다음의 설명 중 옳은 것은 ○표, 틀린 것은 ×표로 구분하시오.

정답	해설	문제
× ①	• 원천징수세율 ① 보험모집인 : 3% ② 공적연금소득 : by 간이세액표	① 보험모집인의 사업소득과 국민연금법에 의하여 지급받는 연금소득에 대하여는 간이세액표를 적용하여 원천징수를 하되 추가로 연말정산을 실시한다.
× ②	원천징수대상인 사업소득에 대한 원천징수의무자는 법인 또는 개인사업자이며, 국가 · 지방자치단체 또는 지방자치단체조합도 포함된다.	② 국가 · 지방자치단체 또는 지방자치단체조합이 국내에서 원천징수대상 사업소득을 지급할 때에는 원천징수의무가 없다.
× ③	업종별로 추계시 적용되는 기준경비율과 단순경비율이 다르므로 어떤 업종을 영위하는지의 여부가 사업소득금액을 결정하는데 영향을 미친다.	③ 추계조사결정방식으로 사업소득금액을 계산하는 경우에는 사업자가 어떤 업종을 영위하는지의 여부가 사업소득금액을 결정하는데 영향을 미치지 않는다.
× ④	원천징수대상이 아닌 근로소득이 있는 자가 조직한 납세조합이 조합원에 대한 매월분의 소득세를 징수할 때에는 그 세액의 100분의 3에 해당하는 금액을 공제하여 징수하되, 공제하는 금액은 연 100만원을 한도로 한다.	④ 원천징수대상이 아닌 근로소득이 있는 자가 조직한 납세조합이 조합원에 대한 매월분의 소득세를 징수할 때에는 그 세액의 100분의 3에 해당하는 금액을 공제하여 징수하되, 공제하는 금액은 연 300만원을 한도로 한다.
○ ⑤		⑤ 방문판매 등에 관한 법률에 의하여 후원방문판매조직에 판매원으로 가입하여 후원방문판매업을 수행하고 후원수당 등을 받는 사업자의 사업소득에 대하여 최초로 연말정산을 하려는 원천징수의무자는 해당 과세기간의 종료일까지 사업소득세액 연말정산신청서를 사업장 관할세무서장에게 제출하여야 한다.
○ ⑥		⑥ 사업자가 음식 · 숙박용역이나 서비스용역을 공급하고 그 대가를 받을 때 소득세법시행령에 따른 일정한 봉사료를 함께 받아 해당 소득자에게 지급하는 경우에는 그 사업자가 그 봉사료에 대한 소득세를 원천징수하여야 한다.
○ ⑦		⑦ 농 · 축 · 수산물 판매업자(복식부기의무자가 아님)에 해당하는 거주자는 납세조합을 조직할 수 있다.

⑧ 부가가치세 면세대상인 저술가 · 작곡가나 그 밖의 자가 직업상 제공하는 인적용역으로서 대통령령으로 정한 소득은 원천징수대상 사업소득이다.

⑨ 부가가치세법시행령에 따른 조제용역의 공급으로 발생하는 사업소득 중 기획재정부령으로 정하는 바에 따라 계산한 의약품가격이 차지하는 비율에 상당하는 소득은 원천징수대상 사업소득이다.

	⑧ ○
부가가치세법시행령에 따른 조제용역의 공급으로 발생하는 사업소득 중 기획재정부령으로 정하는 바에 따라 계산한 의약품가격이 차지하는 비율에 상당하는 소득은 원천징수대상에서 제외한다.	⑨ ×

04 종합소득Ⅲ (근로소득, 연금소득, 기타소득)

Theme 근로소득

01 다음의 사항들을 근로소득으로 과세되는 것은 ○표, 근로소득으로 과세되지 않는 것은 ×표로 구분하시오.

답	번호	해설	문항
×	①	• 적립규칙有 → 근로소득× • 적립규칙無 → 근로소득○	① 퇴직급여로 지급되기 위하여 사용자가 적립한 급여 중 근로자가 적립금액 등을 선택할 수 없는 것으로서 기획재정부령으로 정하는 방법에 따라 적립되는 급여
×	②	기타소득	② 고용관계 없이 주식매수선택권을 부여받아 이를 행사함으로써 얻는 이익
○	③		③ 만기에 종업원에게 귀속되는 단체환급부보장성보험의 환급금
×	④	비과세 근로소득	④ 비출자임원이 사택을 제공받음으로써 얻는 이익
×	⑤	비과세 근로소득	⑤ 교육기본법에 따라 받는 장학금 중 재학중인 대학생이 근로를 제공한 대가로 지급받는 장학금
×	⑥	연 70만원이하 → 비과세 근로소득	⑥ 만기환급금이 없는 단체상해보험으로 종업원 1인당 ₩500,000을 사용자가 종업원을 위하여 납입하는 경우의 보험료
×	⑦	비과세 근로소득	⑦ 임직원의 업무상 과실(고의나 중과실 제외)로 인한 손해배상청구를 지급사유로 하는 손해배상보험료를 사용자가 부담하는 경우
×	⑧	기타소득	⑧ 사원이 업무와 관계없이 독립된 자격으로 사내에서 발행하는 사보 등에 원고를 게재하고 받는 대가

02 다음의 설명 중 옳은 것은 ○표, 틀린 것은 ×표로 구분하시오.

문항	해설	정답
① 근로소득과 분리과세대상인 2,000만원 이하의 이자소득만 있는 거주자는 연말정산과 원천징수에 의해 납세의무가 종결되므로 종합소득세 확정신고를 할 필요가 없다.		① ○
② 일용근로자의 근로소득에 대한 소득세 계산시 근로소득세액공제를 적용하지 않는다.	일용근로자도 근로소득세액공제(산출세액의 55%)가 적용된다.	② ×
③ 아파트 건설현장에서 일용근로자로 일하고 일당 20만원을 받은 경우 소득세(원천징수소득세 포함)가 과세되지 않는다.	근로소득공제액(일당 15만원)을 초과하므로 근로소득으로 과세된다.	③ ×
④ 국민건강보험법에 따라 사용자가 부담하는 보험료는 근로소득으로 비과세소득이다.		④ ○
⑤ 사내급식 등의 방법으로 식사 기타 음식물을 제공받는 근로자가 받는 월 20만원 이하의 식사대는 근로소득으로 비과세소득이다.	식사 등을 제공받는 근로자가 받는 식사대는 근로소득으로 과세된다.	⑤ ×
⑥ 병역의무 수행을 위해 복무중인 현역병인 병장이 받는 급여는 근로소득으로 비과세소득이다.		⑥ ○
⑦ 소득세법상 임원퇴직금의 한도초과액은 근로소득으로 과세한다.		⑦ ○
⑧ 근로소득에 해당하는 소득세법상 임원퇴직금 한도초과액의 수입시기는 현실적으로 퇴직한 날이다.	지급받거나 지급받기로 한 날(퇴직한 날×)	⑧ ×
⑨ 근로소득 중 잉여금처분에 의한 상여의 수입시기는 해당 법인의 잉여금처분결의일이다.		⑨ ○
⑩ 회사로부터 지원받은 근로자 본인의 대학등록금 7백만원(업무와 관련성 없음)은 근로소득으로 과세되지 않는다.	업무와 관련성이 없으므로 근로소득으로 과세된다.	⑩ ×
⑪ 고용보험법에 따라 받는 실업급여는 근로소득으로 비과세소득이다.		⑪ ○
⑫ 거주자 甲(일용근로자 아님)의 근로소득금액을 계산할 때 총급여액에서 공제되는 근로소득공제액의 한도는 2천만원이다.		⑫ ○
⑬ 법인세법에 따라 처분된 인정상여의 귀속시기는 그 법인의 결산확정일이 아닌 근로자가 해당 사업연도 중 근로를 제공한 날로 한다.		⑬ ○

○	⑭		⑭ 일용근로자 乙의 근로소득은 종합소득과세표준을 계산할 때 합산하지 아니한다.
×	⑮	산업재해보상보험법에 따라 수급권자가 받는 휴업급여 및 고용보험법에 따라 받는 육아휴직급여는 비과세 근로소득이다.	⑮ 산업재해보상보험법에 따라 수급권자가 받는 휴업급여는 비과세소득이지만, 고용보험법에 따라 받는 육아휴직급여는 과세대상 근로소득이다.
○	⑯		⑯ 퇴직함으로써 받는 소득으로서 퇴직소득에 속하지 아니하는 소득은 근로소득으로 한다.
×	⑰	공무원이 공무수행과 관련하여 국가로부터 받는 상금은 연 240만원까지 비과세하며, 사기업체 종업원이 법에 따라 받는 직무발명보상금은 연 700만원까지 비과세한다.	⑰ 공무원이 공무수행과 관련하여 국가로부터 받는 상금과 사기업체 종업원이 법에 따라 받는 직무발명보상금은 연 700만원까지 비과세한다.
○	⑱		⑱ 대기업의 종업원이 주택의 구입에 소요되는 자금을 무상으로 대여받음으로써 얻는 이익은 근로소득에 포함된다.
○	⑲		⑲ 근로를 제공하고 받은 대가라 하더라도 독립된 지위에서 근로를 제공하였다면 그 대가는 근로소득으로 보지 않는다.
○	⑳		⑳ 종교인소득에 대하여 근로소득으로 원천징수한 경우에는 해당소득을 근로소득으로 본다.
○	㉑	광산근로자가 받는 입갱수당 및 발파수당은 비과세 실비변상적 성질의 급여이므로 월정액급여 계산시 제외된다.	㉑ 생산직 근로자가 연장근로 · 야간근로 또는 휴일근로를 하여 통상임금에 더하여 받는 급여에 대한 비과세 규정을 적용할 때 광산근로자가 받는 입갱수당 및 발파수당은 월정액급여 계산시 매월 직급별로 받는 급여의 총액에서 차감해야 한다.

Theme 연금소득

03 다음의 설명 중 옳은 것은 ○표, 틀린 것은 ×표로 구분하시오.

문제	해설	정답
① 연금계좌의 운용실적에 따라 증가된 금액을 연금계좌에서 연금외수령한 소득은 그 소득의 성격에 따라 이자 또는 배당소득으로 본다.	기타소득에 해당한다.	① ×
② 퇴직소득이 퇴직일 현재 연금계좌에 있거나 연금계좌로 지급되는 경우 또는 퇴직하여 지급받은 날부터 60일 이내에 연금계좌에 입금되는 경우에 해당 퇴직소득으로 인한 소득세는 연금외수령시 비과세가 적용된다.	연금외수령하기 전까지 원천징수하지 아니하거나, 이미 원천징수된 경우 환급을 신청할 수 있다.(원천징수의 이연)	② ×
③ 국민연금법에 의하여 지급받은 유족연금 2천만원은 연금소득으로 과세된다.	비과세 연금소득	③ ×
④ 연금계좌에서 연금수령한 연금소득의 귀속시기는 해당 연금을 지급받기로 한 날로 한다.	연금계좌에서 연금수령한 연금소득의 귀속시기는 연금수령한 날로 한다.(현금주의○, 약정주의×)	④ ×
⑤ 산업재해보상보험법에 따라 받는 각종 연금은 비과세소득이다.		⑤ ○
⑥ 공적연금소득의 수입시기는 공적연금 관련법에 따라 연금을 지급받기로 한 날로 한다.		⑥ ○
⑦ 연금소득금액은 소득세법에 정한 총연금액에서 연금소득공제를 적용한 금액으로 한다.		⑦ ○
⑧ 공적연금소득을 지급하는 자가 연금소득의 일부 또는 전부를 지연하여 지급하면서 지연지급에 따른 이자를 함께 지급하는 경우 해당 이자는 공적연금소득으로 본다.		⑧ ○

○	⑨	10년 이하 : 70% 10년 초과 : 60% 20년 초과 : 50%(개정안)	⑨ 이연퇴직소득을 연금수령하는 경우로서 실제수령연차가 20년을 초과하는 경우 원천징수세율은 연금외수령 원천징수세율의 50%가 된다.
×	⑩	43)	⑩ 공적연금의 경우 2002.1.1.(과세기준일) 이후부터 과세로 전환되었으므로 연금수령액 중 과세연금액은 '과세기준일 이후 기여금 납입월수'가 '총 기여금 납입월수'에서 차지하는 비율에 따라서 분할하여 계산한다.
×	⑪	분리과세연금소득(퇴직연금계좌 인출액 등)은 연금소득공제를 적용하지 않는다.	⑪ 연금계좌에서 인출하는 금액이 연금수령요건을 충족한 경우 퇴직연금계좌 인출액이든 연금저축계좌 인출액이든 연금소득공제를 적용한다.
○	⑫	4%(종전) → 3%(개정안)	⑫ 사망할 때까지 연금수령하는 종신계약에 따라 받는 연금소득의 경우 3%의 원천징수세율을 적용한다.
×	⑬	· 인출순서 ① 과세제외금액 ② 이연퇴직소득 ③ 연금계좌세액공제를 받은 납입액과 운용수익	⑬ 연금계좌에서 일부 금액이 인출되는 경우 인출순서는 이연퇴직소득 → 과세제외금액 → 연금계좌세액공제를 받은 납입액과 운용수익 순서로 인출되는 것으로 한다.
○	⑭		⑭ 연금수령이 개시되기 전에 연금저축계좌에서 퇴직연금계좌로 일부가 이체되는 경우 이를 인출로 본다.
×	⑮	연금계좌에서 인출된 금액이 연금수령한도를 초과하는 경우에는 연금수령분이 먼저 인출되고 그 다음으로 연금외수령분이 인출되는 것으로 본다.	⑮ 연금계좌에서 인출된 금액이 연금수령한도를 초과하는 경우에는 연금외수령분이 먼저 인출되고 그 다음으로 연금수령분이 인출되는 것으로 본다.
○	⑯		⑯ 이연퇴직소득을 연금수령하는 연금소득의 금액은 종합소득과세표준을 계산할 때 합산하지 아니한다.
○	⑰		⑰ 원천징수의무자가 공적연금소득을 지급할 때에는 연금소득 간이세액표에 따라 소득세를 원천징수한다.

43) 공적연금소득은 해당 과세기간에 수령한 공적연금에 대하여 공적연금의 지급자별로 2002년 1월 1일(과세기준일)을 기준으로 다음의 계산식에 따라 계산한 금액(과세기준금액)으로 한다.

국민연금 및 연계노령연금	그 밖의 공적연금소득
연금수령액 × $\frac{\text{과세기준일 이후 납입기간 환산소득누계액}}{\text{총 납입기간 환산소득누계액}}$	연금수령액 × $\frac{\text{과세기준일 이후 기여금납입월수}}{\text{총기여금 납입월수}}$

Theme	기타소득

04 다음의 설명 중 옳은 것은 ○표, 틀린 것은 ×표로 구분하시오.

① 저작자가 저작권의 양도 또는 사용의 대가로 받는 금품은 기타소득으로 과세된다.

② 근로시간면제자가 노동조합 및 노동관계조정법을 위반하여 사용자로부터 지급받은 급여는 기타소득으로 과세된다.

③ 퇴직 전에 부여받은 주식매수선택권을 퇴직 후에 행사하거나 고용관계 없이 주식매수선택권을 부여받아 이를 행사함으로써 얻는 이익은 기타소득으로 과세된다.

④ 발명진흥법에 따라 종업원이 퇴직한 후에 지급받는 직무발명보상금으로서 비과세한도를 초과하는 소득은 기타소득으로 과세된다.

⑤ 유실물의 습득 또는 매장물의 발견으로 인하여 보상금을 받거나 새로 소유권을 취득하는 경우 그 보상금 또는 자산은 기타소득으로 과세된다.

⑥ 토사석의 채취허가에 따른 권리의 양도로 인하여 발생한 소득은 양도소득으로 본다.

⑦ 서화·골동품을 박물관 또는 미술관에 양도함으로써 발생하는 소득은 기타소득으로 비과세소득이다.

⑧ 법령에 기타소득으로 열거된 항목이라 하더라도 사업소득으로 과세하는 것이 가능한 경우가 있을 수 있다.

⑨ 10년 이상 보유한 서화의 양도로 발생하는 소득이 기타소득으로 구분되는 경우, 최소한 당해 거주자가 받은 금액의 100분의 90에 상당하는 금액을 필요경비로 인정받을 수 있다.

⑩ 정신적 피해를 전보하기 위하여 받는 배상금은 기타소득으로 과세되지 아니한다.

⑪ 특정한 소득이 기타소득의 어느 항목에 해당하는지 여부는 세액에 영향이 없다.

⑫ 광업권을 대여하고 그 대가로 받는 금품은 기타소득에 해당한다.

⑬ 산업재산권, 광업권 등 각종 권리의 양도로 인한 기타소득 중 그 대금을 청산하기전에 해당 자산을 인도하거나 사용수익하는 경우의 수입시기는 인도일 또는 사용·수익일로 한다.

해설	정답
저작자가 저작권의 양도 또는 사용의 대가로 받는 금품 → 사업소득	① ×
	② ○
	③ ○
	④ ○
	⑤ ○
기타소득으로 본다.	⑥ ×
	⑦ ○
	⑧ ○
	⑨ ○
	⑩ ○
기타소득의 경우 소득별로 필요경비의제규정이 달리 적용되므로 기타소득의 어느 항목에 해당하는지 여부가 세액에 영향을 미친다.	⑪ ×
	⑫ ○
	⑬ ○

×	⑭	퇴직소득으로 본다.	⑭ 퇴직급여지급규정의 개정으로 퇴직금지급제도가 변경되어 근로자퇴직급여 보장법에 의하여 퇴직금 정산액을 지급하면서 퇴직금지급제도 변경에 따른 손실보장을 위하여 지급되는 금액은 기타소득으로 본다.
○	⑮		⑮ 현상금, 뇌물, 알선수재 및 배임수재에 의하여 받는 금품은 기타소득이다.
×	⑯	계약의 위약으로 인하여 계약금이 위약금으로 대체되는 경우는 원천징수대상이 아니다.	⑯ 계약의 위약으로 인하여 계약금이 위약금으로 대체되는 경우 대체되는 시점에 소득세를 원천징수하여야 한다.
○	⑰		⑰ 기타소득으로 과세되는 골동품의 양도로 거주자가 받은 금액이 1억원 이하인 경우 받은 금액의 100분의 90을 필요경비로 하며, 실제 소요된 필요경비가 이를 초과하면 그 초과하는 금액도 필요경비에 산입한다.
○	⑱		⑱ 한국마사회법에 따른 승마투표권의 구매자가 받는 환급금에 대하여는 그 구매자가 구입한 적중된 투표권의 단위투표금액을 필요경비로 한다.
×	⑲	공무원이 국가 또는 지방자치단체로부터 공무 수행과 관련하여 받는 상금과 부상 중 연 240만원 이내의 금액은 비과세 근로소득이다.	⑲ 공무원이 국가 또는 지방자치단체로부터 공무 수행과 관련하여 받는 상금과 부상은 비과세 기타소득이다.
○	⑳		⑳ 공익사업을 위한 토지 등의 취득 및 보상에 관한 법률에 따른 공익사업 관련 지역권의 설정 대가는 기타소득이다.
○	㉑		㉑ 법령에 따른 위원회의 보수를 받지 아니하는 위원이 받는 수당은 비과세 기타소득이다.
○	㉒		㉒ 비사업자가 공익사업과 관련하여 지상권을 양도함으로써 발생하는 소득은 양도소득이다.
○	㉓		㉓ 전자상거래 등에서의 소비자보호에 관한 법률에 따라 통신판매중개를 하는 자를 통하여 장소를 대여하고 받은 연간 수입금액 500만원은 기타소득이다.
×	㉔	이축권을 토지·건물과 함께 양도함으로써 발생하는 소득은 양도소득이다. 다만, 이축권을 별도로 적법하게 감정평가하여 신고하는 경우에는 기타소득으로 과세한다.	㉔ 이축권을 별도로 적법하게 감정평가하여 신고하는 경우 그 이축권을 토지·건물과 함께 양도함으로써 발생하는 소득은 양도소득이다.
○	㉕	기타소득으로 과세하는 지하수개발·이용권에는 토지 등과 함께 양도하는 지하수개발·이용권을 포함한다.	㉕ 비사업자가 지하수개발권을 토지 등과 함께 양도함으로써 발생하는 소득은 기타소득이다.

05 **다음의 사항들을 최소한 받은 금액의 60%, 80%(또는 90%)에 상당하는 금액을 필요경비로 공제하는 기타소득은 ○표, 그 외 기타소득은 ×표로 구분하시오.**

문항	해설	답
① 공익법인의 설립·운영에 관한 법률의 적용을 받는 공익법인이 주무관청의 승인을 받아 시상하는 상금	최소한 80%	① ○
② 사진 창작품에 대한 원작자가 일시적인 문예창작활동에 의하여 받는 저작권 사용료인 인세	최소한 60%	② ○
③ 사례금		③ ×
④ 고용관계 없이 일시적으로 다수인에게 강연을 하고 받는 강연료	최소한 60%	④ ○
⑤ 주택의 입주지연으로 인하여 받는 주택입주 지체상금	최소한 80%	⑤ ○
⑥ 재산권에 관한 알선수수료		⑥ ×
⑦ 유실물 습득으로 인하여 받은 보상금		⑦ ×
⑧ 라디오를 통하여 해설을 하고 받는 보수	최소한 60%	⑧ ○
⑨ 복권에 의하여 받는 당첨금품		⑨ ×
⑩ 저작권법에 의한 저작권자로부터 저작권을 양도받은 자가 그 저작권을 타인에게 사용하게 하고 받은 대가		⑩ ×

05 종합소득Ⅳ (소득금액 및 세액계산의 특례)

Theme 부당행위계산의 부인

01 다음의 설명 중 옳은 것은 ○표, 틀린 것은 ×표로 구분하시오.

○	①		① 부당행위계산은 특수관계인 간의 거래에 있어서 조세의 부담을 부당하게 감소시킨 것으로 인정되는 배당소득(출자공동사업자에 대한 배당소득에 한함) · 사업소득 · 기타소득 또는 양도소득이 있는 거주자의 행위 또는 계산에 적용된다.
○	②		② 소득세법은 직계존비속에게 주택을 무상으로 사용하게 하고 직계존비속이 그 주택에 실제 거주하는 경우 부당행위계산부인대상에서 제외하지만, 법인세법은 소액주주가 아닌 출자임원에게 사택을 무상으로 제공하는 경우 부당행위계산부인대상이 된다.
○	③		③ 과세표준의 계산과정이 세법의 규정대로 이루어지는 퇴직소득은 부당행위계산 부인의 대상이 되는 소득으로 규정되어 있지 않다.
×	④	기타소득은 부당행위계산부인규정의 적용대상소득이다.[44]	④ 출자공동사업자의 배당소득 이외의 배당소득과 이자소득 · 근로소득 · 연금소득 · 기타소득에 대하여는 부당행위계산부인 규정이 적용되지 아니한다.
×	⑤	이자소득에 해당하므로 부당행위계산의 부인 대상이 되지 않는다.	⑤ 대금업을 영위하지 아니하는 거주자 甲이 아버지에게 연 이자율 5%(자금대여 시 이자율의 시가는 연 10%임)의 조건으로 10억원을 대여한 경우 부당행위계산의 부인 대상이 된다.
○	⑥	특수관계인 + 고리차용 + 현저한 이익분여(5% 이상 or 3억원 이상) 이자비용 증가 → 사업소득 감소 → 부당행위계산부인	⑥ 거주자 乙이 형으로부터 사업자금을 연 이자율 40%(자금대여 시 이자율의 시가는 연 10%임)의 조건으로 10억원을 차입한 경우 부당행위계산의 부인 대상이 된다.

44) 부당행위계산부인규정의 적용대상소득
① 출자공동사업자의 배당소득
② 사업소득
③ 기타소득
④ 양도소득

⑦ 거주자 丙이 운영자금을 마련하기 위하여 사무실로 사용하고 있던 상가건물을 시가의 절반가격으로 사촌동생에게 매각하였다면 부당행위계산의 부인 대상이 된다.

특수관계인 + 저가양도 + 현저한 이익분여(5% 이상 or 3억원 이상)
→ 양도소득 감소
→ 부당행위계산부인

⑦ ○

⑧ 부당행위계산의 부인에 의하여 총수입금액에 산입하거나 필요경비에 불산입한 금액은 사기 · 기타 부정한 행위에 의해 조세를 포탈한 것으로 간주하여 조세범처벌법의 적용 대상이 된다.

• 부당행위계산의 부인규정 조세범처벌법의 적용대상이 되는 것은 아니다.

⑧ ×

⑨ 사업소득이 있는 거주자 丁이 사업자인 형으로부터 시가 1,000만원의 재고자산을 2,000만원에 구입하여 전부 판매한 경우, 사업소득금액을 계산할 때 丁의 필요경비는 1,000만원, 형의 총수입금액은 2,000만원으로 계산한다.

⑨ ○

⑩ 부당행위계산의 부인규정이 적용되는 종합소득은 출자공동사업자의 손익분배비율에 해당하는 배당소득, 사업소득 또는 기타소득이 해당된다.

⑩ ○

⑪ 직계존비속에게 주택을 무상으로 사용하게 하고 직계존비속이 해당 주택에 실제 거주하는 경우, 부당행위계산부인 규정을 적용하여 임대료의 시가에 해당하는 금액에 대하여 소득세를 과세한다.

직계존비속에게 주택을 무상으로 사용하게 하고 직계존비속이 해당 주택에 실제 거주하는 경우는 부당행위계산의 부인대상에서 제외한다.

⑪ ×

⑫ 필요경비의 크기에 대하여 입증을 요구하지 않는 소득인 근로소득과 연금소득은 부당행위계산 부인의 대상이 되는 소득으로 규정되어 있지 않다.

⑫ ○

⑬ 배당소득과 이자소득은 필요경비가 인정되지 않는 소득이다. 따라서 배당소득과 이자소득 전체는 부당행위계산 부인의 대상이 되는 소득으로 규정되어 있지 않다.

배당소득 중 출자공동사업자 배당은 부당행위계산 부인의 대상이 되는 소득으로 규정되어 있다.

⑬ ×

Theme	결손금과 이월결손금

02 다음의 설명 중 옳은 것은 ○표, 틀린 것은 ×표로 구분하시오.

○	①		① 사업소득의 이월결손금은 발생한 연도의 종료일부터 15년(2019년 12월 31일 이전 발생분은 10년) 이내에 종료하는 과세기간의 소득금액을 계산함에 있어서 먼저 발생한 연도의 이월결손금부터 순차로 해당 소득별로 이를 공제한다.
×	②	주거용건물 외 부동산임대업에서 발생한 결손금은 해당연도의 타소득에서 공제할 수 없으며, 남은 결손금은 15년(또는 10년)간 이월한다.	② 공장재단을 대여하는 사업에서 발생한 결손금은 해당 과세기간의 종합소득금액을 계산할 때 근로소득금액에서 공제할 수 있다.
○	③	부동산임대업 외의 사업소득(분철료)에 해당하므로 결손금을 기타소득금액에서 공제할 수 있다.	③ 채굴에 관한 권리를 대여하는 사업으로서 광업권자가 자본적 지출이나 수익적 지출의 일부 또는 전부를 제공하는 조건으로 분철료를 받아 채굴시설과 함께 광산을 대여하는 사업에서 발생한 결손금은 해당 연도의 종합과세되는 기타소득금액에서 공제할 수 있다.
×	④	① 원천징수세율 적용분 → 공제불가 ② 기본세율 적용분 → 공제여부 · 공제금액 선택가능	④ 결손금 및 이월결손금을 공제할 때 '이자소득 등에 대한 종합과세시 세액계산의 특례'에 따라 세액계산을 하는 경우 종합과세되는 배당소득 또는 이자소득 중 기본세율을 적용받는 부분은 결손금 또는 이월결손금의 공제대상에서 제외한다.
○	⑤		⑤ 중소기업을 경영하는 거주자가 그 중소기업의 사업소득금액을 계산할 때 해당 과세기간의 이월결손금(부동산임대업에서 발생한 이월결손금은 제외)이 발생한 경우에는 직전 과세기간의 그 중소기업의 사업소득에 부과된 종합소득 결정세액을 한도로 하여 결손금 소급공제세액을 환급신청할 수 있다.
×	⑥	사업소득의 이월결손금 중 주거용건물 외 부동산임대업에서 발생한 이월결손금은 주거용건물 외 부동산임대업에서 발생한 소득에서만 공제한다.	⑥ 주거용건물 외 부동산임대업 관련 사업소득에서 발생한 이월결손금은 사업소득 · 근로소득 · 연금소득 · 기타소득 · 이자소득 · 배당소득금액에서 순차로 공제한다.
×	⑦	중소기업을 영위하는 거주자는 사업소득에서 결손금이 발생되는 경우 먼저 이를 종합소득금액에서 공제하고 남은 잔액을 직전 과세기간으로 소급공제할 수 있다.	⑦ 세법에서 정하는 중소기업을 영위하는 거주자는 사업소득에서 결손금이 발생되는 경우 이를 타소득에서 공제하는 대신 직전 과세기간으로 소급공제하여, 직전 과세기간의 사업소득에 부과된 소득세액을 한도로 환급신청할 수 있다.
×	⑧	해당 과세기간 중 발생한 결손금과 이월결손금이 모두 존재하는 경우에는 그 과세기간의 결손금을 먼저 소득금액에서 공제한다.	⑧ 해당 과세기간 중 발생한 결손금과 이월결손금이 모두 존재하는 경우에는 이월결손금을 먼저 소득금액에서 공제한다.

⑨ 국세부과의 제척기간이 지난 후에 그 제척기간 이전 과세기간의 이월결손금이 확인된 경우 그 이월결손금은 경정청구를 통하여 공제받을 수 있다.

⑨ × 국세부과의 제척기간이 지난 후에 그 제척기간 이전 과세기간의 이월결손금이 확인된 경우 그 이월결손금은 공제할 수 없다.

⑩ 결손금이란 사업소득이 있는 거주자가 비치·기장한 장부에 의하여 해당 소득금액을 계산함에 있어서 해당연도에 속하는 필요경비가 해당연도에 속하는 총수입금액을 초과하는 경우에 그 초과하는 금액을 말한다.

⑩ ○

⑪ 사업자가 비치·기록한 장부에 의하여 해당 과세기간의 사업소득금액을 계산할 때 발생한 결손금(주거용 건물 임대업 외의 부동산임대업에서 발생한 금액 제외)은 그 과세기간의 종합소득과세표준을 계산할 때 근로소득금액·연금소득금액·이자소득금액·기타소득금액·배당소득금액에서 순서대로 공제한다.

⑪ × 근로, 연금, 기타, 이자, 배당소득금액에서 순서대로 공제한다.

⑫ 소득금액을 추계신고하는 경우에는 이월결손금 공제규정을 적용하지 않는다. 다만, 천재지변으로 장부가 멸실되어 추계신고를 하는 경우라면 이월결손금 공제규정을 적용한다.

⑫ ○

⑬ 부동산임대업을 제외한 일반업종 사업소득에서 발생한 결손금은 부동산임대업에서 발생한 소득금액이 있는 경우에도 그 부동산임대업의 소득금액에서 공제하지 않는다.

⑬ × 부동산임대업을 제외한 일반업종 사업소득에서 발생한 결손금은 부동산임대업에서 발생한 소득금액이 있는 경우에는 그 부동산임대업의 소득금액에서 공제한다.

⑭ 사업소득(주거용건물 외 부동산임대업 제외)에서 발생한 이월결손금(자산수증익 또는 채무면제익으로 충당된 이월결손금은 제외)은 사업소득금액, 근로소득금액, 연금소득금액, 기타소득금액, 이자소득금액, 배당소득금액에서 순차로 공제한다.

⑭ ○

⑮ 결손금소급공제 환급요건을 갖춘 자가 환급을 받으려면 과세표준확정신고기한까지 납세지 관할세무서장에게 환급을 신청하여야 하며, 환급신청을 받은 납세지 관할세무서장은 지체없이 환급세액을 결정하여 국세기본법에 따라 환급하여야 한다.

⑮ ○

⑯ 부동산임대업(주거용 건물 임대업 포함)에서 발생한 결손금은 종합소득 과세표준을 계산할 때 공제하지 않는다.

⑯ × 부동산임대업(주거용 건물 임대업 제외)에서 발생한 결손금은 종합소득 과세표준을 계산할 때 공제하지 않는다.

⑰ 주거용 건물임대업을 포함한 부동산임대업에서 발생한 이월결손금(결손금을 다른 소득에서 공제하고 남은 금액을 말함)은 소급공제가 적용되지 아니한다.

⑰ ○

Theme 공동사업

03 다음의 설명 중 옳은 것은 ○표, 틀린 것은 ×표로 구분하시오.

×	①	출자공동사업자의 배당소득은 Gross-up 대상이 아니다.	① 출자공동사업자에 대한 배당소득의 총수입금액이 2천만원을 초과하는 경우, 배당소득금액은 총수입금액에 그 배당소득의 100분의 10에 해당하는 금액을 더한 금액으로 한다.
×	②	공동사업자의 소득금액을 계산하는 경우 기업업무추진비 한도액, 기부금 한도액은 공동사업장별(공동사업자별×)로 계산한다.	② 공동사업자의 소득금액을 계산하는 경우 기업업무추진비 한도액, 기부금 한도액은 공동사업에 출자한 공동사업자별로 각각 계산한다.
○	③		③ 수동적동업자의 경우에는 동업기업으로부터 배분받은 소득금액을 배당소득으로 본다.
×	④	출자공동사업자 배당 → 무조건 종합과세	④ 공동사업에서 발생하는 소득금액 중 출자공동사업자에 대한 손익분배비율에 상당하는 금액은 그 출자공동사업자의 배당소득으로 보고 무조건 분리과세한다.
○	⑤		⑤ 거주자가 그의 고모부 및 이모부와 부동산임대사업을 공동으로 경영하는 경우에도 공동사업합산과세규정이 적용될 수 있다.
×	⑥	출자공동사업자에는 공동사업에서 발생한 채무에 대하여 무한책임을 부담하기로 약정한 자를 포함하지 않는다.	⑥ 출자공동사업자에는 공동사업에서 발생한 채무에 대하여 무한책임을 부담하기로 약정한 자를 포함한다.
○	⑦		⑦ 특수관계가 아닌 자로서 공동사업을 경영하는 경우, 공동사업장을 1거주자로 보아 산정한 소득금액을 그 손익분배의 비율에 의하여 분배되었거나 분배될 소득금액에 따라 각 공동사업자별로 소득금액을 분배하고 이를 각자의 다른 소득금액과 합산하여 소득세를 산출한다.
×	⑧	공동사업장을 1사업자로 보아 사업자등록에 관한 규정을 적용한다.	⑧ 공동사업장의 해당 공동사업을 경영하는 각 거주자는 자신의 주소지 관할 세무서장에게 사업자등록을 해야 한다.
○	⑨		⑨ 사업소득이 발생하는 사업을 공동으로 경영하고 그 손익을 분배하는 공동사업(경영에 참여하지 아니하고 출자만 하는 출자공동사업자가 있는 공동사업을 포함)의 경우에는 해당 사업을 경영하는 장소인 공동사업장을 1거주자로 보아 공동사업장별로 그 소득금액을 계산한다.
○	⑩		⑩ 공동사업에서 발생한 소득금액은 해당 공동사업을 경영하는 각 공동사업자 간에 약정된 손익분배비율(약정된 손익분배비율이 없는 경우에는 지분비율)에 의하여 분배되었거나 분배될 소득금액에 따라 각 공동사업자별로 분배한다.

⑪	공동사업에 성명 또는 상호를 사용하게 한 자로서 당해 공동사업의 경영에 참여하지 아니하고 출자만 하는 자는 출자공동사업자에 해당한다.	출자공동사업자에 해당하지 않는다.[45]	⑪ ×
⑫	공동사업자에 출자공동사업자가 포함되어 있는 경우 공동사업에서 발생한 소득금액 중 출자공동사업자의 손익분배비율에 해당하는 금액은 배당소득이다.		⑫ ○
⑬	거주자 1인과 그와 생계를 같이 하는 특수관계인이 공동사업자에 포함되어 있는 경우로서 조세를 회피하기 위하여 공동으로 사업을 경영하는 것이 확인되는 경우에는 그 특수관계인의 소득금액은 주된 공동사업자의 소득금액으로 본다.		⑬ ○
⑭	출자공동사업자의 배당소득 원천징수세율은 14%이다.	출자공동사업자의 배당소득 원천징수세율은 25%이다.	⑭ ×
⑮	거주자 1인과 특수관계인이 공동사업자에 포함되어 있는 경우로서 손익분배비율을 거짓으로 정하는 등의 사유가 있는 경우에는 손익분배비율에 따른 소득분배규정에 따라 소득금액을 산정한다.	손익분배비율에 따른 소득분배규정에 불구하고 그 특수관계인의 소득금액은 주된 공동사업자의 소득금액으로 본다. → 공동사업합산과세	⑮ ×
⑯	공동사업장에서 발생한 소득금액에 대하여 원천징수된 세액은 각 공동사업자의 손익분배비율에 따라 배분한다.		⑯ ○
⑰	공동사업에 대한 소득금액을 계산할 때 특수관계인의 소득금액이 주된 공동사업자에게 합산과세되는 경우, 그 합산과세되는 소득금액에 대해서는 주된 공동사업자의 특수관계인은 주된 공동사업자와 연대하여 한도 없이 납세의무를 진다.	그 합산과세되는 소득금액에 대해서는 주된 공동사업자의 특수관계인은 손익분배비율에 해당하는 그의 소득금액을 한도로 주된 공동사업자와 연대하여 납세의무를 진다.	⑰ ×
⑱	출자공동사업자의 배당소득 수입시기는 그 배당을 지급받는 날이다.	출자공동사업자의 배당소득 수입시기는 해당 공동사업의 총수입금액과 필요경비가 확정된 날이 속하는 과세기간 종료일로 한다.	⑱ ×
⑲	공동사업자가 과세표준확정신고를 할 때에는 과세표준확정신고서와 함께 당해 공동사업장에서 발생한 소득과 그 외의 소득을 구분한 계산서를 제출하여야 한다.		⑲ ○
⑳	공동사업합산과세의 대상은 공동사업장에서 발생한 사업소득에 한하며 공동사업장에서 발생한 이자소득과 배당소득은 합산과세하지 아니한다.		⑳ ○
㉑	공동사업합산과세규정에 따라 특수관계인의 소득금액이 주된 공동사업자에게 합산과세되는 경우 그 합산과세되는 소득금액에 대해서는 주된 공동사업자의 특수관계인은 손익분배비율에 해당하는 그의 소득금액에 대한 소득세를 한도로 주된 공동사업자와 연대하여 납세의무를 진다.	그 합산과세되는 소득금액에 대해서는 주된 공동사업자의 특수관계인은 손익분배비율에 해당하는 그의 소득금액을 한도로 주된 공동사업자와 연대하여 납세의무를 진다.	㉑ ×
㉒	거주자 1인과 그와 생계를 같이 하는 특수관계인이 공동사업자에 포함되어 있는 경우로서 손익분배비율을 거짓으로 정하는 경우에는 그 특수관계인의 소득금액은 그 손익분배비율이 큰 공동사업자의 소득금액으로 본다.	공동사업합산과세 → 그 특수관계인의 소득금액은 주된공동사업자(손익분배비율이 큰 공동사업자)의 소득금액으로 본다.	㉒ ○

45) 출자공동사업자란 공동사업의 경영에 참여하지 않고 출자만 하는 자를 말하되, 다음에 해당하는 자는 제외한다.
① 공동사업에 성명 또는 상호를 사용하게 한 자
② 공동사업에서 발생한 채무에 대하여 무한책임을 부담하기로 한 자

Theme 기타 소득금액계산의 특례

04 다음의 설명 중 옳은 것은 ○표, 틀린 것은 ×표로 구분하시오.

정답	해설	문제
× ①	거주자가 채권을 내국법인에게 매도하는 경우에는 채권을 매수하는 법인이 보유기간에 대한 이자상당액을 이자소득으로 보아 소득세를 원천징수한다.	① 거주자가 채권을 내국법인에게 매도하는 경우에는 채권을 매도하는 거주자가 자신의 보유기간 이자 등 상당액을 이자소득으로 보아 소득세를 원천징수한다.
× ②	피상속인의 소득금액에 대한 소득세로서 상속인에게 과세할 것과 상속인의 소득금액에 대한 소득세는 원칙적으로 구분하여 계산하여야 한다.	② 피상속인의 소득금액에 대한 소득세로서 상속인에게 과세할 것과 상속인의 소득금액에 대한 소득세는 합산하여 계산하여야 한다.
○ ③		③ 신탁업을 경영하는 자는 각 과세기간의 소득금액을 계산할 때 신탁재산에 귀속되는 소득과 그 밖의 소득을 구분하여 경리하여야 한다.
○ ④		④ 피상속인의 소득금액에 대해서 소득세를 과세하는 경우에는 그 상속인이 납세의무를 진다.
× ⑤	신탁재산에 귀속되는 소득은 그 신탁의 수익자에게 귀속되는 것으로 본다.	⑤ 선의의 제3자가 수익자로 정해진 신탁재산에 귀속되는 소득은 그 신탁의 위탁자에게 귀속되는 것으로 본다.
× ⑥	해당 연금계좌에 있는 피상속인의 소득금액은 상속인의 소득금액으로 보아 소득세를 계산한다.	⑥ 연금계좌의 가입자가 사망하였으나 그 배우자가 연금외수령 없이 해당 연금계좌를 상속으로 승계하는 경우에는 해당 연금계좌에 있는 피상속인의 소득금액은 피상속인의 소득금액으로 보아 소득세를 계산한다.
○ ⑦		⑦ 종합소득과세표준 확정신고 후 예금 또는 신탁계약의 중도 해지로 이미 지난 과세기간에 속하는 이자소득금액이 감액된 때에는, 경정청구를 하지 아니한 경우라면 그 중도 해지일이 속하는 과세기간의 종합소득금액에 포함된 이자소득금액에서 그 감액된 이자소득금액을 뺄 수 있다.
○ ⑧		⑧ 위탁자가 신탁재산을 실질적으로 지배 · 통제하는 신탁의 경우에는 그 신탁재산에 귀속되는 소득은 위탁자에게 귀속되는 것으로 본다.
○ ⑨		⑨ 거주자가 채권을 발행법인에게 매도하는 경우에는 원천징수기간의 이자등 상당액을 이자소득으로 보고, 해당 채권의 발행법인을 원천징수의무자로 한다.

MEMO

06 종합소득세액의 계산

Theme 종합소득공제

01 다음의 설명 중 옳은 것은 ○표, 틀린 것은 ×표로 구분하시오.

정답	번호	해설	문제
○	①		① 종합소득이 있는 거주자와 생계를 같이 하면서 소득이 없는 장애인 아들은 나이에 관계없이 그 거주자의 기본공제대상자가 된다.
×	②	종합소득금액, 퇴직소득금액 및 양도소득금액의 합계가 100만원을 초과하므로 기본공제대상자가 될 수 없다.	② 거주자 갑의 배우자가 양도소득금액만 8백만원이 있는 경우 종합소득금액이 2천만원인 갑은 배우자공제를 받을 수 있다.
○	③		③ 부녀자공제와 한부모공제가 동시에 적용되는 경우에는 한부모공제를 적용한다.
×	④	피상속인의 공제대상가족으로 한다.	④ 해당연도의 중도에 사망한 거주자의 공제대상가족이 그 상속인의 공제대상가족에도 해당하는 때에는 과세표준확정신고서에 기재된 바에 따라 피상속인 또는 그 상속인 중 1인의 공제대상가족으로 한다.
○	⑤		⑤ 甲이 소득이 없고 생계를 같이하는 배우자 乙을 배우자공제로 신청하고 대기업 이사인 장인이 乙을 부양가족으로 동시에 신고한 경우, 배우자공제만을 적용하고 부양가족공제를 적용하지 않는다.
○	⑥		⑥ 소득세의 납세의무자 중 1거주자로 보는 법인 아닌 단체에 대하여는 인적공제를 적용하지 아니한다.
○	⑦		⑦ 거주자의 배우자(연간소득금액이 없음)로서 나이가 71세인 자가 1월 10일에 사망하였다면 그 사망일이 속하는 연도에 있어서 그 배우자에 대하여는 부양기간의 장단에 관계없이 기본공제 및 추가공제(경로우대자)의 전액을 공제한다.
○	⑧		⑧ 거주자와 생계를 같이 하는 부양가족 중에 나이가 33세로서 장애인 아들(연간소득금액이 없음) 1인이 포함되어 있다면 그 아들에 대하여는 기본공제 150만원과 추가공제(장애인) 200만원을 공제한다.

⑨ 경로우대공제를 받기 위한 최소한의 나이는 70세이다.		⑨ ○
⑩ 기본공제대상자가 아닌 자는 추가공제대상자가 될 수 없다.		⑩ ○
⑪ 해당 거주자가 배우자 없는 사람으로서 생계를 같이하는 부양가족 중 손자(나이 5세, 소득 없음)가 있는 경우에도 한부모소득공제를 적용받을 수 있다.		⑪ ○
⑫ 종합소득이 있는 거주자로서 국민연금법에 의한 연금보험료와 공무원연금법에 의해 근로자가 부담하는 기여금 또는 부담금은 해당연도 종합소득금액 범위 내에서 전액 소득공제한다.		⑫ ○
⑬ 기본공제, 추가공제, 연금보험료공제는 거주자 甲이 근로소득자가 아니더라도 적용받을 수 있다.		⑬ ○
⑭ 수시부과 결정의 경우에는 기본공제 중 거주자 본인에 대한 분(150만원)만을 공제한다.		⑭ ○
⑮ 연금보험은 개인의 노후생활 대비책이므로, 특수관계인의 소득금액이 주된 공동사업자의 소득금액에 합산되는 경우라 할지라도 특수관계인이 지출하는 연금보험료는 주된 공동사업자의 합산과세되는 종합소득금액계산에서 소득공제를 받을 수 없다.	소득공제를 받을 수 있다.[46]	⑮ ×
⑯ 분리과세 금융소득과 분리과세 연금소득만이 있는 자에 대하여는 종합소득공제 중에서 기본공제만을 적용한다.	분리과세대상소득만 존재하는 거주자는 종합소득공제가 적용될 수 없다.	⑯ ×
⑰ 근로소득이 있는 甲이 항목별세액공제, 특별소득공제 및 월세세액공제 신청을 하지 않은 경우 13만원의 표준세액공제를 적용한다.		⑰ ○

46) 연금보험료공제 또는 조세특례제한법상 소득공제를 적용하거나 연금계좌세액공제를 적용하는 경우 공동사업합산과세 규정에 따라 주된 소득자에게 합산과세되는 특수관계인이 지출 · 불입 · 투자 · 출자한 금액은 이를 합산되는 소득금액의 한도 내에서 주된 소득자가 지출 · 불입 · 투자 · 출자한 금액으로 보아 주된 소득자의 합산과세되는 종합소득금액 또는 종합소득산출세액을 계산하는 때에 소득공제 또는 세액공제를 받을 수 있다.

Theme 조세특례제한법상 소득공제

02 다음의 설명 중 옳은 것은 ○표, 틀린 것은 ×표로 구분하시오.

× ① 의료비, 학원비는 신용카드 등 사용금액에 대한 소득공제의 대상에 포함된다.	① 의료비세액공제의 대상인 의료비 지출액은 신용카드 등 사용금액에 대한 소득공제의 대상에 포함하지 아니한다.
× ② 형제 · 자매 사용분은 신용카드 소득공제 대상이 아니다.	② 근로소득이 있는 甲의 신용카드사용금액에 대한 소득공제를 계산할 때 소득이 없는 甲의 동생(18세)이 사용한 금액도 공제대상이 된다.
○ ③	③ 거주자의 배우자 또는 거주자와 생계를 같이하는 직계존비속으로서 연간소득금액이 100만원 이하(근로소득만 있는 자는 총급여액이 500만원 이하)인 자의 신용카드 등 사용금액은 거주자의 신용카드 등 사용금액에 대한 소득공제에 포함시킬 수 있다.
○ ④	④ 신용카드 등 사용금액은 여신전문금융법상의 신용카드, 직불카드 및 기명식선불카드 등을 사용하여 그 대가를 지급하는 금액 및 법에서 정하는 현금영수증에 기재된 금액을 말한다.

Theme 세액감면 · 세액공제

03 다음의 설명 중 옳은 것은 ○표, 틀린 것은 ×표로 구분하시오.

× ① 세액감면 → 이월공제×	① 세액감면을 적용받는 사업자가 해당 과세기간에 산출세액이 없어 감면을 받지 못하는 경우 그 감면세액 상당액을 해당 과세기간의 다음 과세기간부터 10년 이내에 끝나는 과세기간으로 이월하여 그 이월된 과세기간의 산출세액 범위에서 공제받을 수 있다.
× ② 이월공제가 인정되는 세액공제로서 해당 과세기간 중에 발생한 세액공제액과 이전 과세기간에서 이월된 미공제액이 함께 있을 때에는 이월된 미공제액을 먼저 공제한다.	② 이월공제가 인정되는 세액공제로서 해당 과세기간 중에 발생한 세액공제액과 이전 과세기간에서 이월된 미공제액이 함께 있을 때에는 해당 과세기간 중에 발생한 세액공제액을 먼저 공제한다.
○ ③	③ 종합소득이 있는 거주자는 해당 과세기간에 출산한 공제대상자녀(첫째)가 있는 경우 연 30만원의 자녀세액공제를 받을 수 있다.
○ ④	④ 자녀장려금은 자녀세액공제와 중복하여 적용할 수 없다.
× ⑤ 혼인세액공제를 적용받은 거주자가 다시 혼인신고를 하는 경우에는 혼인세액공제를 적용하지 아니한다.	⑤ 거주자가 혼인신고를 한 경우에는 혼인신고를 한 날이 속하는 과세기간의 종합소득산출세액에서 50만원을 공제하며, 혼인세액공제를 적용받은 거주자가 다시 혼인신고를 하는 경우에도 혼인세액공제를 적용한다.

Theme 기장세액공제

04 다음의 설명 중 옳은 것은 ○표, 틀린 것은 ×표로 구분하시오.

문제	해설	정답
① 기장세액공제의 공제세액은 100만원을 초과하지 못한다.		① ○
② 기장세액공제를 받은 간편장부대상자는 이와 관련된 장부 및 증명서류를 해당 과세표준확정신고기간 종료일부터 10년간 보관하여야 한다.	기장세액공제와 관련된 장부 및 증명서류를 해당 과세표준 확정신고기간 종료일부터 5년간 보관하여야 한다.	② ×
③ 간편장부사업자 이외의 사업자가 복식부기에 따라 기장한 경우에는 기장세액공제를 받으며, 기장하지 않은 경우에는 장부의 기록 · 보관 불성실 가산세가 적용된다.	간편장부대상자가 복식부기에 따라 기장한 경우에 기장세액공제를 적용하는 것이므로 복식부기의무자가 복식부기에 따라 기장한 경우에는 기장세액공제를 받을 수 없다.	③ ×
④ 간편장부대상자가 비치·기장한 장부에 의해 신고해야 할 소득금액의 10%를 누락하여 신고한 경우 기장세액공제를 적용하지 않는다.	간편장부대상자가 비치 · 기장한 장부에 의해 신고해야 할 소득금액의 20% 이상을 누락하여 신고한 경우 기장세액공제를 적용하지 않는다.	④ ×
⑤ 간편장부에 의해 기장한 경우에도 기장세액공제를 적용받을 수 있다.	간편장부대상자 & 복식부기 → 기장세액공제를 적용○(간편장부×)	⑤ ×
⑥ 기장세액공제와 관련된 장부 및 증빙서류를 해당 과세표준확정신고기간 종료일로부터 5년간 보관하지 못한 사유가 화재를 입거나 도난을 당한 경우에 해당하면 기장세액공제를 허용한다.		⑥ ○
⑦ 소득세법상 기장세액공제가 인정되는 경우는 간편장부대상자의 사업소득금액으로 한정하고 있다.		⑦ ○
⑧ 간편장부대상자는 장부를 비치 · 기장하지 않더라도 장부의 기록 · 보관 불성실 가산세를 부담하지 않는다.	간편장부대상자(소규모사업자 제외)가 장부를 비치 · 기장하지 않으면 장부의 기록 · 보관 불성실 가산세를 부담한다.	⑧ ×
⑨ 사업자가 장부에 비치 · 기장하지 아니하였거나 비치 · 기장한 장부에 의한 소득금액이 기장하여야 할 금액에 미달한 때에는 가산세를 부담함이 원칙이나, 해당 과세기간에 신규로 사업을 개시한 사업자의 경우에는 그렇지 않다.	신규사업자 → 소규모사업자에 해당함	⑨ ○
⑩ 소규모사업자 및 소득금액이 추계되는 자는 증명서류 수취 불성실 가산세를 부담하지 않는다.		⑩ ○

Theme 외국납부세액공제

05 다음의 설명 중 옳은 것은 ○표, 틀린 것은 ×표로 구분하시오.

정답	번호	해설	문제
○	①		① 거주자의 종합소득금액 또는 퇴직소득금액에 국외원천소득이 합산되어 있는 경우로서 그 국외원천소득에 대하여 외국소득세액을 납부하였거나 납부할 것이 있을 때에는 일정한 공제한도금액 내에서 외국소득세액을 해당 과세기간의 종합소득산출세액 또는 퇴직소득 산출세액에서 공제할 수 있다.
○	②		② 소득세법상 외국납부세액이란 직접외국납부세액과 의제외국납부세액을 의미하며, 간접외국납부세액은 적용되지 않는다.
×	③	외국납부세액공제만을 적용할 수 있다. → 필요경비 산입×	③ 거주자의 종합소득에 이자소득에 대한 국외원천소득이 합산된 경우 거주자의 선택에 따라 종합소득금액계산시 외국납부세액을 필요경비에 산입할 수 있다.
×	④	의제외국납부세액도 외국납부세액 공제 대상이 되는 외국소득세액으로 본다.	④ 국외원천소득이 있는 거주자가 조세조약의 상대국에서 해당 국외원천소득에 대하여 소득세를 감면받은 세액의 상당액은 해당 조세조약에 정함이 있다 하더라도 외국납부세액공제 대상이 되는 외국소득세액으로 보지 아니한다.
○	⑤		⑤ 외국납부세액의 공제한도를 계산함에 있어서 국외사업장이 2 이상의 국가에 있는 경우에는 국가별로 한도를 계산한다.
×	⑥	해당 과세기간의 다음 과세기간 개시일부터 10년 이내에 끝나는 과세기간으로 이월하여 그 이월된 과세기간의 공제한도 범위에서 공제받을 수 있다.	⑥ 거주자가 외국소득세액을 종합소득산출세액에서 공제하는 경우 그 외국소득세액이 소득세법에서 정하는 공제한도를 초과하는 때에는 초과하는 금액은 이를 이월하여 공제받을 수 없다.
×	⑦	외국납부세액 • 종합소득 : 10년간 이월○ • 퇴직소득 : 10년간 이월×	⑦ 종합소득세와 퇴직소득세 계산시 외국납부세액이 공제한도를 초과하는 경우 해당 과세기간의 다음 과세기간 개시일부터 10년 이내에 이월공제가 가능하다.
×	⑧	이월공제기간 내에 공제받지 못한 외국소득세액은 이월공제기간의 종료일 다음 날이 속하는 과세기간의 소득금액을 계산할 때 필요경비에 산입할 수 있다.	⑧ 외국납부세액공제의 한도를 초과하는 외국소득세액은 해당 과세기간의 다음 과세기간 개시일부터 10년 이내에 끝나는 과세기간에 이월하여 공제받을 수 있으며, 이월공제기간 내에 공제받지 못한 외국소득세액은 소멸한다.
○	⑨		⑨ 외국납부세액공제의 대상이 되는 외국소득세액에는 외국정부에 의하여 과세된 개인 소득세 및 이와 유사한 세목으로 수입금액을 과세표준으로 하여 과세된 세액이 포함된다.

Theme 재해손실세액공제

06 다음의 설명 중 옳은 것은 ○표, 틀린 것은 ×표로 구분하시오.

① 재해손실세액공제를 적용할 때 장부가 소실 또는 분실되어 장부가액을 알 수 없는 경우 재해발생의 비율은 납세지 관할 세무서장이 조사확인한 재해발생일 현재의 가액에 의하여 계산한다.

② 재해손실세액공제와 관련하여 자산상실비율을 계산할 때, 상실한 타인소유의 자산으로서 그 상실에 대한 변상책임이 당해 사업자에게 있는 것은 상실 전 자산총액에 포함되지 않는다.

해설	정답
	① ○
재해손실세액공제와 관련하여 자산상실비율을 계산할 때, 상실한 타인소유의 자산으로서 그 상실에 대한 변상책임이 당해 사업자에게 있는 것은 상실 전 자산총액에 포함된다.	② ×

07 다음의 설명 중 옳은 것은 ○표, 틀린 것은 ×표로 구분하시오.

○	①	60세 이상이 아니므로 나이요건 불충족 → 보험료세액공제 대상×
○	②	
○	③	
○	④	
○	⑤	
×	⑥	방과후 학교수강료 및 이에 대한 학교에서 구입하는 교재구입비는 교육비세액공제대상 교육비에 포함한다.
○	⑦	
○	⑧	
○	⑨	
○	⑩	

① 거주자가 생계를 같이하는 부친(58세, 소득없음, 장애인 아님)을 위해 지출한 보험료는 보험료세액공제의 대상에 포함하지 아니한다.

② 시력보정용 안경 · 콘택트렌즈 구입을 위하여 지출한 비용으로서 기본공제대상자(나이 및 소득금액의 제한을 받지 않는다) 1인당 연 50만원 이내의 금액은 의료비세액공제 대상이 된다.

③ 장애인전용보장성보험의 보험계약에 의하여 보험자에게 지급하는 보험료의 합계액이 연 100만원을 초과하는 경우에는 그 초과하는 금액은 이를 없는 것으로 본다.

④ 기본공제대상인 직계비속(장애인, 17세)을 위한 법령에 정한 장애인특수교육비는 그 나이 또는 소득금액에 관계없이 교육비세액공제대상이 된다.

⑤ 기부금 지출액에 대하여 사업소득만 있는 자(연말정산대상 사업소득만 있는 자는 제외)는 사업소득금액 계산시 필요경비에 산입하는 방법만 적용받을 수 있으며, 사업소득 이외에 다른 종합소득이 있는 경우에 기부금세액공제 방법을 적용받을 수 있다.

⑥ 교육비세액공제대상 교육비에는 초 · 중등교육법에 따른 학교에서 실시하는 방과후 학교 수업료는 포함하나 방과후 학교 교재구입비는 포함하지 않는다.

⑦ 성실신고확인대상사업자로서 성실신고확인서를 제출한 자는 교육비세액공제를 받을 수 있다.

⑧ 건강증진을 위한 의약품 구입비용은 의료비세액공제의 대상에 포함하지 아니한다.

⑨ 거주자 甲의 소득없는 30세의 아들이 해당연도에 혼인을 한 경우 혼인 전 아들에 대한 해당연도의 의료비지출액은 의료비세액공제의 대상이 된다.

⑩ 사업소득만 있는 거주자(연말정산대상 사업소득만 있는 자는 제외)는 기부금세액공제를 적용받을 수 없다.

⑪ 특별세액공제 규정을 적용할 때 과세기간 종료일 이전에 이혼하여 기본공제대상자에 해당되지 아니하게 되는 종전의 배우자를 위하여 과세기간 중 이미 지급한 금액에 대한 세액공제액은 해당 과세기간의 종합소득산출세액에서 공제할 수 없다.

공제할 수 있다.[47]

⑪ ×

⑫ 근로소득이 있는 거주자는 기본공제대상자인 직계비속의 대학원 교육비를 지출한 경우 교육비세액공제를 받을 수 없다.

⑫ ○

⑬ 생계를 같이하는 부양가족 중 소득요건을 충족하지 않아 기본공제대상자가 아닌 자에게 지출한 의료비는 의료비 세액공제대상이 될 수 없다.

의료비 세액공제대상이 **될 수 있다.**
→ 기본공제대상자(**나이 및 소득의 제한을 받지 아니한다**)를 위하여 해당 과세기간에 법령으로 정한 의료비를 지급한 경우 의료비 세액공제를 적용한다.

⑬ ×

⑭ 부양가족을 위하여 지급한 학자금대출 원리금 상환액은 교육비 세액공제 대상이 될 수 있다.

교육비 세액공제 대상이 **될 수 없다.**
→ 학자금대출 원리금 상환액은 해당 거주자 **본인**을 위하여 지급한 금액을 교육비 세액공제 대상으로 한다.

⑭ ×

---

47) 보험료 · 의료비 · 교육비 세액공제규정을 적용할 때 과세기간 종료일 이전에 혼인 · 이혼 · 별거 · 취업 등의 사유로 기본공제대상자에 해당되지 아니하게 되는 종전의 배우자 · 부양가족 · 장애인 또는 과세기간 종료일 현재 65세 이상인 사람을 위하여 이미 지급한 금액이 있는 경우에는 그 사유가 발생한 날까지 지급한 금액에 보험료 · 의료비 · 교육비 세액공제율을 적용한 금액을 해당 과세기간의 종합소득산출세액에서 공제한다.

Theme	중간예납세액

08 다음의 설명 중 옳은 것은 ○표, 틀린 것은 ×표로 구분하시오.

정답		해설	문제
×	①	• 법인은 선택가능 • 개인은 다음과 같다. ①원칙 : 직전연도 실적기준 ②예외 : 중간예납기간의 실적기준	① 모든 개인과 법인은 직전연도 실적기준과 중간예납기간의 실적기준 중에서 선택할 수 있다.
○	②		② 소득세 중간예납은 사업소득이 있는 거주자에게만 적용되며, 고지납부를 원칙으로 한다.
○	③		③ 중간예납기준액이 없는 거주자 중 복식부기의무자가 해당 과세기간의 중간예납기간 중 사업소득(중간예납의무가 있음)이 있는 경우에는 11월 1일부터 11월 30일까지의 기간에 중간예납추계액을 중간예납세액으로 하여 납세지 관할세무서장에게 신고하여야 한다.
×	④	비거주자의 과세표준과 세액의 계산과 신고 · 납부(중간예납 포함) 및 결정 · 징수는 거주자에 대한 규정을 준용한다.	④ 비거주자의 중간예납에 관하여는 거주자의 신고와 납부에 관한 규정을 준용하지 아니한다.
○	⑤		⑤ 중간예납기간은 소득세법의 경우 1월 1일부터 6월 30일까지이고, 법인세법의 경우 법인의 사업연도 개시일로부터 6개월이다.
○	⑥		⑥ 소득세법상 중간예납세액이 50만원 미만일 때는 징수하지 않는다.
○	⑦		⑦ 소득세법에서는 중간예납세액을 11월 중에 납부하여야 하나 법인세법에서는 중간예납종료일로부터 2개월 이내에 납부하여야 한다.
○	⑧		⑧ 소득세법에서는 중간예납기준액에 의할 경우 납세자에게 중간예납고지를 하지만 법인세법에서는 고지하지 않는다.
○	⑨		⑨ 해당 과세기간의 개시일 현재 사업자가 아닌 자로서 그 과세기간 중 신규로 사업을 개시한 자는 해당 과세기간에 대한 중간예납의무가 없다.

⑩ 부동산매매업자는 토지의 매매차익과 그 세액을 매매일이 속하는 달의 말일부터 2개월이 되는 날까지 납세지 관할 세무서장에게 신고하여야 하나, 매매차익이 없거나 매매차손이 발생하였을 때에는 그러하지 아니하다.

⑪ 토지 등 매매차익 예정신고 · 납부를 한 부동산매매업자는 중간예납의무가 없다.

⑫ 분리과세 주택임대소득만이 있는 거주자는 중간예납의무가 없다.

⑬ 중간예납 의무가 있는 거주자가 중간예납기간의 종료일 현재 그 중간예납기간 종료일까지의 종합소득금액에 대한 소득세액이 중간예납기준액의 100분의 30에 미달하는 경우에는 중간예납추계액을 중간예납세액으로 하여 납세지 관할 세무서장에게 신고할 수 있다.

⑭ 중간예납세액이 1천만원을 초과하는 자는 그 납부할 세액의 일부를 납부기한이 지난 후 2개월 이내에 분할납부할 수 있다.

부동산매매업자는 토지의 매매차익과 그 세액을 매매일이 속하는 달의 말일부터 2개월이 되는 날까지 납세지 관할 세무서장에게 신고하여야 하며, 매매차익이 없거나 매매차손이 발생하였을 때에도 신고하여야 한다.	⑩	×
토지 등 매매차익 예정신고 · 납부를 한 부동산매매업자도 중간예납의무가 있다.[48]	⑪	×
	⑫	○
	⑬	○
	⑭	○

48) 이 경우 중간예납기준액의 2분의 1에 해당하는 금액에서 예정신고 · 납부한 금액을 뺀 금액을 중간예납세액으로 한다. 다만, 토지등 매매차익예정신고 · 납부세액이 중간예납기준액의 2분의 1을 초과하는 경우에는 중간예납세액이 없는 것으로 한다.

09 다음의 설명 중 옳은 것은 ○표, 틀린 것은 ×표로 구분하시오.

×	①	직전 과세기간의 상시고용인원이 20명 이하인 경우로서 승인 또는 지정받은 자는 원천징수세액을 그 징수일이 속하는 반기의 마지막 달의 다음 달 10일까지 납부할 수 있다.	① 해당 과세기간의 상시고용인원이 20명 이하인 원천징수의무자(금융·보험업자는 제외)로서 원천징수 관할세무서장의 승인을 받거나 국세청장의 지정을 받은 자는 원천징수세액을 그 징수일이 속하는 분기의 마지막 달의 다음 달 10일까지 납부할 수 있다.
×	②	소득세법상 집합투자기구로부터의 이익(배당소득)도 14%세율로 원천징수한다.	② 소득세법상 배당소득은 일반적으로 원천징수의 대상이 되나, 집합투자기구로부터의 이익에 대하여는 원천징수를 하지 아니한다.
×	③	12월분 급여액을 다음연도 2월 말일까지 미지급한 경우에는 2월 말일에 지급한 것으로 본다.	③ 근로소득에 대한 원천징수의무자가 12월분의 급여액을 다음 연도 1월 말일까지 지급하지 아니한 때에는 그 급여액은 1월 말일에 지급한 것으로 본다.
×	④	원천징수의무자가 금융·보험업을 영위하는 자인 경우 반기별 징수규정을 적용할 수 없다.	④ 직전연도(신규사업자는 신청일이 속하는 반기)의 상시고용인원이 20명 이하인 금융·보험업자로서 원천징수관할세무서장으로부터 승인을 얻은 자는 원천징수한 소득세를 그 징수일이 속하는 반기의 마지막 달의 다음달 10일까지 납부할 수 있다.
×	⑤	원천징수대상 소득으로서 발생 후 지급되지 아니함으로써 소득세가 원천징수되지 아니한 소득이 종합소득에 합산되어 종합소득에 대한 소득세가 과세된 경우에 그 소득을 지급할 때에는 소득세를 원천징수하지 아니한다.	⑤ 원천징수대상 소득으로서 발생 후 지급되지 아니함으로써 원천징수되지 아니한 소득이 종합소득에 합산되어 종합소득에 대한 소득세가 과세된 경우에는 그 소득을 지급할 때 소득세를 원천징수하고 이미 납부된 소득세는 환급하여야 한다.
×	⑥	일반적인 비영업대금의 이익에 대한 원천징수세율은 25%[49]이다.	⑥ 비영업대금의 이익(온라인투자연계금융업의 등록을 한 자를 통하여 지급받는 금액이 아님)에 대한 원천징수세율은 100분의 14를 적용한다.
×	⑦	이자소득을 지급하는 자는 사업자인지 여부를 불문하고 원천징수의무가 있다.	⑦ 국내에서 거주자에게 이자소득을 지급하는 자가 사업자가 아닌 경우에는 원천징수의무가 없다.
○	⑧		⑧ 국내에서 거주자나 비거주자에게 연금소득을 지급하는 자는 그 거주자나 비거주자에 대한 소득세를 원천징수하여 그 징수일이 속하는 달의 다음 달 10일까지 납부하여야 한다.
○	⑨		⑨ 국내에서 거주자에게 퇴직소득을 지급하는 내국법인은 그 거주자에 대한 소득세를 원천징수하여 그 징수일이 속하는 달의 다음 달 10일까지 납부하여야 한다.

49) 다만, 비영업대금의 이익 중 자금을 대출받으려는 차입자와 자금을 제공하려는 투자자를 온라인을 통하여 중개하는 자로서 관련 법률에 따라 금융위원회에 등록하거나 금융위원회로부터 인가 · 허가를 받는 등 이용자 보호를 위한 일정한 요건을 갖춘 자를 통하여 지급받는 이자소득에 대해서는 14%로 한다.

⑩ 원천징수의무자가 기획재정부장관이 고시하는 국가에 소재하는 비거주자의 국내원천소득 중 내국법인이 발행한 주식의 양도소득에 대하여 소득세로서 원천징수하는 경우에는 국세청장의 사전승인 여부에 관계없이 조세조약상의 제한세율을 적용하여 원천징수하여야 한다.	소득세법 및 법인세법에 따른 원천징수세율을 우선 적용한다. 다만, 조세조약상의 비과세·면제 또는 제한세율을 적용받을 수 있음을 국세청장이 사전승인한 경우에는 그렇지 않다.	⑩ ×
⑪ 12월 31일에 법인이 이익처분에 따른 배당을 결정하고 다음연도 3월 말일까지 배당소득을 지급하지 아니하는 경우 그 3월 말일에 배당소득을 지급한 것으로 보아 소득세를 원천징수한다.	11월 1일 ~ 12월 31일에 처분결정된 배당을 다음 연도 2월 말일까지 미지급한 경우 2월 말일에 배당소득을 지급한 것으로 보아 소득세를 원천징수한다.	⑪ ×
⑫ 법인세 과세표준을 신고하는 경우에 법인세법에 따라 처분되는 상여는 법인이 소득금액변동통지서를 받는 날에 지급한 것으로 보아 소득세를 원천징수한다.	법인세 과세표준을 신고하는 경우에 법인세법에 따라 처분되는 상여는 그 신고일에 지급한 것으로 보아 소득세를 원천징수한다.	⑫ ×
⑬ 매월분의 근로소득(일용근로자 제외)에 대한 원천징수세율을 적용할 때에는 법령으로 정한 근로소득 간이세액표를 적용하여 원천징수한다.		⑬ ○
⑭ 원천징수의무자가 12월에 퇴직한 사람의 퇴직소득을 12월 31일까지 지급하지 아니한 경우에는 그 퇴직소득을 12월 31일에 지급한 것으로 보아 소득세를 원천징수한다.	12월에 퇴직한 자의 퇴직소득을 다음연도의 2월 말까지 미지급한 경우 2월 말일에 지급한 것으로 본다.	⑭ ×
⑮ 법인이 잉여금의 처분에 의하여 지급하여야 할 상여를 그 처분을 결정한 날부터 3개월 내에 지급하지 아니한 때에는 예외없이 그 3개월이 되는 날에 상여를 지급한 것으로 본다.	예외가 존재한다.[50]	⑮ ×
⑯ 법인세 과세표준을 경정하는 경우 법인세법에 따라 처분되는 상여는 경정의 대상이 되는 사업연도 중 근로를 제공받은 날에 근로소득을 지급한 것으로 보아 소득세를 원천징수한다.	법인세 과세표준을 경정하는 경우 법인세법에 따라 처분되는 상여는 소득금액변동통지서를 받은 날에 근로소득을 지급한 것으로 보아 소득세를 원천징수한다.	⑯ ×
⑰ 원천징수의무자가 소득세가 면제되는 이자소득을 거주자에게 지급할 때는 소득세를 원천징수하지 아니한다.		⑰ ○
⑱ 거주자의 퇴직소득이 퇴직일 현재 연금계좌에 있는 경우 해당 퇴직소득에 대한 소득세를 연금외수령하기 전까지 원천징수하지 아니한다.		⑱ ○
⑲ 공적연금소득을 받는 사람이 해당 과세기간 중에 사망한 경우 원천징수의무자는 그 사망일이 속하는 달의 다음다음 달 말일까지 그 사망자의 공적연금소득에 대한 연말정산을 하여야 한다.		⑲ ○

50) 법인의 잉여금처분에 의한 상여를 미지급한 경우 원천징수시기의 특례일
① 원칙 : 처분결의일로부터 3개월이 되는 날
② 예외 : 11월 1일 ~ 12월 31일에 처분결정된 상여를 다음 연도 2월 말일까지 미지급한 경우 → 다음연도 2월 말일

⑳ 금융회사가 매출 또는 중개하는 어음의 이자와 할인액은 이를 지급받는 자가 할인매출일에 원천징수를 선택한 때에는 할인매출하는 날에 지급한 것으로 본다.

㉑ 원천징수하는 소득세는 소득금액 또는 수입금액을 지급하는 때에 납세의무가 성립함과 동시에 확정된다.

㉒ 법인이 이익 또는 잉여금의 처분에 의하여 지급하여야 할 상여가 1월 1일부터 10월 31일까지의 사이에 결정된 경우 그 처분을 결정한 날부터 3월이 되는 날까지 지급하지 아니한 때에는 그 3개월이 되는 날에 상여를 지급한 것으로 본다.

㉓ 상품판매로 인한 소득과 부동산의 임대 또는 양도로 인한 소득은 원천징수대상 소득이 아니다.

㉔ 국민연금을 지급하는 자는 연금소득을 지급하는 때에 지급금액의 5%를 원천징수하고 다음연도 1월분 연금소득을 지급하는 때에 연말정산을 하여야 한다.

㉕ 근로소득을 지급하여야 할 원천징수의무자가 1월부터 11월까지의 급여액을 해당연도의 12월 31일까지 지급하지 아니한 때에는 그 급여액을 12월 31일에 지급한 것으로 본다.

㉖ 종교단체 또는 직전연도(신규사업자는 신청일이 속한 반기)의 상시고용인원이 20인 이하인 원천징수의무자(금융 및 보험업을 영위하는 자 제외)로서 원천징수관할세무서장으로부터 승인을 얻거나 국세청장이 정하는 바에 따라 지정을 받은 자는 원천징수한 소득세를 그 징수일이 속하는 반기의 마지막 달의 다음달 10일까지 납부할 수 있다.

㉗ 법인세법상 소득처분에 의한 배당 · 상여 및 기타소득은 법인에 소득금액변동통지서를 발송한 날에 지급하거나 회수된 것으로 본다.

㉘ 이자소득에 대한 원천징수세액이 ₩1,000 미만인 때에는 해당 소득세를 징수하지 않는다.

㉙ 외국법인이 발행한 채권에서 발생하는 이자소득을 거주자에게 지급하는 경우 국내에서 그 지급을 대리하거나 그 지급 권한을 위임 또는 위탁받은 자가 그 소득에 대한 소득세를 원천징수하여야 한다.

㉚ 주식의 소각으로 인한 의제배당에 대해서는 주식의 소각을 결정한 날에 그 소득을 지급한 것으로 보아 소득세를 원천징수한다.

㉛ 일용근로자의 근로소득에 대한 원천징수세율은 100분의 6으로 한다.

○	⑳	
○	㉑	
○	㉒	
○	㉓	
×	㉔	간이세액표에 따라 원천징수한다.
○	㉕	
○	㉖	
×	㉗	① 법인이 신고한 경우 : 법인세 신고일 또는 수정신고일 ② 결정 · 경정시 : 소득금액변동통지서를 받은 날
×	㉘	이자소득 및 사업소득 중 부가가치세가 면세되는 인적용역소득(3% 원천징수세율 적용분)을 제외한 소득에 대한 원천징수세액이 ₩1,000 미만인 때에는 해당 소득세를 징수하지 않는다.
○	㉙	
○	㉚	
○	㉛	

㉜ 법인이 합병한 경우에 합병으로 설립된 법인은 합병으로 소멸된 법인이 원천징수를 하여야 할 소득세를 납부하지 아니하면 그 소득세에 대한 납세의무를 진다.		㉜ ○
㉝ 연말정산 사업소득을 지급하는 원천징수의무자는 연말정산일이 속하는 달의 다음 달 말일까지 원천징수영수증을 해당 사업자에게 발급하여야 한다.		㉝ ○
㉞ 법령으로 정하는 봉사료에 대한 원천징수세율은 100분 10으로 한다.	법령으로 정하는 봉사료에 대한 원천징수세율은 100분 5로 한다.	㉞ ×
㉟ 무기명주식의 이익이나 배당에 대하여는 그 지급을 한 날 소득세를 원천징수한다.		㉟ ○
㊱ 출자공동사업자의 배당소득으로서 과세기간 종료일까지 지급하지 아니한 소득은 과세기간 종료일에 그 소득을 지급한 것으로 보아 소득세를 원천징수한다.	출자공동사업자의 배당소득으로서 과세기간 종료 후 3개월이 되는 날까지 지급하지 아니한 소득은 과세기간 종료 후 3개월이 되는 날에 그 소득을 지급한 것으로 보아 소득세를 원천징수한다.	㊱ ×
㊲ 반기별 납부 승인대상자가 법인세법에 의하여 처분된 상여에 대한 원천징수세액을 납부할 경우 그 납부기한은 징수일이 속하는 달의 다음 달 10일이다.	법인세법에 따른 결정 또는 경정으로 처분된 상여 · 배당 및 기타소득에 대한 원천징수세액은 반기별 납부가 허용되지 아니하므로 그 납부기한은 징수일이 속하는 달의 다음 달 10일이다.(옳은 설명)	㊲ ○
㊳ 7월 15일 퇴직한 직원의 퇴직소득을 해당 과세기간의 12월 31일까지 지급하지 않은 경우, 해당 과세기간의 12월 31일에 지급한 것으로 보아 소득세를 원천징수한다.		㊳ ○
㊴ 기타소득에 해당하는 소기업·소상공인 공제부금의 해지일시금은 소득금액의 15%를 원천징수한다.		㊴ ○
㊵ 근로소득자의 근무지가 변경됨에 따라 월급여액이 같은 고용주에 의하여 분할지급되는 경우의 소득세는 변경 전 · 후의 각 근무지별로 각각의 월급여액에 대하여 원천징수할 수 있다.	근로소득자의 근무지가 변경됨에 따라 월급여액이 같은 고용주에 의하여 분할지급되는 경우의 소득세는 변경된 근무지에서 그 월급여액 전액에 대하여 원천징수하여야 한다.	㊵ ×
㊶ 외국인 직업운동가가 한국표준산업분류에 따른 스포츠 클럽 운영업 중 프로스포츠구단과의 계약에 따라 용역을 제공하고 2026년 중에 받는 소득에 대해서는 계약기간에 상관없이 100분의 20의 세율을 적용하여 원천징수한다.		㊶ ○
㊷ 거주자의 양도소득은 원천징수대상이 아니다.		㊷ ○
㊸ 근로소득 중 법령으로 정하는 일용근로자의 근로소득의 경우에는 그 지급일이 속하는 달의 다음 달 말일(휴업, 폐업 또는 해산한 경우에는 휴업일, 폐업일 또는 해산일이 속하는 달의 다음 달 말일)까지 지급명세서를 제출하여야 한다.		㊸ ○

10 **법인의 대표자(등기임원)인 대주주가 법인이 보유하던 자산을 횡령하면서 그 사실을 감추기 위하여 매출을 일부 누락시켰으나, 이후 과세관청이 그 관련 법인세 등 부과처분을 한 사안과 관련하여 옳은 것은 ○표, 틀린 것은 ×표로 구분하시오.**

×	①	세무서장 또는 지방국세청장이 법인에게 소득금액변동통지서를 통지한 경우 통지하였다는 사실(소득금액 변동내용은 포함하지 아니한다)을 해당 주주 및 해당 상여나 기타소득의 처분을 받은 거주자에게 알려야 한다.	① 해당 사안과 관련하여 법인에게 소득금액변동통지서를 통지한 경우 통지하였다는 사실을 대표자에게 알려야 하며, 당해 내용에는 소득금액 변동내용이 포함되어 있어야 한다.
○	②		② 해당 사안의 경우 대표자에 대한 상여로 소득처분하는 것이 일반적이다.
○	③		③ 법인 소재지가 분명하고, 송달할 수 있는 경우라면, 소득처분되는 배당·상여 및 기타소득은 법인소득금액의 결정 또는 경정일로부터 15일 내에 소득금액변동통지서에 의하여 당해 법인에게 통지하여야 한다.
○	④		④ 소득세법은 횡령에 의하여 취득하는 금품을 기타소득으로 명시하여 규정하고 있지 않다.
○	⑤		⑤ 해당 사안의 경우 법인은 소득금액변동통지서를 받은 날 소득을 지급한 것으로 보아, 소득세를 원천징수하여야 한다.

Theme **과세표준 확정신고 · 납부**

11 다음의 설명 중 옳은 것은 ○표, 틀린 것은 ×표로 구분하시오.

문항	해설	정답
① 근로소득 및 퇴직소득만 있는 거주자는 해당 소득에 대하여 과세표준 확정신고를 하지 아니할 수 있다.		① ○
② 복식부기의무자가 재무상태표, 손익계산서, 합계잔액시산표 및 조정계산서를 제출하지 않은 경우에는 종합소득 과세표준확정신고를 하지 않은 것으로 본다.		② ○
③ 근로소득과 연말정산되는 사업소득만 있는 경우에는 종합소득 과세표준 확정신고를 하지 아니할 수 있다.	과세표준 확정신고를 하여야 한다. → 합산하여 초과누진세율적용	③ ×
④ 근로소득 및 공적연금소득만이 있는 자는 과세표준 확정신고를 하지 아니하여도 된다.	과세표준 확정신고를 하여야 한다. → 합산하여 초과누진세율적용	④ ×
⑤ 확정신고 자진납부할 세액이 2천만원을 초과하는 때에는 그 세액의 50% 이하의 금액을 납부기한 경과 후 2개월 이내에 분납할 수 있다.		⑤ ○
⑥ 과세표준확정신고를 하여야 할 거주자가 국외이주를 위하여 출국하는 경우에는 출국일이 속하는 과세기간의 과세표준을 출국일 전날까지 신고하여야 한다.		⑥ ○
⑦ 종합소득 과세표준확정신고기한이 지난 후에 세무서장이 법인세 과세표준을 경정하여 익금에 산입한 금액이 배당 등으로 처분됨으로써 소득금액에 변동이 발생함에 따라 종합소득 과세표준확정신고 의무가 없었던 자가 소득세를 추가 납부하여야 하는 경우, 해당 법인 등이 소득금액변동통지서를 받은 날이 속하는 달의 다음다음달 말일까지 추가신고한 때에는 확정신고기한까지 신고한 것으로 본다.		⑦ ○
⑧ 종합소득 · 퇴직소득 · 양도소득에 대한 소득세의 물납은 인정되지 않는다.		⑧ ○
⑨ 종합소득의 납부할 세액이 1천만원을 초과하는 경우에는 납부기한이 지난 후 2개월 이내에 분할납부할 수 있다.		⑨ ○
⑩ 수시부과 후 추가로 발생한 소득이 없을 경우에도 과세표준확정신고를 하여야 한다.	수시부과 후 추가로 발생한 소득이 없는 자는 과세표준확정신고의무가 없다.	⑩ ×

○ ⑪

⑪ 납세지 관할 세무서장 또는 지방국세청장은 거주자가 조세를 포탈할 우려가 있다고 인정되는 상당한 이유가 있는 경우에는 수시로 그 거주자에 대한 소득세를 부과할 수 있다.

× ⑫ 공적연금소득만 있는 거주자는 해당 소득에 대하여 과세표준확정신고를 하지 아니할 수 있다.

⑫ 공적연금소득만 있는 거주자는 해당 소득에 대해 과세표준확정신고를 해야 한다.

× ⑬ 해당 과세기간의 종합소득금액이 있는 거주자는 종합소득과세표준이 없는 경우에도 종합소득과세표준 확정신고를 하여야 한다.

⑬ 해당 과세기간의 종합소득금액이 있는 거주자가 종합소득과세표준이 없는 경우에는 종합소득과세표준 확정신고 의무가 없다.

× ⑭ 거주자로서 과세표준의 확정신고에 따라 납부할 세액이 1천 8백만원인 자는 8백만원을 납부기한이 지난 후 2개월 이내에 분납할 수 있다.[51)]

⑭ 거주자로서 과세표준의 확정신고에 따라 납부할 세액이 1천 8백만원인 자는 9백만원을 납부기한이 지난 후 90일 이내에 분납할 수 있다.

× ⑮ 해당 과세기간에 분리과세 주택임대소득이 있는 경우에도 확정신고는 하여야 한다.

⑮ 해당 과세기간에 분리과세 주택임대소득이 있는 경우에는 확정신고를 하지 아니한다.

○ ⑯

⑯ 분할납부에 관한 규정은 종합소득·퇴직소득은 물론 양도소득에 대한 소득세에도 적용하며, 확정신고시 자진납부할 세액은 물론 중간예납세액이나 예정신고세액에도 적용한다.

51) 자진납부할세액이 1천만원을 초과하는 경우 그 납부할 세액의 일부를 납부기한이 지난 후 2개월 이내에 분할납부할 수 있다.

구 분	분납가능한 세액
① 납부할세액이 2천만원 이하인 경우	1천만원을 초과하는 금액
② 납부할세액이 2천만원 초과하는 경우	그 납부할세액의 50% 이하의 금액

Theme 사업장현황신고

12 다음의 설명 중 옳은 것은 ○표, 틀린 것은 ×표로 구분하시오.

① 부가가치세가 면제되는 재화 또는 용역을 공급하는 개인사업자에 대하여는 사업장현황 신고의무가 면제된다.	부가가치세가 면제되는 재화 또는 용역을 공급하는 개인사업자는 사업장현황신고를 하여야 한다.	① ×
② 부가가치세법에 따라 적법하게 신고한 일반과세자는 해당 과세기간의 다음연도 2월 10일까지 사업장 현황을 관할세무서장에게 신고할 의무가 있다.	사업장 현황을 신고할 의무가 있는 자는 면세사업자이다.	② ×
③ 주로 소비자에게 용역을 제공하는 의료법에 따른 의료업을 행하는 사업자가 해당 과세기간의 다음 연도 2월 10일까지 사업장 현황신고를 하지 아니한 경우 사업장현황신고불성실가산세 적용대상이 된다.	의료업을 행하는 사업자는 면세사업자이므로 사업장현황신고의무가 있다.	③ ○
④ 부가가치세법에 따른 간이과세자가 각 과세기간의 부가가치세 과세표준과 납부세액을 신고한 경우에는 해당 사업장의 현황을 해당 과세기간의 다음 연도 2월 10일까지 사업장 소재지 관할세무서장에게 신고하여야 한다.	부가가치세법상 면세사업자는 다음 연도 2월 10일까지 사업장현황신고를 해야 한다.	④ ×
⑤ 독립된 자격으로 보험가입자의 모집 및 이에 부수되는 용역을 제공하고 그 실적에 따라 모집수당 등을 받는 자는 사업장 현황신고를 하지 아니할 수 있다.	52)	⑤ ○

52) 다음의 어느 하나에 해당하는 자는 사업장 현황신고를 하지 아니할 수 있다.
① 납세조합에 가입하여 수입금액을 신고한 자
② 독립된 자격으로 보험가입자의 모집 및 이에 부수되는 용역을 제공하고 그 실적에 따라 모집수당 등을 받는 자
③ 독립된 자격으로 일반 소비자를 대상으로 사업장을 개설하지 않고 음료품을 배달하는 계약배달 판매 용역을 제공하고 판매실적에 따라 판매수당 등을 받는 자
④ 그 밖에 위 ①~③까지의 규정에 해당하는 자와 유사한 자로서 기획재정부령으로 정하는 자

Theme 성실신고확인제도

13 다음의 설명 중 옳은 것은 ○표, 틀린 것은 ×표로 구분하시오.

답	해설	문제
○ ①		① 성실신고확인대상사업자가 그 과세기간의 다음 연도 6월 30일까지 성실신고확인서를 제출하지 아니한 경우 성실신고확인서 미제출 가산세 적용대상이 된다.
○ ②		② 성실신고 확인대상 사업자가 성실신고확인서를 제출하는 경우에는 종합소득과세표준 확정신고를 그 과세기간의 다음 연도 5월 1일부터 6월 30일까지 하여야 한다.
○ ③		③ 성실신고확인대상사업자로서 성실신고확인서를 제출한 자가 법령상 의료비를 지출한 경우 의료비세액공제를 적용받을 수 있다.
○ ④		④ 세무사가 성실신고확인대상사업자에 해당하는 경우에는 자신의 사업소득금액의 적정성에 대하여 해당 세무사가 성실신고확인서를 작성 · 제출해서는 아니된다.
○ ⑤		⑤ 납세지 관할 세무서장은 성실신고확인서에 미비한 사항이 있을 때에는 그 보정을 요구할 수 있다.
× ⑥	제조업을 영위하는 사업자의 해당 과세기간의 수입금액의 합계액이 7억 5천만원 이상인 경우 성실신고확인대상사업자에 해당한다.	⑥ 제조업을 영위하는 사업자의 해당 과세기간의 수입금액의 합계액이 5억원인 경우 성실신고확인대상사업자에 해당한다.

Theme 가산세

14 다음의 설명 중 옳은 것은 ○표, 틀린 것은 ×표로 구분하시오.

답	해설	문제
○ ①		① 거주자가 확정신고시 납부할 소득세를 납부하지 않거나 납부하여야 할 세액에 미달하게 납부한 경우 납부지연가산세를 부담한다.
○ ②		② 원천징수 등 납부지연가산세가 부과되는 경우에는 납부지연가산세를 적용하지 않는다.
○ ③		③ 무신고가산세와 장부의 기록 · 보관 불성실 가산세가 동시에 적용되는 경우에는 그 중 가산세액이 큰 가산세만을 적용한다.

Theme 결정 · 경정

15 다음의 설명 중 옳은 것은 ○표, 틀린 것은 ×표로 구분하시오.

① 종합소득 과세표준확정신고를 하여야 할 자가 그 신고를 하지 않은 경우에는 납세지 관할세무서장 또는 지방국세청장이 해당 거주자의 과세표준과 세액을 결정한다.

② 영업권(점포임차권 제외)의 대여 또는 양도로 인한 수입금액(기타소득에 해당)을 장부 등에 의하여 계산할 수 없는 경우, 그 수입금액은 상속세 및 증여세법에 의하여 장래의 경제적 이익 등을 고려하여 평가한 금액에 의한다.

③ 사업자의 수입금액을 장부 기타 증빙서류에 의하여 계산할 수 없는 경우, 국세청장이 정한 사업의 종류별 · 지역별로 정한 일정기간동안의 매출액과 부가가치액의 비율을 정한 부가가치율에 의하여 수입금액을 계산할 수 있다.

④ 소득금액을 추계조사결정하는 경우, 추계로 산정된 소득금액에서 기본공제, 추가공제 및 특별소득공제를 하여 과세표준을 계산한다.

⑤ 소득세법에 따라 총수입금액에 산입할 충당금이 있는 자에 대한 소득금액을 추계결정하는 때에는 추계결정에 따라 계산한 소득금액에 해당 과세기간의 총수입금액에 산입할 충당금을 가산하지 않는다.

⑥ 납세지 관할세무서장은 해당 과세기간의 과세표준과 세액을 결정하는 경우, 기장의 내용이 원자재사용량 · 전력사용량 기타 조업상황에 비추어 허위임이 명백하여 장부나 그 밖의 증명서류에 의하여 소득금액을 계산할 수 없는 때에는 소득금액을 추계조사결정할 수 있다.

⑦ 소득금액을 추계조사결정하는 경우 사업장현황신고불성실가산세의 적용대상자인 의료업을 영위하는 사업자는 직전 과세기간의 수입금액이 업종별로 법령에 정한 금액에 미달하더라도 기준경비율 적용 대상자에 해당한다.

⑧ 해당 과세기간에 신규로 세무사업을 개시한 사업자의 소득금액을 추계조사결정하는 경우에는 단순경비율을 적용한다.

해설	정답
	① ○
	② ○
	③ ○
추계시에는 종합소득공제를 배제하지 않는다.[53]	④ ○
해당 과세기간의 총수입금액에 산입할 충당금을 가산한다.	⑤ ×
	⑥ ○
의료보건용역을 제공하는 자(의사, 약사 등)는 단순경비율 적용을 배제한다.	⑦ ○
전문직 사업자는 수입금액에 관계없이 단순경비율 적용을 배제한다.[54]	⑧ ×

53) 종합소득공제의 배제

구 분	기본공제	표준세액공제
(1) 분리과세소득만 있는 경우	×	×
(2) 수시부과결정의 경우	150만원	×
(3) 증빙서류를 제출하지 않은 경우	150만원	○

54) 추계소득금액의 계산시 단순경비율법 적용대상자
다음의 어느 하나에 해당하는 사업자로서 해당 과세기간의 수입금액이 간편장부대상자 & 복식부기의무자 판정시 적용하는 업종별 기준금액에 미달하는 자
① 해당 과세기간에 신규로 사업을 개시한 사업자
② 직전 과세기간의 수입금액(결정 또는 경정으로 증가된 수입금액 포함)의 합계액이 단순경비율 & 기준경비율 적용대상자 판정시 적용하는 업종별 기준금액에 미달하는 사업자
* 수입금액에 관계없이 복식부기의무자가 되는 전문직사업자(회계사, 세무사 등)와 의료보건용역을 제공하는 자(의사, 약사 등)는 단순경비율 적용을 배제한다.

07 퇴직소득세의 계산

01 다음의 설명 중 옳은 것은 ○표, 틀린 것은 ×표로 구분하시오.

×	①	퇴직소득에 대해서도 외국납부세액공제가 적용된다.	① 거주자의 퇴직소득금액에 국외원천소득이 합산되어 있는 경우에는 외국납부세액공제 규정을 적용받을 수 없다.
×	②	근속연수를 합계한 월수에서 중복되는 기간의 월수를 공제하여 계산한다.	② 퇴직소득세 계산시 해당연도에 2회 이상 퇴직함으로 인하여 2 이상의 근무지로부터 받는 퇴직급여를 합산하여 퇴직소득에 대한 소득세를 계산하는 경우의 근속연수는 퇴직한 근무지의 근속연수를 합계한 월수에 의하여 계산한다.
×	③	종업원이 임원으로 취임하면서 실제로 퇴직금을 받는 경우(현실적인 퇴직) → 퇴직소득에 해당한다.	③ 종업원이 임원으로 취임하면서 퇴직금을 실제로 받는 경우, 동 퇴직금은 퇴직소득에 해당하지 아니한다.
×	④	퇴직급여를 실제로 받지 아니한 경우에는 현실적인 퇴직으로 보지 않는다.	④ 법인의 상근임원이 비상근임원이 된 경우 퇴직급여를 실제로 받지 아니한 경우에도 무조건 현실적인 퇴직으로 본다.
×	⑤	퇴직으로 인하여 지급받는 퇴직급여액을 퇴직한 날부터 60일 이내에 연금계좌로 입금하는 경우에는 퇴직소득에 대한 소득세를 연금외수령하기 전까지 원천징수하지 아니한다. 소득세가 이미 원천징수된 경우 해당 거주자는 원천징수세액에 대한 환급을 신청할 수 있다.	⑤ 거주자가 퇴직소득을 지급받은 날부터 90일이 되는 날에 연금계좌에 입금하는 경우, 해당 거주자는 퇴직소득의 원천징수세액에 대한 환급을 신청할 수 있다.
○	⑥		⑥ 근로자퇴직급여보장법에 따른 확정기여형퇴직연금 및 개인퇴직계좌에서 일시금을 중도인출하는 경우에는 퇴직소득에 대한 소득세를 원천징수한다.
○	⑦		⑦ 근로자퇴직급여보장법에 따라 연금을 수급하던 자가 연금계약의 중도해지 등으로 일시금을 지급하는 경우에는 퇴직소득에 대한 소득세를 원천징수한다.
×	⑧	국민연금법에 따라 받는 공적연금 일시금의 수입시기 → 지급받는 날(분할하여 지급받는 경우에는 최초로 지급받는 날)	⑧ 국민연금법에 따라 받는 공적연금 일시금의 수입시기는 퇴직을 한 날로 한다.
×	⑨	종업원이 임원이 된 경우 퇴직급여를 실제로 받지 아니한 경우는 퇴직으로 보지 않을 수 있다.	⑨ 종업원이 임원이 된 경우에는 퇴직급여를 실제로 받지 않아도 퇴직으로 보아야 한다.

⑩ 공적연금 관련법에 따라 2002년 1월 1일 이후에 납입된 연금기여금 및 사용자 부담금을 기초로 하거나 2002년 1월 1일 이후 근로의 제공을 기초로 하여 받은 일시금은 퇴직소득에 해당한다.

⑩ ○

⑪ 과학기술인공제회법 제16조제1항제3호에 따라 지급받는 과학기술발전 장려금은 퇴직소득에 해당하지 않는다.

과학기술인공제회법 제16조제1항 제3호에 따라 지급받는 과학기술발전장려금은 퇴직소득에 해당한다.

⑪ ×

⑫ 한국교직원공제회법에 따라 설립된 한국교직원공제회로부터 지급받는 초과반환금은 퇴직소득으로 과세된다.

직장공제회초과반환금 → 이자소득

⑫ ×

⑬ 퇴직소득에 대한 총수입금액의 수입시기는 퇴직금을 실제로 지급한 날로 한다.

퇴직소득의 수입시기 → 현실적으로 퇴직한 날

⑬ ×

⑭ 종교관련종사자가 현실적인 퇴직을 원인으로 종교단체로부터 지급받는 소득은 퇴직소득에 해당한다.

⑭ ○

⑮ 계속근로기간 중에 근로자퇴직급여보장법에 따라 퇴직연금제도가 폐지되어 퇴직급여를 미리 지급받는 경우에도 그 지급받은 날에 퇴직한 것으로 보지 않는다.

계속근로기간 중에 근로자퇴직급여 보장법에 따라 퇴직연금제도가 폐지되어 퇴직급여를 미리 지급받는 경우(퇴직소득중간지급)에는 그 지급받은 날에 퇴직한 것으로 본다.

⑮ ×

⑯ 거주자의 퇴직소득금액에 국외원천소득이 합산되어 있는 경우로서 외국에서 납부한 외국소득세액이 퇴직소득산출세액에서 공제할 수 있는 한도금액을 초과하는 경우 그 초과하는 금액은 이월공제기간으로 이월하여 그 이월된 과세기간의 공제한도금액 내에서 공제받을 수 있다.

거주자의 퇴직소득금액에 국외원천소득이 합산되어 있는 경우로서 외국에서 납부한 외국소득세액이 퇴직소득산출세액에서 공제할 수 있는 한도금액을 초과하는 경우 그 초과하는 금액은 이월되지 않는다.

⑯ ×

⑰ 국민연금법에 따라 받는 일시금으로써 2001년 12월 31일 이전에 납입된 연금 기여금 및 사용자부담금을 기초로 하여 받은 일시금은 퇴직소득에 해당한다.

국민연금법에 따라 받는 일시금으로써 2002년 1월 1일 이후에 납입된 연금 기여금 및 사용자 부담금을 기초로 하거나 2002년 1월 1일 이후 근로의 제공을 기초로 하여 받은 일시금은 퇴직소득에 해당한다.

⑰ ×

⑱ 거주자가 출자관계에 있는 법인으로의 전출이 이루어졌으나 퇴직급여를 실제로 받지 않은 경우는 퇴직으로 보지 않을 수 있다.

⑱ ○

⑲ 임원인 근로소득자가 계속근로기간 중에 근로자퇴직급여 보장법의 퇴직금 중간정산 사유에 해당하여 퇴직급여를 미리 지급받은 경우에는 그 지급받은 날에 퇴직한 것으로 본다.

⑲ ○

⑳ 외국기관 또는 우리나라에 주둔하는 국제연합군(미군은 제외함)으로부터 받은 근로소득이 있는 사람이 퇴직함으로써 받는 퇴직소득은 원천징수하지 않는다.

⑳ ○

08 양도소득세의 계산과 납세절차

Theme 양도소득의 범위

01 다음의 사항들을 양도소득으로 과세되는 것은 ○표, 양도소득으로 과세되지 않는 것은 ×표로 구분하시오.

정답	번호	해설	문제
○	①	토지상환채권(부동산을 취득할 수 있는 권리)	① 한국토지공사가 발행하는 토지상환채권을 양도하는 경우
×	②	법원의 확정판결에 의한 신탁해지를 원인으로 하는 소유권이전등기 등은 양도로 보지 아니한다.	② 법원의 확정판결에 의하여 신탁해지를 원인으로 소유권이전등기를 하는 경우
○	③		③ 이혼 위자료로 부동산을 배우자에게 양도하는 경우
○	④		④ 공유토지의 지분권을 양도한 경우
○	⑤		⑤ 건물을 처남에게 부담부증여한 경우
×	⑥	소유자산을 경매·공매로 인하여 자기가 재취득하는 경우에는 양도로 보지 아니한다.	⑥ 소유자산을 경매·공매로 인하여 자기가 재취득하는 경우
○	⑦		⑦ 부동산매매계약을 체결한 자가 계약금만 지급한 상태에서 권리를 양도한 경우
○	⑧		⑧ 손해배상에 있어서 당사자간의 합의에 의하여 일정액의 위자료를 지급하기로 하고 동 위자료 지급에 갈음하여 당사자 일방이 소유하고 있던 부동산으로 대물변제한 경우
×	⑨	재산분할청구에 의한 소유권 이전은 양도에 해당하지 않는다.	⑨ 법원의 판결에 따른 재산분할에 의하여 배우자에게 혼인 중에 형성된 부부공동재산인 토지의 소유권을 이전한 경우
×	⑩	사업용 기계를 처분하는 경우의 처분손익은 복식부기의무자는 사업소득으로 과세되며, 그 외의 경우에는 비열거소득으로 과세되지 않는다.	⑩ 사업자인 거주자가 사업용으로 사용하던 기계장치를 처분한 경우
×	⑪	건설업자가 아파트를 신축하여 판매한 경우 사업소득으로 과세된다.	⑪ 건설업을 영위하는 사업자인 거주자가 아파트를 신축하여 판매한 경우
×	⑫	양도담보는 형식상 소유권이 이전되나 실질이 채권담보이므로 양도로 보지 않는다.	⑫ 골프회원권을 채권자에게 양도담보로 제공한 경우
×	⑬	자산의 무상이전의 경우 증여에 해당하므로 증여세 과세대상이다.	⑬ 자녀에게 본인 소유의 토지를 무상으로 이전한 경우

02 다음의 설명 중 옳은 것은 ○표, 틀린 것은 ×표로 구분하시오.

문제	해설	정답
① 거주자가 토지를 내국법인에 현물출자하고 그 대가로 내국법인의 주식을 받는 경우에는 이를 양도로 보지 아니한다.	현물출자도 자산이 유상으로 사실상 이전되는 것이므로 양도에 해당한다.	① ×
② 가액을 별도로 평가하지 않고 토지 · 건물과 함께 양도하는 이축권(개발제한구역 내의 건축물을 법에 따른 취락지구 등으로 이축할 수 있는 권리)의 양도로 발생하는 소득은 양도소득세 과세대상에 해당한다.		② ○
③ 사업용자산인 토지와 함께 영업권을 양도함으로써 발생하는 소득은 양도소득에 해당한다.		③ ○
④ 양도담보 계약을 체결한 후 채무불이행으로 인하여 양도담보 자산을 변제에 충당한 때에는 그 때에 이를 양도한 것으로 본다.		④ ○
⑤ 도시개발법에 따른 환지처분으로 지목 또는 지번이 변경되거나 보류지(공공용지 또는 체비지로 사용하기 위해 보류한 토지)로 충당되는 경우 양도소득세의 과세대상이 되는 양도에 해당한다.	도시재개발사업을 지원을 위해 양도로 보지 않는다.	⑤ ×
⑥ 유가증권시장에 상장된 법인의 주식(직전사업연도 종료일 현재의 최종시세가액 : 53억원)을 2년간 계속 보유해 온 주주가 해당 주식 전부를 유가증권시장에서 양도하는 경우 해당 주식은 양도소득세의 과세대상이 아니다.	대주주(시가총액이 50억원 이상인 주주)의 상장주식의 양도는 양도소득세 과세대상이다.	⑥ ×
⑦ 대주주가 양도하는 주권상장법인 주식의 양도차익에 대하여는 양도소득세가 과세되지 아니한다.	대주주가 양도하는 주권상장법인의 주식의 양도차익은 양도소득세 과세대상이다.	⑦ ×
⑧ 시설물을 배타적으로 이용할 수 있도록 약정한 단체의 구성원이 된 자에게 부여되는 시설물 이용권의 양도로 발생하는 소득은 양도소득에 해당하지 아니한다.	특정시설물이용권의 양도로 발생하는 소득은 양도소득에 해당한다.	⑧ ×
⑨ 양도란 자산에 대한 등기 또는 등록과 관계없이 매도, 교환, 법인에 대한 현물출자 등으로 인하여 그 자산이 유상 또는 무상으로 사실상 이전되는 것을 말한다.	자산이 유상(무상×)으로 사실상 이전되는 것을 말한다.	⑨ ×
⑩ 취득시기 및 양도시기는 해당 자산의 대금을 청산한 날로 함을 원칙으로 하되, 대금을 청산한 날이 불분명한 경우에는 인도일 또는 사용수익일 중 빠른 날로 한다.	대금을 청산한 날이 불분명한 경우의 양도 및 취득시기 → 등기접수일(주식의 경우에는 명의개서일)	⑩ ×
⑪ 장기할부조건의 매매인 경우 해당 자산의 취득시기 또는 양도시기는 장기할부조건에 따라 대가의 각 부분을 받기로 한 날로 한다.	• 장기할부조건의 매매 소유권이전등기(등록 · 명의개서)접수일 또는 사용수익일 중 빠른 날	⑪ ×
⑫ 양도담보계약에 따라 소유권을 이전하는 경우라 하더라도 법정요건을 갖춘 경우에는 양도로 보지 아니하나, 채무불이행으로 인하여 담보 자산을 변제에 충당한 때에는 양도한 것으로 본다.		⑫ ○
⑬ 지역권의 양도로 발생하는 소득은 양도소득세 과세대상에 해당한다.	지상권은 양도가능하나, 지역권은 양도가 불가능한 물권에 해당한다.	⑬ ×

Theme 비과세 양도소득

03 다음의 설명 중 옳은 것은 ○표, 틀린 것은 ×표로 구분하시오.

정답	해설	문제
○ ①		① 1세대 1주택의 판정에 있어 다가구주택은 한 가구가 독립하여 거주할 수 있도록 구획된 부분을 각각 하나의 주택으로 보나, 해당 다가구주택을 하나의 매매단위로 1인에게 양도하거나 1인으로부터 취득하는 경우 단독주택으로 본다.
× ②	4년 + 2년 = 6년 → 건설임대주택은 임차일부터 양도일까지의 거주기간이 5년 이상인 경우에는 보유기간의 제한을 받지 않고 비과세된다.	② 31세의 미혼남성이 4년 동안 임차하여 거주한 건설임대주택을 취득하여 2년간 거주하고 처분하여 발생한 양도소득은 양도소득세가 과세된다.
○ ③		③ 지정문화재에 해당하는 주택과 그 밖의 주택을 국내에 각각 1개씩 소유하고 있는 1세대가 그 밖의 주택을 양도하는 경우에는 국내에 1개의 주택을 소유하고 있는 것으로 본다.
× ④	1년 이상의 치료나 요양을 필요로 하는 질병의 치료 또는 요양을 위하여 세대전원이 다른 시·군으로 이전하는 경우 → 1년 이상 거주한 주택을 양도하는 경우 비과세된다.	④ 거주자가 고가주택이 아닌 1세대 1주택을 취득 후 6개월간 거주하고 1년 이상의 치료나 요양을 필요로 하는 질병의 치료 또는 요양을 위하여 세대전원이 다른 시·군으로 이전하면서 해당 주택을 양도하는 경우 비과세된다.
○ ⑤		⑤ 해외이주 또는 1년 이상 국외거주를 필요로 하는 취학·근무상 형편으로 세대 전원이 출국하는 경우 출국일로부터 2년 이내에 양도하는 경우에는 보유기간의 제한을 받지 아니하고 비과세된다.
× ⑥	기준 중위소득을 12개월로 환산한 금액의 40% 이상의 소득이 있는 20대의 미혼여성은 1세대로 보므로 1세대 1주택 비과세요건을 충족한다.	⑥ 기준 중위소득을 12개월로 환산한 금액의 40% 이상의 근로소득금액이 있는 20대의 미혼여성이 3년간 보유한 1주택의 양도소득은 양도소득세가 과세된다.
○ ⑦	주택취득 → 1년 이상 지난후 조합원입주권 취득 → 3년 이내 주택 양도한 경우이므로 비과세된다.55)	⑦ 조합원입주권을 취득하고 6개월이 지난 후에 당초 보유주택(4년 보유)을 양도함에 따라 발생한 양도소득은 양도소득세가 비과세된다.
× ⑧	주택의 면적과 상가의 면적이 같은 경우 주택(1세대 1주택 비과세 요건 충족)부분만 비과세되며, 상가부분은 비과세되지 않는다.	⑧ 주택의 면적과 상가의 면적이 같은 겸용주택(1세대 1주택 비과세요건 충족)의 처분으로 인한 양도소득은 전액 비과세된다.

55) 1세대가 주택과 조합원입주권 또는 분양권을 보유하다가 그 주택을 양도하는 경우 비과세 여부

구 분	내 용	비 고
1. 원칙	비과세×	1세대 1주택으로 보지 않는다.
2. 예외	비과세○	재건축사업 또는 재개발사업, 소규모재건축사업의 시행기간 중 거주를 위하여 주택을 취득하는 경우나 그 밖의 부득이한 사유로서 일정한 경우*에는 비과세한다.

* 국내에 1주택을 소유한 1세대가 그 주택(종전의 주택)을 양도하기 전에 조합원입주권을 취득함으로써 일시적으로 1주택과 1조합원입주권을 소유하게 된 경우 종전의 주택을 취득한 날부터 1년 이상이 지난 후에 조합원입주권을 취득하고 그 조합원입주권을 취득한 날부터 3년 이내에 종전의 주택을 양도하는 경우(3년 이내에 양도하지 못하는 경우로서 기획재정부령으로 정하는 사유에 해당하는 경우 포함)에는 이를 1세대 1주택으로 보아 비과세한다.

⑨ 상속받은 주택으로서 상속인과 피상속인이 상속개시 당시 동일세대인 경우에는 상속개시 전에 피상속인이 보유한 기간과 동일세대로서 상속인과 함께 보유한 기간을 통산하여 1세대 1주택 비과세 규정을 적용한다.

상속인(피상속인×)이 보유한 기간과 상속개시전에 상속인과 피상속인이 동일세대로서 보유한 기간을 통산한다.

⑨ ×

⑩ 1세대 1주택 비과세 규정을 적용함에 있어서 2개 이상의 주택을 같은 날에 양도하는 경우에는 양도 주택 중 실지거래가액이 가장 큰 주택을 먼저 양도한 것으로 본다.

2개 이상의 주택을 같은 날에 양도하는 경우에는 해당 거주자가 선택하는 순서에 따른다.

⑩ ×

⑪ 주택의 면적이 주택 외의 다른 건물의 면적보다 큰 겸용주택이 고가주택에 해당하는지의 여부는 주택 외의 다른 면적(이에 부수되는 토지를 포함한다)의 실지거래가액까지 포함하여 이를 판단한다.

• 비과세규정 적용시[56)]
① 주택 연면적 〉 주택외 연면적
→ 전부주택
② 주택 연면적 ≤ 주택외 연면적
→ 주택만 주택

⑪ ○

⑫ 1주택을 보유하고 1세대를 구성하는 자가 70세의 아버지를 동거봉양하기 위하여 세대를 합침으로써 1세대가 2주택을 보유하게 되는 경우, 세대를 합친 날로부터 10년 이내에 양도하는 종전 아버지 소유였던 주택에 한하여 이를 1세대 1주택으로 보아 비과세 규정을 적용한다.

세대를 합친 날부터 10년 이내에 먼저 양도하는 주택에 대하여 1세대 1주택 비과세 규정을 적용한다.

⑫ ×

⑬ 1세대를 구성하려면 배우자가 있어야 하는 것이 원칙이지만 해당 거주자의 종합소득 · 퇴직소득 · 양도소득이 국민기초생활보장법의 최저생계비 수준 이상이면 배우자가 없어도 1세대 구성이 가능하다.

국민기초생활 보장법에 따른 기준 중위소득을 12개월로 환산한 금액의 40% 이상(최저생계비×)[57)]

⑬ ×

⑭ 고가주택의 경우에는 1세대 1주택이라 하더라도 양도소득세가 과세된다.

⑭ ○

⑮ 양도소득세가 비과세되는 1세대 1주택이란 1세대가 양도일 현재 국내에 1주택을 보유하고 있는 경우로서 해당 주택의 보유기간이 3년 이상인 것을 말한다.

양도소득세가 비과세되는 1세대 1주택의 보유기간은 2년 이상으로 한다. 다만, 비거주자가 그 주택에서 거주한 상태로 거주자로 전환된 경우에는 3년 이상으로 한다.

⑮ ×

⑯ 법령이 정하는 다가구주택을 가구별로 분양하지 아니하고 그 다가구주택을 하나의 매매단가로 하여 1인에게 양도하는 경우에는 이를 각각 하나의 주택으로 보아 비과세 여부를 적용한다.

다가구주택을 가구별로 분양하지 아니하고 하나의 매매단가로 하여 1인에게 양도하는 경우에는 그 전체를 하나의 주택으로 본다.

⑯ ×

⑰ 토지를 매매하는 거래당사자가 매매계약서의 거래가액을 실지거래가액과 다르게 적은 경우에는 해당 자산에 대하여, 소득세법에 따른 양도소득세의 비과세에 관한 규정을 적용할 때 비과세 받을 세액에서 비과세에 관한 규정을 적용하지 않았을 경우의 양도소득 산출세액과 매매계약서의 거래가액과 실지거래가액과의 차액 중 큰 금액을 뺀다.

• 비과세 차감액 = Min[①, ②]
① 비과세 규정을 적용하지 않았을 경우의 양도소득세 산출세액
② 매매계약서의 거래가액 – 실지거래가액
(큰 금액× → 적은 금액○)

⑰ ×

---

56) 비과세규정 적용시와 양도차익 등 계산시 규정이 다르므로 주의해야 한다.

구분	1세대 1주택 비과세 규정	1세대 1주택 고가주택의 양도차익 및 장기보유특별공제액 계산
① 주택 연면적 ＞ 주택외 연면적	전부를 주택으로 봄	주택부분만 주택으로 봄
② 주택 연면적 ≤ 주택외 연면적	주택부분만 주택으로 봄	주택부분만 주택으로 봄

57) 해당 거주자의 종합소득 · 퇴직소득 · 양도소득이 국민기초생활 보장법에 따른 기준 중위소득을 12개월로 환산한 금액의 40% 이상으로서 소유하고 있는 주택 또는 토지를 관리 · 유지하면서 독립된 생계를 유지할 수 있는 경우에는 배우자가 없어도 1세대 구성이 가능하다. 다만, 미성년자는 소득이 있어도 1세대로 보지 아니하나, 미성년자의 결혼 · 가족의 사망으로 1세대의 구성이 불가피한 경우에는 그러하지 아니하다.

× ⑱	파산선고에 의한 처분으로 발생하는 소득은 비과세 양도소득이다.	⑱ 파산선고에 의한 처분으로 발생하는 소득은 양도소득세가 과세된다.
○ ⑲	국가가 시행하는 사업으로 인하여 교환하는 농지로서 교환하는 쌍방 토지가액의 차액이 가액이 큰 편의 5분의 1인 농지(즉, 큰편의 4분의 1 이하에 해당함)의 교환으로 발생하는 소득은 양도소득세가 비과세 된다. → 옳은 지문	⑲ 국가가 시행하는 사업으로 인하여 교환하는 농지로서 교환하는 쌍방 토지가액의 차액이 가액이 큰 편의 5분의 1인 농지의 교환으로 발생하는 소득은 양도소득세가 비과세된다.

Theme 과세표준 및 세액의 계산

04 다음의 설명 중 옳은 것은 ○표, 틀린 것은 ×표로 구분하시오.

× ①	양도소득기본공제는 그룹별로 250만원을 적용한다. 부동산에 관한 권리의 양도소득금액과 토지의 양도소득금액은 동일 그룹에 해당하므로 각각 적용받을 수 없다.	① 해당 과세기간 중에 부동산에 관한 권리와 토지를 양도한 경우에는 부동산에 관한 권리의 양도소득금액과 토지의 양도소득금액 각각에 대하여 연 250만원의 양도소득기본공제를 적용받을 수 있다.
○ ②		② 주권상장법인이 아닌 법인의 주식 양도의 경우 해당 법인이 양도소득 과세표준 확정신고기한 이내에 청산절차가 진행 중이면 기준시가는 1주당 순자산가치에 의한다.
○ ③		③ 지상권, 전세권, 등기된 부동산임차권에 대하여는 보유기간에 관계없이 장기보유특별공제를 적용하지 않는다.
× ④	3주택 이상을 소유한 1세대가 주택을 양도하는 경우 장기보유특별공제와 양도소득기본공제를 적용받을 수 있다.	④ 3주택 이상을 소유한 1세대가 주택을 양도하는 경우 양도소득기본공제의 적용이 배제된다.
× ⑤	양도당시의 실지거래가액, 매매사례가액 및 감정가액이 확인되지 않는 경우 → 양도가액 기준시가 → 취가액 기준시가	⑤ 미등기양도자산에 있어서 취득당시의 실지거래가액은 확인되나 양도당시의 실지거래가액 · 매매사례가액 또는 감정가액 중의 어느 것도 알 수 없는 때에는 양도가액은 환산가액에 의하고, 취득가액은 실지거래가액에 의하여 양도차익을 추계 결정한다.
× ⑥	다음을 순차로 적용 ① 매매사례가액 ② 감정가액 ③ 환산가액	⑥ 토지의 취득 당시의 실지거래가액을 확인할 수 없는 경우에는 매매사례가액, 환산가액, 감정가액을 순차로 적용하여 산정한 가액을 취득가액으로 한다.
× ⑦	토지와 주식은 동일 그룹이 아니므로 주식의 양도차손을 토지의 양도소득금액에서 공제할 수 없다.	⑦ 동일한 과세기간에 주식과 토지를 양도함으로써 주식에서 양도차손이 발생하고 토지에서 양도차익이 발생하였다면 주식의 양도차손을 토지의 양도소득금액에서 공제한다.
× ⑧	1주당 순손익가치와 1주당순자산가치를 각각 2와 3의 비율로 가중평균한 가액으로 한다.	⑧ 부동산과다보유법인이면서 주권상장법인이 아닌 법인의 주식 양도의 경우 기준시가는 1주당 순손익가치와 1주당 순자산가치를 각각 3과 2의 비율로 가중평균한 가액으로 한다.

문제	해설	정답
⑨ 양도소득세 과세대상 주식의 양도시 1주당 순손익가치는 최근 3년간 1주당 순손익액의 가중평균액을 순순익가치환원률로 나누어 평가한 가액으로 한다.	1주당 순손익가치 계산시 1주당 순손익액은 양도일 또는 취득일이 속한 사업연도의 직전 사업연도의 1주당 순손익액에 의하여 평가한 가액에 의한다.[58]	⑨ ×
⑩ 1주당 순자산가치는 양도일 또는 취득일이 속하는 사업연도의 직전 사업연도 종료일 현재 해당 법인의 장부가액(토지와 건물의 경우 기준시가)을 발행주식총수로 나누어 평가한 가액으로 한다.	1주당 순자산가치 계산시 순자산가액은 양도일 또는 취득일이 속한 사업연도의 직전 사업연도 종료일 현재 해당 법인의 장부가액(토지의 경우에는 기준시가) 및 발행주식총수에 의한다.(건물×)	⑩ ×
⑪ 납세지 관할세무서장이 양도소득과세표준과 세액을 결정 또는 경정함에 있어서 주권상장법인 주식의 양도가액이 불분명한 경우에는 양도일의 종가에 의해 양도가액을 계산한다.	주권상장주식은 매매사례가액과 감정가액의 적용이 배제되므로 기준시가(양도일 이전 1개월 종가평균)에 의해 양도가액을 계산한다.	⑪ ×
⑫ 보유기간이 3년 이상인 토지 · 건물 및 부동산에 관한 권리의 양도에 한하여 장기보유특별공제를 적용한다.	장기보유특별공제는 토지와 건물 및 법 소정의 조합원입주권에 대해서만 적용된다.(부동산에 관한 권리에 대해서는 적용되지 않는다.)	⑫ ×
⑬ 거주자가 3년 이상 보유한 비사업용 토지를 양도한 경우 장기보유특별공제액을 양도차익에서 공제할 수 있으며, 또한 양도소득기본공제액을 양도소득금액에서 공제할 수 있다.		⑬ ○
⑭ 장기할부조건으로 매입한 자산을 현재가치로 평가하여 보유기간 중 현재가치할인차금상각액을 사업소득금액 계산시 필요경비에 산입한 경우, 동 자산의 양도시 필요경비에 산입되는 취득가액에는 현재가치할인차금이 포함된다.	사업소득금액 계산시 필요경비에 산입한 현재가치할인차금상각액은 취득가액에서 공제한다.	⑭ ×
⑮ 장기보유특별공제를 적용받기 위한 최소한의 보유기간요건은 5년이다.	장기보유특별공제를 받기 위한 최소한의 보유기간은 3년이다.	⑮ ×
⑯ 양도소득금액은 양도차익에서 장기보유특별공제 및 양도소득기본공제를 차감하여 산출한다.	양도소득금액은 양도차익에서 장기보유특별공제를 차감하여 산출한다. → 양도소득기본공제×	⑯ ×
⑰ 거주자 을이 양도소득세 과세대상인 국내 토지와 국내 주식, 국외 토지와 국외 주식을 해당 과세기간 중에 처분하였으며, 동 자산 모두가 양도소득기본공제의 적용요건을 충족하는 경우 양도소득기본공제는 최대 750만원까지 가능하다.	① + ② + ③ = 750만원 ① 국내 토지 : 250만원 ② 국내 · 외 주식 : 250만원 ③ 국외 토지 : 250만원	⑰ ○
⑱ 양도소득세의 세율 중 최고세율은 80%이다.	양도소득세의 최고세율은 70%(미등기자산양도)이다.	⑱ ×

58) 양도소득세와 상속세 및 증여세에 대한 규정이 다르므로 주의해야 한다.

구분	내용
① 양도소득세	1주당 순손익가치 = $\dfrac{\text{양도일 또는 취득일이 속하는 사업연도의 직전 사업연도의 1주당 순손익액}}{\text{기획재정부장관이 정하여 고시하는 이자율(10\%)}}$
② 상속세 및 증여세	1주당 순손익가치 = $\dfrac{\text{1주당 최근 3년간 순손익액의 가중평균액}}{\text{기획재정부령으로 정하는 이자율(10\%)}}$

○	⑲		⑲ 양도차익 계산시 양도가액을 매매사례가액으로 하는 경우 취득가액을 실지거래가액에 따를 수 있다.
○	⑳		⑳ 법인세법에 따른 특수관계인으로부터 부동산을 취득한 경우 거주자의 상여로 처분된 금액이 있으면 그 상여로 처분된 금액을 취득가액에 더한다.
×	㉑	토지의 양도와 지상권의 양도는 동일 그룹에 해당하므로 공제 가능하다.[59]	㉑ 토지의 양도로 발생한 양도차손은 지상권의 양도로 발생한 양도소득금액에서 공제될 수 없다.
○	㉒		㉒ 양도소득금액을 계산할 때 양도차손이 발생한 자산이 있는 경우에는 각 그룹별로 해당 자산 외의 다른 자산에서 발생한 양도소득금액에서 그 양도차손을 공제하되, 이때 양도차손이 발생한 자산과 같은 세율을 적용받는 자산의 양도소득금액에서 먼저 공제한다.
○	㉓		㉓ 양도소득세 과세대상이 되는 거래가 단순한 교환인 경우는 실지거래가액을 확인할 수 없는 경우에 해당한다.
×	㉔	특수관계법인 외의 자에게 고가양도한 경우로서 상속세 및 증여세법상 증여재산가액으로 하는 금액이 있는 경우 그 양도가액에서 증여재산가액을 뺀 금액을 실지거래가액으로 한다.	㉔ 법인세법에 따른 특수관계인에 해당하는 법인 외의 자에게 부동산을 시가보다 높은 가격으로 양도하는 경우로서 상속세 및 증여세법에 따라 해당 거주자의 증여재산가액으로 하는 금액이 있는 경우 그 부동산의 시가를 실지양도가액으로 본다.
○	㉕		㉕ 취득일로부터 3년이 지난 후에 취득 당시로 소급하여 한 감정에 의하여 평가한 가액은 취득 당시의 실지거래가액을 대체할 수 있는 감정가액에 해당하지 않는다.
×	㉖	취득에 관한 쟁송이 있는 자산에 대하여 그 소유권 등을 확보하기 위하여 직접 소요된 소송비용 · 화해비용 등의 금액(그 지출한 연도의 각 소득금액의 계산에 있어서 필요경비에 산입된 것을 제외한 금액)은 취득가액에 포함하여 양도차익 계산시 공제된다.	㉖ 취득에 관한 쟁송이 있는 자산에 대하여 그 소유권을 확보하기 위하여 직접 소요된 소송비용으로서 그 지출한 연도의 각 종합소득금액의 계산에 있어서 필요경비에 산입된 것은 양도차익 계산시 공제된다.

59) 양도자산별 양도차손이 발생한 경우 동일 그룹내에서 동일한 세율을 적용받는 자산의 양도소득금액에서 공제하고, 잔액이 남을 경우 동일그룹 내의 다른 세율을 적용받는 자산의 양도소득금액의 비율로 안분하여 공제한다.

Theme **양도소득금액 계산의 특례**

05 다음의 설명 중 옳은 것은 ○표, 틀린 것은 ×표로 구분하시오.

① 양도소득의 부당행위계산은 거주자의 행위 또는 계산이 그 거주자와 특수관계에 있는 자와의 거래로 인하여 해당 소득에 대한 조세의 부담을 부당하게 감소시킨 것으로 인정되는 경우로서 시가와 거래가액의 차액이 3억원 이상이거나 시가의 100분의 5에 상당하는 금액 이상인 경우에 한하여 적용된다.

② 거주자가 양도일로부터 소급하여 1년 전에 그의 아버지로부터 증여받은 토지를 양도함에 따라 그 양도차익을 계산할 때, 취득가액은 원칙적으로 그 아버지의 취득 당시를 기준으로 계산한다.

③ 거주자가 양도일로부터 소급하여 10년(2022년 12월 31일 이전 증여분은 5년) 이내에 그 배우자 및 직계존비속으로부터 증여받은 건물의 양도차익을 계산함에 있어서 취득가액은 해당 자산을 증여한 배우자 및 직계존비속의 취득당시를 기준으로 계산한다.

④ 거주자가 특수관계인에게 건물을 증여한 후 그 건물을 증여받은 자가 그 증여일부터 10년(2022년 12월 31일 이전 증여분은 5년) 이내에 다시 타인에게 양도하여 증여자가 그 건물을 직접 양도한 것으로 보는 경우 그 양도소득에 대해서는 증여자가 납세의무를 지며 증여받은 자는 납세의무를 지지 아니한다.

① ○

② ○

③ ○

④ × 거주자가 특수관계인에게 건물을 증여한 후 그 건물을 증여받은 자가 그 증여일부터 10년(2022년 12월 31일 이전 증여분은 5년) 이내에 다시 타인에게 양도하여 증여자가 그 건물을 직접 양도한 것으로 보는 경우 그 양도소득에 대하여는 증여자와 증여받은 자가 연대하여 납세의무를 진다.

Theme 납세절차

06 다음의 설명 중 옳은 것은 ○표, 틀린 것은 ×표로 구분하시오.

정답	번호	해설	문제
○	①	국내주식 및 출자지분 → 양도일이 속하는 반기의 말일부터 2개월	① 2026년 3월 20일에 국내 비상장주식을 양도한 거주자는 2026년 8월 31일까지 양도소득과세표준 예정신고를 하여야 한다.
○	②		② 고가주택을 포함하여 1세대 2주택을 보유한 자가 2026년 1월 중 고가주택인 주택 1채를 양도하였을 경우 양도소득예정신고·납부기한은 2026년 3월말까지이며, 2026년 3월말까지 신고·납부하지 않은 경우에는 신고불성실가산세 및 납부지연가산세가 부과된다.
×	③	예정신고를 하지 않은 경우 국세기본법에 따라 신고불성실가산세와 납부지연가산세를 부담해야 한다.	③ 양도소득세 과세대상이 되는 부동산을 양도한 거주자가 양도일이 속하는 달의 말일부터 2개월 이내에 양도소득 과세표준 예정신고를 하지 않더라도 예정신고의 미이행에 따른 가산세를 부담하지 않는다.
×	④	양도소득세액이 2천만원을 초과하는 거주자는 그 납부할 세액(초과세액×)의 100분의 50 이하의 금액을 분할납부할 수 있다.	④ 확정신고에 따라 납부할 양도소득세액이 2천만원을 초과하는 거주자는 그 초과세액의 100분의 50이하의 금액을 납부기한이 지난 후 2개월 이내에 분할납부할 수 있다.
×	⑤	양도소득세 과세대상인 신탁 수익권을 양도한 경우 양도일이 속하는 달의 말일부터 2개월 이내에 양도소득과세표준을 신고해야 한다.60)	⑤ 양도소득세 과세대상인 신탁 수익권을 양도한 경우 양도일이 속하는 반기의 말일부터 2개월 이내에 양도소득과세표준을 신고해야 한다.
×	⑥	해당 연도에 누진세율적용대상자산에 대한 예정신고를 2회 이상 하는 경우에는 이미 신고한 양도소득금액과 합산하여 신고할 수 있다. (선택)61)	⑥ 해당 과세기간에 누진세율의 적용대상 자산에 대한 예정신고를 2회 이상 하는 경우에는 이미 신고한 양도소득금액과 합산하여 신고하여야 한다.
○	⑦		⑦ 건물을 부담부증여하는 경우 부담부증여의 채무액에 해당하는 부분으로서 양도로 보는 경우에는 그 양도일이 속하는 달의 말일부터 3개월 내에 예정신고를 하여야 한다.
○	⑧		⑧ 법령상의 토지거래계약에 관한 허가구역에 있는 토지를 양도할 때 토지거래계약허가(허가를 받은 후 허가구역 지정이 해제됨)를 받기 전에 대금을 청산한 경우에는 그 허가일이 속하는 달의 말일부터 2개월 내에 예정신고를 하여야 한다.

60) 국내주식·출자지분을 양도한 경우 양도일이 속하는 반기의 말일부터 2개월 이내에 양도소득과세표준을 신고해야 한다.
61) 해당 연도에 누진세율의 적용대상 자산에 대한 예정신고를 2회 이상 한 자가 이미 신고한 양도소득금액과 합산하여 예정신고를 하지 아니한 경우에는 확정신고를 하여야 한다.

Theme 국외자산 양도

07 다음의 설명 중 옳은 것은 ○표, 틀린 것은 ×표로 구분하시오.

① 국내에 주소 또는 183일 이상 거소를 둔 거주자는 국내에 있는 부동산을 양도함으로써 발생하는 소득은 물론이고 국외에 있는 부동산을 양도함으로써 발생하는 소득에 대하여도 양도소득세의 납세의무를 진다.	국외자산양도에 대한 양도소득세는 양도일까지 국내에서 계속 5년 이상 주소 또는 거소를 둔 거주자에 한하여 납세의무를 진다.	① ×
② 국외토지의 양도소득에 대한 소득세는 기본세율을 적용하여 계산한다.		② ○
③ 국외자산 양도차익의 외화환산은 양도가액 및 필요경비를 수령하거나 지출한 날 현재 외국환거래법에 의한 기준환율 또는 재정환율을 적용한다.		③ ○
④ 국외소재 토지로서 보유기간이 3년 이상인 경우 국외자산 양도소득금액 계산시 장기보유특별공제액을 공제한다.	국외자산 양도소득금액 계산시 장기보유특별공제액은 공제하지 아니한다.	④ ×
⑤ 국외자산의 양도소득에 대하여 해당 외국에서 과세를 하는 경우 그 양도소득에 대하여 법령으로 정하는 국외자산 양도소득세액을 납부하였을 때에는 외국납부세액의 공제를 적용받을 수 있다.		⑤ ○
⑥ 거주자의 외국법인이 발행한 주식의 양도로 발생하는 소득은 국외자산 양도소득의 범위에 포함되나, 국외에 있는 지상권과 전세권의 양도로 인하여 발생하는 소득은 국외자산의 양도소득 범위에 속하지 아니한다.	외국법인이 발행한 주식의 양도로 발생하는 소득은 국외자산 양도소득의 범위에 포함되지 않으나, 국외에 있는 지상권과 전세권, 부동산임차권의 양도로 인하여 발생하는 소득은 국외자산의 양도소득 범위에 속한다.	⑥ ×
⑦ 국외자산 양도시에는 양도일 현재 외국환거래법에 의한 매매기준율 등에 의하여 양도차익을 원화로 환산한다.	국외자산 양도에 대한 양도차익 계산시 적용할 환율은 다음과 같다. ① 양도가액 – 양도시의 환율 ② 취득가액 – 취득시의 환율 ③ 필요경비 – 지출시의 환율	⑦ ×
⑧ 국외자산의 양도에 대한 양도소득세 계산에 있어서 양도가액 및 취득가액은 원칙적으로 해당 자산의 양도 또는 취득 당시의 실지거래가액에 의하여 계산한다.		⑧ ○
⑨ 거주자가 국외소재 주택을 양도한 경우로서 해당 주택이 미등기주택인 경우 국내에 소재하는 미등기 양도자산에 대한 중과세율이 적용된다.	국외의 자산의 경우에는 미등기분에 대한 중과세율이 없다.	⑨ ×

○	⑩	
○	⑪	
×	⑫	해당 환차익을 양도소득의 범위에서 제외한다.

⑩ 거주자 甲이 국외소재 주택을 양도한 경우에는 해당주택이 양도당시 甲의 유일한 소유주택이라 하더라도 1세대 1주택 비과세규정을 적용받을 수 없다.

⑪ 거주자가 국외소재 주택을 양도한 경우로서 주택의 보유기간이 1년 이상 2년 미만인 경우 해당 연도의 양도소득과세표준에 기본세율을 적용하여 계산한 금액을 양도소득세로 한다.

⑫ 국외자산 양도소득이 국외에서 외화를 차입하여 취득한 자산을 양도하여 발생하는 소득으로서 환율변동으로 인하여 외화차입금으로부터 발생하는 환차익을 포함하고 있는 경우에는 해당 환차익을 양도소득의 범위에 포함한다.

Theme 국외전출세

08 다음의 설명 중 옳은 것은 ○표, 틀린 것은 ×표로 구분하시오.

① 국외전출자가 출국일부터 5년 이내에 국외전출자 국내주식등을 거주자에게 증여한 경우 그 사유가 발생한 날부터 1년 이내에 납세지 관할 세무서장에게 납부한 세액의 환급을 신청하거나 납부유예 중인 세액의 취소를 신청하여야 한다.

② 국외전출자가 출국한 후 국외전출자 국내주식등을 실제 양도한 경우로서 실제 양도가액이 출국일 당시의 시가(거래가액)보다 높은 때에는 조정공제액을 산출세액에서 공제한다.

③ 국외전출자는 양도소득과세표준을 출국일이 속하는 달의 말일부터 6개월 이내에 대통령령으로 정하는 바에 따라 납세지 관할 세무서장에게 신고하여야 한다.

④ 거주자의 출국시 국내주식등에 대한 과세 특례가 적용되는 자산은 국외전출자가 출국 당시 소유하고 있는 국내주식(비상장법인의 주식은 제외)과 국외주식이다.

⑤ 국외전출자가 출국일 전날까지 국외전출자 국내주식등의 보유현황을 누락하여 신고한 경우에는 신고일의 전날을 기준으로 신고를 누락한 국외전출자 국내주식등의 액면금액 또는 출자가액의 100분의 5에 상당하는 금액을 산출세액에 더한다.

	①	○
국외전출자가 출국한 후 국외전출자 국내주식등을 실제 양도한 경우로서 실제 양도가액이 출국일 당시의 시가(거래가액)보다 낮은 때에는 조정공제액을 산출세액에서 공제한다.	②	×
국외전출자는 양도소득과세표준을 출국일이 속하는 달의 말일부터 3개월 이나에 대통령령으로 정하는 바에 따라 납세지 관할 세무서장에게 신고하여야 한다.	③	×
거주자의 출국시 국내주식등에 대한 과세 특례가 적용되는 자산은 국외전출자가 출국 당시 소유하고 있는 국내주식(비상장법인의 주식 포함)이다. 국외주식은 2027. 1. 1. 이후 출국하는 분부터 과세될 예정이다.(개정안)	④	×
국외전출자가 출국일 전날까지 국외전출자 국내주식등의 보유현황을 누락하여 신고한 경우에는 신고일의 전날을 기준으로 신고를 누락한 국외전출자 국내주식등의 액면금액 또는 출자가액의 100분의 2에 상당하는 금액을 산출세액에 더한다.	⑤	×

09 소득세법의 기타사항

01 다음의 설명 중 옳은 것은 ○표, 틀린 것은 ×표로 구분하시오.

정답 및 해설	문제
○ ①	① 비거주자에 대한 과세표준과 세액의 계산에 있어서는 인적공제 중 비거주자 본인 외의 자에 대한 공제와 특별소득공제, 자녀세액공제 및 특별세액공제는 하지 아니한다.
○ ②	② 비거주자에 대하여 과세하는 소득세는 해당 국내원천소득을 종합하여 과세하는 경우와 분류하여 과세하는 경우 및 그 국내원천소득을 분리하여 과세하는 경우로 구분하여 계산한다.
○ ③	③ 비거주자가 자기의 자산을 타인으로 하여금 가공만 하게 하기 위하여 사용하는 일정한 장소가 비거주자의 사업 수행상 예비적 또는 보조적인 성격을 가진 활동을 하기 위하여 사용되는 경우에는 국내사업장에 해당하지 않는다.
× ④ 비거주자의 이자소득, 배당소득 등에 대해서는 원칙적으로 지급금액의 20%를 원천징수한다.[62)]	④ 비거주자의 이자소득과 배당소득 등에 대해서는 원칙적으로 지급금액의 14%(개인 지방소득세 제외)를 원천징수한다.
× ⑤ 원천징수하는 자가 비거주자인 경우 원천징수하는 소득세의 납세지는 그 비거주자가 원천징수하는 국내사업장의 소재지로 하되, 국내사업장이 없는 경우에는 그 비거주자의 거류지 또는 체류지로 한다.	⑤ 원천징수하는 자가 비거주자인 경우 원천징수하는 소득세의 납세지는 그 비거주자의 주된 국내사업장 소재지로 하되, 주된 국내사업장 외의 국내사업장에서 원천징수를 하는 경우에는 그 국내사업장의 소재지로 하며, 국내사업장이 없는 경우에는 국세청장 또는 관할지방국세청장이 지정하는 장소로 한다.
× ⑥ 비거주자의 소득세 납세지는 주된 국내사업장의 소재지로 하되, 국내사업장이 없는 경우에는 국내원천소득이 발생하는 장소(거류지, 체류지×)를 납세지로 한다.	⑥ 비거주자의 소득세 납세지는 국내사업장(국내사업장이 둘 이상 있는 경우에는 주된 국내사업장)의 소재지로 하되, 국내사업장이 없는 경우에는 그 비거주자의 거류지 또는 체류지로 한다.

62) 비거주자 분리과세시 원천징수세율

구 분	원천징수세액
① 이자소득, 배당소득, 사용료소득, 기타소득, 인적용역소득	지급금액 × 20%[*1*2*3]
② 사업소득, 선박 · 항공기 등의 임대소득	지급금액 × 2%

*1. 국가·지방자치단체 및 내국법인이 발행하는 채권에서 발생하는 이자소득에 대한 원천징수세율은 14%로 한다.
2. 기타소득 중 사용지 기준 조세조약 상대국의 거주자가 소유한 특허권 등으로서 국내에서 등록되지 아니하고 국외에서 등록된 특허권 등을 침해하여 발생하는 손해에 대하여 국내에서 지급하는 손해배상금·보상금·화해금·일실이익 또는 그 밖에 이와 유사한 소득에 대해서는 그 지급금액의 15%로 한다.
3. 국외에서 제공하는 인적용역 중 과학기술·경영관리 등 특별한 기능을 가진 자가 용역을 제공함으로써 발생하는 소득이 조세조약에 따라 국내에서 발생하는 것으로 간주되는 소득에 대해서는 그 지급금액의 3%로 한다.

02 다음의 설명 중 옳은 것은 ○표, 틀린 것은 ×표로 구분하시오.

① 비거주자에 대하여 종합과세하는 경우 종합소득공제는 본인 외의 자에 대한 인적공제는 적용하지 않고 특별소득공제는 적용한다.

② 비거주자의 국내원천 퇴직소득이란 비거주자가 국내에서 제공하는 근로의 대가로 받는 퇴직소득을 말한다.

③ 세법이 정하는 인적용역소득이 있는 비거주자가 분리과세의 규정에 불구하고 종합소득세과세표준확정신고를 하는 경우 국내원천소득에 대하여 종합하여 과세할 수 있다.

④ 비거주자가 국내에 사업의 일부 수행을 위하여 8개월간 계속 존속하는 건축 장소를 가지고 있는 경우에는 국내사업장이 있는 것으로 한다.

⑤ 비거주자에 대하여 과세하는 소득세는 해당 국내원천소득을 종합하여 과세하는 경우와 분류하여 과세하는 2가지 과세방법이 있으며, 국내원천소득을 분리하여 과세하는 방법은 채택하지 않고 있다.

⑥ 국내에서 제공하는 근로의 대가로 받는 퇴직소득이 있는 비거주자에 대해서는 거주자와 같은 방법으로 분류하여 과세한다.

⑦ 조세조약에 따라 국내사업장이 없다는 이유로 과세되지 않는 외국법인에게 비거주자인 직업운동가가 국내에서 제공한 인적용역과 관련하여 보수 또는 대가를 지급하는 자는 조세조약에도 불구하고 지급하는 금액의 100분의 20의 금액을 원천징수하여야 한다.

⑧ 비거주자가 고용인을 통하여 용역을 제공하는 장소로서 용역이 계속 제공되는 12개월 중 합계 6개월을 초과하는 기간 동안 용역이 수행되는 장소는 비거주자의 국내사업장에 포함된다.

⑨ 비거주자가 국내에 사업의 전부 또는 일부를 수행하는 고정된 장소를 가지고 있는 경우에는 국내사업장이 있는 것으로 한다.

해설	번호	정답
비거주자에 대한 과세표준과 세액의 계산에 있어서는 인적공제 중 비거주자 본인 외의 자에 대한 공제와 특별소득공제, 자녀세액공제 및 특별세액공제는 적용하지 않는다.	①	×
	②	○
	③	○
6개월을 초과하여 존속하는 건설장소는 국내사업장에 해당한다.	④	○
비거주자의 종합소득에 대하여 부동산소득이 없거나 국내사업장이 없는 경우(국내사업장이 있더라도 국내사업장에 귀속되지 않는 소득의 경우)에는 분리과세한다.	⑤	×
	⑥	○
	⑦	○
	⑧	○
	⑨	○

〈진도표〉

구 분	소득세법	법인세법	부가가치세법
1회 진도별 모의고사 (25문제)	1장 총설 2장 ① 이자소득과 배당소득 ② 종합소득산출세액	1장 총설 2장 ① 손익의 귀속시기 ② 자산취득가액 ③ 자산부채 평가 3장 ① 익금 ② 간주임대료 ③ 의제배당 ④ 수입배당금 익금불산입	1장 총론 ① 과세기간, 납세지 등 ② 과세거래 ③ 재화의 공급의제 ④ 공급시기, 공급장소 ⑤ 영세율과 면세
2회 진도별 모의고사 (25문제)	3장 사업소득 4장 ① 근로소득 ② 연금소득 ③ 기타소득	4장 ① 손금 ② 세금과공과 ③ 인건비 ④ 기업업무추진비 ⑤ 기부금 ⑥ 지급이자	2장 ① 과세표준 일반 ② 과세표준 특례 ③ 매출세액과 대손세액공제 ④ 세금계산서
3회 진도별 모의고사 (25문제)	5장 ① 부당행위계산부인 ② 결손금, 이월결손금 ③ 공동사업 6장 종합소득공제	5장 감가상각비 6장 ① 퇴직급여충당금 ② 퇴직연금충당금 ③ 대손금, 대손충당금 ④ 일시상각충당금 등 ⑤ 준비금	3장 ① 매입세액공제 ② 겸영사업자의 특례
4회 진도별 모의고사 (25문제)	6장 세액공제 7장 퇴직소득세 8장 양도소득세	7장 ① 부당행위계산부인 ② 고가매입, 저가양도 ③ 가지급금인정이자 ④ 불공정자본거래 8장 ① 과세표준의 계산 ② 토지 등 양도소득 ③ 세액공제 ④ 청산소득 9장 법인세의 납세절차 10장 합병 · 분할 특례	3장 ① 납세절차 ② 차가감납부세액 4장 간이과세자

세법 말문제 OX

부록

진도별 모의고사

1회

진도별 모의고사

과목	문항수	출제자	제한시간
세법	25문제	양소영	30분

1. 〈소득세법〉 소득세법상 납세의무에 대한 설명이다. 옳은 것은?

① 재외동포의 경우에는 입국목적과 상관없이 항상 비거주자로 의제한다.
② 소득세의 납세지는 거주자의 주소지이나 사업소득이 있는 경우에는 부가가치세와 동일하게 사업장소재지이다.
③ 국외에서 근무하는 공무원의 경우 계속하여 183일 이상 국외에 거주하는 경우 비거주자로 본다.
④ 국내에 거소를 두고 있던 개인이 출국 후 다시 입국한 경우에 그 출국목적이 출장, 연수 등 사업의 경영 또는 업무와 관련된 사유인 때에는 그 출국한 기간은 국내에 거소를 둔 기간으로 보지 않는다.
⑤ 외국을 항행하는 선박 또는 항공기 승무원의 경우 그 승무원과 생계를 같이하는 가족이 거주하는 장소 또는 그 승무원이 근무기간 이외의 기간 중 통상 체재하는 장소가 국외에 있는 자는 비거주자로 의제된다.

2. 〈소득세법〉 다음은 거주자 유재석 씨의 소득자료이다. 거주자 유재석 씨의 2026년 귀속 종합과세대상 금융소득금액은 얼마인가?

(1) 주권비상장 내국법인 A사로부터 받은 현금배당 : 15,000,000원
(배당결의일 2025.12.30, 지급일 2026.1.15)
(2) 주권비상장 내국법인인 B사로부터 받은 현금배당 : 3,000,000원
(배당결의일 2026.12.31, 지급일 2027.1.13)
(3) C사에 자금을 대여하고 받은 이자 : 6,000,000원
(4) 외국법인으로부터 받은 현금배당금(국내에서 원천징수되지 않음) : 3,000,000원
(5) 금전이 아닌 재산의 신탁계약에 의한 수익권이 표시된 수익증권으로부터의 이익 : 5,000,000원
(6) 보험유지기간이 15년인 저축성보험의 보험차익 : 15,000,000원
(7) 유재석 씨(손익분배비율 50%, 지분비율 60%)는 친구와 공동으로 음식점업을 영위하고 있으며, 2026년에 음식점에서 발생한 사업소득금액과 이자소득금액(은행예금이자)은 각각 10,000,000원과 13,000,000원이다. 단, 유재석 씨는 공동사업에 출자만 하였고 경영에는 참여하지 않고 있다.

① 28,800,000원　② 23,830,000원　③ 8,000,000원
④ 3,000,000원　⑤ 38,840,000원

3. 〈소득세법〉 다음은 거주자 갑의 2026년 귀속 이자 및 배당소득 관련 자료이다. 거주자 갑의 2026년도 ㉮ 종합소득금액에 합산될 금융소득금액(이자 및 배당소득금액의 합계액)과 ㉯ 종합소득결정세액에서 기납부세액으로 차감될 원천징수세액을 각각 계산한 것으로 옳은 것은? 단, 원천징수 대상이 되는 소득에 대한 원천징수는 적법하게 이루어졌으며, 모든 금액은 원천징수세액을 차감하기 전 금액이다. 또한 분리과세신청이 가능한 경우 분리과세신청을 한 것으로 가정한다.

(1) 국내은행 정기예금이자	5,000,000원
(2) 비영업대금의 이익(온라인투자연계금융업의 등록을 한 자를 통하여 지급받는 금액이 아님)	8,000,000원
(3) 민사집행법에 따라 법원에 납부한 보증금 및 경락대금에서 발생한 이자소득	1,000,000원
(4) 신탁법에 따른 공익신탁의 이익	4,000,000원
(5) 외국법인으로부터 받은 현금배당(국내에서 원천징수되지 않음)	6,000,000원
(6) 비상장 내국법인으로부터 받은 현금배당(이중과세조정 대상 배당소득임)	4,000,000원
(7) 상환기간 10년인 채권(2024. 5. 6. 발행)의 이자	3,000,000원

	㉮ 금융소득금액	㉯ 원천징수세액
①	23,330,000원	3,360,000원
②	26,400,000원	3,680,000원
③	23,330,000원	3,260,000원
④	25,550,000원	3,400,000원
⑤	26,400,000원	3,540,000원

4. 〈소득세법〉 다음의 이자소득과 관련한 수입시기로 옳지 않은 것은?

① 기명 채권이자 – 약정에 의한 이자지급일
② 환매조건부 매매차익 – 약정일과 수령일 중 빠른날
③ 저축성보험의 보험차익 – 보험금·환급금의 지급일
④ 직장공제회 초과반환금 – 직장공제회 탈퇴일
⑤ 정기예금의 이자 – 실제로 이자를 지급받은 날

5. **〈소득세법〉 다음의 배당소득과 관련한 수입시기로 옳은 것은?**

① 법인세법에 따라 처분된 배당 – 잉여금 처분결의일
② 출자공동사업자에 대한 배당소득 – 실제 이익을 분배받은 날
③ 집합투자기구로부터의 이익 – 집합투자기구로부터의 이익을 지급받는 날
④ 국제조세조정에 관한 법률에 따른 간주배당 – 특정외국법인의 해당 사업연도 종료일부터 60일이 되는 날
⑤ 해산시 의제배당 – 해산등기일

6. **〈소득세법〉 소득세법상 금융소득에 대한 설명으로 옳은 것은?**

① 채권·증권을 중도에 매도하여 매매차손이 발생한 경우에는 보유기간에 대한 이자 상당액을 이자소득으로 과세하지 않는다.
② 과세표준확정신고전에 거래처가 파산하여 원금 10,000,000원과 대여기간의 이자 5,000,000원 중 11,000,000원을 회수하였다면 이자소득으로 과세할 금액은 1,000,000원이다.
③ 집합투자기구로부터의 이익에는 증권시장에 상장된 증권(채권포함)의 거래나 평가로 발생한 손익을 포함하지 않는다.
④ 확정급여형퇴직연금제도에 의한 신탁에서 발생하는 이익은 배당소득으로 과세된다.
⑤ 출자공동사업자 배당에 대해서는 25%의 원천징수세율을 적용하여 원천징수함으로써 납세의무가 종결된다.

7. 〈소득세법〉 다음은 거주자 갑씨의 2026년 귀속 소득관련 자료이다. 다음 자료를 이용하여 배당세액 공제 후의 종합소득결정세액을 계산하면 얼마인가? 단, 원천징수대상이 되는 소득에 대해서는 적법하게 원천징수 되었으며, 모든 금액은 원천징수세액을 차감하기 전 금액이다.

(1) 회사채 이자소득 19,000,000원
(2) 법인세법에 의하여 배당으로 처분된 금액 6,000,000원
(3) 기타소득금액(계약의 위약으로 받은 위약금) 15,000,000원
(4) 종합소득공제 6,550,000원
(5) 기본세율의 일부

종합소득과세표준	세 율
1,400만원 이하	과세표준의 6%
1,400만원 초과 5,000만원 이하	84만원 + 1,400만원을 초과하는 과세표준의 15%
5,000만원 초과 8,800만원 이하	624만원 + 5,000만원을 초과하는 과세표준의 24%

① 6,345,000원 ② 5,080,000원 ③ 3,864,000원
④ 4,004,000원 ⑤ 3,937,000원

8. 〈소득세법〉 다음은 거주자 甲의 금융소득자료이다. 甲의 2026년 귀속 금융소득의 합계액은 얼마인가?

(1) 반제기한이 2025. 12. 31인 대여금에 대하여 채무의 이행지체로 인하여 2026년 1월부터 2026년 4월까지 추가로 지급받은 지연배상금 4,000,000원
(2) 이자지급 약정일은 2025. 9. 25인데 2026. 3. 2에 실제로 수령한 비영업대금의 이익 7,000,000원
(3) 이자지급 약정일이 2025. 9. 25인데 2026. 3. 2에 실제로 수령한 무기명 회사채이자 3,000,000원
(4) 약정에 의한 채권의 환매도일은 2026. 1. 3인데 2025. 12. 31에 환매도한 환매조건부채권의 매매차익 2,000,000원
(5) 비상장법인인 (주)A가 2025. 1. 1부터 2025. 12. 31까지의 기간 중 甲에게 배당으로 처분한 8,000,000원 (결산확정일은 2026. 3. 23임)

① 8,000,000원 ② 9,000,000원 ③ 12,000,000원
④ 11,000,000원 ⑤ 17,000,000원

9. **〈소득세법〉 다음은 이자 및 배당소득에 대한 설명이다. 옳지 않은 것은?**

① 법인세가 과세되지 않은 잉여금을 재원으로 하는 배당소득은 Gross-up대상이 아니다.

② 외국에서 받은 배당소득은 Gross-up대상은 아니지만 국내에서 원천징수되지 않았다면 종합과세된다.

③ 피투자회사의 해산으로 인한 의제배당(해산으로 인한 잔여재산의 분배로서 취득하는 금전과 그 밖의 재산의 가액이 그 주식등을 취득하기 위하여 사용한 금액을 초과하는 금액)은 Gross-up대상이다.

④ 조건부종합과세대상 금융소득의 종합과세여부 판단시 귀속법인세를 가산하지 않는 금액을 기준으로 2천만원 초과여부를 판단한다.

⑤ 현행 배당가산율인 10%는 법인세율이 10%가 적용되었다는 가정하에서 계산된 것이다.

10. **〈법인세법〉 법인세법상 납세의무자와 과세대상에 관한 설명이다. 잘못된 것은?**

① 영리내국법인이 외국에 소재하는 부동산을 양도함으로써 발생한 소득에 대해서는 각사업연도소득에 대한 법인세가 부과된다.

② 비영리내국법인과 외국법인은 청산소득에 대한 법인세의 납세의무가 없다.

③ 외국의 정부나 지방자치단체가 국내에서 수익사업을 영위하는 경우 법인세의 납세의무를 진다.

④ 신탁재산에 귀속되는 소득에 대해서는 원칙적으로 그 신탁의 이익을 받을 수익자가 그 신탁재산을 가진 것으로 보고 법인세법을 적용한다.

⑤ 비영리내국법인은 국내원천소득 중 수익사업소득과 토지 등 양도소득에 대해서만 법인세 납세의무를 진다.

11. 〈법인세법〉 다음은 법인세법상 사업연도 및 납세지에 관한 설명이다. 옳은 것은?

① 납세지 관할세무서장은 납세지가 그 법인의 납세지로 적당하지 않다고 인정되는 경우에는 그 납세지를 지정할 수 있다.

② 법령 또는 정관 등에 사업연도에 관한 규정이 없는 내국법인에 대하여는 1월 1일부터 12월 31일까지를 사업연도로 한다.

③ 최초 사업연도 개시일은 내국법인의 경우 사업자등록신청일, 외국법인의 경우 국내사업장을 가지게 된 날이다.

④ 청산중에 있는 내국법인이 사업연도 중에 잔여재산가액이 확정된 경우 그 사업연도 개시일부터 잔여재산가액이 확정된 날까지의 기간을 1사업연도로 본다.

⑤ 법인은 납세지가 변경된 경우 그 변경된 날부터 15일 이내에 변경 후의 납세지 관할지방국세청장에게 신고하여야 한다.

12. 〈법인세법〉 다음은 법인세법상 소득처분에 관한 설명이다. 옳은 것은?

① 소득의 귀속자가 불분명한 경우에는 기타사외유출로 소득처분한다.

② 출자자 및 출자임원에게 귀속되는 소득은 배당으로 처분한다.

③ 익금산입액이 법인 또는 개인사업자의 사업소득을 구성하는 경우 기타사외유출로 처분하되 원천징수의무를 부담한다.

④ 불공정자본거래로 인하여 특수관계인에게 분여한 이익으로서 귀속자에게 증여세가 과세되는 금액은 기타사외유출로 처분한다.

⑤ 업무용승용차 관련비용 중 업무사용금액에 해당하지 아니한 금액은 손금불산입하고 대표자에 대한 상여로 소득처분한다.

13. **〈법인세법〉 다음 자료는 (주)스케치스의 제26기(2026. 1. 1~12. 31)에 발생한 거래이다. 관련된 세무조정의 결과 차기 이후의 각사업연도소득금액을 감소시키는 것은 다음 중 몇 개인가? 단, 전기이전의 세무조정은 적정하게 이루어졌다고 가정한다.**

가. 당기 중 취득한 토지의 조성과 관련한 부가가치세 매입세액 10,000,000원을 손익계산서상 세금과공과의 과목으로 비용처리하였다. 나. 피투자회사인 (주)에스와이가 이익잉여금을 자본전입함에 따라 무상주 100주를 수령하고 기업회계기준에 따라 아무런 회계처리를 하지 아니하였다. 다. 전기에 수익으로 계상한 국내정기예금 미수이자 1,000,000원에 대한 만기가 도래하여 1,000,000원을 수령하면서 기업회계기준에 따라 회계처리하였다. 라. 2025년에 취득한 업무용승용차를 2026년초에 처분하면서 처분손실 5,000,000원을 손익계산서상 비용으로 계상하였다. 전기에 감가상각비 10,000,000원을 신고조정으로 손금산입하였으며, 전기 감가상각비 중 8백만원 초과분으로 손금부인된 금액은 14,500,000원이다. 마. 소멸시효가 완성된 채권 2,000,000원을 장부상 대손으로 처리하지 않았다.

① 0개　② 1개　③ 2개　④ 3개　⑤ 4개

14. **〈법인세법〉 법인세법상 취득가액과 평가에 관한 설명으로 <u>옳지 않은</u> 것은?**

① 자산을 장기할부조건으로 취득함에 따라 발생한 채무를 기업회계기준이 정하는 바에 따라 현재가치로 평가하여 계상하는 현재가치할인차금은 취득가액에서 제외한다.

② 자산을 시가보다 고가로 매입한 것이 부당행위계산의 부인에 해당하는 경우 그 시가초과액은 해당 자산의 취득가액에 포함하지 아니한다.

③ 출자법인이 현물출자로 인하여 피출자법인을 새로 설립하면서 그 대가로 주식만 취득하는 경우 현물출자에 따라 출자법인이 취득한 주식의 취득가액은 해당 주식의 시가로 한다.

④ 특수관계없는 자로부터 시가 1억원의 주식을 발행하여 시가 9천만원의 토지를 현물출자 받은 경우 세무상 토지의 취득가액은 9천만원으로 한다.

⑤ 물적분할에 따라 출자법인이 취득한 주식의 취득가액은 물적분할한 순자산의 시가로 한다.

15. **〈법인세법〉 법인세법상 손익의 귀속사업연도에 관한 설명이다. 옳지 않은 것은?**

① 법인이 장기금전대차거래에 대하여 장부가액과 현재가치와의 차액을 현재가치할인차금으로 계상하고, 이를 기업회계기준의 상각 또는 환입방법에 따라 손금 또는 익금으로 계상하는 경우에는 그 계상한 사업연도의 손금 또는 익금에 산입한다.

② 장기할부판매로 인해 발생한 채권에 대해 기업회계기준이 정하는 바에 따라 현재가치로 평가하여 현재가치할인차금을 계상한 경우 해당 현재가치할인차금 상당액은 채권의 회수기간동안 기업회계기준이 정하는 바에 따라 환입하였거나 환입할 금액을 각 사업연도의 익금에 산입한다.

③ 중소기업인 법인이 장기할부조건으로 자산을 판매하거나 양도한 경우에는 그 장기할부조건에 따라 각 사업연도에 회수하였거나 회수할 금액과 이에 대응하는 비용을 각각 해당 사업연도의 익금과 손금에 산입할 수 있다.

④ 제조업을 영위하는 법인이 특수관계가 없는 자에 대한 지급이자를 실제로 지급하기 이전에 기간경과분을 이자비용으로 계상한 경우에는 해당 사업연도의 손금으로 인정된다.

⑤ 법인이 사채를 발행하는 경우에 상환할 사채금액의 합계액에서 사채발행가액(사채발행수수료와 사채발행을 위하여 직접 필수적으로 지출된 비용을 차감한 후 가액)의 합계액을 공제한 금액(사채할인발행차금)은 기업회계기준에 따른 상각방법에 따라 이를 손금에 산입한다.

16. **〈법인세법〉 다음 자료는 (주)스케치스의 제26기(2026.1. 1~12. 31)에 세무조정을 위한 자료이다. (주)스케치스의 제26기 손익계산서상 당기순이익이 100,000,000원이라면 관련된 세무조정을 수행후 각사업연도소득금액은 얼마인가? 단, 수입배당금 익금불산입은 고려하지 말 것.**

〈세무조정자료〉

(1) 특수관계가 없는 (주)A로부터 토지(시가 40,000,000원)를 60,000,000원에 매입하고 매입가액을 취득가액으로 계상하였다.

(2) 대표이사로부터 시가 30,000,000원인 토지를 20,000,000원에 매입하고 유형자산으로 20,000,000원을 계상하였다.

(3) 2026년 10월 1일부터 2027년 3월 31일까지 사무실을 임대하면서 임대료(6,000,000원)를 임대종료일에 수령하기로 하고 기간경과분 임대료수익 3,000,000원을 결산상 반영하지 아니하였다.

(4) 피투자회사인 (주)B가 자본감소를 결의함에 따라 보유주식 200주(장부상 가액은 1,400,000원으로 세무상 가액과 일치하고, 무상주를 수령한 바 없음)를 반납하고 2,000,000원을 수령하였다. 회사는 이에 대해 유가증권처분이익 600,000원을 장부에 수익으로 처리하였다.

(5) 피투자회사인 (주)B가 미처분 이익잉여금을 자본전입함에 따라 주식배당 100주(주당 액면가액 5,000원, 주당 발행가액 8,000원)를 수령하고 기업회계기준에 따라 아무런 회계처리를 하지 아니하였다.

① 92,800,000원 ② 103,800,000원 ③ 100,800,000원
④ 111,800,000원 ⑤ 122,500,000원

17. **〈법인세법〉 다음 각 사례의 내용 중 법인세법의 규정에 의하여 세무조정이 필요한 경우는?**

① A법인은 장식·환경미화 등을 위하여 사무실·복도 등 여러 사람이 볼 수 있는 공간에 항상 전시하는 미술품을 10,000,000원에 취득하고 비용처리하였다

② B법인은 당기손익 공정가치 측정 금융자산(매입가액 10,000,000원)을 취득하고 해당 자산의 취득가액을 10,000,000원으로 장부에 계상하였다. 한편, 해당 금융자산의 취득부대비용 지출액 800,000원은 비용처리하였다.

③ C법인은 장기할부조건에 의하여 자산을 판매함으로써 발생한 채권에 대하여 기업회계기준이 정하는 바에 따라 현재가치할인차금(10,000,000원)을 계상한 후 그에 따라 환입하였거나 환입할 금액(3,000,000원)을 장부상 수익으로 계상하지 않았다.

④ D법인은 채무를 출자로 전환하는 내용이 포함된 회생계획인가의 결정을 받은 F법인에 대한 매출채권 20,000,000원을 출자전환하고 받은 주식(시가 17,000,000원)을 20,000,000원으로 계상하고 장부상 손익을 인식하지 않았다.

⑤ E법인은 특수관계가 없는 자로부터 시가 2억원의 건물을 2억 5천만원에 매입하고 해당 자산의 취득가액을 매입가액으로 장부에 계상하였다.

18. **〈법인세법〉 다음은 제조업을 영위하는 (주)센토(사업연도 : 2026. 1. 1~12. 31)가 보유하고 있는 주식에 대한 자료이다. 다음에 제시된 주식의 취득, 처분 및 기말평가와 관련한 세무조정을 수행하면 (주)센토의 주식에 대한 2026년 말 유보 또는 △유보 잔액은 얼마인가?**

> (1) 2025년 12월 31일에 대표이사 갑으로부터 시가 120,000,000원에 해당하는 (주)센토의 주식 10,000주를 100,000,000원에 취득하고 해당 금액을 당기손익 공정가치 측정 금융자산으로 계상하였다.
> (2) 2026년 10월 1일에 ㈜센토의 주식 중에서 7,000주를 60,000,000원에 처분하고 유가증권처분손실 10,000,000원을 기타비용으로 계상하였다.
> (3) 2026년 12월 31일 현재 (주)센토의 주식 3,000주가 40,000,000원으로 평가됨에 따라 금융자산평가이익 10,000,000원을 기타수익으로 계상하였다.

① △유보 15,000,000원　② △유보 4,000,000원　③ △유보 1,000,000원
④ 유보 10,000,000원　⑤ 유보 15,000,000원

19. 〈부가가치세법〉 다음은 부가가치세에 대한 설명이다. 옳지 않은 것은?

① 소비형 부가가치세 유형은 자본재에 대하여 과세하지 않음으로써 자본재에 대한 투자촉진효과가 있다.

② 우리나라의 현행 부가가치세법은 단일비례세율을 채택하므로 소득에 대해 역진적인 문제점을 가지고 있으며, 이를 해결하기 위하여 면세제도를 두고 있다.

③ 소비지국과세원칙에 따라 수출하는 재화에 대해서는 영세율을 적용하여 부가가치세를 과세하지 않는 반면 수입하는 재화에 대해서는 내국물품과 동일하게 부가가치세를 과세한다.

④ 면세제도는 해당 거래단계까지 창출된 부가가치 총액에 대해서 과세되지 않으므로 완전면세제도에 해당한다.

⑤ 국내에서 거래되는 재화 및 용역의 공급은 사업자가 공급하는 것에 한하여 과세대상에 해당하나 재화의 수입은 그 수입자가 사업자인지 여부에 상관없이 과세된다.

20. 〈부가가치세법〉 다음 중 부가가치세법상 사업장 판정기준으로 옳지 않은 것은?

① 광업 – 광업사무소 소재지

② 부동산임대업 – 그 업무를 총괄하는 장소

③ 부동산매매업 영위 개인사업자 – 그 업무를 총괄하는 장소

④ 무인자동판매기를 통하여 재화·용역을 공급하는 경우 – 그 업무를 총괄하는 장소

⑤ 비거주자 또는 외국법인 – 소득세법·법인세법에 따른 국내사업장

21. 〈부가가치세법〉 다음은 부가가치세법상 사업자등록에 관한 설명이다. 가장 옳은 것은?

① 신규로 사업을 개시하는 자는 사업개시일이 속하는 달의 말일로부터 20일 이내에 각 사업장마다 사업자등록을 하여야 한다.

② 사업자등록신청을 받은 세무서장은 그 신청내용이 사실과 다른 경우 사업개시 이후인 경우에도 사업자등록을 거부할 수 있다.

③ 둘 이상의 사업장이 있는 사업자는 사업자 단위로 해당 사업자의 본점 또는 주사무소 관할 세무서장에게 사업자등록을 신청하여야 한다.

④ 부가가치세가 과세되는 재화 또는 용역의 공급이라 하더라도, 해당 사업자가 공급시 부가가치세를 거래징수하지 않았다면 이에 대한 부가가치세는 신고·납부할 의무가 없다.

⑤ 사업자가 사업을 개시하고 사업자등록을 하지 않은 경우 직권으로 등록시킬 수 있다.

22. 〈부가가치세법〉 다음은 주사업장총괄납부와 사업자단위과세를 비교한 것이다. 가장 옳지 않은 것은?

① 사업내용의 변경으로 총괄납부가 부적당하다고 인정되는 경우 주사업장 총괄납부를 적용하지 않을 수 있으며, 이 경우에는 그 적용을 하지 않게 된 날이 속하는 과세기간의 다음과세기간부터 각 사업장에서 납부하여야 한다.

② 주사업장 총괄납부 사업자가 확정신고를 하지 않거나 확정신고의 내용에 오류 또는 탈루가 있는 때에는 각 사업장 관할세무서장이 경정한다.

③ 신규로 사업을 개시하는 자가 주사업장총괄납부의 적용을 받으려면 주된 사업장의 사업자등록증을 받은 날로부터 20일 이내에 신청서를 제출해야 하고 사업자단위과세를 적용받으려면 사업개시일로부터 20일 이내에 사업자단위로 등록하여야 한다.

④ 법인이 주사업장총괄납부를 적용하는 경우 본점(주사무소 포함) 또는 지점(분사무소 포함)을 주된 사업장으로 할 수 있는 반면에 법인이 사업자단위과세를 적용하는 경우는 본점(주사무소 포함)에서만 총괄하여 신고 및 납부를 할 수 있다.

⑤ 주사업장 총괄납부 사업자의 경우 납부세액은 각 사업장별로 계산된 금액을 통산한 후의 잔액을 그 과세기간이 끝난 후 25일 이내에 주된 사업장 관할세무서장에게 납부하나, 환급세액은 확정신고기한이 지난 후 30일 이내에 각 사업장별로 환급한다.

23. 〈부가가치세법〉 부가가치세법상 과세거래에 관한 설명으로 가장 옳지 않은 것은?

① 자동차부품판매업 경영사업자가 자동차부품(매입시 매입세액공제를 받지 않음)을 업무용승용자동차에 사용하는 경우 재화의 공급으로 본다.

② 부동산 임대업을 영위하는 사업자가 특수관계인에게 무상으로 사업용부동산을 임대하는 경우 용역의 공급으로 본다.

③ 사업자가 사업을 폐지하거나 사업자등록 후 사실상 사업을 개시하지 않게 되는 때에 잔존하는 자기생산·취득재화는 자기에게 공급한 것으로 보아 과세된다.

④ 사업자가 자기의 고객 중 추첨을 통하여 당첨된 자에게 자기생산·취득재화를 경품으로 제공하는 경우에는 과세되는 재화의 공급으로 본다.

⑤ 비영업용소형승용차를 매각한 경우 재화의 공급으로 과세된다.

24. 〈부가가치세법〉 다음 중 과세거래에 대한 설명으로 옳지 않은 것은?

① 과세사업자가 현물출자에 의하여 건물을 인도하는 경우에는 재화의 공급으로 과세된다.

② 화재로 인하여 재화가 멸실된 경우에는 부가가치세가 과세되지 않는다.

③ 사업용자산을 지방세법의 규정에 의하여 물납하는 경우에는 부가가치세가 과세되지 않는다.

④ 면세사업자가 소형승용차를 수입한 경우 부가가치세를 부담하여야 한다.

⑤ 사업자가 아닌 개인이 채무를 변제하지 않아 담보로 제공한 건물의 소유권이 이전되는 경우에는 대물변제에 해당하므로 재화의 공급으로 과세된다.

25. 〈부가가치세법〉 다음은 오늘상사의 제1기 과세기간(2026. 1. 1~6. 30)의 거래내역이다. 영세율이 적용되는 공급가액의 합계액은 얼마인가?

(1) 외국을 항행하는 선박에 재화를 공급하고 부가가치세를 별도로 적은 세금계산서를 발급한 금액 2,000,000원
(2) 사업과 관련하여 대가를 받지 않고 국외의 사업자에게 반출한 견본품 1,000,000원
(3) 외국법인의 국내사업장이 있는 경우로서 국외의 외국법인과 직접 계약하여 국내에서 무형재산권임대업에 해당하는 용역을 공급하고 해당 국외 외국법인으로부터 외국환은행에서 원화로 받은 대금 10,000,000원
(4) 수출품생산업자와의 계약에 따라 수출을 대행하고 받은 수출대행수수료 3,000,000원
(5) 국내사업장이 없는 비거주자와 판매계약을 체결하고 그 비거주자에게 국내에서 제품을 인도하고 외국환은행에서 원화로 수령한 대가 5,000,000원
(6) 중동건설현장에서 사용한 후 국내에 반입하지 않고 현지에서 매각한 중고장비 8,000,000원(매각대금은 국내에서 수령함)
(7) 수출업자에게 내국신용장으로 재화를 공급하는 납품업자와 제2차 내국신용장에 의한 임가공용역을 제공하고 수령한 15,000,000원

① 41,000,000원 ② 35,000,000원 ③ 38,000,000원
④ 33,000,000원 ⑤ 39,000,000원

1회 진도별 모의고사 해설

1. ⑤

① 재외동포의 경우 입국목적에 따라 거주자가 될 수도 있고 비거주자가 될 수도 있는 것으로 항상 비거주자로 의제되지는 않는다.(관련규정 : 재외동포가 입국한 경우 생계를 같이 하는 가족의 거주지나 자산소재지등에 비추어 그 입국목적이 단기 관광, 질병의 치료, 병역의무의 이행, 그 밖에 친족 경조사 참석 등 사업의 경영 또는 업무와 무관한 사유에 해당하여 그 입국한 기간이 명백하게 일시적인 것으로 인정되는 때에는 해당 기간은 국내에 거소를 둔 기간으로 보지 아니한다.)

② 소득세의 납세지는 거주자의 주소지이다. 따라서 납세의무자는 사업장소재지 또는 소득발생지와는 관계없이 자신의 주소지를 관할하는 세무서에 소득세를 신고 · 납부하여야 한다.

③ 국외에서 근무하는 공무원은 거주자로 본다.

④ 국내에 거소를 두고 있던 개인이 출국 후 다시 입국한 경우에 생계를 같이하는 가족의 거주지나 자산소재지 등에 비추어 그 출국목적이 다음의 사유에 해당하여 명백하게 일시적인 것으로 인정되는 때에는 그 출국한 기간도 국내에 거소를 둔 기간으로 본다.

a. 단기 관광
b. 질병의 치료
c. 친족 경조사 참석
d. 출장, 연수 등 사업의 경영 또는 업무와 관련된 사유
e. 그 밖에 ①부터 ④까지의 사유에 준하는 사유

2. ①

(1) 금융소득의 구분

금융소득내역	무조건 · 조건부 종합과세	비 고
A사 현금배당	–	잉여금처분결의일인 2025년도 소득
B사 현금배당	₩3,000,000*1	
비영업대금이익(C)	6,000,000	
외국법인배당	3,000,000	무조건 종합과세
비금전신탁 이익(조각투자상품)	5,000,000	
장기저축성보험의 보험차익	–	과세×*2
은행예금이자	6,500,000*3	
합 계	₩23,500,000	

*1. Gross-up 가능배당
2. 2013. 2. 14. 이전 가입분으로서 보험유지기간이 10년 이상인 저축성보험의 보험차익은 과세되지 않는다.
3. ₩13,000,000 × 50%(손익분배비율) = ₩6,500,000

(2) 출자공동사업자의 배당 : ₩10,000,000 × 50%(손익분배비율) = ₩5,000,000

(3) 금융소득금액 : ₩23,500,000 + Min[₩3,000,000, ₩3,500,000] × 10% + ₩5,000,000 = ₩28,800,000

3. ②

(1) 금융소득의 구분

금융소득내역	무조건 · 조건부 종합과세	비 고
정기예금이자	₩5,000,000	14%
비영업대금이익	8,000,000	25%
법원 보증금 및 경락대금 이자	–	무조건 분리과세
외국법인 현금배당	6,000,000	무조건 종합과세, 원천징수×
비상장법인 현금배당	4,000,000*1	14%
장기채권이자	3,000,000*2	14%
합 계	₩26,000,000	

*1. Gross-up 가능배당

2. 2018. 1. 1. 이후에 발행된 장기채권의 이자와 할인액은 분리과세를 신청할 수 없다.

(2) 금융소득금액 : ₩26,000,000 + Min[₩4,000,000, ₩6,000,000] × 10% = ₩26,400,000

(3) 원천징수세액 : ₩8,000,000 × 25% + ₩12,000,000 × 14% = ₩3,680,000

4. ④

직장공제회 초과반환금은 원칙적으로 약정에 의한 지급일을 수입시기로 하며, 반환금을 분할하여 지급하는 경우의 납입금 초과이익은 특약에 의하여 원본에 전입된 날로 한다.

5. ③

① 법인세법에 따라 처분된 배당 – 해당 법인의 해당 사업연도의 결산확정일

② 출자공동사업자에 대한 배당소득 – 해당 공동사업의 총수입금액과 필요경비가 확정된 날이 속하는 과세기간 종료일

④ 국제조세조정에 관한 법률에 따른 간주배당 – 특정외국법인의 해당 사업연도 종료일의 다음날부터 60일이 되는 날

⑤ 해산시 의제배당 – 잔여재산가액 확정일

6. ②

① 채권 · 증권을 중도에 매도하여 매매차손이 발생한 경우에도 보유기간에 대한 이자 상당액은 이자소득으로 과세된다.

③ 집합투자기구로부터의 이익에는 채권의 매매 · 평가손익은 과세대상소득에 포함된다.

④ 확정급여형퇴직연금제도에 의한 신탁에서 발생하는 이익은 사업소득으로 과세된다.

⑤ 출자공동사업자 배당은 무조건 종합과세되므로 출자공동사업자 배당에 대한 원천징수는 예납적 원천징수에 해당한다.

7. ⑤

(1) 종합소득금액 : ① + ② = ₩40,500,000

① 금융소득금액 : ₩25,000,000* + Min[₩6,000,000, ₩5,000,000] × 10% = ₩25,500,000

* ₩19,000,000 + ₩6,000,000(인정배당소득, Gross-up 가능배당) = ₩25,000,000

② 기타소득금액 : ₩15,000,000

(2) 종합소득과세표준 : ₩40,500,000 − ₩6,550,000 = ₩33,950,000

(3) 산출세액 : Max[①, ②] = ₩4,007,000

① 일반 : (₩33,950,000 − ₩20,000,000) × 기본세율 + ₩20,000,000 × 14% = ₩3,637,000

② 비교 : (₩33,950,000 − ₩25,500,000) × 기본세율 + ₩25,000,000 × 14% = ₩4,007,000

(4) 세액공제 : ① + ② = ₩70,000

① 배당세액공제 Min[a, b] = ₩0

a. ₩500,000(G-up 금액)

b. ₩4,007,000 − ₩4,007,000 = ₩0

② 표준세액공제 : ₩70,000

(5) 결정세액 : (3) − (4) = ₩3,937,000

8. ④

(1) 약정여부를 불문하고 금전채무를 포함한 채무의 이행지체로 인하여 지급받는 지연배상금은 계약의 위약 또는 해약으로 인하여 받는 위약금 또는 배상금이므로 실제이자지급일(2026년)의 기타소득에 해당한다.(소득세법 기본통칙 21-0…1)

(2) 비영업대금의 이익에 대한 수입시기는 원칙적으로 약정일과 수령일 중 빠른 날로 한다. 따라서 2025년 귀속된다.

(3) 무기명식 회사채 이자의 수입시기는 실제 지급일로 하므로 ₩3,000,000은 2026년에 귀속된다.

(4) 채권 또는 증권의 환매조건부 매매차익은 약정에 의한 당해 채권 또는 증권의 환매수일 또는 환매도일을 원칙적인 수입시기로 하나 기일전에 환매수 또는 환매도하는 경우에는 그 환매수일 또는 환매도일을 수입시기로 하므로 해당 환매조건부 매매차익은 2025년에 귀속된다.

(5) 인정배당의 수입시기는 결산확정일이다. 따라서 인정배당 ₩8,000,000은 2026년에 귀속된다.

∴ 2026년 귀속 금융소득은 (3) + (5) = ₩11,000,000이다.

9. ⑤

현행 배당가산율인 10%는 법인세율이 9%가 적용되었다는 가정하에서 계산된 것이다.

10. ⑤

비영리내국법인은 국내 · 외 수익사업소득과 토지 등 양도소득에 대해서 법인세 납세의무를 진다.

11. ④

① 관할지방국세청장(새로이 지정될 납세지가 그 관할을 달리하는 경우에는 국세청장)은 납세지가 그 법인의 납세지로 적당하지 않다고 인정되는 경우에는 그 납세지를 지정할 수 있다.

② 법령 또는 정관 등에 사업연도에 관한 규정이 없는 내국법인은 사업연도를 정하여 신고하여야 하며 신고를 하지 아니한 경우에는 1월 1일부터 12월 31일까지를 사업연도로 한다.

③ 최초 사업연도 개시일은 내국법인의 경우 설립등기일, 외국법인의 경우 국내사업장을 가지게 된 날이다.

⑤ 법인은 납세지가 변경된 경우 그 변경된 날부터 15일 이내에 변경 후의 납세지 관할세무서장에게 신고하여야 한다.

12. ④

① 소득의 귀속자가 불분명한 경우에는 대표자에 대한 상여로 소득처분한다.

② 출자자에게 귀속되는 소득은 배당으로 처분하지만 및 출자임원에게 귀속되는 소득은 상여로 처분한다.

③ 익금산입액이 법인 또는 개인사업자의 사업소득을 구성하는 경우 기타사외유출로 처분하므로 원천징수의무를 부담하지 아니한다.

⑤ 업무용승용차 관련비용 중 업무사용금액에 해당하지 아니한 금액은 손금불산입하고 귀속자에 따라 배당, 상여 등으로 소득처분하며, 귀속자가 불분명한 경우에는 대표자에 대한 상여로 소득처분한다.

13. ④

유보로 소득처분되어 당기말 유보잔액이 있는 경우와 기타사외유출로 소득처분되나 사후관리로 차기이후에 손금산입되는 경우(기부금한도초과액 및 업무용승용차 관련비용 중 업무사용금액에 해당하는 감가상각비 상당액 손금불산입액 및 업무용승용차 처분손실의 손금불산입액)에는 차기 이후의 각사업연도소득금액을 감소시킬 수 있다.

가. (유 보) : 토지의 조성과 관련된 매입세액은 조세정책목적으로 매입세액이 불공제되므로 동 금액만큼 손금으로 인정하되 토지의 취득가액을 구성한다. 회사가 이를 비용으로 계상하였으므로 손금불산입하고 유보로 소득처분한다.(참고 : 비상각자산이므로 즉시상각의제는 적용되지 않음)

나. (유 보) : 자본전입의 재원이 의제배당에 해당하는 이익잉여금이므로 해당 무상주 수령분은 세법상 익금에 해당한다. 이를 결산에 반영하지 않았으므로 익금산입하고 유가증권의 증가로 보아 유보로 소득처분한다.

다. (−) : 전기에 익금불산입한 정기예금 미수이자 ₩1,000,000을 당기에 익금산입(유보)한다. 기초유보가 추인되어 당기말 미수이자에 대한 유보잔액이 없으므로 차기 이후의 각사업연도소득금액에는 영향을 미치지 않는다.

라. (기타사외유출) : 세무상 처분손실(장부상처분손실 + 유보추인액)은 ₩9,500,000(= ₩5,000,000 − ₩10,000,000 + ₩14,500,000) 이다. 이 중 800만원 초과분 손금불산입액인 ₩1,500,000은 기타사외유출로 소득처분하며, 차기이후에 손금산입(기타)의 세무조정이 나타나게 된다.

마. (△유보) : 소멸시효완성은 신고조정사항에 해당하는 대손사유이므로 ₩2,000,000을 손금산입한 후 △유보로 소득처분한다. △유보이므로 차기이후의 각사업연도소득금액을 증가시키게 된다.

∴ 각 사업연도소득금액을 감소시키는 것은 가,나,라 3개이다.

14. ③

출자법인이 현물출자로 인하여 피출자법인을 새로 설립하면서 그 대가로 주식만 취득하는 경우 현물출자에 따라 출자법인이 취득한 주식의 취득가액은 현물출자한 순자산의 시가로 한다.

15. ①

법인이 장기금전대차거래에 대하여는 법인세법상 현재가치평가를 인정하지 않는다. 그러므로 장부가액과 현재가치와의 차액을 현재가치할인차금으로 계상하고, 이를 기업회계기준의 상각 또는 환입방법에 따라 손금 또는 익금으로 계상하는 경우에는 그 계상한 사업연도의 손금 또는 익금에 산입하지 아니한다.

16. ③

	I/S 당기순이익	₩100,000,000	
(1)	토지감액	(8,000,000)	
	비지정기부금	8,000,000	
(2)	토지의 저가매입	–	
(3)	기간경과분 임대료수익 미계상분	–	
(4)	자본감소 의제배당	–	
(5)	주식배당	800,000	100주 × ₩8,000(발행가액)
	합 계	₩100,800,000	

(1) 정상가액(₩40,000,000 × 130% = ₩52,000,000)을 초과하는 ₩8,000,000은 기부금으로 간주하므로 손금산입하고 △유보로 소득처분한다. 또한 동 금액은 비지정기부금에 해당하므로 손금불산입하고 기타사외유출로 소득처분한다.

(2) 특수관계인인 개인으로부터 유가증권이 아닌 토지를 시가보다 저가로 매입한 경우한 경우 토지의 법인세법상 취득가액은 저가매입가액이므로 세무조정은 없다.

(3) 임대료 지급기간이 1년을 초과하지 않으므로 단기임대료에 해당한다. 그러므로 세법상 귀속시기는 임대료 지급약정일(2027년)이며, 장부상 임대료수익을 계상하지 않았으므로 세무조정은 없다.

(4) (주)스케치스가 유가증권처분이익으로 수익으로 계상한 금액이 법인세법에서는 의제배당으로 익금에 해당하므로 세무조정은 없다.(참고 : 단기소각주식의 특례에 해당하는 경우 세무조정이 발생할 여지가 있으나 무상주 수령분이 없으므로 해당사항이 없음)

(5) 자본전입의 재원이 의제배당에 해당하는 이익잉여금이므로 해당 무상주 수령분은 세법상 익금에 해당한다. 이를 결산에 반영하지 않았으므로 익금산입하고 유가증권의 증가로 보아 유보로 소득처분한다. 또한 주식배당이므로 발행가액으로 평가한다.

17. ③

① 장식 · 환경미화 등을 위하여 사무실 · 복도 등 여러 사람이 볼 수 있는 공간에 항상 전시하는 미술품은 업무와 관련된 자산으로 보며, 취득가액이 거래단위별로 ₩10,000,000 이하인 경우 손비로 계상시 세법에서도 즉시 손금으로 인정한다. 따라서 세무조정은 없다.

② 당기손익 공정가치 측정 금융자산의 세무상 취득가액은 매입가액으로 하며, 취득부대비용은 제외하므로 세무조정은 발생하지 않는다.

③ 현재가치할인차금 계상한 후에는 그에 따라 환입하였거나 환입할 금액은 익금에 산입한다.(강제상각)

④ 법소정의 요건을 충족한 법인의 채무에 대한 출자전환은 출자전환된 채권의 장부가액을 출자전환으로 취득한 주식의 취득가액으로 한다. 따라서 세무조정은 없다.

⑤ 특수관계가 없는 자로부터 정상가액(시가의 130%)범위내로 고가매입하였으므로 건물의 세무상 취득가액은 2억 5천만원이다. 따라서 세무조정은 없다.

18. ②

구 분	Book	Tax	세무조정
2025.12.31 취득	₩100,000,000	₩120,000,000*	〈익금산입〉 ₩20,000,000 (유보)
2026.10. 1 처분	(70,000,000)	(84,000,000)	〈손금산입〉 14,000,000 (△유보)
2026.12.31 평가	10,000,000	–	〈익금불산입〉 10,000,000 (△유보)
잔 액	₩40,000,000	₩36,000,000	△유보 ₩4,000,000

* 특수관계인인 개인으로부터 유가증권을 저가매입하는 경우에는 시가와 매입가액의 차액을 익금으로 보므로 세법상 해당 유가증권의 취득가액은 시가이다.

19. ④

영세율제도가 완전면세제도이며, 면세제도는 해당 거래에서 창출된 부가가치에 대해서는 과세하지 않으나, 전단계까지 창출된 부가가치에 대해서는 과세되는 제도이므로 부분면세제도에 해당한다.

20. ②

부동산임대업은 그 부동산의 등기부상의 소재지를 납세지로 한다. 다만 국가 및 지방자치단체 등이 공급하는 부동산임대업의 경우와 부동산상의 권리의 대여로 인한 부동산임대업의 경우는 업무를 총괄하는 장소를 사업장으로 한다.

21. ⑤

① 신규로 사업을 개시하는 자는 사업개시일(달의 말일×)부터 20일 이내에 사업자등록을 하여야 한다.
② 관할세무서장은 사업개시 전에 등록신청을 한 자가 사실상 사업을 개시하지 않을 것이라고 인정되는 경우에 한하여 등록을 거부할 수 있다.
③ 둘 이상의 사업장이 있는 사업자는 사업자 단위로 해당 사업자의 본점 또는 주사무소 관할 세무서장에게 사업자등록을 신청할 수 있다. → 선택규정(강제규정×)
④ 부가가치세는 사업자의 부가가치세 거래징수여부에 불문하고 신고 및 납부의무가 부여된다.

22. ⑤

주사업장 총괄납부 사업자의 경우 환급세액을 각 사업장별로 환급받는 것이 아니라 각 사업장별로 계산된 납부세액 또는 환급세액을 통산한 후의 잔액을 주된 사업장 관할세무서장에게 납부하거나 환급받게 된다.

23. ①

자동차부품은 매입시 매입세액공제를 받지 않았으므로 비영업용소형승용차의 유지를 위하여 사용하더라도 재화의 공급으로 보지 않는다.

24. ⑤

사업자가 아닌 개인이 대물변제한 경우이므로 재화의 공급으로 과세되지 않는다.

25. ④

번호	영세율 적용금액	비 고
(1)	–	부가가치세를 별도로 적은 세금계산서를 발급한 금액 → 10%
(2)	–	견본품의 무상반출 → 재화의 공급×
(3)	₩10,000,000[*1]	영세율(국내에서 외국법인에게 제공하는 일정한 용역)
(4)	–	수출을 대행하고 받은 수출대행수수료 → 10%
(5)	–[*2]	10%
(6)	8,000,000	영세율(외국인도수출[*3])
(7)	15,000,000	영세율(내국신용장에 의한 공급)
계	₩33,000,000	

*1. 외국법인의 국내사업장이 있는 경우로서 국외의 외국법인과 직접 계약하여 국내에서 무형재산권임대업에 해당하는 용역을 공급하고 해당 국외 외국법인으로부터 외국환은행에서 원화로 받은 대금은 영세율이 적용된다.

2. 국내사업장이 없는 외국법인 또는 비거주자와 계약하고 비거주자 등이 지정하는 국내사업자에게 재화를 공급하여야 하고, 그 국내사업자가 과세사업에 그 재화를 사용하고 대금을 비거주자로부터 외국환은행에서 원화로 수령하여야 하는 모든 요건을 충족해야 영세율을 적용한다.

3. 수출대금은 국내에서 영수(領收)하지만 국내에서 통관되지 아니한 수출물품 등을 외국으로 인도하거나 제공하는 수출을 말한다.

MEMO

2회
진도별 모의고사

과목	문항수	출제자	제한시간
세법	25문제	양소영	30분

1. 〈소득세법〉 다음의 금액 중 근로소득으로 과세되는 것은?

① 경조금 중 사회통념상 타당하다고 인정되는 범위 내의 금액
② 중소기업이 아닌 법인의 종업원이 주택구입자금을 무상대여 받음으로써 얻은 이익
③ 퇴직급여로 지급되기 위하여 근로자 적립금액 등을 선택할 수 없는 것으로서 기획재정부령으로 정하는 방법에 따라 적립되는 급여
④ 종업원이 퇴직한 후에 지급받는 직무발명보상금으로서 700만원을 초과하는 금액
⑤ 출자임원(지분율 0.9%)이 사택을 제공받음으로써 얻는 이익

2. 〈소득세법〉 소득세법상 근로소득 총수입금액의 수입시기로 잘못된 것은?

① 급여 : 근로를 제공한 날
② 임원의 퇴직급여 중 퇴직소득세법상 한도초과액 : 퇴직한 날
③ 상여금(잉여금처분에 의한 상여 제외) : 근로를 제공한 날
④ 인정상여 : 근로를 제공한 날
⑤ 주식매수선택권 : 주식매수선택권을 행사한 날

3. 〈소득세법〉 다음은 ㈜가치산에서 생산직사원으로 일하고 있는 거주자 서정범 씨의 소득과 관련된 자료이다. 거주자 서정범 씨의 2026년 총급여액을 계산하면 얼마인가? 단, 2025년도 총급여액은 2,100만원이라고 가정한다.

> (1) 급여내역
> ① 급여 : 14,400,000원(1,200,000원 × 12개월)
> ② 자격수당 : 1,200,000원(100,000원 × 12개월)
> ③ 연장근로수당 : 3,000,000원(250,000원 × 12개월)
> ④ 상여금 : 2,400,000원(600,000원 × 4개월)
> ⑤ 자가운전보조금 : 3,000,000원(250,000원 × 12개월)
> ⑥ 식대 : 3,600,000원(300,000원 × 12개월)
> * 자가운전보조금은 서정범 씨 소유차량을 업무수행용도로 사용하고 실제경비를 대신하여 지급받은 것이며, 서정범 씨는 회사로부터 별도의 식사를 제공받고 있지는 않다.
>
> (2) 2025년도 이익잉여금을 2026년 11월 8일에 개최된 주주총회에서 처분결의함에 따라 상여금 10,000,000원을 2027년 1월 2일에 수령하였다.

① 34,000,000원 ② 20,400,000원 ③ 30,400,000원
④ 22,800,000원 ⑤ 32,800,000원

4. 〈소득세법〉 다음은 제조업을 영위하는 개인사업자인 거주자 갑의 2026년 소득자료이다. 추계조사 결정에 의하여 거주자 갑의 2026년 귀속 사업소득금액을 계산한 것으로 옳은 것은? 단, 거주자 갑은 복식부기의무자이며 기준경비율 적용대상자이다.

> (1) 2026년 귀속 수입금액 : 100,000,000원
> (2) 세법에서 정한 증명서류로 확인되는 주요경비의 지급명세
> 가. 매입비용 : 5,000,000원(사업용 유형자산의 매입비용 2,000,000원 포함)
> 다. 사업용 유형자산의 임차료 : 4,000,000원
> 라. 급여(거주자 갑의 급여와 퇴직급여 5,000,000원 포함) : 25,000,000원
> (3) 거주자 갑의 해당 업종의 기준경비율은 20%이고 단순경비율은 80%이며, 기획재정부령이 정하는 배율은 복식부기의무자의 경우 3.4배, 간편장부대상자인 경우 2.8배로 가정한다.
> (4) 2025년에 사업소득에서 결손금 6,000,000원이 발생했으며 이 금액은 전액 2026년으로 이월되었다.
> (5) 천재·지변 기타 불가항력으로 장부 기타 증명서류가 멸실됨에 따라 추계조사결정하는 것은 아니다.

① 52,000,000원 ② 64,000,000원 ③ 73,000,000원
④ 63,000,000원 ⑤ 74,000,000원

5. 〈소득세법〉 다음 자료에 의하여 권연서 씨의 2026년의 종합과세되는 기타소득금액과 기타소득(분리과세 소득포함)에 대한 원천징수세액을 각각 계산하면 얼마인가? 단, 분리과세선택이 가능한 경우 분리과세를 선택한 것으로 가정한다.

(1) 2025년 5월 25일에 부동산 매도계약을 하고 계약금 1,600,000원을 수령하였으나, 2026년 4월 1일에 계약이 해약됨에 따라 계약금이 위약금으로 대체되었으며, 추가적으로 손해배상금 400,000원과 그에 대한 법정이자 100,000원을 수령하였다.
(2) 연금계좌세액공제를 받은 금액 및 연금계좌의 운용실적에 따라 증가된 금액 중 40,000원을 연금외수령하였다.
(3) 공익법인의 설립·운영에 관한 법률의 적용을 받는 공익법인이 주무관청을 승인을 받아 시상하는 상금 3,000,000원을 수령하였다.
(4) 2025년 12월 31일에 고용관계 없이 다수인에게 일시적으로 강연을 하고 2026년 4월 10일에 1,000,000원의 강연료를 수령하였다.
(5) 2026년도에 건별 1회 1,000원씩 투입하여 2건의 슬롯머신 당첨금으로 각각 2,000,000원, 4,000,000원을 수령하였다.

	기타소득금액	원천징수세액
①	3,800,000원	1,105,800원
②	4,500,000원	1,366,000원
③	0원	1,365,800원
④	3,500,000원	1,366,000원
⑤	3,100,000원	1,105,800원

6. 〈소득세법〉 제조업을 영위하는 거주자인 사업자 甲의 제26기(2026. 1. 1~12. 31)의 손익계산서에 반영되어 있는 수익항목에 관한 자료이다. 제26기 사업소득의 총수입금액은 얼마인가? 단, 사업자 甲은 복식부기의무자에 해당한다.

(1) 총 매 출 액	120,000,000원
(2) 거래상대방인 ㈜A로부터 받은 판매장려금	5,000,000원
(3) 거래상대방인 ㈜B에게 지급한 판매장려금	2,000,000원
(4) 사업자금을 은행에 예치하여 발생한 예금이자수익	7,500,000원
(5) 업무용승용차 매각차익(매각가액 : 6,000,000원, 장부가액 : 4,700,000원)	1,300,000원
(6) 공장건물의 화재로 인한 보험차익(보험금수령액 : 7,000,000원, 소실자산 장부가액 : 5,800,000원)	1,200,000원

① 138,000,000원 ② 127,500,000원 ③ 130,800,000원
④ 135,500,000원 ⑤ 132,200,000원

7. **〈소득세법〉 다음은 거주자 갑의 2026년도 연금소득과 관련된 자료이다. 갑의 2026년도 연금소득금액으로 옳은 것은?**

(1) 갑이 국민연금법에 따른 연금보험료를 납입한 내역과 연금을 수령한 내역은 다음과 같다.

가. 2001년 12월 31일 이전에 납입한 연금보험료 누계액은 30,000,000원이다. 그리고 2002년 1월 1일 이후에 납입한 연금보험료 누계액은 10,000,000원이며, 이 중에서 실제로 연금보험료 공제를 적용받은 금액은 6,000,000원이다. 연금보험료공제를 받지 못한 부분은 관할세무서장으로부터 확인서를 받았다고 가정한다.

나. 전체 납입기간의 총 환산소득 누계액은 1,000,000,000원이고 2002년 1월 1일 이전 납입기간의 환산소득 누계액은 300,000,000원이다.

다. 갑이 2026년도에 해당 연도분 연금으로 수령한 금액은 70,000,000원(원천징수 세액을 차감하기 전의 금액임)이다.

(2) 연금소득공제액의 산출식은 다음과 같다.

총 연 금 액		공 제 액
	350만원 이하	총 연 금 액
350만원 초과	700만원 이하	350만원 + (총연금액 − 350만원) × 40%
700만원 초과	1,400만원 이하	490만원 + (총연금액 − 700만원) × 20%
1,400만원 초과		630만원 + (총연금액 − 1,400만원) × 10%

① 10,100,000원 ② 40,000,000원 ③ 35,600,000원
④ 10,400,000원 ⑤ 36,000,000원

8. **〈소득세법〉 소득세법상 연금소득에 관한 설명이다. 옳지 않은 것은?**

① 공적연금을 지급하는 자는 연금소득간이세액표에 의한 세액을 원천징수하고 다음연도 1월분 연금지급시 연말정산을 하여야 한다.

② 세액공제를 받은 연금계좌 납입액과 연금계좌의 운용실적에 따라 증가된 금액을 연금수령한 연금소득으로 연금수령일 현재 연금소득자의 나이가 80세 이상인 경우에는 3%로 원천징수한다.

③ 연금소득이 있는 거주자가 주택담보노후연금 이자비용공제를 신청한 경우 법령상 요건에 해당하는 주택담보노후연금 수령액에 대해서 해당 과세기간에 발생한 이자비용 상당액을 200만원 한도 내에서 연금소득금액에서 공제한다.

④ 공적연금 관련법에 따라 일시금 퇴직소득을 지급하는 자가 퇴직소득의 일부 또는 전부를 지연하여 지급하면서 지연지급에 따른 이자를 함께 지급하는 경우 해당 이자는 연금소득으로 본다.

⑤ 공적연금소득의 수입시기는 공적연금관련법에 따라 연금을 지급받기로 한 날로 한다.

9. 〈소득세법〉 소득의 종류에 관한 설명으로 옳은 것은?

① 서화·골동품의 양도로 발생하는 소득은 양도소득에 해당한다.
② 채권을 일시적으로 대여하고 사용료로서 받는 금품은 이자소득에 해당한다.
③ 육체적·정신적·물리적인 피해와 관련하여 받는 손해배상금과 그 법정이자는 기타소득에 해당한다.
④ 고용관계 없이 부여받는 주식매수선택권을 행사함으로써 얻은 이익은 주식매수선택권의 행사시점을 불문하고 기타소득에 해당한다.
⑤ 근로시간면제자가 노동조합 및 노동관계조정법을 위반하여 사용자로부터 지급받는 급여는 근로소득에 해당한다.

10. 〈법인세법〉 다음 중 법인세법상 손금에 해당하는 것은?

① 형법상 뇌물에 해당하는 금전지급액
② 법인의 주주(지분율 1%)가 사용하고 있는 사택유지비
③ 업무에 직접 사용하지 아니하는 자동차의 수선비
④ 업무용승용차 관련 비용 중 업무사용금액에 해당하지 아니한 금액
⑤ 직원인 지배주주에게 지급한 교육훈련비

11. 〈법인세법〉 다음 중 비용으로 회계처리 한 경우 법인세법상 손금불산입으로 세무조정해야 하는 것이 아닌 것은?

① 비영업용소형승용차의 유지와 관련한 부가가치세 매입세액
② 업무수행과 관련하여 부담한 교통위반 범칙금
③ 자본금 증자등기를 위해 지출한 등록면허세
④ 판매하지 아니한 제품에 대한 반출필의 개별소비세 미납액
⑤ 해당연도에 취득하여 보유 중인 요트(업무무관자산임)와 관련한 취득세

12. **〈법인세법〉 다음은 제조업을 영위하는 중소기업인 ㈜아영의 제26기 사업연도(2026.1.1~12.31)의 세무조정에 대한 자료이다. 기업업무추진비관련 세무조정으로 인해 유보(또는 △유보)로 소득처분해야 하는 금액의 순액은?**

(1) 기업업무추진비 관련 자료

손익계산서상 기업업무추진비 계상액	18,000,000원
건설중인자산으로 계상한 기업업무추진비*	55,000,000원
합 계	73,000,000원

* 건설중인자산 계상분에는 건설이사 개인카드 사용분(건당 3만원 초과분) 3,000,000원이 포함되어 있다.

(2) 매출관련 자료

① 손익계산서상 제품 매출액 : 20억원(이 중 특수관계인에 대한 매출액은 없음)

② 당기에 특수관계가 없는 자에게 외상으로 판매한 제품매출액 2,000,000원에 대해서 회계처리를 누락되었다.(매출원가에 대한 회계처리는 적정하게 하였다고 가정한다.)

① △9,994,000원 ② △10,994,000원 ③ 1,000,000원
④ 2,000,000원 ⑤ △16,996,000원

13. **〈법인세법〉 다음은 법인세법상 인건비에 대한 설명이다. 옳지 않은 것은?**

① 국민건강보험법에 의해 직원이 부담해야 할 보험료를 사용자인 법인이 부담한 금액은 손금에 산입한다.

② 합명회사 또는 합자회사의 노무출자사원에게 지급하는 보수는 손금에 산입하지 않지만 금전출자사원이나 신용출자사원 등 노무출자사원 이외의 사원에게 지급하는 보수는 출자의 대가가 아니므로 손금에 산입한다.

③ 법인이 지급하는 상여금은 원칙적으로 손금에 산입하지만, 임원에게 지급하는 상여 중 정관, 주주총회, 사원총회 또는 이사회결의 등에 의해 결정된 급여지급기준에 의한 금액을 초과하여 지급하는 금액은 손금에 산입하지 아니한다.

④ 임원이 주식매수선택권(현금결제형)을 행사함에 따라 현금이나 창업법인 등이 발행한 주식을 지급하는 경우 이를 잉여금 처분을 통해 지급하더라도 해당 금액을 손금에 산입할 수 있다.

⑤ 잉여금처분에 의해 지급하는 상여금은 손금에 산입하지 않는다.

14. **〈법인세법〉 다음은 (주)스케치스의 제26기(2026. 1. 1~12. 31) 지급이자와 관련된 내용이다. 다음 자료를 이용하여 세무조정을 한 결과 제26기에 기타사외유출로 손금불산입되는 금액을 구하면 얼마인가? (단, 1년은 365일로 가정한다.)**

(1) 손익계산서상 지급이자의 내역

이자율	지급이자	차입금적수	비 고
연 16%	4,000,000원	9,125,000,000원	채권자불분명사채이자*1
연 12%	12,000,000원	36,500,000,000원	사옥신축자금이자*2
연 9%	7,200,000원	29,200,000,000원	운영자금이자
연 7%	8,400,000원	43,800,000,000원	운영자금이자
계	31,600,000원	118,625,000,000원	

*1. (주)스케치스는 소득세 및 개인 지방소득세 1,980,000원을 적법하게 원천징수하였다고 가정한다.
2. 신축중인 사옥을 위한 차입금이자이며 신축자금 중 일부를 일시예금하여 2,000,000원의 이자수익이 발생하였다.

(2) 제26기 4월 1일에 업무무관 토지(시가 30,000,000원)를 34,000,000원에 특수관계법인인 ㈜에스와이로부터 매입하고 장부상 토지를 매입가액으로 계상하였다. 또한 해당 토지와 관련한 취득세 2,500,000원을 당기 4월 1일에 납부하고 세금과공과의 과목으로 비용처리하였다.

① 3,817,000원 ② 4,000,000원 ③ 2,145,000원
④ 1,848,000원 ⑤ 8,125,000원

15. **〈법인세법〉 제조업을 영위하는 비상장 영리내국법인 (주)A(중소기업에 해당하며, 사회적 기업은 아님)의 제26기(2026. 1. 1~12. 31) 자료이다. (주)A의 제26기 일반기부금과 관련하여 손금불산입되는 금액은 얼마인가?**

(1) 제26기 손익계산서상 당기순이익은 100,000,000원이고, 기부금을 제외한 세무조정 내역은 다음과 같다.
ㄱ. 법인세비용 : 20,000,000원
ㄴ. 기업업무추진비 한도초과액 : 5,000,000원
ㄷ. 수입배당금 익금불산입 : 3,000,000원

(2) 제26기 손익계산서에 계상된 기부금 내역은 다음과 같다.
ㄱ. 지진으로 생긴 이재민을 위한 기부금 : 10,000,000원(현금)
ㄴ. 사회복지법인 기부금 : 20,000,000원(현금)
ㄷ. 국민체육진흥법에 의한 국민체육진흥기금 출연금 2,000,000원을 어음(발행일 : 2026. 8. 1, 만기 : 2027. 1. 31)으로 교부함

(3) 제26기 말 현재 법인세 과세표준을 계산할 때 공제할 수 있는 이월결손금과 이월된 기부금의 한도초과액은 없다.

① 2,000,000원 ② 5,600,000원 ③ 7,400,000원
④ 7,600,000원 ⑤ 10,400,000원

16. **〈법인세법〉 법인세법상 기부금 및 기업업무추진비에 관한 설명으로 옳지 않은 것은?**

① 법인이 그 직원이 조직한 조합 또는 단체에 복리시설비를 지출한 경우 해당 조합이나 단체가 법인인 때에는 이를 기업업무추진비로 보며, 해당 조합이나 단체가 법인이 아닌 때에는 그 법인의 경리의 일부로 본다.

② 주주 또는 출자자나 임원 또는 직원이 부담하여야 할 성질의 기업업무추진비를 법인이 지출한 것은 이를 기업업무추진비로 보지 아니한다.

③ 법인이 특수관계인 외의 자에게 정당한 사유 없이 자산을 정상가액보다 낮은 가액으로 양도함으로써 그 차액 중 실질적으로 증여한 것으로 인정되는 금액은 기부금으로 본다.

④ 기업업무추진비란 접대, 교제, 사례 또는 그 밖에 어떠한 명목이든 상관없이 이와 유사한 목적으로 지출한 비용으로서 내국법인이 직접 또는 간접적으로 업무와 관련이 있는 자와 업무를 원활하게 진행하기 위하여 지출한 금액을 말한다.

⑤ 인·허가를 받기 이전의 설립중인 단체 등에 어음을 발행하여 기부한 경우 그 어음이 실제로 결제된 날에 기부금을 지출한 것으로 본다.

17. **〈법인세법〉 다음은 법인세법상 기업업무추진비와 관련한 내용이다. 가장 잘못된 것은?**

① 건당 3만원을 초과하는 기업업무추진비로서 적격증명서류를 수취하지 않는 것은 전액 손금불산입하나 농어민으로부터 직접 재화를 공급받는 경우의 지출로서 그 대가를 금융회사 등을 통하여 지급한 지출은 이러한 손금불산입규정을 적용하지 않고 한도시부인대상 기업업무추진비해당액에 포함한다.

② 건당 3만원을 초과하는 기업업무추진비로서 발급받은 신용카드 매출전표 등에 기재된 상호 및 사업장소재지가 재화 또는 용역을 공급하는 신용카드등의 가맹점의 상호 및 사업장소재지와 다른 것은 각 사업연도의 소득금액을 계산할 때 손금에 산입하지 아니한다.

③ 기업업무추진비를 금전 외의 자산으로 제공한 경우 해당 자산의 가액은 이를 제공한 때의 시가(시가가 장부가액보다 낮은 경우에는 장부가액)에 따른다.

④ 법인이 종업원으로 구성된 법인인 노동조합에 지출한 보조금은 해당 법인의 경리의 일부로 본다.

⑤ 법인이 기업업무추진비를 지출한 사업연도의 손비로 처리하지 않고 이연처리한 경우에도 이를 지출한 사업연도의 기업업무추진비로서 시부인계산한다.

18. **〈법인세법〉 법인세법상 업무무관자산 등에 대한 지급이자 손금불산입규정에 대한 설명으로 틀린 것은?**

① 해당 지급이자의 손금불산입금액은 기타사외유출로 처분한다.

② 업무무관가지급금은 특수관계인에 대한 대여금에 한정하며 적정이자의 수령여부와는 무관하게 지급이자 손금불산입규정의 적용대상이 된다.

③ 법인이 우리사주조합 또는 그 조합원에게 해당 우리사주조합이 설립된 회사의 주식취득에 소요되는 자금을 대여한 금액은 업무무관가지급금으로 보지 않는다.

④ 동일인에 대한 가지급금 등과 가수금이 함께 있는 경우에는 이를 상계한 후의 잔액을 가지급금 등으로 한다. 다만, 가지급금 등과 가수금의 발생시의 각각 상환기간 및 이자율 등에 관한 약정이 있어 상계할 수 없는 경우에는 이러한 상계를 하지 않는다.

⑤ 익금산입액의 귀속자가 법인의 대표이사인 경우로서 대표자상여로 처분한 금액에 대한 소득세를 법인이 대납한 금액은 업무무관가지급금으로 보지 않는다.

19. **〈부가가치세법〉 다음은 과세사업과 면세사업을 영위하는 겸영사업자인 ㈜스케치스의 2026년 제2기 부가가치세 계산과 관련된 자료이다. ㈜스케치스의 2026년 제2기 과세기간의 부가가치세 과세표준을 계산하면 얼마인가?(단, 주어진 자료의 금액은 부가가치세가 포함되지 아니한 금액이다.)**

(1) ㈜스케치스의 공급가액 자료는 다음과 같다.

구분	2026년 제1기	2026년 제2기
과세사업	96,000,000원	40,000,000원
면세사업	4,000,000원	10,000,000원

(2) 기계장치 A

2025년 3월 5일에 수입하여 과세사업에 사용하고 있던 기계장치 A를 2026년 8월 1일부터 과세사업과 면세사업에 공통으로 사용하였다. 기계장치 A는 55,000,000원에 취득하였으며 동 금액에는 다음의 금액이 포함되어 있다.

① 관세 3,000,000원

② 연지급수입이자 5,000,000원

(3) 기계장치 B

2025년 10월 20일에 취득하여 과세사업과 면세사업에 공통으로 사용하던 기계장치 B를 2026년 9월 1일에 매각하였다. 기계장치 B의 취득가액은 80,000,000원이며, 매각대금은 50,000,000원이다. 기계장치 B의 매입시 발생한 매입세액은 공급가액의 비율로 안분계산된 바 있다.

① 42,500,000원 ② 92,500,000원 ③ 90,500,000원
④ 50,000,000원 ⑤ 100,000,000원

20. 〈부가가치세법〉 대손세액공제에 대한 설명이다. 옳은 것은?

① 대손세액공제를 받고자 하는 사업자는 부가가치세 예정신고서 및 확정신고서에 대손세액공제신고서와 대손사실을 증명하는 서류를 첨부하여 관할세무서장에게 제출하여야 한다.

② 사업자는 수표 또는 어음의 부도발생일로부터 6개월이 지나면 채무자의 재산에 저당권을 설정하고 있는 경우에도 대손세액을 공제받을 수 있다.

③ 대손세액공제의 범위는 사업자가 부가가치세가 과세되는 재화나 용역을 공급한 후 공급일로부터 10년이 지난 날이 속하는 과세기간에 대한 확정신고기한까지 확정되는 대손세액으로 한다.

④ 간이과세자가 부가가치세 확정신고서에 대손세액공제신고서와 대손사실을 증명하는 서류를 첨부하여 관할세무서장에게 제출한 경우 대손세액공제를 받을 수 있다.

⑤ 재화 또는 용역을 공급받은 사업자가 대손세액의 전부 또는 일부를 매입세액으로 공제받은 경우로서 공급자의 대손이 그 공급을 받은 사업자가 폐업하기 전에 확정되는 경우에는 관련 대손세액에 해당하는 금액을 그 공급받은 사업자의 폐업일이 속하는 과세기간의 매입세액에서 뺀다.

21. 〈부가가치세법〉 다음은 부가가치세법상의 세금계산서제도에 관한 설명이다. 이 중 옳지 않은 것은?

① 소매업을 영위하는 자가 공급하는 재화 또는 용역에 대하여는 세금계산서를 발급할 의무가 없으나 공급받는 자가 세금계산서의 발급을 요구하는 경우에는 신용카드매출전표를 발급한 경우에도 세금계산서를 발급하여야 한다.

② 세관장은 수입되는 재화에 대하여 부가가치세의 납부가 유예되는 때에도 수입세금계산서에 납부유예 표시를 하여 수입세금계산서를 발급하여야 한다.

③ 간주임대료에 대한 부가가치세는 이를 임대인과 임차인 중 누가 부담하는지를 불문하고 세금계산서를 발급하거나 발급받을 수 없다.

④ 처음 공급한 재화가 환입된 경우 재화가 환입된 날을 작성일로 적어 수정세금계산서를 발급한다.

⑤ 면세 등 발급대상이 아닌 거래 등에 대하여 세금계산서를 발급한 경우 처음에 발급한 세금계산서의 내용대로 붉은 색 글씨로 쓰거나 음의 표시를 하여 수정세금계산서를 발급한다.

22. **〈부가가치세법〉 부가가치세법상 신용카드매출전표 등에 대한 설명이다. 옳은 것은?**

① 법인사업자 중 소비자업종을 영위하는 사업자가 부가가치세가 과세되는 재화·용역을 공급하고 세금계산서 발급시기에 신용카드매출전표 등을 발급하는 경우 신용카드매출전표 발급 등에 대한 세액공제를 적용받을 수 있다.

② 사업자가 자동차운전학원사업을 영위하는 과세사업자로부터 교육용역을 공급받고 부가가치세액이 별도로 구분되는 신용카드매출전표 등을 발급받은 경우에는 그 부가가치세액은 공제할 수 있는 매입세액으로 본다.

③ 신용카드매출전표 발급 등에 대한 세액공제금액이 납부할 세액을 초과하면 그 초과하는 부분은 환급한다.

④ 비영업용소형승용차를 구입하면서 부가가치세액이 별도로 구분되는 신용카드매출전표를 발급받은 경우 그 부가가치세액은 공제할 수 있는 매입세액으로 본다.

⑤ 소매업을 영위하는 간이과세자가 재화 또는 용역을 공급하고 신용카드매출전표 등을 발행한 경우에는 그 발행금액의 1.3%를 납부세액에서 공제한다.

23. **〈부가가치세법〉 거주자 양일점 씨(일반과세자)는 과세사업과 면세사업을 함께 영위하던 중 2026년 10월 1일에 사업을 폐업하였다. 다음 자료를 이용하여 겸영사업자인 양일점 씨의 2026년 제2기 부가가치세 과세표준을 계산하면 얼마인가?(단, 주어진 자료의 금액은 부가가치세가 포함되지 아니한 금액이다.)**

(1) 2026년 7월 1일부터 폐업하기 전까지의 과세공급가액은 30,000,000원이며, 면세공급가액은 20,000,000원이다.

(2) 폐업시 잔존재화는 다음과 같다.

종 류	취득일	취득원가	시 가
원재료	2025. 1. 10	3,000,000원	2,000,000원
토 지	2022. 1. 2	8,000,000원	9,000,000원
기계장치	2025. 8. 1	9,000,000원	12,000,000원
비영업용소형승용차	2025. 9. 30	6,000,000원	10,000,000원

* 원재료는 전액 과세사업용이며, 토지, 기계장치 및 비영업용소형승용차는 과세·면세 겸용자산이다.

(3) 양일점 씨의 2026년 제1기 과세공급가액은 1억원이며, 면세공급가액은 3억원이다.

① 34,700,000원 ② 32,000,000원 ③ 33,125,000원
④ 36,500,000원 ⑤ 33,150,000원

24. 〈부가가치세법〉 다음은 ㈜스케치스의 2026년 제1기(4.1~6.30) 확정신고시의 매출세액을 계산하기 위한 자료이다. 다음 자료를 이용하여 2026년 제1기 확정신고시의 ㈜스케치스의 과세표준과 매출세액을 각각 계산하면 얼마인가? 단, ㈜스케치스는 주사업장총괄납부사업자 또는 사업자단위과세사업자에 해당하지 아니하며, 제시된 자료는 부가가치세가 포함되지 않은 금액이다.

> (1) 외상매출액 : 55,000,000원(매출할인 5,000,000원 차감된 금액임)
> (2) 판매목적으로 원가 6,000,000원(시가 9,000,000원)의 상품을 직매장에 반출하였으며, 반출시 세금계산서를 발급하지 아니하였다.
> (3) ㈜스케치스는 비영업용 소형승용차를 7,000,000원(취득원가 5,000,000원)에 매각하였다.
> (4) 예정신고시 매출액 30,000,000원이 누락되었으며, 이는 수출분 1건(20,000,000원)과 국내매출분 1건(10,000,000원)의 합계액이다.
> (5) ㈜스케치스가 2021년 1월 25일에 외상판매의 대가로 받은 약속어음 5,500,000원이 2025년 12월 5일에 부도가 발생하였으며, 채무자의 재산에는 저당권을 설정하고 있지 않다.

	과세표준	매출세액
①	93,000,000원	7,300,000원
②	78,000,000원	9,300,000원
③	93,000,000원	9,800,000원
④	98,000,000원	7,300,000원
⑤	73,000,000원	9,300,000원

25. 〈부가가치세법〉 부가가치세법상의 과세표준에 관한 설명으로 옳지 않은 것은?

① 재화의 수입에 대한 부가가치세의 과세표준은 관세의 과세가격과 관세·개별소비세·주세·교육세·농어촌특별세 및 교통·에너지·환경세의 합계액으로 한다.

② 계약 등에 의하여 확정된 대가의 지급지연으로 인하여 지급받는 연체이자는 과세표준에 포함하지 아니한다.

③ 재화 또는 용역의 시가는 사업자가 특수관계인이 아닌 자와 해당 거래와 유사한 상황에서 계속적으로 거래한 가격 또는 제3자 간에 일반적으로 거래된 가격으로 하는 것을 원칙으로 하되, 이러한 가격이 없는 경우에는 감정평가가액과 상증세법상 평가가액을 순차적으로 적용한다.

④ 사업자가 완성도기준지급조건부로 재화 또는 용역을 공급하고 계약에 따라 대가의 각 부분을 받을 때 하자보증을 위하여 공급받은 자에게 보관시키는 하자보증금은 과세표준에서 공제하지 않는다.

⑤ 사업자가 재화나 용역을 공급하고 받은 대가에 공급가액과 세액이 별도 표시되어 있지 아니한 경우에는 해당 거래금액의 110분의 100에 해당하는 금액이 과세표준이 된다.

2회 진도별 모의고사 해설

1. ②

① 경조금 중 사회통념상 타당하다고 인정되는 범위 내의 금액→ 과세제외

③ 퇴직급여로 지급되기 위하여 근로자 적립금액 등을 선택할 수 없는 것으로서 기획재정부령으로 정하는 방법에 따라 적립되는 급여 → 퇴직시 퇴직소득

④ 종업원이 퇴직한 후에 지급받는 직무발명보상금으로서 700만원을 초과하는 금액 → 기타소득

⑤ 지분율 1% 미만의 소액주주임원이 사택을 제공받음으로써 얻는 이익→ 비과세 근로소득

2. ②

임원의 퇴직급여 중 퇴직소득세법상 한도초과액은 지급받거나 받기로 한 날을 수입시기로 한다.

3. ③

구 분	월정액급여	총급여액
급여	₩1,200,000	₩14,400,000
자격수당	100,000	1,200,000
연장근로수당	–*1	600,000*2
상여금	–*1	2,400,000
자가운전보조금	50,000*1	600,000
식대	300,000	1,200,000
잉여금처분상여	–*1	10,000,000*3
합 계	₩1,650,000	₩30,400,000

*1. 초과근로수당, 비과세 실비변상적성질의 급여, 비과세 복리후생적성질의 급여 및 부정기적 상여는 월정액급여계산시 제외한다.

2. 직전 연도의 총급여액이 3,000만원 이하이며 월정액급여 210만원 이하인 생산직 근로자의 초과근무수당은 연간 240만원까지 비과세된다.

3. 잉여금처분에 의한 상여의 수입시기는 해당 법인의 잉여금처분결의일(2026. 11. 8.)이다.

4. ④

Min [(1), (2)] = ₩63,000,000

(1) 기준경비율법 : ₩100,000,000 − ₩27,000,000*1 − ₩100,000,000 × 20% × 50%*2 = ₩63,000,000

*1. 주요경비 : a + b + c = ₩27,000,000

a. 매입비용 : ₩3,000,000(매입비용에는 유형자산 매입비용 제외)

b. 임차료 : ₩4,000,000

c. 인건비 : ₩25,000,000 − ₩5,000,000 = ₩20,000,000

2. 복식부기의무자인 경우에는 기준경비율의 50%를 적용한다.

(2) 단순경비율법 × 배율 : (₩100,000,000 − ₩100,000,000 × 80%) × 3.4배 = ₩68,000,000

* 해당 과세기간의 소득금액에 대해서 추계신고를 하거나 추계조사결정하는 경우에는 이월결손금공제를 적용하지 아니한다. 다만, 천재지변이나 그 밖의 불가항력으로 장부나 그 밖의 증명서류가 멸실되어 추계신고하거나 추계조사결정을 하는 경우에는 이월결손금공제를 적용한다.

5. ⑤

(1) 기타소득금액의 구분

구 분	기타소득금액	비 고
손해배상금(위약금대체)	₩1,600,000	원천징수×
손해배상금	500,000	
연금외수령*1	–	분리과세대상 소득에 해당함.
상금	600,000	₩3,000,000 × (1 – 80%)
강연료*2	400,000	₩1,000,000 × (1 – 60%)
슬롯머신 당첨금(2백만원)	–	건별 2백만원 이하 → 과세최저한
슬롯머신 당첨금(4백만원)	–	분리과세대상 소득에 해당함.
합 계	₩3,100,000	

*1. 연금계좌에서 연금외수령한 기타소득의 경우 과세최저한(5만원)규정을 적용하지 아니한다.
2. 일반적인 기타소득의 수입시기는 지급받은 날이다.

(2) 기타소득금액 : ₩3,100,000

* 기타소득금액이 3백만원을 초과하므로 종합과세한다.

(3) 기타소득에 대한 원천징수세액 : ① + ② + ③ = ₩1,105,800

① 연금계좌에서 연금외수령 : ₩40,000 × 15% = ₩6,000

② 슬롯머신 당첨금 : (₩4,000,000 – ₩1,000) × 20% = ₩799,800

③ 그 밖의 기타소득 : ₩1,500,000 × 20% = ₩300,000

6. ⑤

구 분	총수입금액	비 고
매출액	₩120,000,000	
판매장려금 수령액	5,000,000	
판매장려금 지급액	–	필요경비에 해당함
예금이자수익	–	이자소득에 해당함
업무용승용차 매각가액	6,000,000	장부가액은 필요경비에 해당함
보험차익	1,200,000	
합 계	₩132,200,000	

7. ⑤

(1) 총연금액 : ① – ② = ₩45,000,000

① 과세기준금액 : $₩70,000,000 \times \frac{₩700,000,000}{₩1,000,000,000} = ₩49,000,000$

② 과세제외 기여금 등 : ₩4,000,000*

* 2002. 1. 1. 이후 납입액 중 연금보험료공제를 적용받지 못한 금액 : ₩10,000,000 – ₩6,000,000 = ₩4,000,000

(2) 연금소득공제액 : ₩9,000,000(한도)

* 총연금액이 4,100만원 초과인 경우 연금소득공제한도(900만원)를 초과하므로, 이 때 연금소득공제액은 900만원으로 한다.

(3) 연금소득금액 : ₩45,000,000 – ₩9,000,000 = ₩36,000,000

8. ④

공적연금 관련법에 따라 일시금 퇴직소득을 지급하는 자가 퇴직소득의 일부 또는 전부를 지연하여 지급하면서 지연지급에 따른 이자를 함께 지급하는 경우 해당 이자는 퇴직소득으로 본다.

9. ④

① 서화 · 골동품의 양도로 발생하는 소득은 기타소득에 해당한다.
② 채권을 일시적으로 대여하고 사용료로서 받는 금품은 기타소득에 해당한다.
③ 육체적 · 정신적 · 물리적인 피해와 관련하여 받는 손해배상금과 그 법정이자는 과세대상에서 제외된다.
⑤ 근로시간면제자가 노동조합 및 노동관계조정법을 위반하여 사용자로부터 지급받는 급여는 기타소득에 해당한다.

10. ⑤

여비 · 교육훈련비를 임직원인 지배주주 등에게 지급한 경우 손금으로 인정된다.

11. ①

① 비영업용소형승용차의 유지와 관련한 부가가치세 매입세액 → 조세정책적 목적 불공제분이므로 손금으로 인정된다.
② 업무수행과 관련하여 부담한 교통위반 범칙금 → 벌금 등으로 손금불산입(기타사외유출)
③ 신주발행비로 보아 주식발행초과금을 차감한다. → 손금불산입(기타사외유출*)

* 익금에 산입한 금액이 사외에 유출된 것이 분명한 경우에는 그 귀속자에 따라 사외유출로 소득처분하며, 세무조정금액이 사외에 유출되지 않고 장부와 세법의 자산 · 부채차이를 유발하지 않는 경우에 기타로 소득처분한다. 자본금 증자등기에 관한 등록면허세를 지방자치단체에 지출한 것은 지방자치단체에 사외유출된 것이므로 기타사외유출로 소득처분한다.

④ 판매하지 아니한 제품에 대한 반출필의 개별소비세 미납액 → 손금불산입(유보)
⑤ 해당연도에 취득하여 보유 중인 요트(업무무관자산임)와 관련한 취득세 → 손금불산입(유보)

12. ②

(1) 기업업무추진비 시부인 전 세무조정

〈손금산입〉	건설중인 자산	₩3,000,000	(△유보)
〈손금불산입〉	임직원명의카드사용분	₩3,000,000	(기타사외유출)
〈익금산입〉	외상매출누락	₩2,000,000	(유보)

(2) 기업업무추진비 한도 : ₩36,000,000 × 12/12 + (₩2,000,000,000 + ₩2,000,000) × 3/1,000 = ₩42,006,000

(3) 기업업무추진비 한도 초과액 : ₩70,000,000* − ₩42,006,000 = ₩27,994,000

* ₩73,000,000 − ₩3,000,000(직부인금액) = ₩70,000,000

(4) 세무조정

〈손금불산입〉	기업업무추진비 한도초과액	₩27,994,000	(기타사외유출)
〈손금산입〉	건설중인 자산	₩9,994,000*	(△유보)

* ₩27,994,000 − ₩18,000,000 = ₩9,994,000

(5) 유보(또는 △유보)의 순액 : △₩3,000,000 + ₩2,000,000 + △₩9,994,000 = △₩10,994,000

13. ④

이익잉여금 처분에 의한 성과급의 손금산입규정은 폐지되었다. 그러므로 잉여금 처분에 의한 상여는 손금에 산입할 수 없다.

14. ⑤

(1) 채권자불분명사채이자

〈손금불산입〉 원천징수분 ₩1,980,000 (기타사외유출)

〈손금불산입〉 원천징수분 외 ₩2,020,000 (상여)

(2) 건설자금이자

〈손금불산입〉 건설자금이자 ₩10,000,000 (유보)

* 일시예치 수입이자를 차감한 금액으로 하되, 업무무관자산 관련이자의 손금불산입액 계산시에는 지급이자 ₩12,000,000이 선부인 된 것으로 보아 계산한다.

(3) 업무무관토지 취득관련

〈손금산입〉 업무무관토지 ₩4,000,000 (△유보)

〈손금불산입〉 부당행위계산부인 ₩4,000,000 (기타사외유출)

〈손금불산입〉 취득세 ₩2,500,000 (유보)

* 시가와 거래금액의 차액 ₩4,000,000은 시가(₩30,000,000)의 5% 이상에 해당하므로 부당행위계산부인규정의 적용대상이다.

(4) 업무무관자산관련 지급이자

〈손금불산입〉 업무무관자산관련 지급이자 ₩2,145,000 (기타사외유출)

① 지급이자 : ₩7,200,000 + ₩8,400,000 = ₩15,600,000

② 업무무관자산 등 적수 : ₩36,500,000 × 275일 = ₩10,037,500,000

* 지급이자 손금불산입액 계산시 업무무관자산의 취득가액은 세법상 취득가액으로 하되, 특수관계인으로부터 고가매입한 경우 시가초과액을 포함한다.

③ 차입금적수 : ₩29,200,000,000 + ₩43,800,000,000 = ₩73,000,000,000

④ 손금불산입액 : ① × $\frac{②}{③}$ = ₩2,145,000

(5) 기타사외유출로 소득처분되는 금액 : ₩1,980,000 + ₩4,000,000 + ₩2,145,000 = ₩8,125,000

15. ④

(1) 차가감소득금액 : ₩124,000,000

① 당기순이익 : ₩100,000,000

② 가산조정 : ₩20,000,000(법인세비용) + ₩5,000,000(기업업무추진비 한도초과액) + ₩2,000,000(미지급 일반기부금 손不) = ₩27,000,000

③ 차감조정 : ₩3,000,000(수입배당금 익금불산입)

(2) 기준소득 : ₩124,000,000 + ₩30,000,000(특례, 일반기부금) − ₩0(이월결손금) = ₩154,000,000

(3) 기부금 한도관련 세무조정

	B	T	D	T/A
① 특례	₩10,000,000	₩77,000,000[*1]	△₩67,000,000	세무조정 없음
② 일반	20,000,000	14,400,000[*2]	5,600,000	손不 ₩5,600,000 (기타사외유출)

*1. ₩154,000,000 × 50% = ₩77,000,000

2. (₩154,000,000 − ₩10,000,000) × 10% = ₩14,400,000

(4) 일반기부금관련 손금불산입액 : ₩2,000,000 + ₩5,600,000 = ₩7,600,000

16. ⑤

인 · 허가를 받기 이전의 설립중인 단체 등에 지출한 기부금은 그 단체가 인 · 허가를 받은 날이 속하는 사업연도의 기부금으로 본다.

17. ④

법인이 그 직원이 조직한 조합 또는 단체에 지출한 복리시설비는 해당 조합이나 단체가 법인인 경우에는 이를 기업업무추진비로 본다.

18. ⑤

익금산입액의 귀속자가 불분명하거나 추계로 과세표준을 결정 · 경정할 때에 대표자상여로 처분한 금액에 대한 소득세를 법인이 대납한 금액은 업무무관가지급금으로 보지 않는다. 그러나 익금산입액의 귀속자가 대표이사인 경우로서 대표자상여로 처분한 금액에 대한 소득세를 법인이 대납한 금액은 업무무관가지급금에 해당한다.

19. ③

(1) 해당 과세기간의 공급가액 : ₩40,000,000

(2) 기계장치 A(공급의제) : ₩50,000,000*1 × (1 − 25%×3) × 20%*2 = ₩2,500,000

*1. ₩55,000,000 − ₩5,000,000(연지급수입이자) = ₩50,000,000 → 취득가액은 매입세액공제를 받은 가액으로 하므로 관세는 포함하나, 연지급수입이자는 포함하지 않는다.

2. 공급의제에 해당하므로 일부 전용일이 속하는 과세기간의 면세공급비율을 적용한다.

(3) 기계장치 B(실질공급) : ₩50,000,000 × 96% = ₩48,000,000

* 직전 과세기간의 면세공급가액비율이 5% 미만이나 해당 재화의 공급가액이 5,000만원 이상이므로 직전 과세기간의 과세공급비율을 적용하여 안분계산한다.

(4) 제2기 과세기간의 부가가치세 과세표준 : (1) + (2) + (3) = ₩90,500,000

20. ③

① 대손세액공제는 확정신고시에만 적용된다.

② 저당권을 설정하고 있는 경우에는 대손세액공제를 받을 수 없다.

④ 간이과세자는 대손세액공제를 받을 수 없다.

⑤ 재화 또는 용역을 공급받은 사업자가 대손세액의 전부 또는 일부를 매입세액으로 공제받은 경우로서 공급자의 대손이 그 공급을 받은 사업자가 폐업하기 전에 확정되는 경우에는 관련 대손세액에 해당하는 금액을 대손이 확정된 날이 속하는 과세기간의 매입세액에서 뺀다.

21. ①

신용카드매출전표를 발급한 경우에는 세금계산서 발급이 금지된다.

22. ⑤

① 법인사업자는 신용카드매출전표 발급 등에 대한 세액공제를 적용받을 수 없다.

② 자동차운전학원사업은 세금계산서 발급금지업종이므로 해당 업종을 영위하는 사업자로부터 교육용역을 공급받고 부가가치세액이 별도로 구분되는 신용카드매출전표 등을 발급받은 경우에는 그 부가가치세액은 매입세액으로 공제할 수 없다.

③ 신용카드매출전표 발급 등에 대한 세액공제금액이 납부할 세액을 초과하면 그 초과하는 부분은 없는 것으로 본다. 즉, 초과부분은 환급되지 않는다.

④ 비영업용소형승용차 구입 등과 관련된 매입세액은 불공제된다.

23. ③

(1) 과세공급가액 : ₩30,000,000

(2) 폐업시 잔존재화

구 분	계산내역	과세표준
원재료	시 가	₩2,000,000
토지	면 세	–
기계장치	₩9,000,000 × (1 − 25% × 2) × 25%[*1]	1,125,000
비영업용소형승용차	매입세액불공제분	–
합 계		₩3,125,000

*1. 직전과세기간의 과세공급가액비율 : $\frac{1억원}{1억원 + 3억원} = 25\%$

2. 과세사업과 면세사업을 겸영하는 일반사업자가 사업을 폐지하는 때에 잔존하는 감가상각자산에 대한 자가공급의 부가가치세 과세표준은 간주시가를 산정한 후 해당 금액을 과세사업과 면세사업 등에 공통으로 사용된 재화의 공급가액 계산규정에 의해 안분 계산한 가액으로 한다.(서면부가-21635, 2015.2.17.)

(3) 과세표준 : ₩30,000,000 + ₩3,125,000 = ₩33,125,000

24. ④

거래내용	과세표준	세율	매출세액	비고
외상매출	₩55,000,000	10%	₩5,500,000	매출할인은 과세표준에 포함하지 않는다.
직매장반출	6,000,000[*1]	10%	600,000	원가를 과세표준으로 본다.
비영업용소형승용차	7,000,000	10%	700,000	
예정신고누락분	20,000,000	0%	–	
예정신고누락분	10,000,000	10%	1,000,000	
대손세액공제	–		(500,000)[*2]	
	₩98,000,000		₩7,300,000	

*1. 사업장단위과세사업자의 경우 세금계산서발급유무와 관계없이 판매목적으로 재화를 타사업장으로 반출시 과세가 된다. 세금계산서 미발급시에는 가산세를 추가로 부담해야 한다.

2. 대손세액공제는 부도발생일(2025. 12. 5)로부터 6개월이 지난 날이 속하는 과세기간(2026년 제1기)에 대한 확정신고시 공제받을 수 있다.

25. ③

부가가치세법에서 재화 또는 용역의 시가는 사업자가 특수관계인이 아닌 자와 해당 거래와 유사한 상황에서 계속적으로 거래한 가격 또는 제3자 간에 일반적으로 거래된 가격으로 하는 것을 원칙으로 하되, 이러한 가격이 없는 경우에는 사업자가 그 대가로 받은 재화 또는 용역의 가격으로 한다.

• 부가가치세법상 시가산정방법

① 사업자가 특수관계인이 아닌 자와 해당 거래와 유사한 상황에서 계속적으로 거래한 가격 또는 제3자 간에 일반적으로 거래된 가격

② ①의 가격이 없는 경우에는 사업자가 그 대가로 받은 재화 또는 용역의 가격(공급받은 사업자가 특수관계인이 아닌 자와 해당 거래와 유사한 상황에서 계속적으로 거래한 해당 재화 및 용역의 가격 또는 제3자 간에 일반적으로 거래된 가격을 말한다)

③ ①, ②에 따른 가격이 없거나 시가가 불분명한 경우에는 법인세법 및 소득세법상 부당행위계산부인규정에서 적용되는 시가 산정기준을 적용한 가액(감정평가가액 → 상증세법상 평가가액)

MEMO

3회
진도별 모의고사

과목	문항수	출제자	제한시간
세법	25문제	양소영	30분

1. **〈소득세법〉 소득세법상 소득금액 계산의 특례와 관련된 설명이다. 옳은 것은?**

① 피상속인의 소득금액에 대한 소득세를 상속인이 승계할 경우 이를 상속인의 소득금액에 대한 소득세와 합산하여 계산한다.

② 세법에서 정하는 중소기업을 영위하는 거주자는 사업소득(부동산임대업 제외)에서 결손금이 발생되는 경우 이를 타소득에서 공제하는 대신 직전 과세기간으로 소급공제하여, 직전 과세기간의 사업소득(부동산임대업 제외)에 부과된 소득세액을 한도로 환급신청할 수 있다.

③ 천재지변 기타 불가항력으로 장부, 기타 증빙서류가 멸실되어 추계신고를 하거나 추계조사결정을 하는 경우에 이월결손금공제를 적용하지 아니한다.

④ 공동사업합산과세 규정에 따라 특수관계인의 소득금액이 주된 공동사업자에게 합산과세되는 경우, 주된 공동사업자의 특수관계인은 그 합산과세되는 소득금액 전체에 대하여 주된 공동사업자와 연대하여 납세의무를 진다.

⑤ 공동사업장에 대해서는 그 공동사업장을 1사업자로 보아 장부비치·기록, 사업자등록 및 휴·폐업신고, 납세번호 부여에 관한 규정을 적용한다.

2. **〈소득세법〉 다음 자료를 이용하여 거주자 갑의 2026년도 사업소득금액을 계산하면 얼마인가?**

(1) 갑은 2025년부터 배우자, 동생, 조카와 조세회피목적으로 공동사업장(제조업, 중소기업임)을 운영하고 있다.
(2) 위 공동사업장의 손익분배비율은 갑 50%, 배우자 20%, 동생 20%, 조카 10%이며, 2026. 12.31 현재 조카 외에는 동거하면서 생계를 같이 하고 있다.
(3) 2026년도 손익계산서상 당기순이익은 40,000,000원이다.
(4) 손익계산서에는 기업업무추진비 48,200,000원이 비용으로 계상되어있고, 사업자금을 운용하여 발생한 정기예금이자 22,000,000원이 수익으로 계상되어 있다.
(5) 공동사업장의 매출액은 200,000,000원으로 특수관계인 매출은 없다. 상기자료 이외의 세무조정사항은 없다고 가정한다.

① 26,640,000원　② 29,600,000원　③ 51,600,000원
④ 40,600,000원　⑤ 37,640,000원

3. **〈소득세법〉 거주자 갑이 비치 · 기록한 장부에 의하여 해당 과세기간의 종합소득금액을 계산할 때 근로소득에서 공제할 수 있는 결손금 또는 이월결손금으로 옳은 것을 고른 것은? 단, 거주자 갑은 해당 과세기간에 근로소득과 아래의 사업에서 발생한 결손금 또는 이월결손금만 있으며, 다른 사업은 영위하고 있지 않은 것으로 가정한다.**

① 공장재단을 대여하는 사업에서 발생한 결손금

② 사업소득(주거용 건물 외 부동산임대업 제외)에서 발생한 이월결손금으로 당기에 자산수증이익 또는 채무면제이익으로 충당된 부분

③ 국세기본법의 규정에 따른 국세부과의 제척기간이 지난 후에 확인된 그 제척기간 이전 과세기간의 이월결손금

④ 광고용으로 토지·가옥의 옥상 또는 측면을 사용하게 하고 대가를 받기로 한 사업에서 발생한 결손금

⑤ 광업권자 등이 자본적 지출이나 수익적 지출의 일부 또는 전부를 제공하는 것을 조건으로 광업권·조광권 또는 채굴에 관한 권리를 대여하고 덕대로부터 받는 분철료를 받기로 한 사업에서 발생한 결손금

4. **〈소득세법〉 소득세법상 부당행위계산의 부인에 관한 설명으로 <u>옳지 않은</u> 것은?**

① 거주자 K가 손자에게 주택을 무상으로 사용하게 하고 손자가 해당 주택에 실제 거주하는 경우에는 부당행위계산의 부인대상에서 제외된다.

② 대금업을 영위하지 아니하는 거주자 Y가 어머니에게 연 이자율 4%(자금대여 시 이자율의 시가는 연 8%임)의 조건으로 1억원을 대여한 경우 부당행위계산의 부인대상에 해당하지 않는다.

③ 거주자 L이 형으로부터 사업자금 1억원을 1년간(2026.1.1~12.31) 차입하여 2026년말에 약정 이자 5,200,000원(시가 이자 5,000,000원)을 지급한 경우 부당행위계산의 부인 대상이 된다.

④ 사업자가 아닌 거주자 C가 개인적으로 소장하고 있던 서화(시가 1억원)를 사촌동생에게 7천만원에 양도한 경우 부당행위계산의 부인 대상이 된다.

⑤ 거주자 M이 상가건물(시가 1억원)을 5천만원에 동생에게 매각하였다면 부당행위계산의 부인 대상이 된다.

5. **〈소득세법〉 다음 자료에 의하여 거주자 갑의 2026년도 귀속 종합소득 과세표준 계산시 인적공제의 합계액은 얼마인가?**

> (1) 본인(여, 46세)의 근로소득금액 40,000,000원
> (2) 부양가족 나이 및 소득현황
> ① 모친(73세) : 슬롯머신당첨금 6,000,000원
> ② 부친(74세) : 사업소득금액 4,000,000원
> ③ 동생(38세) : 소득없음, 장애인
> ④ 장남(22세) : 소득없음
> ⑤ 차남(17세) : 신문에 글을 1회 기고하고 받은 원고료 2,000,000원
> * 부양가족은 생계를 같이하고 있으며, 차남은 자신의 기타소득금액에 대해 종합과세를 선택하였다고 가정한다.

① 6,500,000원　② 9,000,000원　③ 9,500,000원
④ 10,000,000원　⑤ 10,500,000원

6. **〈소득세법〉 다음 중 근로소득이 있는 거주자만이 공제받을 수 있는 공제항목을 모두 고른 것은?**

> ㄱ. 기본공제대상이 되는 자가 70세 이상인 경우의 추가공제
> ㄴ. 거주자의 형제자매로서 20세 이하인 자에 대한 기본공제
> ㄷ. 주택담보노후연금 이자비용공제
> ㄹ. 건강보험료 납부에 따른 보험료공제
> ㅁ. 국민연금 납부에 따른 연금보험료공제
> ㅂ. 장기주택저당차입금 이자상환액에 대한 주택자금공제

① ㄱ, ㅂ　② ㄱ, ㄹ　③ ㄷ, ㄹ
④ ㄹ, ㅂ　⑤ ㄷ, ㄹ, ㅁ

7. 〈소득세법〉 다음 자료에 의하여 거주자 양십점 씨의 2026년도 귀속 종합소득과세표준의 계산시 인적공제의 합계액을 계산하면 얼마인가?

> (1) 양십점(여, 35세) : 종합소득금액 46,000,000원
> (2) 부양가족현황
> 부친(70세) : 2026년 5월 20일 사망함
> 모친(59세) : 서화·골동품 양도소득 2,000,000원
> 배우자(38세) : 퇴직소득금액 20,000,000원, 장애인임
> 장남(8세) : 비상장법인배당 2,000,000원
> 차남(6세) : 소득없음
> (3) 부양가족 중 배우자를 제외하고는 모두 생계를 같이하고 있다.

① 6,500,000원 ② 7,000,000원 ③ 7,500,000원
④ 8,500,000원 ⑤ 9,000,000원

8. 〈소득세법〉 종합소득공제에 대한 다음 설명 중 옳지 않은 것은?

① 수시부과결정의 경우에는 기본공제 중 거주자 본인에 대한 분(150만원)만을 공제한다.
② 해당 거주자가 배우자가 없는 사람으로서 생계를 같이하는 부양가족 중 손자(나이 5세, 소득 없음)가 있는 경우에도 한부모소득공제를 적용받을 수 있다.
③ 해당 과세기간의 중도에 사망한 거주자의 공제대상가족으로서 상속인의 공제대상가족에 해당하는 사람에 대해서는 상속인의 공제대상가족으로 한다.
④ 거주자가 채권을 법인에게 매도하는 경우에는 채권을 매수하는 법인이 거주자의 보유기간 이자상당액을 이자소득으로 보고 소득세를 원천징수한다.
⑤ 과세기간 종료일 전에 사망하거나 장애가 치유된 경우에는 사망일 전일 또는 치유일 전일의 상황에 의해서 기본공제대상자에 해당하는지의 여부를 판단한다.

9. **〈소득세법〉 종합소득공제에 대한 다음 설명 중 옳지 않은 것은?**

① 경로우대공제를 받기 위한 최소한의 나이는 70세이다.

② 둘 이상의 거주자가 공제대상가족을 서로 자기의 공제대상가족으로 하여 신고서에 적은 경우로서 거주자의 공제대상 부양가족이 다른 거주자의 공제대상 부양가족에 해당하는 때에는 해당 과세기간의 종합소득금액이 가장 많은 거주자의 공제대상 부양가족으로 한다.

③ 기본공제대상자가 아닌 자는 추가공제대상자가 될 수 없다.

④ 종합소득이 있는 거주자와 생계를 같이 하면서 소득이 없는 장애인 아들은 나이에 관계없이 그 거주자의 기본공제대상자가 된다.

⑤ 거주자가 한부모공제와 부녀자공제 모두 해당하는 경우에는 한부모공제를 적용한다.

10. **〈법인세법〉 다음은 (주)서울의 제26기 사업연도(2026. 1. 1~12. 31)의 본사건물에 대한 감가상각 시부인계산 자료이다. 시부인계산 수행 후의 본사건물에 대한 유보(또는 △유보)잔액을 구하면 얼마인가? 단, 세부담최소화를 가정한다.**

(1) (주)서울은 2025년초부터 본사건물신축에 착공하여 2026년 10월 31일에 완공하고 즉시 본사로 사용하고 있으며, 동 건설을 위하여 강남은행으로부터 2025년 초에 시설자금을 차입하고 관련 차입금이자를 모두 비용으로 계상하였다. 2025년 및 2026년 10월 31일까지의 차입금이자는 다음과 같다.

① 제25기(2025년) : 40,000,000원

② 제26기(2026년) : 10,000,000원

(2) 본사건물의 취득원가는 2,500,000,000원이며 취득과 관련된 취득세 2,000,000원은 세금과공과의 과목으로 장부에 비용 계상하였다.

(3) (주)서울이 제26기 장부에 계상한 감가상각비는 1,000,000원이다.

(4) (주)서울은 본사건물에 대하여 감가상각방법 및 내용연수를 신고한 바 없으며, 본사건물에 대하여 세법에서 정한 기준내용연수는 40년이다.

(5) 상각률 관련자료

	20년	30년	40년
정률법	0.140	0.096	0.073
정액법	0.050	0.033	0.025

① 40,000,000원 ② 37,050,000원 ③ 15,950,000원

④ △13,000,000원 ⑤ △2,950,000원

11. **〈법인세법〉 법인세법상 감가상각에 관한 설명으로 옳은 것은?**

① 폐기물매립시설은 생산량비례법과 정률법 중 하나를 선택하여 상각하며 상각방법을 신고하지 않는 경우에는 생산량비례법을 적용한다.

② 광업권은 생산량비례법과 정액법 중 하나를 선택하여 상각하며 상각방법을 신고하지 않는 경우에는 정액법을 적용한다.

③ 법소정의 사유에 해당하여 상각방법의 변경승인을 얻고자 하는 법인은 그 변경할 상각방법을 적용하려는 최초 사업연도 종료일까지 감가상각방법변경신청서를 납세지 관할지방국세청장에게 제출하여야 한다.

④ 법소정의 사유에 해당하여 내용연수를 변경(재변경 포함)한 법인이 해당 자산의 내용연수를 다시 변경하려는 경우에는 변경한 내용연수를 최초로 적용한 사업연도 종료일부터 3년이 경과하여야 한다.

⑤ 내용연수는 유형·무형자산의 구별없이 기준내용연수의 25%를 가감한 범위 내에서 신고한 내용연수를 적용하며, 신고하지 않은 경우에는 기준내용연수를 적용한다.

12. **〈법인세법〉 다음은 부동산임대업을 영위하고 있는 ㈜스케치스의 제26기(2026. 1. 1 ~ 12.31) 업무용 승용차에 관련된 자료이다. 해당 업무용승용차에 관련된 다음의 내역을 바탕으로 세무조정을 수행하고 해당 세무조정의 결과 제26기 사업연도 각사업연도소득금액에 미치는 순효과를 계산하면 얼마인가? 단, ㈜스케치스는 부동산임대업을 주업으로 하는 법인으로서 기업업무추진비한도액에 50%를 곱한 금액을 기업업무추진비 한도로 하는 법소정의 법인에 해당한다.**

(1) ㈜스케치스는 제26기 사업연도(2026. 1. 1 ~ 12. 31)초 승용차(대표이사의 업무용)를 280,000,000원에 취득하고 업무전용자동차보험에 가입하였다. 또한, 법인업무용 자동차번호판을 부착하였다.

(2) 손익계산서상 업무용승용차 관련 비용계상금액은 다음과 같다.

① 감가상각비 53,000,000원

② 차량유지비(유류비, 수선비 등) 6,500,000원

(3) 운행기록부를 작성하지 않았다고 가정한다.

① 57,500,000원　② 57,980,000원　③ 54,980,000원

④ 54,500,000원　⑤ 50,460,000원

13. 〈법인세법〉 ㈜스케치스(도매업, 중소기업이 아님)의 다음 자료를 바탕으로 제26기 사업연도(2026. 1. 1 ~ 12. 31)에 대한 세무조정을 할 경우 제26기 대손충당금 한도초과는 얼마인가?

(1) 대손충당금 계정은 다음과 같다.

대손충당금

채 권	5,000,000원	기 초	13,000,000원
기 말	15,000,000원	대손상각비	7,000,000원
	20,000,000원		20,000,000원

* 당기 채권과 상계처리한 내역은 당기에 소멸시효가 완성된 매출채권 1,000,000원과 2월 1일(부도확인일)에 부도가 발생한 외상매출금 4,000,000원이다.

(2) 기말 재무상태표상 수취채권의 내역은 다음과 같다.

구 분	금 액	비 고
매출채권	120,000,000원	
대여금	150,000,000원	업무무관가지급금 50,000,000원 포함
계	270,000,000원	

(3) 제25기말 재무상태표상 대손충당금 설정대상채권은 97,000,000원이다.

(4) 제25기말 자본금과 적립금조정명세서(을)에는 제25기 대손금부인액(미수금) 3,000,000원이 있으며, 이 금액은 제26기에 소멸시효가 완성되었다.

① 4,200,000원 ② 9,000,000원 ③ 8,280,000원
④ 6,040,000원 ⑤ 6,200,000원

14. 〈법인세법〉 법인세법상 대손금에 대한 설명이다. 옳지 않은 것은?

① 상법에 따른 소멸시효가 완성된 외상매출금은 소멸시효가 완성된 날이 속하는 사업연도의 손금으로 한다.
② 채무자 회생 및 파산에 관한 법률에 따른 회생계획인가의 결정 또는 법원의 면책결정에 따라 회수불능으로 확정된 채권은 해당 사유가 발생한 날이 속하는 사업연도의 손금으로 한다.
③ 부도가 발생한 어음(해당 법인이 저당권을 설정한 경우는 제외)은 부도발생일로부터 6개월이 지난 날이 속하는 사업연도의 손금으로 한다.
④ 회수할 수 없는 부가가치세 매출세액 미수금(부가가치세법에 따라 대손세액공제를 받지 아니한 것임)은 대손금의 범위에 포함된다.
⑤ 특수관계인에게 해당 법인의 업무와 관련없이 지급한 가지급금은 대손금으로 손금산입할 수 없다.

15. 〈법인세법〉 다음은 ㈜스케치스의 제26기 사업연도(1.1 ~ 12.31)의 인건비 관련 자료이다. 다음 자료를 이용하여 세무조정을 수행하고 해당 세무조정의 결과 제26기 사업연도 각사업연도소득금액에 미치는 순효과를 계산하면 얼마인가?

> (1) 다음은 ㈜스케치스가 2021년 1월 1일에 입사하여 2026년 12월 31일에 퇴사한 임원 양백점 씨에 대하여 입사시부터 퇴사시까지 부담한 확정기여형 퇴직연금 기여금에 대한 내역이며, ㈜스케치스는 퇴직연금 부담금 지출액을 전액 손익계산서상 비용으로 회계처리하였다.
>
> | 2021년~2025년 | 2026년 | 합 계 |
> |---|---|---|
> | 50,000,000원 | 15,000,000원 | 65,000,000원 |
>
> (2) 2026년도에 ㈜스케치스가 임원 양백점 씨에게 지급한 급여액은 50,000,000원이고 상여금은 15,000,000원이며, 급여액, 상여금은 모두 손익계산서상 비용으로 회계처리하였다.
>
> (3) ㈜스케치스는 임원에 대한 급여지급규정 및 퇴직금지급규정이 없다.

① 15,000,000원　② 35,000,000원　③ 30,000,000원
④ 20,000,000원　⑤ 50,000,000원

16. 〈법인세법〉 내국법인 ㈜스케치스는 확정급여형퇴직연금과 관련하여 신고조정으로 손금산입하고 있다. 제26기 사업연도(2026. 1. 1~12. 31)의 당초 기말계리보고서상 보험수리기준 퇴직급여추계액은 60,000,000원이었으며, 이 경우의 퇴직연금충당금 설정에 대하여 세무조정할 금액은 5,000,000원(손금산입)이었다. 그러나 계리보고서 검토결과 오류가 발견되어 보험수리기준 퇴직급여추계액이 56,000,000원으로 변경된 경우 ㈜스케치스의 퇴직연금충당금 설정에 대한 세무조정으로 손금산입할 금액은 얼마인가? 단, 당기말 일시퇴직기준 퇴직급여추계액은 57,000,000원이라고 가정한다.

> (1) ㈜스케치스는 확정급여형퇴직연금과 관련하여 전기말까지 신고조정으로 손금산입된 금액은 50,000,000원이다.
>
> (2) 당기말 퇴직연금운용자산 계정내역은 다음과 같다.
>
> 퇴직연금운용자산
>
> | | | | |
> |---|---|---|---|
> | 전기이월액 | 40,000,000원 | 당기지급액 | 15,000,000원 |
> | 당기증가액 | 20,000,000원 | 차기이월액 | 45,000,000원 |
> | | 60,000,000원 | | 60,000,000원 |
>
> * 당기 감소분은 당기퇴직자의 퇴직연금일시금수령액이며, 증가액은 전액 퇴직연금부담금납입액이다.
>
> (3) ㈜스케치스는 한국채택국제회계기준을 적용하지 않는 것으로 가정한다.

① 0원　② 4,000,000원　③ 3,000,000원
④ 2,000,000원　⑤ 1,000,000원

17. 〈법인세법〉 다음 자료에 의하여 ㈜스케치스의 제26기 사업연도(2026. 1. 1~12. 31)말 일시상각충당금의 △유보 잔액을 구하면 얼마인가?

> (1) ㈜스케치스는 기계장치(취득원가 30,000,000원, 감가상각누계액 10,000,000원, 전기이월상각부인액 2,000,000원)가 화재로 소멸되어 제26기 사업연도초에 보험금 25,000,000원을 수령하고 보험차익 5,000,000원을 계상하였다.
> (2) ㈜스케치스는 2026년 7월 31일에 소실된 것과 동일한 기계장치를 25,000,000원에 취득하고 감가상각비 3,000,000원을 계상하였다.
> (3) ㈜스케치스는 신고조정에 의하여 일시상각충당금을 설정하고자 하며 신규 기계장치의 신고내용연수는 5년이고 신고한 상각방법은 정액법이다.
> (4) ㈜스케치스는 추가적인 기계장치의 취득계획은 없는 것으로 가정한다.

① 2,700,000원 ② 2,500,000원 ③ 3,000,000원
④ 5,000,000원 ⑤ 4,500,000원

18. 〈법인세법〉 준비금에 대한 다음 설명 중 <u>옳지 않은</u> 것은 어느 것인가?

① 법인세법상 준비금 중 보험업 영위법인(보험업법에 따른 보험회사 제외)의 책임준비금은 기업회계에서도 인정하고 있으므로 결산조정만 가능하고 신고조정은 허용되지 않는다.
② 고유목적사업준비금의 손금산입은 원칙적으로 결산조정사항이나 외부회계감사를 받는 비영리내국법인의 경우에는 예외적으로 잉여금처분에 의한 신고조정이 허용된다.
③ 준비금 설정은 법인세를 면제하는 효과는 없고 과세시점을 이연시키는 효과만 있다.
④ 고유목적사업준비금을 손금에 계상한 사업연도의 종료일 이후 5년이 되는 날까지 고유목적사업 등에 사용하지 않은 경우 5년 내에 사용하지 않은 잔액은 5년이 되는 날이 속하는 사업연도의 익금에 산입하며, 5년 이내의 조기환입은 허용되지 않는다.
⑤ 비영리내국법인은 그 법인의 고유목적사업이나 일반기부금에 지출하기 위하여 고유목적사업준비금을 손금으로 계상한 경우에는 일정한 범위에서 이를 손금에 산입하며, 특례기부금에 대해서는 이를 적용하지 않는다.

19. **〈부가가치세법〉 매입세액공제에 관한 다음 설명 중 옳은 것은?**

① 재화 또는 용역의 공급시기 이후에 발급받은 세금계산서로서 해당 공급시기가 속하는 과세기간에 대한 확정신고기한내에 발급받았다면, 매입세액공제가 가능하고 가산세도 적용되지 않는다.

② 공장부지 및 택지의 조성 등에 관련된 매입세액은 공제받을 수 있다.

③ 사업자가 업무관련 출장으로 항공사에 운임을 지급하고 부가가치세액이 구분 기재된 신용카드매출전표를 발급받은 경우 관련 매입세액을 공제받을 수 있다.

④ 산후조리원에서 임산부의 급식과 관련하여 부가가치세가 과세되는 음·식료품을 매입한 경우 관련 매입세액은 공제받을 수 있다.

⑤ 자동차운전면허학원에서 교육용으로 사용하기 위해 구입한 8인승 이하의 소형승용자동차(배기량 2,000cc)에 대한 매입세액은 공제받을 수 있다.

20. **〈부가가치세법〉 다음 자료에 의하여 제조업을 영위하는 과세사업자인 ㈜스케치스의 2026년 제2기 확정신고시(10. 1~12. 31)의 매입세액공제액을 계산하시오.**

(1) 10월~12월 세금계산서 수취내역(부가가치세 제외된 금액임)

① 원자재 구입대금 45,000,000원(2027년 1월 20일에 세금계산서를 발급받은 3,000,000원이 포함되어 있다.)

② 부재료 구입대금 4,000,000원(공급가액이 착오로 잘못 기재되었으나 기타의 기재사항으로 확인되는 1,000,000원이 포함되어 있다.)

(2) 10월~12월 신용카드매출전표 수취내역(부가가치세 포함된 금액임)

① 박람회 입장권 구입대금 1,100,000원(거래처 접대목적으로 제공한 박람회 입장권 금액은 660,000원이며, 종업원에게 제공한 박람회입장권 금액은 440,000원이다.)

② 사무용품 구입대금 2,200,000원(사무용품 구입대금 중 40%는 직전연도 공급대가가 4,800만원에 미달하는 간이과세자로부터의 구입액이다.)

③ 골동품 구입대금 2,640,000원(해당 골동품은 환경미화목적으로 구입하여 여러 사람이 볼 수 있는 복도에 항상 전시할 예정이다.)

① 5,260,000원　② 5,800,000원　③ 5,020,000원
④ 4,900,000원　⑤ 5,340,000원

21. 〈부가가치세법〉 다음 중 부가가치세의 납부세액을 계산할 때 공제받을 수 있는 매입세액은?

① 소아과에서 구입한 사무용품관련 매입세액

② 금전등록기계산서를 발급받은 경우의 금전등록기 계산서에 포함된 매입세액

③ 골프장 토지 소유자가 골프코스를 조성하기 위해 지출한 정지비에 대한 부가가치세

④ 임차인이 부담한 임대보증금에 대한 간주임대료에 대한 부가가치세

⑤ 우정사업조직이 소포우편물을 방문접수하여 배달하는 용역관련하여 구입한 비품에 대한 매입세액

22. 〈부가가치세법〉 다음은 부가가치세법상 면세농산물 등의 의제매입세액공제에 관하여 설명한 것이다. 옳지 않은 것은?

① 사과쥬스 제조업을 영위하는 중소기업이 아닌 법인사업자의 의제매입세액 공제율은 면세농산물 등의 종류에 관계없이 2/102로 하고 있다.

② 의제매입세액은 원칙적으로 면세농산물 등을 공급받은 날이 속하는 예정신고기간 또는 확정신고기간의 매출세액에서 공제한다.

③ 일반과세자가 면세농산물 등을 원재료로 하여 제조·가공한 재화 또는 창출한 용역의 공급에 대하여 부가가치세가 과세(면세포기를 하고 영세율을 적용받은 경우 포함)되는 경우 의제매입세액공제를 받을 수 있다.

④ 일반과세자 중 제조업을 경영하는 사업자가 농어민으로부터 면세농산물 등을 직접 공급받는 경우에는 의제매입세액공제 신고서만 제출하더라도 의제매입세액공제를 받을 수 있다.

⑤ 의제매입세액의 공제를 받은 면세농산물 등을 그대로 판매하거나 면세사업 또는 기타의 목적을 위하여 사용하거나 소비하는 때에는 그 공제한 금액을 납부세액에 가산하거나 환급세액에서 공제하여야 한다.

23. 〈부가가치세법〉 중소기업이 아닌 ㈜스케치스는 포장만두제조업을 영위하고 있다. 다음의 자료를 이용하여 ㈜스케치스의 2026년 제1기 확정신고시(4. 1~6. 30) 의제매입세액을 포함한 매입세액공제액을 계산하면 얼마인가? 단, 거래금액은 부가가치세가 포함되지 않은 것이며, 세금계산서 또는 계산서 관련 사항은 모두 적법하다.

(1) 2026년 제1기 과세기간의 포장만두 공급가액

2026.1.1 ~ 2026.3.31	2026.4.1 ~ 2026.6.30	합 계
60,800,000원	53,440,000원	114,240,000원

(2) 2026년 4월부터 6월까지 매입액 내역
① 밀가루 구입액 : 40,800,000원
② 조미료 구입액 : 51,000,000원

(3) ㈜스케치스의 2026년 제1기 예정신고시 면세농산물 매입액은 35,700,000원이라고 가정한다.

(4) 2026년 3월 29일에 생산설비를 13,000,000원에 구입하고 세금계산서를 발급받았으나, 2026년 제1기 예정신고기간의 매입세액에서 이를 누락하여 공제받지 못하였다.

① 6,760,000원
② 6,820,000원
③ 7,200,000원
④ 7,900,000원
⑤ 7,380,000원

24. 〈부가가치세법〉 다음은 2026년 제1기에 신규로 사업을 개시한 ㈜스케치스의 부가가치세 과세자료이다. 2026년 제1기에 ㈜스케치스의 매입세액으로 공제받을 수 있는 금액을 계산하면?

(1) 2026년 제1기의 매입세액

과세사업과 관련된 매입세액	7,000,000원
면세사업과 관련된 매입세액	4,000,000원
공통매입세액	6,000,000원*

* 2026년 제1기에 구입하여 2026년 제1기에 공급한 재화의 매입세액 2,000,000원이 포함됨.

(2) 2026년 제1기의 공급가액

과세공급가액	150,000,000원(60%)
면세공급가액	100,000,000원(40%)

① 11,700,000원
② 9,400,000원
③ 11,000,000원
④ 11,400,000원
⑤ 10,400,000원

25. 〈부가가치세법〉 과세사업과 면세사업을 겸업하고 있는 ㈜스케치스는 2025년 2월 1일에 두 사업에 공통으로 사용하기 위하여 기계장치를 100,000,000원(부가가치세 제외)에 취득하였다. 취득일 이후 과세기간의 과세공급가액과 면세공급가액이 다음과 같을 때 2026년 제1기 확정신고시 재계산하여 납부세액에 가산 또는 공제해야 할 금액은 얼마인가?

과세기간	과세공급가액	면세공급가액
2025년 1월~3월	300,000,000원	300,000,000원
2025년 4월~6월	300,000,000원	600,000,000원
2025년 제2기	494,000,000원	806,000,000원
2026년 제1기	476,000,000원	924,000,000원

① 200,000원 납부세액에 가산
② 300,000원 납부세액에 가산
③ 300,000원 납부세액에서 공제
④ 200,000원 납부세액에서 공제
⑤ 가산 또는 공제해야 할 금액 없음

MEMO

3회 진도별 모의고사 해설

1. ⑤

① 피상속인의 소득금액에 대한 소득세를 상속인이 승계할 경우 이를 상속인의 소득금액에 대한 소득세와 원칙적으로 구분하여 계산한다.

② 사업소득(부동산임대업 제외)에서 결손금이 발생되는 경우 먼저 이를 종합소득금액에서 공제하고 잔액이 남는 경우 중소기업을 영위하는 거주자에 한하여 직전 과세기간으로 소급공제하여 직전 과세기간의 사업소득(부동산임대업 제외)에 부과된 소득세액을 한도로 환급신청할 수 있다.

③ 해당연도의 소득금액을 추계신고 및 추계조사결정하는 경우에는 이월결손금공제규정을 적용하지 않는다. 단, 천재지변 기타 불가항력으로 장부, 기타 증빙서류가 멸실되어 추계결정하는 경우에는 그러하지 아니한다.

④ 주된 공동사업자와 특수관계에 있는 자의 소득금액이 주된 공동사업자에게 합산과세되는 경우 그 합산과세되는 소득금액에 대해서는 주된 공동사업자의 특수관계인은 그의 손익분배비율에 해당하는 그의 소득금액을 한도로 주된 공동사업자와 연대하여 납세의무를 진다.

2. ①

(1) 공동사업장의 사업소득금액(제조업)

과 목	사업소득금액
① 당기순이익	₩40,000,000
② 세무조정	
이자수익	(−) 22,000,000
기업업무추진비한도초과액	(+) 11,600,000*
③ 소득금액	₩29,600,000

* 기업업무추진비 시부인

① 기업업무추진비해당액 : ₩48,200,000

② 기업업무추진비 한도액 : ₩36,000,000 × 12/12 + ₩200,000,000 × 3/1,000 = ₩36,600,000

③ 한도초과액 : ₩11,600,000

(2) 갑의 공동사업장 사업소득금액 : ₩29,600,000 × 90% = ₩26,640,000

3. ⑤

①, ④ 부동산 임대업 관련 사업소득이므로 근로소득금액에서 이월결손금을 공제할 수 없다.

② 자산수증이익 또는 채무면제이익으로 충당된 부분은 소멸한 금액이므로 근로소득금액에서 또다시 이월결손금을 공제할 수 없다.

③ 국세기본법에 따른 국세부과의 제척기간이 지난 후에 그 제척기간 이전 과세기간의 이월결손금이 확인된 경우 그 이월결손금은 공제하지 아니한다.

4. ③

① 직계존비속에게 주택을 무상으로 대여하고 직계존비속이 해당 주택에 실제 거주하는 경우 부당행위계산의 부인대상에서 제외된다.
② 이자소득이므로 부당행위계산의 부인대상에 해당하지 않는다.
③ 시가(₩5,000,000)와 거래가액(₩5,200,000)의 차액(₩200,000)이 시가의 5%(₩250,000) 이상에 해당하지 않으므로 부당행위계산부인규정이 적용되지 아니한다.
④ 기타소득이므로 부당행위계산의 부인대상에 해당한다.
⑤ 양도소득이므로 부당행위계산의 부인대상에 해당한다.

5. ④

(1) 기본공제 : 4명(본인, 모친, 동생, 차남) × ₩1,500,000 = ₩6,000,000
(2) 추가공제 : ₩1,000,000(한부모공제) + ₩1,000,000(경로우대공제) + ₩2,000,000(장애인공제) = ₩4,000,000

*1. 부친은 종합소득금액이 100만원을 초과하므로 기본공제대상자에 해당하지 않는다.
2. 장남은 나이요건을 충족하지 못하였으므로 기본공제대상자에 해당하지 않는다.
3. 차남은 기타소득금액이 ₩800,000[₩2,000,000 × (1 − 60%)]으로 소득금액 요건을 충족하므로 기본공제대상자에 해당한다.

(3) 인적공제합계액 : ₩6,000,000 + ₩4,000,000 = ₩10,000,000

6. ④

특별소득공제인 보험료공제와 주택자금공제는 근로소득이 있는 거주자에게만 적용된다.

7. ②

(1) 기본공제 : 4명(본인, 부친, 장남, 차남) × ₩1,500,000 = ₩6,000,000
(2) 추가공제 : ₩1,000,000(경로우대자공제)

*1. 종합소득금액이 3천만원을 초과하므로 부녀자공제를 적용하지 아니한다.
2. 모친은 소득금액요건을 충족하였으나 나이요건을 충족하지 못하였으므로 기본공제대상자에 해당하지 아니한다.
3. 배우자는 장애인이나 소득금액요건을 충족하지 못하였으므로 기본공제와 추가공제를 적용하지 아니한다.

(3) 인적공제합계액 : ₩6,000,000 + ₩1,000,000 = ₩7,000,000

8. ③

해당 과세기간의 중도에 사망한 거주자의 공제대상가족으로서 상속인의 공제대상가족에 해당하는 사람에 대해서는 피상속인의 공제대상가족으로 한다.

9. ②

둘 이상의 거주자가 공제대상가족을 서로 자기의 공제대상가족으로 하여 신고서에 적은 경우로서 거주자의 공제대상 부양가족이 다른 거주자의 공제대상 부양가족에 해당하는 때에는 직전 과세기간에 부양가족으로 인적공제를 받은 거주자의 공제대상 부양가족으로 한다. 다만, 직전 과세기간에 부양가족으로 인적공제를 받은 사실이 없는 때에는 해당 과세기간의 종합소득금액이 가장 많은 거주자의 공제대상 부양가족으로 한다.

10. ②

(1) 감가상각비 해당액 : ₩1,000,000 + ₩10,000,000[*1](26기 건설자금이자) + ₩2,000,000(취득세) = ₩13,000,000

(2) 당기 감가상각범위액 : [₩2,500,000,000 + ₩40,000,000(25기 건설자금이자) + ₩10,000,000[*1](26기 건설자금이자) + ₩2,000,000(취득세)] × 0.025[*2] × 3/12[*3] = ₩15,950,000

(3) 세무조정 : 〈손금산입〉 전기유보 추인 ₩2,950,000 (△유보)

(4) 제26기말 유보잔액 : ₩40,000,000(25기 건설자금이자) − ₩2,950,000 = ₩37,050,000

*1. 건설완료일이 속하는 사업연도의 건설자금이자를 장부에 비용계상한 경우, 즉시상각의제로 본다.
2. 건물에 대하여 감가상각방법 및 내용연수를 신고하지 않았으므로, 세부담최소화 가정이 주어지더라도 기준내용연수에 따른 정액법 상각률을 적용해야 한다.
3. 신규취득자산의 경우, 상각범위액은 사용월수에 따라 계산한다. 이때 1월 미만은 1월로 본다.
4. 건설중인 사업연도의 건설자금이자 손금불산입액은 건설이 완료된 사업연도에 이를 상각부인액으로 보아 감가상각시부인계산을 한다.

11. ④

① 폐기물매립시설은 생산량비례법과 정액법 중 하나를 선택하여 상각하며 상각방법을 신고하지 않는 경우에는 생산량비례법을 적용한다.

② 광업권은 생산량비례법과 정액법 중 하나를 선택하여 상각하며 상각방법을 신고하지 않는 경우에는 생산량비례법을 적용한다.

③ 법소정의 사유에 해당하여 상각방법의 변경승인을 얻고자 하는 법인은 그 변경할 상각방법을 적용하려는 최초 사업연도 종료일까지 감가상각방법변경신청서를 납세지 관할세무서장에게 제출하여야 한다.

⑤ 시험연구용자산과 무형자산(개발비, 사용수익기부자산, 주파수이용권, 공항시설관리권 및 항만시설관리권, 유사무형자산은 제외)은 내용연수의 신고와 관계없이 기준내용연수를 적용한다.

12. ③

(1) 계산근거

1) 감가상각시부인

① 회사계상 감가상각비 : ₩53,000,000

② 상각범위액 : ₩280,000,000 × 0.2 = ₩56,000,000

③ 상각부인액(시인부족액) : △₩3,000,000 → 손금산입(△유보)

2) 사적사용비용 및 업무사용금액 중 감가상각비 조정

구 분	금 액 A	업무사용금액 B	사적사용금액 (A − B)	감가상각비 초과분 (B − 400만원)
감가상각비[*1]	₩56,000,000	₩4,480,000	₩51,520,000	₩480,000
차량유지비	6,500,000	520,000	5,980,000	−
합 계	₩62,500,000	₩5,000,000	₩57,500,000	₩480,000

*1. 감가상각비 : 감가상각시부인 후의 세법상 감가상각비(상각범위액)를 말한다.
2. 업무사용비율 : $\frac{₩5,000,000}{₩62,500,000}$ = 8%

(2) 세무조정
〈손금산입〉 업무용승용차 감가상각비 ₩3,000,000 (△유보)
〈손금불산입〉 사적사용비용 ₩57,500,000 (상여)
〈손금불산입〉 업무사용금액 중 400만원 초과 감가상각비 ₩480,000 (유보)

(3) 각 사업연도 소득금액에 미치는 순효과 : △₩3,000,000 + ₩57,500,000 + ₩480,000 = ₩54,980,000

13. ④

(1) 대손금 세무조정

① 전기 대손금부인액 손금추인 : 〈손금산입〉 ₩3,000,000 (△유보)

② 당기 대손금부인액 : 〈손금불산입〉 ₩4,000,000 (유보)

* ㈜스케치스가 중소기업이 아니므로 부도발생일로부터 6개월 이상 지난 외상매출금은 대손사유를 충족하지 못하였다.

(2) 대손충당금에 대한 세무조정

① 설정대상채권의 장부가액

재무상태표상의 수취채권 장부가액	₩270,000,000
설정제외채권(업무무관가지급금)	(50,000,000)
당기말 채권관련 유보잔액	4,000,000
설정대상채권의 장부가액	₩224,000,000

② 설정률 : Max [1%, 대손실적률*] = 4%

* 대손실적률 : $\frac{₩1,000,000 + ₩3,000,000}{₩97,000,000 + ₩3,000,000}$ = 4%

③ 대손충당금 한도액 : ₩224,000,000 × 4% = ₩8,960,000

④ 대손충당금 한도초과액 : ₩15,000,000(기말잔액) − ₩8,960,000 = ₩6,040,000

구분	전기말 설정대상채권	당기대손금	당기말 설정대상채권
Ⓑ	₩97,000,000	₩5,000,000	₩220,000,000
조정	3,000,000*1	(4,000,000)*2 3,000,000*3	4,000,000*4
Ⓣ	₩100,000,000	₩4,000,000	₩224,000,000

*1. 전기말 채권관련 유보잔액

2. 대손금 손금불산입(유보)

3. 대손금 손금산입(△유보)

4. 당기말 채권관련 유보잔액 : ₩3,000,000 + ₩4,000,000 − ₩3,000,000 = ₩4,000,000

14. ③

부도발생일로부터 6개월 이상 지난 일정한 채권(해당 법인이 저당권을 설정한 경우는 제외)은 사유가 발생하여 장부상 비용으로 계상한 날이 속하는 사업연도의 손금으로 한다. 즉, 결산조정사항이다.

15. ⑤

(1) 임원상여금 한도초과액 : ₩15,000,000 → 손금불산입(상여)

(2) 임원퇴직금 한도초과액

① 퇴직연금부담금 합계액 : ₩65,000,000

② 임원퇴직급여 한도액 : ₩50,000,000* × 10% × 6년 = ₩30,000,000

* ₩50,000,000(급여) + ₩15,000,000(상여금) − ₩15,000,000(상여금 한도초과액) = ₩50,000,000

③ 한도초과액 : ₩35,000,000 → 제26기분 ₩15,000,000 손금불산입, 제26기 이전분 ₩20,000,000 익금산입

(3) 각 사업연도 소득금액에 미치는 순효과 : ₩15,000,000 + ₩15,000,000 + ₩20,000,000 = ₩50,000,000

16. ④

(1) 보험수리기준 퇴직급여추계액이 ₩60,000,000인 경우

Book 퇴직연금충당금			
당기감소	–	기초잔액	–
기말잔액	–	당기증가	–

Tax 퇴직연금충당금			
당기감소 *2	15,000,000	기초잔액	50,000,000
기말잔액 *3	40,000,000	당기증가 *1	5,000,000

*1. 보험수리기준 퇴직급여추계액이 ₩60,000,000인 경우의 손금산입금액
2. 당기 퇴직연금충당금 감소액 : ₩15,000,000(퇴직연금운용자산 당기지급액)
3. 끼워넣기금액 : ₩40,000,000
Min[①, ②] = ₩40,000,000
① 추계액 기준 : A
② 예치금 기준 : ₩45,000,000(퇴직연금운용자산 기말잔액)
→ A = ₩40,000,000
→ A = Max[₩57,000,000(일시퇴직기준), ₩60,000,000(보험수리기준)] – B(세무상 기말 퇴직급여충당금잔액)
= ₩40,000,000
→ B = ₩20,000,000

(2) 보험수리기준 퇴직급여추계액이 ₩56,000,000으로 변경된 경우

Book 퇴직연금충당금			
당기감소	–	기초잔액	–
기말잔액	–	당기증가	–

Tax 퇴직연금충당금			
당기감소	15,000,000	기초잔액	50,000,000
기말잔액 *1	37,000,000	당기증가 *2	2,000,000

*1. 세법상 퇴직연금충당금 기말 잔액 : Min[①, ②] = ₩37,000,000
① 추계액 기준 : Max[₩57,000,000(일시퇴직기준), ₩56,000,000(보험수리기준)] – ₩20,000,000(세무상 기말 퇴직급여충당금잔액) = ₩37,000,000
② 예치금 기준 : ₩45,000,000(퇴직연금운용자산 잔액)
2. 끼워넣기금액 : ₩2,000,000

17. ①

(1) 일시상각충당금 설정액 : ₩3,000,000* → 손금산입(△유보)

* 세무상 보험차익 : ₩5,000,000 – ₩2,000,000(멸실자산 유보추인액, 손금산입) = ₩3,000,000

(2) 감가상각 시부인

① 감가상각비 해당액 : ₩3,000,000

② 상각범위액 : ₩25,000,000 × 0.200 × $\frac{6}{12}$ = ₩2,500,000

③ 상각부인액 : ₩500,000 → 손금불산입(유보)

(3) 일시상각충당금 환입액 : ₩300,000* → 손금불산입(유보)

* ₩3,000,000 × $\frac{₩2,500,000}{₩25,000,000}$ = ₩300,000

(4) 일시상각충당금 △유보잔액 : ₩3,000,000 – ₩300,000 = ₩2,700,000

18. ④

비영리법인이 고유목적사업준비금으로 손금에 산입한 금액은 손금 계상 후 5년이 되는 날까지 미사용분을 일시에 환입하거나 5년 이내에 조기환입할 수 있으며, 이 경우에는 법소정 이자상당액을 법인세에 가산하여 납부하여야 한다.

19. ⑤

① 재화 또는 용역의 공급시기 이후에 발급받은 세금계산서로서 해당 공급시기가 속하는 과세기간에 대한 확정신고기한내에 발급받았다면, 매입세액공제는 가능하나 지연수취가산세(공급가액의 0.5%)가 부과된다.

② 토지관련 매입세액은 공제받을 수 없다.

③ 세금계산서발급금지업종(여객운송업)으로부터 수령한 신용카드매출전표로는 매입세액공제를 받을 수 없다.

④ 면세사업(산후조리원)관련 매입세액이므로 공제받을 수 없다.

⑤ 영업용* 소형승용자동차 관련 매입세액은 공제받을 수 있다. → 옳은 지문

* 운수업, 자동차판매업, 자동차임대업, 운전학원업, 경비업(출동차량에 한함) 등 업종에 직접 영업으로 사용되는 것

20. ①

(1) 세금계산서 수령분 : ① + ② = ₩4,900,000

① 원자재 : ₩45,000,000 × 10% = ₩4,500,000

② 부재료 : ₩4,000,000 × 10% = ₩400,000

*1. 공급시기가 속하는 과세기간에 대한 확정신고기한내에 발급받은 세금계산서에 의해 확인되는 매입세액은 공제된다.

2. 필요적 기재사항 중 일부가 착오로 사실과 다르게 적혔으나 그 세금계산서에 적힌 나머지 필요적 기재사항 또는 임의적 기재사항으로 보아 거래사실이 확인되는 경우의 매입세액은 공제된다.

(2) 신용카드매출전표 수령분 : ① + ② = ₩360,000

① 사무용품 구입대금 : ₩2,200,000 $\times (1 - 40\%) \times \frac{10}{110}$ = ₩120,000

② 골동품 구입대금 : ₩2,640,000 $\times \frac{10}{110}$ = ₩240,000

*1. 입장권을 발행하여 영위하는 사업은 세금계산서 발급금지업종이므로 신용카드매출전표를 수취하더라도 박람회 입장권에 대한 매입세액은 공제되지 아니한다.

2. 직전연도 공급대가가 4,800만원에 미달하는 간이과세자로부터 구입한 사무용품에 대한 매입세액은 공제되지 아니한다.

3. 환경미화목적으로 복도 등에 항상 전시하는 서화 · 골동품은 업무관련자산에 해당하므로 해당 자산구입과 관련된 매입세액은 공제된다.

(3) 확정신고시 매입세액공제액 : ₩4,900,000 + ₩360,000 = ₩5,260,000

21. ⑤

① 면세사업관련 매입세액으로 불공제된다.

② 금전등록기계산서는 영수증이므로 매입세액이 공제되지 않는다.

③ 토지관련 매입세액으로 불공제된다.

④ 간주임대료에 대한 부가가치세는 세금계산서를 발급받을 수 없으므로 임차인이 부담하더라도 매입세액으로 공제되지 않는다.

⑤ 과세사업관련 매입세액으로 공제된다.

22. ③

일반과세자가 면세농산물 등을 원재료로 하여 제조 · 가공한 재화 또는 창출한 용역의 공급에 대하여 부가가치세가 과세(면세포기를 하고 영세율을 적용받은 경우는 제외)되는 경우 의제매입세액공제를 받을 수 있다.

23. ②

(1) 의제매입세액 : Min[①, ②] − ₩700,000* = ₩420,000

* 예정신고시 의제매입세액 공제액 : ₩35,700,000 × $\frac{2}{102}$ = ₩700,000

① (₩40,800,000 + ₩35,700,000) × $\frac{2}{102}$ = ₩1,500,000

② ₩114,240,000 × 50% × $\frac{2}{102}$ = ₩1,120,000

(2) 조미료 : ₩51,000,000 × 10% = ₩5,100,000

(3) 예정신고누락분(생산설비) : ₩13,000,000 × 10% = ₩1,300,000

(4) 매입세액 합계 : ₩6,820,000

24. ④

(1) 과세사업관련 매입세액		₩7,000,000
(2) 공통매입세액		
① 해당 과세기간에 공급한 재화	₩2,000,000*1	
② 기타 공통매입세액	2,400,000*2	4,400,000
(3) 매입세액공제액		₩11,400,000

*1. 공통사용재화를 공급하는 날이 속하는 과세기간에 신규로 사업을 개시한 경우에는 안분계산을 생략하고 전액을 과세표준으로 하기 때문에 이에 대한 매입세액도 안분계산을 생략하고 전액 공제되는 매입세액으로 한다.

2. ₩4,000,000 × 60% = ₩2,400,000

25. ②

(1) 면세비율

2025년 제1기	2025년 제2기	2026년 제1기
60%	62%	66%

(2) 납부세액의 재계산

₩10,000,000 × (1 − 25% × 2) × (66% − 60%) = ₩300,000 가산

* 2025년 제2기에는 면세비율이 5% 이상 증감하지 않았으므로 납부세액을 재계산하지 않는다.

MEMO

4회
진도별 모의고사

과목	문항수	출제자	제한시간
세법	25문제	양소영	30분

1. **〈소득세법〉 다음은 소득세법상 재해손실세액공제에 관한 설명으로 옳은 것은?**

① 사업자가 해당연도 중 재해로 인하여 자산총액의 10% 이상에 상당하는 자산을 상실한 경우에 공제받을 수 있다.

② 재해상실비율 계산시 상실자산가액에는 상실한 타인소유의 자산은 모두 제외한다.

③ 재해상실비율 계산시 자산가액은 재해발생일 현재의 시가에 따라 계산하되, 시가를 알 수 없는 경우에는 납세지 관할세무서장이 조사·확인한 재해발생일 현재의 가액에 따라 이를 계산한다.

④ 재해손실세액공제액은 상실전 자산가액에 재해상실비율을 곱한 금액을 한도로 한다.

⑤ 재해상실비율 계산시 재해자산이 보험에 가입되어 보험금을 수령한 경우에는 상실된 자산가액에서 보험금을 차감한다.

2. **〈소득세법〉 소득세법상 세액공제에 관한 설명이다. 옳지 않은 것은?**

① 간편장부대상자가 간편장부에 따라 기장하여 소득금액을 계산한 경우에는 기장세액공제를 적용하지 아니한다.

② 종합소득세 및 양도소득세 계산시 외국납부세액이 공제한도를 초과하는 경우 해당 과세기간의 다음 과세기간부터 10년 이내에 이월공제가 가능하다.

③ 전자계산서를 발급하였을 때에는 전자계산서 발급일의 다음날까지 전자계산서 발급명세를 국세청장에게 전송하여야 한다.

④ 일용근로자의 근로소득세 계산시에 적용하는 근로소득세액공제의 경우 한도액의 제한을 받지 않는다.

⑤ 상용근로자는 근로소득세액공제를 최대 74만원까지 적용받을 수 있다.

3. 〈소득세법〉 거주자 양천점 씨(근로소득 외의 다른 소득 없음)에 대한 다음의 자료를 이용하여 거주자 양천점 씨의 2026년 기부금세액공제액을 계산하면 얼마인가? 단, 기부금세액공제액은 전액 종합산출세액에서 공제 가능한 것으로 가정한다.

> (1) 거주자 양천점 씨의 2026년 근로소득금액 : 80,000,000원
> (2) 거주자 양천점 씨의 부양가족
> ① 모친(65세) : 양도소득금액 3,000,000원
> ② 장남(22세) : 소득없음
> (3) 2026년의 기부금 지출내역
> ① 모친명의 종교단체기부금 : 20,000,000원
> ② 장남명의 국방헌금 : 30,000,000원
> (4) 거주자 양천점 씨는 2026년도에 특별재난지역에서 8월 5일부터 8월 9일까지 5일동안 하루에 9시간씩 자원봉사를 하였다.

① 7,644,000원 ② 5,575,000원 ③ 6,795,000원
④ 4,250,000원 ⑤ 4,295,000원

4. 〈소득세법〉 다음 자료를 이용하여 2026년 12월 31일에 퇴직한 거주자 양은퇴 씨(임원에 해당하지 않음)의 퇴직소득금액을 계산하면 얼마인가?

> (1) 회사로부터 퇴직금 지급규정에 의해 지급받은 퇴직소득은 120,000,000원이다.
> (2) 국민연금법에 따라 일시금으로 47,000,000원을 수령하였으며, 그 내역은 다음과 같다.
> ① 총불입한 연금보험료는 40,000,000원이고, 이 중 2002. 1. 1(과세기준일) 이후 불입분은 30,000,000원이며, 과세기준일 이후 불입분 중 4,000,000원은 연금보험료공제를 적용받지 못했다.
> ② 과세기준일 이후 납입한 연금보험료에 대한 이자는 8,000,000원이라고 가정한다.
> (3) 국민연금 일시금과는 별도로 국민연금관리공단으로부터 국민연금 일시금 지급지연에 따른 연체이자 2,000,000원을 추가 수령하였다.

① 150,000,000원 ② 151,000,000원 ③ 154,000,000원
④ 153,000,000원 ⑤ 155,000,000원

5. **〈소득세법〉 (주)A에서 경리과장으로 근무중인 거주자 甲의 2026년 귀속 근로소득 연말정산 관련 자료이다. 근로소득 산출세액에서 공제되는 세액의 합계액은 얼마인가?**

(1) 2026년 귀속 근로소득금액은 50,000,000원이며, 근로소득 산출세액은 4,000,000원이다. (2) 2026년 중에 모친(58세, 소득없음, 장애인)을 피보험자로 하는 장애인전용보장성 보험료 2,000,000원을 지출하였다. (3) 2026년 중에 장남(22세, 소득없음)의 대학등록금 10,000,000원을 지출하였다. (4) 2026년 중에 차남(18세, 슬롯머신 당첨금품 3,000,000원)의 고등학교 수업료 4,000,000원을 지출하였다. (5) 모친, 장남, 차남이외의 부양가족은 없다고 가정한다. (6) 근로소득세액공제액은 660,000원이다.

① 2,100,000원 ② 2,730,000원 ③ 2,860,000원
④ 2,300,000원 ⑤ 2,610,000원

6. **소득세법상 원천징수와 관련한 설명이다. 옳지 않은 것은?**

① 소득세가 과세되지 않거나(비과세 또는 과세최저한) 면제되는 소득을 지급할 경우에는 원천징수를 하지 않는다.
② 사업소득에 해당하는 강연료를 지급하는 모든 자는 해당 지급금액의 3%를 원천징수하여야 한다.
③ 근로소득에 대한 원천징수의무자가 12월분의 급여액을 다음 연도 2월 말일까지 지급하지 아니한 때에는 그 급여액은 2월 말일에 지급한 것으로 본다.
④ 법인세법에 따라 결정 또는 경정으로 처분된 상여·배당 및 기타소득에 대한 원천징수세액은 반기별 납부를 할 수 없으므로 그 원천징수세액은 그 징수일이 속하는 달의 다음달 10일까지 납부하여야 한다.
⑤ 원천징수의무자가 공적연금소득을 지급할 때에는 연금소득 간이세액표의 세액을 기준으로 소득세를 원천징수한다.

7. 〈소득세법〉 소득세법상 원천징수에 관한 설명으로 옳은 것은?

① 이자소득금액에 대한 원천징수세액이 1천원 미만인 경우 해당 소득세를 징수하지 아니한다.

② 연금계좌에서 연금외수령한 기타소득에 대한 원천징수세율은 20%이다.

③ 11월 30일에 법인이 이익처분에 따른 배당을 결정하고 다음연도 2월 말일까지 배당소득을 지급하지 아니하는 경우 그 2월 말일에 배당소득을 지급한 것으로 보아 소득세를 원천징수한다.

④ 법인세 과세표준을 신고하는 경우에 법인세법에 따라 처분되는 상여는 법인이 소득금액변동통지서를 받는 날에 지급한 것으로 보아 소득세를 원천징수한다.

⑤ 종교단체는 직전연도(신규사업자는 신청일이 속하는 반기)의 상시고용인원이 20명 이하인 경우에 한하여 원천징수한 소득세를 그 징수일이 속하는 반기의 마지막 달의 다음달 10일까지 납부할 수 있다.

8. 〈소득세법〉 다음 중 사업장 현황신고에 관한 설명으로 옳은 것은?

① 사업장현황신고의무자는 해당 사업자의 현황을 해당 과세기간의 다음연도 2월 말일까지 사업장 소재지 관할세무서장에게 신고하여야 한다.

② 2 이상의 사업장이 있는 사업자는 본점(또는 주사무소)에서 사업자단위로 사업장현황신고를 하여야 한다.

③ 해당 과세기간 중 사업을 폐업 또는 휴업한 사업자는 사업장현황 신고의무가 면제된다.

④ 부가가치세가 면제되는 재화 또는 용역을 공급하는 개인사업자에 대하여는 사업장현황 신고의무가 면제된다.

⑤ 사업자가 사망하여 상속인이 상속개시일이 속하는 달의 말일부터 6개월 이내 과세표준확정신고를 한 경우 사업장 현황신고를 한 것으로 본다.

9. **〈소득세법〉 거주자인 ㈜A에서 영업부장으로 근로중인 근로자 甲(계속근로자임)의 2026년도 자료를 기초로 의료비세액공제액을 계산하면 얼마인가?**

(1) 甲의 급여내역
 ① 기본급(월 2,000,000원) : 24,000,000원
 ② 상여금 : 6,000,000원
 ③ 식대(월 250,000원, 식사를 제공받고 있지 않음) : 3,000,000원
 ④ 연장근로수당 : 2,400,000원
(2) 의료비 지출내역은 다음과 같다.
 ① 본인의 정밀 건강진단비 600,000원
 ② 장녀(20세)의 미용·성형수술비 1,000,000원
 ③ 부친(63세)의 중증질환 치료비 2,400,000원
 ④ 배우자(장애인)의 장애재활치료비 4,000,000원
 ⑤ 모친(60세)의 건강증진의약품 구입비 1,500,000원

① 901,500원　② 915,000원　③ 1,050,000원
④ 901,000원　⑤ 1,030,000원

10. **〈법인세법〉 법인세법상 부당행위계산의 부인에 관한 설명으로 옳은 것은?**

① 주권상장법인이 아닌 내국법인이 소액주주임원(지분율 0.8%)으로부터 시가 10억원인 토지를 12억원에 고가로 매입한 경우에는 부당행위계산부인규정을 적용하지 아니한다.
② 불공정합병의 경우는 합병법인과 피합병법인도 특수관계가 있어야 하며, 이 경우 특수관계인인 법인의 판정은 합병등기일이 속하는 사업연도의 직전 사업연도 개시일부터 합병등기일이 속하는 사업연도의 종료일까지의 기간에 의한다.
③ 불량자산을 매각하거나 불량채권을 양도한 경우 부당행위계산부인규정을 적용한다.
④ 주식의 시가가 불분명한 때에는 그 감정가액을 시가로 보되, 감정가액이 없는 때에는 상속세 및 증여세법상의 보충적 평가방법을 적용하여 평가한 가액을 시가로 본다.
⑤ 법인이 그 법인의 지배주주와 특수관계에 있는 소액주주인 임원에게 사택을 무상으로 임대하였다면 부당행위계산부인규정이 적용된다.

11. **〈법인세법〉 다음 자료를 이용하여 세무조정을 한 결과 내국법인 ㈜스케치스의 제26기 사업연도 (2026. 1. 1~12. 31) 각사업연도소득금액이 증가하는 금액을 계산하는 것으로 옳은 것은?**

> (1) 2026.1.1에 법인주주(지분율 0.8%)에게 비품을 정당한 사유없이 20,000,000원에 양도하였다.
> (2) 위 비품관련 내역은 다음과 같다.
> ① 재무상태표상 제26기초 장부가액 : 20,000,000원
> ② 전기말 상각부인액 누계액 3,000,000원
> ③ 양도당시 시가 40,000,000원
> (3) 2026.5.6에 임원(개인소장가)에게 서화(시가 3,000,000원)를 구입하면서 5,000,000원을 현금으로 지급하였고, 현금지급액을 비용계상하였다. 해당 서화는 복도 등에 항상 전시할 예정이다.

① 5,000,000원 ② 8,000,000원 ③ 10,000,000원
④ 2,000,000원 ⑤ 7,000,000원

12. **〈법인세법〉 법인세법상 법인과 특수관계인과의 거래가 부당행위에 해당하는지의 여부를 판단하는 기준에 대한 설명이다. 틀린 항목은 몇 개인가?**

> ㄱ. 법인세법은 부당행위계산의 판단기준으로 시가를 채택하고 있다.
> ㄴ. 시가를 산정함에 있어서는 해당 거래와 유사한 상황에서 해당 법인이 특수관계인 외의 불특정 다수인과 계속적으로 거래한 가격 또는 특수관계인이 아닌 제3자간에 일반적으로 거래된 가격이 있는 경우에는 그 가격에 의한다.
> ㄷ. 부당행위계산부인규정이 적용되려면 법률상 하자가 있는 계약에 의한 거래이어야 한다.
> ㄹ. 이자율 및 상환기간에 대한 약정이 없는 대여금에 대하여 법인이 미수이자를 계상한 경우 법인세법상 인정이자와 미수이자와의 차액을 익금에 산입하고 특수관계인에 대한 사외유출로 소득처분하여야 한다.
> ㅁ. 법인이 합병과 같은 자본거래로 인하여 특수관계인인 다른 개인주주에게 이익을 분여함으로 그 이익이 익금에 산입되는 경우로서 이익을 분여받은 자에게 증여세가 과세되는 때에는 그 익금산입액에 대하여 배당으로 처분한다.

① 1개 ② 2개 ③ 3개
④ 4개 ⑤ 5개

13. 〈법인세법〉 다음의 자료를 이용하여 법인주주 A와 법인주주 B가 행할 세무조정 및 소득처분으로 옳은 것은?

(1) 비상장 영리내국법인 ㈜스케치스는 특수관계에 있는 비상장 영리내국법인 ㈜에스와이를 적격 흡수합병하였다.

(2) 합병직전 ㈜스케치스와 ㈜에스와이의 발행주식 현황은 다음과 같다.

구분	㈜스케치스	㈜에스와이
1주당 평가액	25,000원	5,000원

(3) ㈜스케치스는 ㈜에스와이의 주주에게 ㈜에스와이의 주식 2주당 ㈜스케치스의 주식 1주를 교부하였다.

(4) ㈜스케치스와 ㈜에스와이의 합병 직전의 주주에 대한 내용은 다음과 같으며, 이 중 A법인과 B법인은 특수관계인에 해당한다.

① ㈜스케치스의 주주인 A법인은 ㈜스케치스의 주식을 8,000주(지분율 20%) 보유하고 있다.

② ㈜에스와이의 주주인 B법인은 ㈜에스와이의 주식을 12,000주(지분율 60%) 보유하고 있다.

	법인주주 A			법인주주 B		
①	익금산입	6,400,000원	(유보)	익금산입	6,400,000원	(기타사외유출)
②	익금산입	14,400,000원	(유보)	익금산입	14,400,000원	(기타사외유출)
③	익금산입	14,400,000원	(기타사외유출)	익금산입	14,400,000원	(유보)
④	익금산입	25,600,000원	(기타사외유출)	익금산입	25,600,000원	(유보)
⑤	익금산입	25,600,000원	(유보)	익금산입	25,600,000원	(기타사외유출)

14. 〈법인세법〉 다음은 법인세과세표준 계산에 대한 설명이다. 옳은 것은?

① 법인세 과세표준은 각사업연도소득금액의 범위 내에서 비과세소득, 소득공제액을 순차적으로 먼저 공제한 후 이월결손금을 공제한다.

② 내국법인의 해산에 의한 청산소득의 금액을 계산함에 있어서 자기자본총액과 상계하는 이월결손금은 발생시점에 제한이 없다.

③ 채무의 면제로 인한 부채의 감소액으로 충당하여 보전할 수 있는 이월결손금은 각 사업연도의 개시일 전 15년(2019년 12월 31일 이전 발생한 결손금은 10년) 이내에 개시한 사업연도에서 발생한 세무상 이월결손금에 한한다.

④ 비과세소득은 각사업연도소득금액에서 이월결손금을 차감한 금액을 한도로 공제하며, 미공제액은 차기로 이월된다.

⑤ 기부금의 손금산입한도액을 계산함에 있어 공제하는 이월결손금은 발생시점에 제한이 없다.

15. 〈법인세법〉 영리내국법인 (주)A(중소기업에 해당됨)는 제26기 사업연도(2026. 7. 1~12. 31)에 발생한 법령에 따른 결손금 50,000,000원 전액에 대하여 법인세법상 결손금소급공제에 의한 법인세액의 환급을 신청하는 경우, (주)A가 환급받을 수 있는 금액은 얼마인가?(단, 결손금 소급공제에 필요한 모든 요건은 충족하며, 주어진 자료 이외에는 고려하지 않음)

(1) 제25기(2026. 1 .1 ~ 2026. 6. 30)의 법인세 과세표준은 300,000,000원이다.

(2) 제25기 공제감면세액과 가산세는 각각 26,000,000원, 2,000,000원이다.

(3) 제25기(2026. 1 .1 ~ 2026. 6. 30) 법인세율 자료

과세표준	세율
2억원 이하	10%
2억원 초과 200억원 이하	20%

(4) 결손금 소급공제에 필요한 모든 요건은 충족하며, 위에서 제시한 자료 이외에는 고려하지 않는다.

① 3,000,000원　② 5,000,000원　③ 9,500,000원
④ 10,000,000원　⑤ 11,000,000원

16. 〈법인세법〉 다음 자료를 이용하여 제26기 사업연도(2026. 1. 1~12. 31)말에 해산을 결의하고 청산절차에 착수한 영리내국법인 (주)A의 법인세법상 청산소득금액을 계산하면 얼마인가?(단, 주어진 자료 이외에 다른 사항은 고려하지 않음)

(1) 해산에 의한 잔여재산의 가액은 1억원으로 확정되었다.

(2) 해산등기일 현재 재무상태표상 자본의 내역

자본금	90,000,000원
주식발행초과금	20,000,000원
이익잉여금	10,000,000원

(3) 제25기 사업연도 10월 1일에 주식발행초과금 20,000,000원을 자본에 전입하여 주주들에게 무상주을 교부하였다.

(4) 해산등기일 현재 법령으로 정하는 이월결손금은 60,000,000원이다.

① 10,000,000원　② 20,000,000원　③ 30,000,000원
④ 40,000,000원　⑤ 50,000,000원

17. **〈법인세법〉 다음 자료를 참고로 외국환은행인 (주)스케치은행의 제26기 사업연도(2026. 1. 1~12. 31)의 각사업연도소득금액을 계산하면 얼마인가? 단, 법인세비용차감전손익은 8,000,000원이며, 제시된 자료 이외의 세무조정사항은 없다고 가정한다.**

> (1) 제25기 사업연도 중 외국회사인 ㈜A로부터 $10,000을 차입하고 11,000,000원을 외화차입금으로 계상하였다.
> (2) 제26기 5월 15일에 외화차입금 $3,000를 상환하였다.
> (3) 회사는 제25기말과 제26기말에 결산상 외화차입금에 대하여 외화환산을 실시하지 않았으며, 제25기의 세무조정은 적법하게 수행하였다.
> (4) 제25기말과 제26기말의 매매기준율은 각각 1,170원/$와 1,200원/$이다.

① 0원　② 8,950,000원　③ 8,100,000원
④ 8,000,000원　⑤ 8,150,000원

18. **〈법인세법〉 제조업을 영위하는 영리내국법인 ㈜김밥(중소기업에 해당하지 아니함)의 제26기 사업연도(2026. 1. 1~12. 31)의 법인세 신고 관련 자료이다. ㈜김밥의 제26기 차감납부할 법인세액을 계산한 것으로 옳은 것은?**

(1) 각 사업연도의 소득금액 : 80,000,000원

(2) 이월결손금의 내역

발생사업연도	제10기(2010년)	제22기(2022년)
발생액	20,000,000원	70,000,000원

(3) ㈜김밥은 제25기에 감독당국으로부터 분식회계를 한 사실이 적발되어 경고 · 주의 등의 조치를 받았으며, 과다하게 계상된 과세표준과 세액에 대하여 경정청구를 하였다. 이에 관할세무서장은 과다납부세액 900,000원에 대해 2026. 12. 20에 감액경정처분을 하였다.

(4) 중간예납세액 : 220,000원

(5) 토지 등 양도소득에 대한 법인세액, 가산세, 추징세액은 없다.

(6) ㈜김밥는 유동화거래를 목적으로 설립된 법인이 아니며, 회생계획, 기업개선계획, 경영정상화계획을 이행 중에 있지 않다.

(7) 법인세율 자료

과세표준	세율
2억원 이하	10%
2억원 초과 200억원 이하	20%

① 1,440,000원　② 1,200,000원　③ 1,260,000원
④ 1,600,000원　⑤ 1,700,000원

19. 〈부가가치세법〉 부가가치세의 신용카드사용과 관련된 내용이다. 옳은 것은?

① 법 소정의 사업자가 부가가치세가 과세되는 재화·용역을 공급하고 신용카드매출전표 또는 현금영수증을 발급한 경우 신용카드매출전표 발급 등에 대한 세액공제를 적용받을 수 있으나, 전자화폐로 대금을 결제받는 경우에는 신용카드매출전표 발급 등에 대한 세액공제를 적용받을 수 없다.

② 숙박업을 영위하는 간이과세자가 재화 또는 용역을 공급하고 신용카드매출전표 등을 발급한 경우에는 해당 재화 또는 용역의 공급가액의 1.3%를 납부세액에서 공제한다.

③ 음식점업을 영위하는 법인사업자가 부가가치세가 과세되는 재화 또는 용역을 공급하고 신용카드매출전표 등을 발급한 경우 신용카드매출전표 발급 등에 대한 세액공제를 적용받을 수 있다.

④ 일반과세자의 신용카드매출전표 발급 등에 대한 세액공제액이 납부세액을 초과하는 경우에는 그 초과하는 부분은 환급한다.

⑤ 부가가치세가 과세되는 쌍꺼풀수술 등의 진료용역을 공급하는 개인사업자(직전연도 공급가액 합계액이 10억원을 초과하는 경우 제외)가 신용카드매출전표 등을 발급한 경우에는 신용카드매출전표 발급 등에 대한 세액공제를 적용받을 수 있다.

20. 〈부가가치세법〉 부가가치세법상 일반과세자의 납세절차에 관한 설명이다. <u>옳지 않은</u> 것은?

① 납부유예를 받은 중소·중견사업자는 관할세무서장에게 예정신고, 확정신고 뜨는 조기환급신고를 할 때 해당 재화에 대하여 매출세액에서 공제하는 재화의 수입에 대한 매입세액과 납부가 유예된 세액을 정산하여 납부하여야 하며, 이 경우 관할세무서장에게 납부한 세액은 세관장에게 납부한 것으로 본다.

② 재화를 수입하는 자가 재화의 수입에 대하여 관세법에 따라 관세를 세관장에게 신고하고 납부하는 경우에는 재화의 수입에 대한 부가가치세를 함께 신고납부하여야 한다.

③ 납세지 관할세무서장 등은 사업자가 예정신고를 한 내용에 오류가 있는 경우 해당 예정신고기간에 대한 부가가치세의 과세표준과 납부세액 또는 환급세액을 결정 또는 경정한다.

④ 납세지 관할세무서장 등은 결정한 과세표준과 납부세액에 오류가 있는 경우 즉시 다시 경정한다.

⑤ 세관장은 중소·중견사업자가 자기의 과세사업에 사용하기 위한 재화의 수입에 대하여 부가가치세의 납부유예를 미리 신청하는 경우에는 매입세액 불공제대상 재화의 경우에도 해당 재화를 수입할 때 부가가치세의 납부를 유예할 수 있다.

21. **〈부가가치세법〉 다음은 일반과세자로 과세유흥장소가 아닌 음식점을 운영하는 개인사업자인 김소연 씨의 2026. 7. 1부터 2026. 12. 31까지 부가가치세 관련 자료이다. 김소연 씨가 2026년 제2기 부가가치세 확정신고시 전자신고를 하는 경우 차감납부할 세액은 얼마인가? 단, 직전연도의 공급가액 합계액이 3억원 미만인 것으로 가정한다.**

> (1) 공급가액 : 3억원(전액 음식점 매출액임)
> – 공급가액 중 1억원에 대해서는 신용카드매출전표를 발행하였으며, 나머지 공급가액에 대해서는 전자세금계산서(2,000건)를 발급하고 전자세금계산서 발급명세를 전송기한까지 전송함
> (2) 매입세액 : 10,000,000원(2027. 1. 21에 발급받은 세금계산서에 의해 확인되는 매입세액 3,000,000원 포함)
> (3) 원재료인 쌀, 채소 등 면세농산물의 구입금액이 21,600,000원이고, 모두 계산서나 신용카드매출전표를 적법하게 수령하였다.
> (4) 2026년 제2기 예정신고기간에 대한 예정고지세액이 3,000,000원이다.
> (5) 2026년 제1기 부가가치세 확정신고시 공제받은 세액공제액은 다음과 같으며, 2026년 제2기 예정신고시 공제받은 세액공제액은 없다고 가정한다.
> ① 신용카드매출전표 등 발행세액공제액 : 8,900,000원
> ② 전자세금계산서 발급 전송에 대한 세액공제액 : 700,000원

① 14,000,000원 ② 14,040,000원 ③ 14,140,000원
④ 15,240,000원 ⑤ 16,740,000원

22. **〈부가가치세법〉 다음은 부가가치세 관련 가산세에 대한 설명이다. <u>옳지 않은</u> 것은?**

① 사업자가 매출처별세금계산서합계표를 예정신고를 할 때 제출하지 못하여 해당 예정신고기간이 속하는 과세기간에 확정신고를 할 때 매출처별 세금계산서합계표를 제출하는 경우 그 공급가액의 0.3%를 가산세로 한다.
② 사업자가 재화·용역의 공급시기 이후에 발급받은 세금계산서로서 그 공급시기가 속하는 과세기간에 대한 확정신고기한까지 발급받아 매입세액을 공제받는 경우 그 공급가액의 0.5%를 가산세로 한다.
③ 납부지연가산세 계산시 기간은 납부기한으로부터 납부일(납부고지일부터 납부고지서에 따른 납부기한까지의 기간은 제외)까지의 기간으로 한다.
④ 사업자가 납부기한까지 어느 사업장에 대한 부가가치세를 다른 사업장에 대한 부가가치세에 더하여 신고납부한 경우 납부지연가산세를 부과하지 않는다.
⑤ 대리납부를 이행하지 않아 원천징수 등 납부지연가산세가 부과되는 부분에 대해서는 납부지연가산세를 부과하지 않는다.

23. 〈부가가치세법〉 부가가치세의 납세절차에 관한 설명으로 옳지 않은 것은?

① 사업자가 거래상대방의 사업자등록증을 확인하고 거래에 따른 세금계산서를 발급하거나 발급받은 경우, 거래상대방이 관계기관의 조사로 인하여 명의위장사업자로 판정되는 경우라도 해당 사업자를 선의의 거래당사자로 볼 수 있는 때에는 경정 등 불이익한 처분을 받지 않는다.

② 법인의 합병으로 인한 소멸법인의 최종과세기간분에 대한 확정신고는 합병후 존속하는 법인 또는 합병으로 인하여 설립된 법인이 소멸법인을 해당 과세기간의 납세의무자로 하여 소멸법인의 사업장 관할세무서장에게 신고하여야 한다.

③ 부가가치세를 추계결정·경정할 때, 재해 기타 불가항력으로 인하여 발급받은 세금계산서가 소멸됨으로써 이를 제출하지 못하는 때에는 납부세액에서 공제하는 매입세액은 해당 사업자에게 공급한 거래상대자가 제출한 세금계산서에 의하여 확인되는 것으로 한다.

④ 사업장 관할세무서장은 영세율 등 조기환급신고내용의 오류 또는 탈루의 사유로 부가가치세를 포탈할 우려가 있는 경우, 그 과세기간에 대한 부가가치세의 과세표준과 납부세액 또는 환급세액을 조사하여 결정 또는 경정한다.

⑤ 사업양수시 사업양수자가 그 대가를 받은 자로부터 부가가치세를 징수하여 그 대가를 지급하는 날이 속하는 달의 다음달 25일까지 대리납부한 경우 해당 세액은 이중납부를 방지하기 위하여 사업양수자가 기납부세액으로 공제하여 확정신고하여야 한다.

24. 〈부가가치세법〉 음식점업을 영위하는 甲씨는 부가가치세법상 간이과세자에 해당한다. 다음은 2026년 부가가치세 확정신고를 위한 자료이다. 다음 자료를 이용하여 2026년 부가가치세 확정신고시 차감납부할세액을 구하면 얼마인가?

(1) 공급대가
  ① 과세분 : 68,000,000원(이 중 15%는 신용카드매출전표 발행분이며, 85%는 영수증을 발행함)
  ② 영세율 적용분 : 2,000,000원
(2) 매입세액 : 500,000원(전부 세금계산서 수령분임)
(3) 면세농산물 매입액 : 212,000원(매입처별계산서합계표로 확인되며, 모두 과세사업의 원재료로 사용함)
(4) 음식점업의 업종별 부가가치율 : 20%
(5) 확정신고시 납부할 가산세 : 30,000원
(6) 예정부과기간에 대한 고지납부한 세액은 없으며, 서면으로 신고한 것으로 가정한다.

① 332,800원 ② 302,800원 ③ 30,000원
④ 1,265,200원 ⑤ 1,229,900원

25. 〈부가가치세법〉 사업자 甲이 2026. 1. 1자로 일반과세자에서 간이과세자(부가가치율 20%)로 변경되었다고 가정하고 다음 자료에 의하여 재고납부세액을 계산하면 얼마인가?

<변경일 현재 자산 내역>

구 분	취득가액	취득일
저 장 품	3,000,000원	2025. 1. 12
상 품	8,000,000원	2025. 2. 20
토 지	100,000,000원	2020. 3. 8
비영업용소형승용차	40,000,000원	2025. 7. 15
건 물*	200,000,000원	2018. 7. 10
기계장치	60,000,000원	2024. 10. 7

* 건물은 자가건설한 것으로 자가건설시 부담한 매입세액으로 세금계산서에 의해 공제대상으로 확인되는 금액은 18,000,000원이다.

① 13,440,000원 ② 6,426,000원 ③ 7,040,000원
④ 7,840,000원 ⑤ 8,640,000원

MEMO

4회 진도별 모의고사 해설

1. ④

① 사업자가 해당연도 중 재해로 인하여 자산총액의 20% 이상에 상당하는 자산을 상실한 경우에 공제받을 수 있다.
② 상실한 타인소유의 자산으로서 그 상실에 대한 변상책임이 해당 사업자에게 있는 것은 상실자산가액에 포함하여 재해상실비율을 계산한다.
③ 재해상실비율 계산시의 자산가액은 재해발생일 현재의 장부가액에 따라 계산하되, 장부가 소실 또는 분실되어 장부가액을 알 수 없는 경우에는 납세지 관할세무서장이 조사 · 확인한 재해발생일 현재의 가액에 따라 이를 계산한다.
④ 재해손실세액공제액은 상실된 자산가액을 한도로 하며, 상실된 자산가액을 상실전 자산가액으로 나눈 비율이 재해상실비율이므로 상실된 자산가액은 결국 상실전 자산가액에 재해상실비율을 곱한 금액이 된다.
⑤ 재해상실비율 계산시 재해자산이 보험에 가입되어 보험금을 수령한 경우에도 상실된 자산가액에서 보험금을 차감하지 않는다.

2. ②

종합소득의 외국납부세액만 10년간 이월가능하다.(양도소득×)

3. ①

(1) 특례기부금 : ₩30,000,000(국방헌금) + 6일[*1] × 8만원(자원봉사) = ₩30,480,000(기준소득금액 = 근로소득금액 ₩80,000,000 이내임)

*1. 45시간(5일×9시간) ÷ 8시간 = 5.625일 → 6일
2. 기부금 세액공제의 대상이 되는 기부금은 거주자 본인이 지출한 기부금 뿐만 아니라 배우자 및 부양가족(나이의 제한을 받지 아니하며, 다른 거주자의 기본공제를 적용받은 사람은 제외함)이 지출한 기부금도 포함하나, 모친의 경우 소득요건을 충족하지 못하였으므로 기부금세액공제대상에 모친명의 기부금은 포함하지 않는다.

(2) 기부금세액공제액 : ₩10,000,000 × 15% + ₩20,480,000 × 30% = ₩7,644,000

4. ⑤

(1) 현실적 퇴직금 : ₩120,000,000
(2) 국민연금 일시금 : Min[A, B] − ₩4,000,000원(과세제외기여금) + ₩2,000,000(연체이자) = ₩35,000,000
A : ₩30,000,000 + ₩8,000,000 = ₩38,000,000
B : ₩47,000,000 − ₩10,000,000 = ₩37,000,000

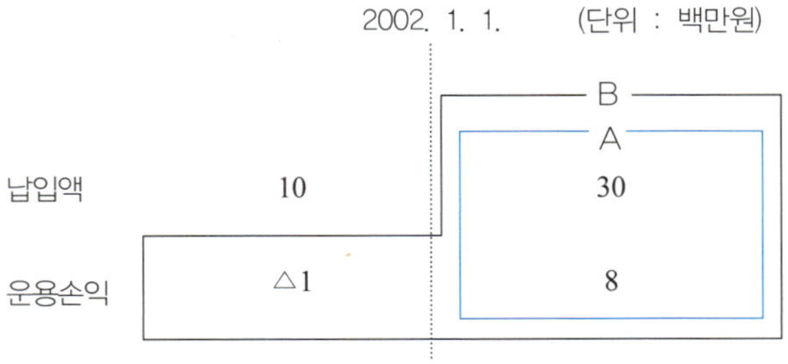

(3) 퇴직소득금액 : (1) + (2) = ₩155,000,000

5. ③

(1) 보험료세액공제 : Min[₩2,000,000, ₩1,000,000(한도)] × 15% = ₩150,000

(2) 교육비세액공제 : (① + ②) × 15% = ₩1,800,000

① 장남 : Min[₩10,000,000, ₩9,000,000(한도)] = ₩9,000,000

② 차남 : Min[₩4,000,000, ₩3,000,000(한도)] = ₩3,000,000

* 교육비세액공제 계산시 기본공제대상자는 나이 및 소득(개정안)의 제한을 받지 않는다.

(3) 자녀세액공제 : ₩250,000(차남)

*1. 장남은 나이요건을 충족하지 못하였으므로 기본공제대상자에 해당하지 않는다.

2. 차남은 기본공제대상자에 해당하는 8세 이상 자녀이므로 자녀세액공제를 적용한다.(슬롯머신 당첨금품 → 무조건 분리과세)

(4) 근로소득세액공제 : ₩660,000

(5) 세액공제액 : (1) + (2) + (3) + (4) = ₩2,860,000(한도 ₩4,000,000)

6. ②

원천징수대상 사업소득(3% 원천징수세율 적용분)을 지급하는 자로서 그 지급금액에 더한 소득세를 원천징수하여야 할 자는 다음의 어느 하나에 해당하는 자로 한정한다.

① 사업자

② 법인세의 납세의무자

③ 국가 · 지방자치단체 또는 지방자치단체조합

④ 민법 기타 법률에 의하여 설립된 법인

⑤ 국세기본법에 의하여 법인으로 보는 단체

7. ③

① 원천징수세액이 1천원 미만인 경우 해당 소득세를 징수하지 아니한다.[다만, 이자소득 및 사업소득 중 부가가치세가 면세되는 인적용역소득(3% 원천징수세율 적용분)은 원천징수세액이 1천원 미만이라도 징수한다.]

② 연금계좌에서 연금외수령한 기타소득에 대한 원천징수세율은 15%이다.

③ 법인의 잉여금의 처분에 의한 현금배당의 지급시기는 원칙적으로 실제 지급일이다. 다만, 잉여금처분결의일부터 3개월이 되는 날까지 지급하지 않은 때에는 그 3개월이 되는 날에 지급한 것으로 본다. 만약 11월 1일부터 12월 31일 사이에 결정된 처분에 따라 다음연도 2월 말일까지 배당소득을 지급하지 아니한 경우에는 다음연도 2월 말일에 지급한 것으로 본다.

④ 법인세 과세표준을 신고하는 경우에 법인세법에 따라 처분되는 상여는 그 신고일에 지급한 것으로 보아 소득세를 원천징수한다.

⑤ 종교단체로서 원천징수 관할세무서장의 승인을 얻은 자는 상시고용인원 수와 무관하게 반기별 징수규정을 적용할 수 있다.

8. ⑤

① 사업장현황신고의무자는 해당 사업자의 현황을 해당 과세기간의 다음연도 2월 10일까지 사업장 소재지 관할세무서장에게 신고하여야 한다.

② 2 이상의 사업장이 있는 사업자는 각 사업장별로 사업장현황신고를 하여야 한다.

③ 해당 과세기간 중 사업을 폐업 또는 휴업한 사업자도 휴 · 폐업신고와 함께 사업장 현황신고를 하여야 한다.

④ 부가가치세가 면제되는 재화 또는 용역을 공급하는 개인사업자는 사업장현황신고를 하여야 한다.

9. ①

(1) 총급여액 : ₩24,000,000 + ₩6,000,000 + ₩600,000*1(식대) + ₩2,400,000*2 = ₩33,000,000

*1. (₩250,000 − ₩200,000) × 12月 = ₩600,000

2. 영업부장으로 생산직근로자가 아니므로 연장근로수당은 전액 과세된다.

(2) 의료비 세액공제액 : (① + ②) × 15% = ₩901,500

① 특정의료비 : ₩600,000(본인) + ₩2,400,000(중증질환자) + ₩4,000,000(장애인) = ₩7,000,000

② 일반의료비 : ₩0 − ₩33,000,000 × 3% = △₩990,000

* 미용 · 성형수술비 및 건강증진의약품 구입비는 공제대상 의료비에 해당하지 않는다.

10. ⑤

① 임직원은 지분소유여부와 관계없이 특수관계인에 해당하며, 시가와 매입가의 차액이 시가의 5% 이상이므로 부당행위계산부인규정을 적용한다.

② 불공정합병의 경우는 합병법인과 피합병법인도 특수관계가 있어야 하며, 이 경우 특수관계인인 법인의 판정은 합병등기일이 속하는 사업연도의 직전 사업연도 개시일부터 합병등기일까지의 기간에 의한다.

③ 불량자산을 매각하거나 불량채권을 양도한 경우는 이익을 분여받은 경우이므로 부당행위계산부인규정을 적용하지 않는다.

④ 주식의 시가가 불분명한 경우에는 감정가액의 적용을 배제하고 상속세 및 증여세법상의 보충적 평가방법을 적용하여 평가한 가액을 시가로 본다.

⑤ 소액주주 등인 임원에게 사택을 무상으로 임대한 경우 부당행위계산부인규정을 적용하지 않으나, 여기서 소액주주 등에는 해당 법인의 지배주주 등과 특수관계에 있는 자는 제외한다. 그러므로 그 법인의 지배주주와 특수관계에 있는 소액주주인 임원에게 사택을 무상으로 임대하였다면 부당행위계산부인규정이 적용된다.

11. ⑤

(1) 자산의 저가양도

〈손금산입〉	상각부인액 추인	₩3,000,000	(△유보)
〈손금불산입〉	비지정기부금	₩8,000,000*1	(기타사외유출)

*1. ₩40,000,000 × 70% − ₩20,000,000 = ₩8,000,000

2. 소액주주는 특수관계인에 해당하지 않으므로 기부금의제규정이 적용된다.

(2) 자산의 고가매입

〈손금불산입〉	부당행위계산부인	₩2,000,000*1	(상여)

*1. ₩5,000,000 − ₩3,000,000 = ₩2,000,000

2. 미술품의 취득가액이 1,000만원 이하이므로 손비계상한 금액은 손금으로 인정하되, 부당행위계산부인에 해당하는 금액은 부인된다.

(3) 각사업연도소득금액이 증가하는 금액 : △₩3,000,000 + ₩8,000,000 + ₩2,000,000 = ₩7,000,000

12. ③

ㄷ. 부당행위계산부인의 대상이 되는 거래가 반드시 법률상 하자가 있는 거래이어야만 하는 것은 아니다. 법률상 유효한 거래라 할지라도 조세를 부당하게 감소시킨 거래이고 그 거래가 특수관계인과 이루어진 것이라면 부당행위계산부인의 대상이 된다.

ㄹ. 이자율 및 상환기간에 대한 약정이 없는 대여금에 대하여 법인이 미수이자를 계상한 경우 이를 인정하지 않으므로 미수이자를 익금불산입하여 △유보로 소득처분하고, 법인세법상 인정이자 전액을 익금에 산입하여 특수관계인에 대한 사외유출로 소득처분하여야 한다.

ㅁ. 법인이 합병과 같은 자본거래로 인하여 특수관계인인 다른 개인주주에게 이익을 분여함으로 그 이익이 익금에 산입되는 경우로서 이익을 분여받은 자에게 증여세가 과세되는 때에는 그 익금산입액에 대하여 기타사외유출으로 처분한다.

13. ③

(1) 합병전 총주식수

① ㈜스케치스의 총주식수 : 8,000주 ÷ 20% = 40,000주

② ㈜에스와이의 총주식수 : 12,000주 ÷ 60% = 20,000주

(2) 부당행위계산부인 요건충족여부

① 특수관계요건 : ㈜스케치스와 ㈜에스와이는 특수관계인으로 요건충족

② 현저한이익분여요건 : 1주당 평가차액이 합병후 1주당 평가액의 30% 이상으로 요건충족

• 합병후 1주당 평가액 : $\frac{₩1{,}000{,}000{,}000 + ₩100{,}000{,}000}{40{,}000주 + 10{,}000주} = ₩22{,}000$

• 1주당 평가차액 : ₩22,000 − ₩5,000 × 2주 = ₩12,000

• ₩12,000 ≥ ₩22,000 × 30%

(3) 이익분여액

① A법인 → B법인 : (₩25,000 − ₩22,000) × 40,000주 × 20% × 60% = ₩14,400,000

[검증]

B법인 ← A법인 : ₩12,000 × 10,000주 × 60% × 20% = ₩14,400,000

② 세무조정

A법인 〈익금산입〉	부당행위계산부인	₩14,400,000	(기타사외유출)
B법인 〈익금산입〉	투자지분증권	₩14,400,000	(유보)

14. ②

① 법인세 과세표준은 각사업연도소득금액의 범위 내에서 이월결손금, 비과세소득 및 소득공제액의 순서대로 공제하여 계산한다.

③ 채무의 면제로 인한 부채의 감소액으로 충당하여 보전할 수 있는 이월결손금은 발생시점에 제한이 없다.

④ 비과세소득은 각사업연도소득금액에서 이월결손금을 차감한 금액을 한도로 공제하며, 미공제액은 차기로 이월되지 않고 소멸한다.

⑤ 기부금의 손금산입한도액을 계산함에 있어 공제하는 이월결손금은 각 사업연도 개시일 전 15년(2019년 12월 31일 이전 발생한 결손금은 10년) 이내에 개시한 사업연도에서 발생한 세무상 결손금에 한한다.

15. ④

· 환급받을 수 있는 법인세 : Min[①, ②] = ₩10,000,000

	공제전		소급공제 결손금		공제후
과세표준	₩300,000,000	−	₩50,000,000	=	₩250,000,000
산출세액	50,000,000*1		① 10,000,000		40,000,000*2
공제감면세액	(26,000,000)				
환급세액한도	② 24,000,000*3				

*1. $\left[₩300{,}000{,}000 \times \frac{12}{6}\right] \times 세율 \times \frac{6}{12} = ₩50{,}000{,}000$

2. $\left[₩250{,}000{,}000 \times \frac{12}{6}\right] \times 세율 \times \frac{6}{12} = ₩40{,}000{,}000$

3. 환급세액한도 계산시 가산세는 가산하지 않는다.

16. ③

(1) 잔여재산가액 : ₩100,000,000

(2) 자기자본 : 자본금 + 세무상 잉여금 − 이월결손금(단, 세무상 잉여금 범위내에서 차감함)

₩70,000,000*1 + (₩40,000,000*1 + ₩10,000,000) − ₩50,000,000*2 = ₩70,000,000

*1. 해산등기일 전 2년 이내에 자본에 전입한 잉여금이 있는 경우에는 해당 금액을 자본금에 전입하지 아니한 것으로 보아 자기자본총액을 계산한다.

① 자본금 : ₩90,000,000 − ₩20,000,000 = ₩70,000,000

② 주식발행초과금 : ₩20,000,000 + ₩20,000,000 = ₩40,000,000

2. Min[₩60,000,000, ₩50,000,000] = ₩50,000,000

(3) 청산소득금액 : (1) − (2) = ₩30,000,000

17. ④

(1) 제25기

Book	Tax*	세무조정
$10,000 × ₩1,100/$ = ₩11,000,000	$10,000 × ₩1,170/$ = ₩11,700,000	손入 ₩700,000 (△유보)

* 외국환은행의 화폐성 외화자산 · 부채는 시가법(강제)이다.

(2) 제26기

① 기초 : 전기말 유보잔액 추인 : 익入 ₩700,000 (유보)

② 기말

Book	Tax	세무조정
$7,000 × ₩1,100/$ = ₩7,700,000	$7,000 × ₩1,200/$ = ₩8,400,000	손入 ₩700,000 (△유보)

(3) 제26기 각사업연도소득금액 : ₩8,000,000 + ₩700,000 − ₩700,000 = ₩8,000,000

18. ②

(1) 과세표준 : ₩80,000,000 − ₩64,000,000*1 = ₩16,000,000

*1. Min[₩70,000,000(22기), ₩80,000,000 × 80%] = ₩64,000,000

2. 제10기 이월결손금은 이월기간이 경과하였다.

(2) 산출세액 : ₩16,000,000 × 10%(법인세율) = ₩1,600,000

(3) 사실과 다른 회계처리로 인한 경정에 따른 세액공제 : ₩180,000

* ₩900,000 × 20% = ₩180,000

(4) 총부담세액 : ₩1,600,000 − ₩180,000 = ₩1,420,000

(5) 차감납부할세액 : ₩1,420,000 − ₩220,000(중간예납세액) = ₩1,200,000

19. ⑤

① 신용카드매출전표, 현금영수증 또는 직불카드영수증 · 기명식선불카드영수증을 발급하거나 전자화폐로 대금을 결제받는 경우 신용카드매출전표 발급 등에 대한 세액공제를 적용받을 수 있다.

② 숙박업을 영위하는 간이과세자가 재화 또는 용역을 공급하고 신용카드매출전표 등을 발급한 경우에는 해당 재화 또는 용역의 공급대가(발행금액)의 1.3%를 납부세액에서 공제한다.

③ 법인사업자는 신용카드매출전표 발급 등에 대한 세액공제를 적용받을 수 없다.

④ 일반과세자의 신용카드매출전표 발급 등에 대한 세액공제액이 납부세액을 초과하는 경우에는 그 초과하는 부분은 없는 것으로 본다. 즉, 환급되지 않는다.

⑤ 부가가치세가 과세되는 쌍꺼풀수술 등의 진료용역을 공급하는 개인사업자(직전연도 공급가액 합계액이 10억원을 초과하는 경우 제외)는 영수증발급대상인 과세사업자이므로 신용카드매출전표 등을 발행한 경우 신용카드매출전표 발급 등에 대한 세액공제를 적용받을 수 있다.

20. ⑤

매입세액 불공제대상 재화를 수입하는 경우에는 부가가치세 납부유예대상에서 제외된다.

21. ③

(1) 매출세액 : ₩300,000,000 × 10% = ₩30,000,000

(2) 매입세액 : ① + ② = ₩11,600,000

① 일반 매입분 : ₩10,000,000

② 의제매입세액 : Min[₩21,600,000, ₩300,000,000 × 60%*1] × $\frac{8}{108}$ *2 = ₩1,600,000

*1. 면세농산물 관련 과세표준이 2억원을 초과하므로 한도적용률은 60%이다.

2. 과세표준이 2억원을 초과하므로 공제율은 8/108로 한다. cf) 과세표준이 2억원 이하인 경우 공제율은 9/109로 한다.

(3) 공제세액 : ① + ② + ③ = ₩1,410,000

① 전자신고세액공제 : ₩10,000

② 전자세금계산서 발급 전송에 대한 세액공제 : Min[₩200 × 2,000건, (₩1,000,000 − ₩700,000)] = ₩300,000

③ 신용카드발행세액공제 : Min[₩110,000,000(공급대가) × 1.3%, (₩10,000,000 − ₩8,900,000)] = ₩1,100,000

(4) 세금계산서 지연수취 가산세 : ₩30,000,000 × 0.5% = ₩150,000

(5) 예정고지세액 : ₩3,000,000

(6) 차감납부할 세액 : (1) − (2) − (3) + (4) − (5) = ₩14,140,000

22. ③

납부지연가산세 계산시 기간은 납부기한의 다음날부터 납부일(납부고지일부터 납부고지서에 따른 납부기한까지의 기간은 제외)까지의 일수로 한다.

23. ⑤

사업양수자가 대리납부한 경우 양도자는 재화의 공급에 대한 부가가치세를 거래징수하지 않았지만 매출세액에 포함하여 확정신고하며 이 경우 이중납부를 방지하기 위하여 양수자가 대리납부한 세액은 양도자가 기납부세액으로 공제한다.

24. ⑤

(1) 납부세액 : ₩68,000,000 × 20% × 10% = ₩1,360,000

(2) 공제세액 : ① + ② = ₩160,100

① 매입세금계산서등수취세액공제 : ₩500,000 × 5.5% = ₩27,500

* 간이과세자는 의제매입세액공제를 적용하지 않는다.

② 신용카드매출전표등발행세액공제 : ₩68,000,000 × 15% × 1.3% = ₩132,600(한도내)

(3) 가산세 : ₩30,000

(4) 차감납부할세액 : (1) − (2) + (3) = ₩1,229,900

25. ②

(1) 상품 : ₩8,000,000 × $\frac{10}{100}$ × (1 − 5.5%*1) =	₩756,000
(2) 건물 : ₩18,000,000 × (1 − 5% × 15) × (1 − 5.5%*1) =	4,252,500
(3) 기계장치 : ₩60,000,000 × $\frac{10}{100}$ × (1 − 25% × 3) × (1 − 5.5%*1) =	1,417,500
합 계	₩6,426,000

*1. 재고납부세액은 경과조치가 없으므로 취득일자와 무관하게 5.5%를 적용한다. cf) 재고매입세액은 2021. 7. 1. 전에 재화를 공급받은 분에 대해서는 경과조치에 따라 개정규정에도 불구하고 종전규정에 따라 계산한다.

2. 저장품, 토지(면세), 비영업용소형승용차(매입세액불공제)는 재고납부세액계산대상에 해당하지 않는다.

회계사
실전 모의고사

과목	문항수	출제자	제한시간
세법	40문제	양소영	60분

1. 국세기본법상 국세부과 제척기간과 국세징수권 소멸시효에 대한 설명으로 옳지 않은 것은?

① 국세의 소멸시효가 완성한 때에는 그 국세에 대한 강제징수비 및 이자상당세액에도 그 효력이 미친다.

② 원천징수의무자 또는 납세조합으로부터 징수하는 국세의 경우 납부고지한 원천징수세액 또는 납세조합 징수세액에 대하여는 그 고지에 따른 납부기한의 다음날을 소멸시효의 기산일로 한다.

③ 국세징수권 소멸시효의 중단사유는 납부고지, 독촉, 교부청구, 압류가 있다.

④ 국세징수권의 소멸시효는 분납기간, 납부고지의 유예, 지정납부기한 · 독촉장에서 정하는 기한의 연장, 징수 유예기간, 압류 · 매각의 유예기간, 연부연납기간 또는 세무공무원이 국세징수법에 따른 사해행위 취소의 소를 제기하여 그 소송이 진행 중인 기간, 체납자가 국외에 6개월 이상 계속 체류하는 경우 해당 국외 체류기간에는 진행되지 아니한다.

⑤ 국세부과의 제척기간이 만료된 경우 결손처분절차가 필요하나, 소멸시효가 완성된 경우에는 결손처분이 불필요하다.

2. 국세기본법상 서류의 제출 및 서류에 송달에 대한 설명으로 옳지 않은 것은?

① 전자신고를 하는 경우 과세표준신고서 등이 국세청장에게 전송된 때에 신고된 것으로 본다.

② 국세기본법 또는 세법에서 규정하는 신고, 신청, 청구, 그 밖에 서류의 제출, 통지, 납부 또는 징수에 관한 기한이 토요일, 일요일, 공휴일 및 대체공휴일이거나 근로자의 날일 때에는 그 다음날을 기한으로 한다.

③ 우편으로 과세표준신고서를 제출한 경우로서 우편날짜도장이 찍히지 아니하였거나 분명하지 아니한 경우에는 신고서가 도달한 날에 신고된 것으로 본다.

④ 서류를 송달받아야 할 자 또는 그 사용인이나 그 밖의 종업원 또는 동거인으로서 사리를 판별할 수 있는 사람이 정당한 사유 없이 서류 수령을 거부할 때에는 송달할 장소에 서류를 둘 수 있다.

⑤ 국세기본법 또는 세법에 규정하는 기간의 계산은 국세기본법 또는 그 세법에 특별한 규정이 있는 것을 제외하고는 민법에 의한다.

3. 제2차 납세의무에 대한 설명으로 옳은 것은?

① 사업양수인은 사업용 부동산의 양도로 발생한 양도소득세에 대하여 제2차 납세의무를 진다.

② 청산인의 제2차 납세의무의 한도는 그가 분배 또는 인도한 재산의 가액으로 한다.

③ 제2차 납세의무를 지는 과점주주의 범위에는 해당 법인의 발행주식 총수 또는 출자총액의 50% 이상을 소유하면서 그 법인의 경영에 대하여 지배적인 영향력을 행사하는 자를 포함한다.

④ 제2차 납세의무를 지는 과점주주는 그 법인에게 부과되거나 그 법인이 납부할 국세 등의 징수부족액 전액에 대하여 제2차 납세의무를 진다.

⑤ 사업양수인은 양도일 현재 확정되지 않았으나 양도일 전에 이미 성립된 국세에 대해서는 제2차 납세의무를 진다.

4. 다음 중 국세기본법상 불복청구와 관련된 설명으로 가장 옳지 않은 것은?

① 국세기본법에 따른 불복은 원칙적으로 국세청장에 대한 심사청구 또는 조세심판원장에 대한 심판청구에 의하며, 동일한 처분에 대해서는 심사청구와 심판청구를 중복하여 제기할 수 없다.

② 국세청장이 조사·결정한 처분에 대하여는 이의신청을 제기할 수 없으며, 심판청구 또는 심사청구를 제기하여야 한다.

③ 국세기본법상 심사청구를 한 자가 심사청구의 결정기간 내에 결정의 통지를 받지 못한 경우에는 행정소송을 제기할 수 없다.

④ 이의신청은 선택적 절차이므로 이의신청을 제기하지 않고 심사청구를 제기할 수 있다.

⑤ 조세범처벌절차법에 의한 통고처분은 그 처분의 취소 또는 변경을 청구하거나 필요한 처분을 청구할 수 없다.

5. 다음 중 국세기본법상 세무조사에 관한 설명으로 옳지 않은 것은?

① 세무조사는 납세자의 사업과 관련한 여러 가지 세목 중에서 특정세목만을 조사하는 것을 원칙으로 하되, 일정한 경우 사업과 관련하여 세법에 따라 신고·납부의무가 있는 세목을 통합하여 조사할 수 있다.

② 조사대상 과세기간 중 연간수입금액 또는 양도가액이 가장 큰 과세기간의 연간수입금액 또는 양도가액이 100억원 미만인 납세자에 대한 세무조사기간은 20일 이내로 하는 것을 원칙으로 한다.

③ 세무조사의 중지기간 중에는 납세자에 대하여 국세의 과세표준과 세액을 결정·경정하기 위한 질문을 하거나 장부 등의 검사·조사 또는 제출을 요구할 수 없다.

④ 세무공무원은 세무조사시 조사대상 세목 및 과세기간의 과세표준과 세액의 계산과 관련없는 장부 등의 제출을 요구해서는 아니된다.

⑤ 세무공무원은 세무조사를 하는 경우에는 조사를 받을 납세자에게 조사를 시작하기 20일(불복청구 또는 과세전적부심사청구의 재조사결정에 따라 재조사를 하는 경우에는 7일) 전에 조사대상 세목, 조사기간 및 조사 사유, 그 밖에 대통령령으로 정하는 사항을 통지하여야 한다.

6. 법인세법상 납세의무에 대한 설명 중 잘못된 것은?

① 비영리내국법인이 국내에서 고유목적사업을 수행하면서 얻은 소득에 대해서는 법인세를 과세하지 않는다.

② 비영리법인과 외국법인은 청산소득에 대한 납세의무를 지지 아니한다.

③ 우리나라 지방자치단체는 토지 등 양도소득에 대한 법인세 납세의무가 없으나 외국의 지방자치단체는 토지 등 양도소득에 대한 법인세 납세의무가 있다.

④ 외국의 정부는 국내원천 수익사업소득에 대해서는 법인세 납세의무가 있으나 청산소득에 대해서는 법인세 납세의무가 없다.

⑤ 내국영리법인이 합병·분할에 의한 해산을 하는 경우 청산소득에 대한 법인세 납세의무가 있다.

7. **다음은 법인세법상 사업연도 및 납세지에 관한 설명이다. 옳지 않은 것은?**

① 사업연도는 법령 또는 법인의 정관 등에서 정하는 1회계기간으로 하되, 1년을 초과하는 것은 원칙적으로 허용하지 아니한다.

② 최초사업연도의 개시일 전에 생긴 손익을 사실상 그 법인에 귀속시킨 것이 있는 경우 조세포탈의 우려가 없을 때에는 최초사업연도의 기간이 1년을 초과하지 않는 범위 내에서 해당 법인에 귀속시킨 손익이 최초로 발생한 날을 최초사업연도 개시일로 한다.

③ 납세지 관할세무서장은 납세지가 그 법인의 납세지로 적당하지 않다고 인정되는 경우에는 그 납세지를 지정할 수 있다.

④ 내국법인의 납세지는 해당 법인의 등기부상 본점 소재지로 하는 것이 원칙이다.

⑤ 내국법인이 사업연도 중에 조직변경으로 인한 해산등기를 하는 경우에는 조직변경 전의 사업연도가 계속되는 것으로 본다.

8. **다음 중 법인세법상 익금과 관련된 설명으로 옳지 않은 것은?**

① 법인이 그의 특수관계인인 개인으로부터 유가증권을 저가매입하는 경우에는 시가와 매입가액의 차액을 익금으로 보며 이 경우 세법상 해당 유가증권의 취득가액은 시가이다.

② 법인이 장부를 기장하지 않음으로서 과세표준과 세액을 추계결정하는 경우 임대보증금 수령액에 대하여 계산된 간주임대료는 익금에 산입하고 기타사외유출로 소득처분한다.

③ 차입금에 대한 원금의 감면으로 인하여 발생한 채무면제이익은 이월결손금 보전에 충당한 경우에 한하여 익금불산입한다.

④ 채무자회생 및 파산에 관한 법률에 따라 채무를 출자로 전환하는 내용이 포함된 회생계획인가의 결정을 받은 법인은 채무의 출자전환시 발생한 채무면제이익이 10억원이고, 이월결손금이 8억원인 경우에는 최대 10억원을 익금불산입할 수 있다.

⑤ 자산수증이익을 이월결손금 보전의 목적에 충당한 경우, 익금불산입된 금액은 기타로 소득처분한다.

9. 다음은 (주)스케치의 제26기 사업연도(2026. 1. 1~12. 31) 손익계산서에 계상된 세금과공과 계정의 내역이다.

(1) 업무관련자산에 대한 재산세	1,000,000원
(2) 가산세	3,000,000원
(3) 임차인으로 부담한 간주임대료에 대한 부가가치세	500,000원
(4) 폐수배출부담금	1,200,000원
(5) 업무무관 토지에 대한 취득세	1,500,000원
(6) 정부와의 납품계약으로 인한 지체상금	700,000원
(7) 교통사고벌과금(업무관련된 것임)	500,000원
(8) 국유지 사용료의 납부지연으로 인한 연체료	800,000원

(주)스케치의 제26기 사업연도 세금과공과에 대한 세무조정 중 기타사외유출로 소득처분되는 금액의 합계액은 얼마인가?

① 3,500,000원 ② 3,200,000원 ③ 4,700,000원
④ 3,700,000원 ⑤ 5,200,000원

10. 다음은 (주)스케치의 제26기(2026. 1. 1~12. 31) 공장신축(준공예정일 : 2027. 6. 5)을 위해 고용된 임직원에 대한 인건비의 내역이다. ㈜스케치가 다음의 인건비를 전액 비용으로 처리한 경우 제26기에 행할 세무조정은?

구분	급여	상여금	사택유지비
임원 갑(지분율 1.2%)	80,000,000원	30,000,000원	5,000,000원
임원 을(지분율 0.8%)	40,000,000원	20,000,000원	3,000,000원
직원 병(지분율 1%)	20,000,000원	10,000,000원	2,000,000원
기타 직원	200,000,000원	140,000,000원	–
	340,000,000원	200,000,000원	10,000,000원

(1) 급여지급규정에는 연간급여의 40%를 상여금으로 지급하도록 되어 있다.
(2) 기타 직원의 인건비 중에는 지배주주의 아들인 박대리의 급여 및 상여금이 각각 50,000,000원, 20,000,000원 포함되어 있다. 동일 직급의 직원의 급여 및 상여금은 각각 30,000,000원, 10,000,000원이다.

① 손금불산입 39,000,000원 (상여)
② 손금불산입 42,000,000원 (상여)
③ 손금불산입 9,000,000원 (상여), 손금불산입 30,000,000원 (배당)
④ 손금불산입 42,000,000원 (상여), 손금불산입 508,000,000원 (유보)
⑤ 손금불산입 39,000,000원 (상여), 손금불산입 511,000,000원 (유보)

11. 제조업을 영위하는 (주)스케치(정관에 의한 사업연도는 1. 1~12. 31이고, 중소기업이 아님)은 2026. 4. 6에 설립된 회사이다. 다음 자료에 기초하여 2026년도 기업업무추진비와 관련된 세무조정 과정에서 기타사외유출로 손금불산입해야 할 금액을 구하면?

> (1) ㈜스케치의 매출관련 자료
> ① 손익계산서상 제품 매출액 : 90억원(특수관계인에 대한 매출액 제외)
> ② 손익계산서상 특수관계인에 대한 매출액 : 20억원
> (2) 판매비와관리비에 계상된 기업업무추진비계정의 총액은 50,000,000원이며, 그 세부내역은 다음과 같다.
> • 주주가 부담해야 할 성질의 기업업무추진비 3,500,000원을 회사가 지급하였다.
> • 법인형태가 아닌 종업원단체에 지출한 복리시설비* : 2,000,000원
>   * 자산성이 없는 지출로서 비용처리한 금액이다.
> • 임직원 명의의 신용카드 사용분(거래 1건) : 1,200,000원
> • 거래처인 특수관계자에게 증정한 상품 : 3,500,000원(원가는 3,500,000원이고, 시가는 5,000,000원임) 단, 해당 상품에 대한 부가가치세 매출세액(500,000원)은 적법하게 납부하고 세금과공과로 계상하였다.
> • ㈜스케치 명의의 신용카드 사용분 : 39,800,000원

① 8,000,000원 ② 10,000,000원 ③ 11,300,000원
④ 14,700,000원 ⑤ 14,000,000원

12. 다음은 부동산임대업을 영위하고 있는 ㈜스케치의 제26기(2026. 1. 1 ~ 12.31) 업무용 승용차에 관련된 자료이다. 해당 업무용승용차에 관련된 다음의 내역을 바탕으로 세무조정을 수행하고 해당 세무조정의 결과 제26기 사업연도 각사업연도소득금액에 미치는 순효과를 계산하면 얼마인가?

> (1) ㈜스케치는 제26기초에 대표이사 업무용으로 승용차 1대를 220,000,000원에 취득하고 업무전용자동차보험에 가입하였다. 또한, 법인업무용 자동차번호판을 부착하였다.
> (2) 상기 업무용승용차 관련하여 손익계산서상 비용계상한 내역은 다음과 같다.
> ① 감가상각비 25,000,000원
> ② 차량수선비 6,000,000원
> (3) ㈜스케치는 부동산임대업을 주업으로 하는 법인으로서 일반기업업무추진비 한도액에 50%를 곱한 금액을 기업업무추진비 한도로 하는 법소정의 법인에 해당한다.
> (4) 운행기록부는 작성하지 않았다고 가정한다.

① 32,500,000원 ② 24,600,000원 ③ 26,000,000원
④ 28,400,000원 ⑤ 26,400,000원

13. **법인세법상 일시상각충당금에 대한 다음 설명 중 틀린 것은 어느 것인가?**

① 손금산입한 일시상각충당금은 감가상각과정이나 처분과정을 통해 익금에 산입되나 법소정기한 내에 국고보조금을 사업용자산의 취득에 사용하지 않은 경우에는 전액 익금에 산입한다.

② 일시상각충당금의 설정을 통한 과세이연방법은 그 계상여부가 전적으로 법인 의사에 달려 있으므로 결산서에 비용과 부채로 계상한 경우에 인정되나 신고조정으로도 손금산입이 허용된다.

③ 국고보조금에 대한 일시상각충당금은 국고보조금을 지급받은 사업연도의 다음 사업연도의 개시일부터 1년 이내에 자산을 취득한 경우 그 사용하려는 금액을 그 지급받은 날이 속하는 사업연도의 손금에 산입한다.

④ 보험차익으로 동일 종류의 자산을 취득한 경우 보험차익을 일시상각충당금의 설정을 통하여 손금산입할 수 있으며, 이 경우 취득하는 유형자산 금액이 지급받은 보험금에 미달하는 경우에는 보험금 중 보험차익 금액을 먼저 사용한 것으로 본다.

⑤ 일시상각충당금 환입의 세무조정은 감가상각시부인계산 후 행한다.

14. **다음 중 법인세법상 부당행위계산부인이 적용되지 않는 경우는?**

① 연임된 임원에게 퇴직금을 지급한 경우

② 출자임원(지분율 1%)에게 사택을 무상으로 제공한 경우

③ 출연금을 대신 부담한 경우

④ 자산을 시가보다 높은 가액으로 현물출자한 경우로서 시가와 대가의 차액이 3억원인 경우

⑤ 파생상품에 근거한 권리를 불행사하여 이익을 분여한 경우

15. **다음 자료에 의하여 ㈜스케치(중소기업에 해당하지 아니함)의 제26기(2026. 1. 1~12. 31) 가지급금 인정이자와 관련하여 행할 세무조정 및 소득처분은 어느 것인가? (단, 1년은 365일로 가정한다.)**

(1) 손익계산서상 이자비용내역은 다음과 같으며, 차입금은 모두 전기이전에 차입하였으며, 차입금 잔액은 당기 중 변동 되지 않았다.

연이자율	차입금	지급이자	비고
20%	45,000,000원	9,000,000원	채권자불분명사채이자
11.4%	20,000,000원	2,280,000원	건설중인자산에 대한 건설자금이자
7%	30,000,000원	2,100,000원	운용자금이자
7%	15,000,000원	1,050,000원	특수관계인에 대한 차입금이자

(2) 2026. 10. 1에 직원에게 주택취득자금 25,000,000원을 대여하고 이로 인한 당기 이자수령 약정액 200,000원을 수령하여 이자수익으로 계상하였다.

(3) 전기에 귀속이 불분명하여 대표자에 대한 상여처분된 금액에 대한 소득세 9,000,000원을 2026. 5. 31에 대납하고 대여금으로 계상하였다.

(4) 기획재정부령으로 정하는 당좌대출이자율은 4.6%이고, ㈜스케치는 금전대차거래의 시가에 대해 별도의 신고는 하지 않았다.

① 〈익금산입〉 가지급금 인정이자 552,000원 (상여)
② 〈익금산입〉 가지급금 인정이자 352,000원 (상여)
③ 〈익금산입〉 가지급금 인정이자 552,000원 (기타사외유출)
④ 〈익금산입〉 가지급금 인정이자 352,000원 (기타사외유출)
⑤ 익금에 산입할 가지급금 등의 인정이자 없음

16. 법인세법상 감가상각에 관한 설명으로 옳은 것은?

① 취득 후에 사용하지 않고 보관 중인 자산과 일시적 조업중단에 따른 유휴설비는 감가상각을 하지 아니한다.

② 리스자산 중 금융리스자산은 리스회사의 감가상각자산으로 하며, 금융리스 외의 리스자산은 리스이용자의 감가상각자산으로 한다.

③ 건설중인 자산의 일부가 완성되어 해당 부분이 사업에 사용되는 경우 그 부분은 이를 감가상각자산에 해당하는 것으로 한다.

④ 개발비의 감가상각에 적용할 내용연수를 신고하지 아니한 경우에는 관련 제품을 판매 또는 사용하여 수익을 얻을 것으로 예상되는 기간 동안 균등안분액을 상각한다.

⑤ 신규로 취득한 자산이나 기중에 발생한 자본적 지출액은 취득 또는 발생시점부터 월할계산하여 상각범위액을 계산하는데, 이 경우 1월 미만의 일수는 1월로 한다.

17. 다음은 ㈜스케치(중소기업에 해당하지 아니함)의 제26기(2026. 1. 1~12. 31) 지급이자와 관련된 내용이다. 지급이자 중에서 기타사외유출로 소득처분되어야 할 금액은 얼마인가? (단, 1년은 365일로 가정한다.)

(1) 회사의 차입금 내역은 다음과 같다.

구분	이자율	지급이자
채권자불분명사채*	20%	5,000,000원
은행 차입금	8%	32,000,000원

* 채권자불분명사채의 이자와 관련하여 원천징수하여 납부한 세액은 2,475,000원이다.

(2) 전기말에 업무와 무관한 동산(시가 10,000,000원)을 13,000,000원에 대표이사로부터 매입하였다.

(3) 제26기말 재무상태표상 대여금의 내역은 다음과 같다.

내 역	금 액	비 고
직원 대여금	5,000,000원	직원에 대한 급여가불금
	7,000,000원	무주택 직원에 대한 주택자금 대여액

* 직원에 대한 급여가불금은 무이자조건이며, 주택자금대여액은 적정이자를 수령하고 있다.

(4) 당기 중 차입금 및 대여금의 변동은 없었다.

① 4,310,000원 ② 2,310,000원 ③ 4,075,000원
④ 2,000,000원 ⑤ 1,600,000원

18. 제조업을 영위하는 ㈜스마트가 보유하고 있는 ㈜스케치에 대한 지분증권 자료를 이용하여 ㈜스마트의 제26기 사업연도(2026. 1. 1~12. 31)의 의제배당금액을 계산하시오.

> (1) 2024년 3월 4일 (주)스케치의 주식 5,000주(지분율 5%, 액면가액 5,000원)를 1주당 10,000원에 취득하였다.
> (2) 2024년 5월 10일 (주)스케치의 무상증자(주식발행초과금의 자본전입)결의로 5월 16일에 2,000주의 무상주를 수령하였다.
> (3) 2026년 8월 20일 (주)스케치로부터 3,000주의 주식배당(발행가액 6,000원)을 받았다.
> (4) 2026년 11월 1일 (주)스케치는 발행주식의 50%를 주당 7,000원을 지불하고 소각하였다.

① 1,000,000원　② 9,500,000원　③ 21,500,000원
④ 18,000,000원　⑤ 19,000,000원

19. 다음 자료를 이용하여 경정으로 인해 추징하는 환급취소세액(이자상당액은 제외)을 계산하면 얼마인가?

> (1) 중소기업인 (주)스케치는 제24기(2024. 1. 1.~12. 31)의 법인세 과세표준을 5억원으로 신고하면서 공제 및 감면세액을 차감한 법인세액 70,500,000원을 납부하였다.
> (2) 제25기(2025. 1. 1.~12. 31)에는 결손금 10억원이 발생하였으며, 제25기 법인세 신고시 결손금 소급공제를 최대한 적용받았다.
> (3) 제26기(2026. 1. 1.~12. 31)에 관할세무서장이 (주)스케치의 제25기 법인세 과세표준과 세액을 조사하여 결손금을 3억원으로 경정하였다.
> (4) 제24기 법인세율표

과세표준		세율
	2억원 이하	9%
2억원 초과	200억원 이하	19%
200억원 초과	3,000억원 이하	21%
3,000억원 초과		24%

① 11,000,000원　② 23,500,000원　③ 25,000,000원
④ 55,000,000원　⑤ 66,500,000원

20. **소득세에 관한 설명 중 옳은 것은?**

① 해당 과세기간 종료일 10년 전부터 국내에 주소나 거소를 둔 기간이 5년 이하인 외국인 거주자의 국외원천소득에 대해서는 소득세를 과세하지 아니한다.

② 소득금액계산시 이자소득, 배당소득, 근로소득, 연금소득에 대해서는 필요경비를 인정하지 않으므로 총수입금액이 소득금액이 되어 종합소득금액으로 합산된다.

③ 비거주자는 국내에 거소를 둔 날에 거주자로 된다.

④ 법인 아닌 단체가 1거주자(또는 1비거주자)로 분류되는 경우 단체의 소득에 대한 소득세의 납세의무자는 단체의 구성원이 아니라 그 단체 자신이다.

⑤ 용산기지에 근무하고 있는 주한 미군의 군무원(미국국적)은 국내·외 원천소득에 대해 납세의무를 진다.

21. **다음은 거주자 갑의 소득자료이다. 거주자 갑의 2026년 귀속 종합과세대상 금융소득금액은 얼마인가?**

(1) 직장공제회 초과반환금 : 2,000,000원
(2) 일시적인 금전대여로 인한 비영업대금의 이익 : 16,000,000원
(3) 외국법인으로부터 받은 현금배당금(국내에서 원천징수되지 않음) : 5,000,000원
(4) 자본시장과 금융투자업에 관한 법률에 의한 집합투자기구로부터의 지급받은 이익 : 3,000,000원
(5) 비상장법인으로부터 받은 주식배당 : 2,000,000원
(6) 출자공동사업자의 배당소득 : 7,000,000원

① 33,200,000원 ② 33,000,000원 ③ 32,600,000원
④ 37,840,000원 ⑤ 38,840,000원

22. 다음은 거주자 갑의 2026년도 종합소득세를 계산하기 위한 자료이다. 종합소득 결정세액을 계산하면 얼마인가? 단, 주어진 자료 이외는 고려하지 않는다.

(1) 비영업대금의 이익*	20,000,000원
(2) 공익신탁의 이익	5,000,000원
(3) 비상장법인으로부터의 현금배당	10,000,000원
(4) 외국법인 배당(원천징수되지 않음)	8,000,000원
(5) 사업소득금액**	30,000,000원
(6) 종합소득공제	5,100,000원

* 비영업대금의 이익은 온라인투자연계금융업의 등록을 한 자를 통하여 지급받는 금액이 아니다.

** 거주자 갑은 간편장부대상자로서 간편장부로 기장하였으며, 소득세법에 따른 성실사업자로서 조세특례제한법에 따른 성실사업자에 대한 의료비·교육비세액공제의 신청을 하지 않았다.

종합소득과세표준		세 율
	1,400만원 이하	과세표준의 6%
1,400만원 초과	5,000만원 이하	84만원 + 1,400만원을 초과하는 과세표준의 15%
5,000만원 초과	8,800만원 이하	624만원 + 5,000만원을 초과하는 과세표준의 24%

① 9,720,000원 ② 9,875,000원 ③ 10,160,000원
④ 14,860,000원 ⑤ 15,800,000원

23. 다음은 거주자 이의득 씨(남성, 55세)의 2026년 소득관련자료이다. 다음 자료를 이용하여 2026년도 연금계좌 인출액에서 금융기관에서 원천징수한 소득세 차감후 이의득 씨가 지급받는 금액은 얼마인가? 단, 개인지방소득세로 원천징수된 금액은 없다고 가정한다.

(1) 이의득 씨는 2021년 1월 1일에 연금저축계좌(중도 해지할 수 없는 종신형 연금에 해당한다.)에 가입하였다.

(2) 해당 연금계좌는 가입기간이 끝난 후 2026년 초부터 최초로 연금수령할 수 있는 연금계좌이며, 2026년에 연금계좌에서 40,000,000원을 인출하였다.

(3) 2026년 1월 1일 현재 연금계좌의 평가액은 다음과 같다.

- 연금계좌 본인 불입액 102,000,000원(세액공제를 적용받지 못한 금액 7,000,000원 포함)
- 연금계좌 운용손실 : 2,000,000원

① 28,650,000원 ② 35,800,000원 ③ 38,650,000원
④ 35,650,000원 ⑤ 39,850,000원

24. 다음은 권연서 씨의 소득관련 자료이다. 다음 자료를 이용하여 권연서 씨의 2026년도 종합소득에 합산되는 기타소득금액과 분리과세되는 기타소득의 소득세 원천징수세액을 계산하면 얼마인가? 단, 분리과세 선택이 가능한 경우 종합과세를 선택하였다고 가정한다.

(1) 고용관계없이 강연을 하고 받은 강연료	5,000,000원	증빙으로 입증되는 필요경비 없음
(2) 공익사업관련 지상권 설정대가	3,000,000원	증빙으로 입증되는 필요경비는 1,900,000원임
(3) 산업재산권 양도금액	2,000,000원	증빙으로 입증되는 필요경비 없음
(4) 서화(1건)의 양도금액	70,000,000원	취득금액은 55,000,000원임
(5) 복권당첨금	320,005,000원	복권 1매(5,000원)에 대한 당첨금임
(6) 원고료수입	100,000원	신문에 원고를 기고하고 받은 금액임

* 서화는 양도일 현재 생존해 있는 국외 원작자 작품이며, 권연서 씨는 개인소장가로 3년동안 보유한 서화를 양도하였다.

	기타소득금액	원천징수세액
①	3,900,000원	67,400,000원
②	3,900,000원	66,800,000원
③	4,000,000원	68,400,000원
④	4,000,000원	66,800,000원
⑤	2,940,000원	67,400,000원

25. 소득세법상 부동산임대업 관련 사업소득에 대한 설명으로 옳은 것은?

① 모든 지역권·지상권의 대여로 인하여 발생하는 소득은 부동산임대업 소득에 해당한다.
② 상가임대업의 경우 분리과세대상이 없으므로 무조건 종합과세한다.
③ 상가임대업에서 발생한 결손금은 근로소득금액, 연금소득금액, 기타소득금액, 이자소득금액, 배당소득금액의 순서로 공제할 수 있다.
④ 광업권자 등이 자본적 지출이나 수익적 지출의 일부 또는 전부를 제공하는 것을 조건으로 광업권·조광권 또는 채굴에 관한 권리를 대여하고 덕대로부터 받는 분철료도 부동산임대로 인한 총수입금액에 해당한다.
⑤ 중소기업에 해당하는 경우 부동산임대업에서 발생한 결손금은 소급공제가능하다.

26. 소득세법상 공동사업의 과세에 대한 설명으로 옳지 않은 것은?

① 공동사업장에서 발생한 소득금액에 대하여 원천징수된 세액은 각 공동사업자의 손익분배비율에 따라 배분한다.

② 사업소득이 발생하는 사업을 공동으로 경영하고 그 손익을 분배하는 공동사업(출자공동사업자가 있는 공동사업을 포함함)의 경우에는 공동사업장을 1거주자로 보아 공동사업장별로 그 소득금액을 계산한다.

③ 주된 공동사업자와 특수관계에 있는 자의 소득금액이 주된 공동사업자에게 합산과세되는 경우 그 합산과세되는 소득금액에 대해서는 주된 공동사업자의 특수관계인은 그의 손익분배비율에 해당하는 그의 소득금액을 한도로 주된 공동사업자와 연대하여 납세의무를 진다.

④ 거주자 1인과 그와 생계를 같이 하는 특수관계인이 공동사업자에 포함되어 있는 경우로서 조세를 회피하기 위하여 공동으로 사업을 경영하는 것이 확인되는 경우에는 그 특수관계인의 사업소득·양도소득금액은 주된 공동사업자의 소득금액으로 본다.

⑤ 공동사업에서 발생하는 소득금액 중 출자공동사업자의 손익분배비율에 해당하는 금액은 그 출자공동사업자의 배당소득으로 보고 무조건 종합과세한다.

27. 소득세법상 소득금액계산의 특례에 관한 설명이다. 옳지 않은 것은?

① 거주자가 내국법인이 발행한 채권의 이자를 받기 전에 다른 내국법인에게 이를 매도하는 경우 채권을 매수하는 법인이 거주자의 보유기간 이자상당액에 대하여 소득세를 원천징수한다.

② 피상속인의 소득금액에 대한 소득세로서 상속인에게 과세할 것과 상속인의 소득금액에 대한 소득세는 원칙적으로 구분하여 계산하여야 한다.

③ 종합소득과세표준 확정신고 후 예금의 중도해지로 이미 지난 과세기간에 속하는 이자소득금액이 감액된 경우 그 중도해지일이 속하는 과세기간의 종합소득금액에 포함된 이자소득금액에서 그 감액된 이자소득금액을 뺄 수 있다.

④ 공동사업장에서 발생한 결손금은 각 공동사업자별로 분배된 금액의 범위 내에서 각 공동사업자의 다른 사업장의 동일 소득 또는 다른 종합소득과 통산한다.

⑤ 출자공동사업자의 배당소득, 사업소득, 기타소득 및 양도소득에서 발생한 결손금은 다른 소득금액에서 공제되나, 사업소득 중 주거용 건물 외 부동산임대업에서 발생한 결손금은 다른 소득금액에서 공제하지 않고 다음 과세기간으로 이월된다.

28. **다음은 소득세법상 외국납부세액공제에 대한 설명이다. 옳지 않은 것은 어느 것인가?**

① 근로소득금액에 국외원천소득이 합산되어 있는 경우에 그 국외원천소득에 대하여 외국에서 외국소득세액을 납부하였거나 납부할 것이 있을 때에는 외국납부세액공제방법만을 적용받을 수 있으며, 필요경비산입방법은 적용받을 수 없다.

② 외국납부세액의 공제한도를 계산함에 있어서 국외사업장이 2 이상의 국가에 있는 경우에는 국가별로 한도를 계산한다.

③ 퇴직소득금액에 대한 외국납부세액이 공제한도를 초과하는 경우 초과한 금액은 10년 이내에 종료하는 과세기간에 이월하여 그 이월된 과세기간의 공제한도범위 내에서 공제받을 수 있다.

④ 소득세법상 외국납부세액이란 직접외국납부세액과 의제외국납부세액을 의미하며, 간접외국납부세액은 적용되지 않는다.

⑤ 국외자산의 양도소득에 대하여 해당 외국에서 과세를 하는 경우 해당 자산의 양도소득에 대하여 외국의 법령에 따라 외국에서 국외자산 양도소득세액을 납부하였거나 납부할 것이 있을 때에는 거주자의 선택에 따라 외국납부세액을 필요경비에 산입할 수 있다.

29. **다음은 사업소득만 있는 거주자 갑씨(46세 남성)의 2026년도 종합소득세와 관련된 자료이다. 갑씨의 2026년도 종합소득공제액을 계산하면 얼마인가?**

(1) 갑씨의 사업소득금액 : 70,000,000원

(2) 갑씨와 생계를 같이 하는 부양가족현황

① 부친 (72세) : 소득없음

② 동생 (40세) : 소득없으며, 장애인임

③ 장남 (17세) : 복권당첨금품(1건) 1,000,000원

④ 장녀 (16세) : 양도소득금액 4,000,000원

⑤ 차남 (15세) : 소득없음

(3) 보험료 지출내역은 다음과 같다.

① 국민연금법에 의하여 부담한 갑씨 본인 연금보험료 : 2,600,000원

② 국민건강보험법에 의하여 부담한 본인 건강보험료 : 2,000,000원

(4) 갑씨는 종합소득공제를 받기 위하여 필요한 모든 증빙자료를 제출하였다.

① 11,500,000원 ② 12,500,000원 ③ 13,100,000원
④ 14,100,000원 ⑤ 16,100,000원

30. **부가가치세법의 과세단위인 사업장에 관한 다음 설명 중 틀린 것을 고르시오.**

① 제조업의 경우에는 최종제품을 완성하는 장소를 사업장으로 하며, 제품의 포장만을 하거나 용기에 충전만을 하는 장소는 사업장으로 보지 않는다.

② 한국토지주택공사가 부동산을 임대하는 경우에는 그 사업에 관한 업무를 총괄하는 장소를 사업장으로 한다.

③ 하치장은 판매행위가 이루어지지 않는 장소이므로 사업장으로 보지 않으나 하치장을 설치한 자는 하치장을 둔 날부터 20일 이내에 하치장 관할세무서장에게 하치장설치신고서를 제출하여야 한다.

④ 우정사업조직이 소포우편물을 방문접수하여 배달하는 사업은 그 사업에 관한 업무를 총괄하는 장소를 사업장으로 한다.

⑤ 무인판매기를 통하여 재화를 공급하는 사업은 그 사업에 관한 업무를 총괄하는 장소를 사업장으로 한다.

31. **다음은 부가가치세법상 과세대상인 재화 및 용역의 공급에 대한 설명이다. 옳지 않은 것은?**

① 국세징수법에 의한 공매에 의하여 재화를 양도하는 것은 재화의 공급으로 보지 않는다.

② 자기가 주요자재의 일부를 부담하고 상대방으로부터 인도받은 재화에 공작을 가하여 새로운 재화를 만드는 가공계약에 의하여 재화를 인도하는 것은 재화의 공급이다.

③ 사업양수시 양수자 대리납부제도에 따라 그 사업을 양수받는 자가 대가를 지급하는 때에 그 대가를 받은 자로부터 부가가치세를 징수하여 납부한 경우에는 재화의 공급으로 본다.

④ 토지를 현물출자하고 출자지분을 받는 경우는 재화의 공급에 해당하므로 거래상대방으로부터 부가가치세를 거래징수하여야 한다.

⑤ 주사업장총괄납부사업자가 판매목적으로 타사업장에 반출한 재화에 대하여 세금계산서를 발급하고 신고한 경우에는 재화의 공급으로 본다.

32. **다음 자료를 이용하여 일반과세자 갑의 2026년 제1기 부가가치세 과세표준을 구하면 얼마인가? 세금계산서 및 수정세금계산서는 적법하게 발급한 것으로 가정한다. 단. 사업자 갑은 주사업장총괄납부사업자에 해당한다.**

(1) 2026년 제1기 제품의 현금매출액	60,000,000원
* 현금매출액에는 4월 7일에 거래처 ㈜A에 공급한 제품(시가 3,000,000원)에 대하여 현금결제받은 금액 2,000,000원 및 자기적립마일리지 결제액 1,000,000원이 포함되어 있다.	
(2) 거래처에 유상으로 공급한 견본품	1,000,000원
(3) 판매장려금으로 대리점에 증정한 상품(시가)	3,000,000원
(4) 2025년 제2기에 판매한 제품에 대한 환입액(환입일 : 2026.4.1)	500,000원
(5) 종업원에게 개인적인 목적으로 무상 제공한 제품(시가)	10,000,000원
(6) 판매목적으로 직매장에 반출한 제품의 원가	4,000,000원
* 거주자 갑은 제품 반출시 원가에 20%를 가산한 금액을 공급가액으로 하여 세금계산서를 발급하였다.	

① 77,300,000원　② 76,500,000원　③ 76,300,000원
④ 77,800,000원　⑤ 75,500,000원

33. **(주)스마트는 (주)스케치에게 건물과 그 부수토지를 임대하고 있다. 다음 자료에 의하여 (주)스마트의 2026년 제1기 예정신고기간(2026년 1월 1일~3월 31일)에 대한 부가가치세 과세표준을 구하면 얼마인가? (단, 1년은 365일로 가정한다.)**

(1) 임대기간 : 2026년 1월 1일 ~ 2027년 12월 31일
(2) 임대현황
　① 건물(단층) : 주택 30㎡, 상가 20㎡
　② 부수토지(도시지역내에 있는 토지임) : 600㎡
(3) 임대료 등의 내역
　① 월 임대료 : 1,500,000원
　② 임대보증금 : 300,000,000원
(4) 제1기 예정신고기간종료일 현재 1년 만기 정기예금이자율 : 2.19%
(5) 임대부동산의 기준시가
　① 건물 : 1억원
　② 토지 : 4억원

① 2,856,000원　② 8,400,000원　③ 15,400,000원
④ 9,000,000원　⑤ 21,000,000원

34. **부가가치세 매입세액공제에 관한 다음 설명 중 옳은 것은?**

① 전자세금계산서 의무발급 사업자로부터 받은 전자세금계산서가 국세청장에게 전송되지 않으면 발급사실이 확인되더라도 전자세금계산서 매입세액은 매출세액에서 공제하지 않는다.

② 법인세법에 따른 공동경비 중 분담기준을 초과하는 금액에 대한 매입세액은 공제되지 않는다.

③ 매입처별세금계산서합계표를 경정청구서와 함께 제출하여 경정기관이 경정하는 경우 매입세액은 공제받을 수 있으나 가산세가 적용된다.

④ 9인승 승용자동차에 관련된 부가가치세 매입세액은 공제되지 않는다.

⑤ 재화 또는 용역의 공급시기 이후에 발급받은 세금계산서로서 해당 공급시기가 속하는 과세기간에 대한 확정신고기한까지 발급받았다면, 매입세액공제가 가능하고 가산세도 적용되지 않는다.

35. **다음은 밀가루도매업(면세사업)과 과자제조업(과세사업)을 겸영하고 있는 사업자 ㈜스케치(중소기업이 아님)의 부가가치세 관련 자료이다. 2026년 제1기 과세기간(2026. 1. 1~6. 30)에 대한 부가가치세 납부세액(지방소비세 포함)을 계산한 것으로 옳은 것은? 단, 제시된 금액은 부가가치세를 포함하지 않은 금액이며, 세금계산서는 적법하게 발급 및 수취되었다.**

(1) 과세기간별 공급가액

구 분	2025년 제2기	2026년 제1기
밀가루도매업	60,000,000원	15,000,000원
과자제조업	40,000,000원	85,000,000원

(2) 2026년 5월 9일에 과세사업과 면세사업에 공통으로 사용하던 트럭을 30,000,000원에 매각하였다.

(3) 2026년 제1기 밀가루 매입 및 사용내역(택배비 제외)

구 분	사용내역
밀가루도매분	8,400,000원
과자제조업사용분	13,260,000원
기말재고분	1,200,000원

(4) 밀가루구입시 택배비 400,000원을 별도로 부담하고 세금계산서를 발급받았다. 택배비는 과세사업 및 면세사업의 귀속이 불분명하다고 가정한다.

(5) 2026년 제1기 과자제조업의 매입·지출내역(밀가루 매입 제외)

구 분	금 액
설탕 매입액	8,000,000원
기업업무추진비 지출액	4,000,000원

① 6,454,000원 ② 7,754,000원 ③ 9,380,000원
④ 8,580,000원 ⑤ 8,586,000원

36. **다음은 부가가치세법상 일반과세자의 납세절차에 관한 설명이다. 옳은 것은?**

① 국내사업장이 없는 비거주자로부터 용역 또는 권리의 공급을 받는 자는 공급받는 용역을 과세사업에의 사용여부에 관계없이 부가가치세를 징수하여 납부하여야 한다.

② 사업자는 대손세액공제신고서와 대손사실을 증명하는 서류를 제출한 경우 대손이 확정된 과세기간의 예정신고 및 확정신고시 대손세액공제를 적용받을 수 있다.

③ 사업자는 각 과세기간에 대한 과세표준과 납부세액(또는 환급세액)을 그 과세기간이 끝난 후 25일(폐업하는 경우에는 폐업일로부터 25일) 이내에 납세지 관할 세무서장에게 신고하여야 한다.

④ 일반과세자는 예정신고시 신고한 내용은 제외하고 조기환급 신고한 내용은 포함하여 과세표준과 납부세액을 확정신고하여야 한다.

⑤ 사업자가 아닌 자가 국내사업장이 없는 비거주자로부터 부가가치세가 과세되는 용역을 공급받은 경우에는 해당 용역에 대한 부가가치세를 대리납부할 의무가 있다.

37. **다음 중 국세기본법상 가산세를 제외한 부가가치세법상의 가산세의 합계액이 가장 큰 법인은? 단, 모든 법인은 주사업장총괄납부 및 사업자단위과세제도를 적용받는 사업자가 아니며, 모든 거래금액에는 부가가치세가 포함되어 있지 않다.**

A법인	2026. 4. 8에 인도된 제품 7,000,000원에 대한 세금계산서를 해당 거래일자를 작성연월일로 하여 2026. 7. 25에 발급하였으며, 2026. 5. 6에 매입한 원재료 1,000,000원에 대한 세금계산서를 해당 거래일자를 작성연월일로 하여 2026. 7. 25에 발급받았다.
B법인	2026. 4. 19에 인도한 제품 20,000,000원에 대해 전자세금계산서를 공급시기에 적법하게 발급하였으나, 2026. 7. 25에 전자세금계산서 발급명세를 국세청장에게 전송하였다.
C법인	2026. 5. 1에 직매장으로 반출한 제품 3,000,000원(시가 5,000,000원)에 대하여 세금계산서를 발급하지 않았다.
D법인	2026. 6. 5에 그동안의 거래실적에 따라 거래처에 지급한 제품 2,000,000원(시가 3,000,000원)에 대하여 세금계산서를 발급하지 않았다.
E법인	2026. 5. 3에 공급받은 재화의 공급가액은 30,000,000원에 대해 세금계산서를 적법하게 수령하였으나, 신고누락하여 수정신고시 매입처별세금계산서합계표를 제출하였다.

① A법인　　② B법인　　③ C법인
④ D법인　　⑤ E법인

38. 다음의 자료를 이용하여 거주자 갑의 상속세 과세가액을 계산한 것으로 옳은 것은?

> (1) 거주자 갑은 2026년 5월 1일에 사망하였다.
> (2) 상속개시 당시 상속재산가액 : ₩1,000,000,000
> (3) 갑이 2024년 10월 1일에 금융회사로부터 차입한 채무 : ₩300,000,000(상속개시당시 피상속인의 채무로서 상속인이 실제로 부담하는 사실이 증명되었으며, 이 중 ₩100,000,000은 사용용도가 불분명함)
> (4) 갑이 2021년 7월 1일에 상속인 외의 자인 친구 을에게 증여한 재산의 상속개시 당시 시가 : ₩300,000,000 (증여 당시 시가는 ₩150,000,000)
> (5) 증빙에 의해 확인되는 장례비용 ₩11,000,000(봉안시설의 사용비용 ₩7,000,000 포함)

① ₩850,000,000 ② ₩855,000,000 ③ ₩880,000,000
④ ₩840,000,000 ⑤ ₩845,000,000

39. 상속세 및 증여세법상 상속세 및 증여세의 연부연납과 물납에 관한 설명이다. 옳지 않은 것은?

① 연부연납 적용시에는 분납은 허용되지 않는다.
② 가업상속재산 이외의 상속재산에 대한 상속세 연부연납의 경우 10년 이내의 범위에서 납세의무자가 신청한 기간으로 하며, 10년을 초과하여 연부연납을 할 수 없다.
③ 납세지 관할세무서장은 물납신청을 받은 재산에 저당권이 설정되어 관리·처분상 부적당하다고 인정하는 경우에는 물납허가를 하지 않을 수 있다.
④ 납세지 관할세무서장이 상속세의 연부연납을 허가하는 경우 납세의무자는 담보를 제공하여야 한다.
⑤ 납세지 관할세무서장은 상속재산 중 법령에 따른 부동산과 유가증권의 가액이 해당 재산가액의 1/2을 초과하고 상속세 납부세액이 1천만원을 초과할 경우 물납을 허가할 수 있다.

40. 지방세법상 취득세 및 재산세의 납세의무에 관한 설명이다. 옳지 않은 것은?

① 토지에 대한 재산세 과세대상은 종합합산과세대상, 별도합산과세대상 및 분리과세대상으로 구분한다.
② 취득세의 징수는 신고납부의 방법으로 한다.
③ 재산세는 관할지방자치단체의 장이 세액을 산정하여 보통징수의 방법으로 부과·징수한다.
④ 차량이나 선박을 취득한 경우 취득세 납세의무가 있으나, 골프회원권을 취득한 자는 취득세 납세의무를 지지 않는다.
⑤ 신탁법에 따라 수탁자 명의로 등기 · 등록된 신탁재산의 경우 위탁자가 재산세를 납부할 의무가 있으며, 이 경우 위탁자가 신탁재산을 소유한 것으로 본다.

❗회계사 실전모의고사 해설

1. ⑤

소멸시효가 완성된 경우 결손처분이 필요하나, 국세부과의 제척기간이 만료된 경우 납세의무가 확정되기도 전에 소멸되므로 결손처분절차가 필요하지 않다.

2. ③

우편날짜도장이 찍히지 아니하였거나 분명하지 아니한 경우에는 통상 걸리는 운송일수를 기준으로 발송한 날로 인정되는 날에 신고된 것으로 본다.(발신주의○, 도달주의×)

3. ②

① 사업용 부동산의 양도로 발생한 양도소득세는 양수한 사업에 관한 국세에 해당하지 않으므로 사업양수인이 제2차 납세의무를 지지 않는다.

③ 제2차 납세의무를 지는 과점주주의 범위에는 해당 법인의 발행주식 총수 또는 출자총액의 50%를 초과하는 주식 또는 출자지분을 소유하면서 그 법인의 경영에 대하여 지배적인 영향력을 행사하는 자를 포함한다.

④ 과점주주의 제2차 납세의무는 징수부족액에 지분율(의결권 없는 주식은 제외)을 곱한 금액을 한도로 한다.

⑤ 사업양수인은 양도일이전에 양도인의 납세의무가 확정된 국세에 대해서 제2차 납세의무를 진다.

4. ③

결정기간 내에 결정의 통지를 받지 못한 경우에는 결정의 통지를 받기 전이라도 그 결정기간이 지나는 날부터 행정소송을 제기할 수 있다.

5. ①

세무조사는 납세자의 사업과 관련하여 세법에 따라 신고 · 납부의무가 있는 세목을 통합하여 실시하는 것을 원칙으로 하되, 일정한 경우 특정 세목만을 조사할 수 있다.(통합조사원칙)

6. ⑤

내국영리법인은 청산소득에 대한 납세의무가 있으나 이 경우 합병 · 분할에 의한 해산은 제외한다.

7. ③

관할지방국세청장(새로이 지정될 납세지가 그 관할을 달리하는 경우에는 국세청장)은 납세지가 그 법인의 납세지로 적당하지 않다고 인정되는 경우에는 그 납세지를 지정할 수 있다. → 납세지 관할세무서장×

8. ②

추계시 간주임대료는 추계결정에 대한 세무조정의 소득처분에 따른다.

9. ③

구 분	세무조정		
(1) 업무관련자산에 대한 재산세	손금에 해당함		
(2) 가산세	〈손금불산입〉	₩3,000,000	(기타사외유출)
(3) 간주임대료에 대한 부가가치세	손금에 해당함		
(4) 폐수배출부담금	〈손금불산입〉	₩1,200,000	(기타사외유출)
(5) 업무무관 토지에 대한 취득세	〈손금불산입〉	₩1,500,000	(유보)
(6) 정부와의 납품계약으로 인한 지체상금	손금에 해당함		
(7) 교통사고벌과금(업무관련된 것임)	〈손금불산입〉	₩500,000	(기타사외유출)
(8) 연체료	손금에 해당함		

∴ 기타사외유출로 소득처분되는 금액의 합계액 : ₩3,000,000 + ₩1,200,000 + ₩500,000 = ₩4,700,000

10. ⑤

(1) 임원 을 한도초과액 : ₩20,000,000 − ₩40,000,000 × 40% = ₩4,000,000 → 손不(상여)

(2) 임원 갑 사택유지비 : ₩5,000,000 → 손不(상여)

* 임원 갑은 소액주주(지분율 1% 미만)가 아닌 출자임원이므로 사택유지비를 손금불산입한다.

(3) 지배주주 등 과다인건비 : ① + ② = ₩30,000,000 → 손不(상여)

① ₩50,000,000 − ₩30,000,000 = ₩20,000,000

② ₩20,000,000 − ₩10,000,000 = ₩10,000,000

(4) 건설중인 자산 : ① − ② = ₩511,000,000 → 손不(유보)

① 인건비 합계액 : ₩340,000,000(급여) + ₩200,000,000(상여금) + ₩10,000,000(사택유지비)
= ₩550,000,000

② 손금불산입(사외유출) 합계액 : ₩4,000,000(임원상여금한도초과액) + ₩5,000,000(사택유지비) +
₩30,000,000(지배주주 등 과다인건비) = ₩39,000,000

11. ②

(1) 기업업무추진비 해당액

손익계산서상 기업업무추진비	₩50,000,000	
주주의 기업업무추진비	(3,500,000)	손不(배당)
종업원단체 복리시설비	(2,000,000)	복리후생비
임직원 명의 신용카드 사용분	(1,200,000)	손不(기타사외유출)
현물기업업무추진비 원가와 시가의 차액	2,000,000	₩5,500,000 − ₩3,500,000
합 계	₩45,300,000	

(2) 기업업무추진비 한도액 : $₩12,000,000 \times \frac{9}{12} + ₩9,000,000,000 \times \frac{3}{1,000} + (₩1,000,000,000 \times \frac{3}{1,000}$

$+ ₩1,000,000,000 \times \frac{2}{1,000}) \times 10\% = ₩36,500,000$

(3) 한도초과액 : ₩45,300,000 − ₩36,500,000 = ₩8,800,000 → 손不(기타사외유출)

(4) 기타사외유출로 손금불산입되는 금액 : ₩1,200,000 + ₩8,800,000 = ₩10,000,000

12. ⑤

(1) 계산근거

1) 감가상각시부인

① 회사계상 감가상각비 : ₩25,000,000

② 상각범위액 : ₩220,000,000 × 0.2 = ₩44,000,000

③ 상각부인액(시인부족액) : △₩19,000,000 손금산입(△유보)

2) 사적사용비용 및 업무사용금액 중 감가상각비 조정

구분	금액(A)	업무사용금액(B)	사적사용금액(C)	업무사용금액(B) 중 400만원 초과(미달) 감가상각비
감가상각비	₩44,000,000	₩4,400,000	₩39,600,000	₩400,000
유지관련비용	6,000,000	600,000	5,400,000	–
합계	₩50,000,000	₩5,000,000	₩45,000,000	₩400,000

*1. 감가상각비 : 감가상각시부인 후의 세법상 감가상각비(상각범위액)를 말한다.

2. 업무사용비율 : $\frac{₩5,000,000}{₩50,000,000}$ = 10%

(2) 세무조정

〈손금산입〉 업무용승용차 감가상각비 ₩19,000,000 (△유보)

〈손금불산입〉 사적사용비용 ₩45,000,000 (상여)

〈손금불산입〉 업무사용금액 중 400만원 초과 감가상각비 ₩400,000 (유보)

(3) 각 사업연도 소득금액에 미치는 순효과 : △₩19,000,000 + ₩45,000,000 + ₩400,000 = ₩26,400,000

13. ④

보험차익으로 동일 종류의 자산을 취득한 경우 보험차익을 일시상각충당금의 설정을 통하여 손금산입할 수 있으며, 이 경우 취득하는 유형자산 금액이 지급받은 보험금에 미달하는 경우에는 보험금 중 멸실된 자산의 장부가액부분(보험차익 외의 금액)을 먼저 사용한 것으로 본다.

14. ④

① 연임된 임원에게 퇴직금을 지급한 경우는 비현실적 퇴직에 해당하여 업무무관가지급금으로 보므로 부당행위계산부인 규정에 따라 인정이자 익금산입(상여) 세무조정을 해야 한다.

④ 자산을 시가보다 높은 가액으로 현물출자한 경우는 이익을 분여받은 경우로 조세의 부담을 부당하게 감소시킨 것으로 인정되는 경우라고 볼 수 없다.

15. ②

(1) 가중평균차입이자율 : $\dfrac{₩2,280,000 + ₩2,100,000}{₩20,000,000 + ₩30,000,000} = 8.76\%$

* 가중평균차입이자율 계산시 채권자불분명사채이자와 특수관계인으로부터의 차입금은 제외한다.

(2) 인정이자 : ₩25,000,000[*1] × 92일 × 8.76% × $\dfrac{1}{365}$ = ₩552,000

*1. 중소기업이 아니므로 직원에 대한 주택자금대여액은 업무무관가지급금에 해당한다.
2. 귀속이 불분명하여 대표자에 대한 상여처분된 금액에 대한 소득세대납액은 업무무관가지급금으로 보지 않는다.

(3) 차액 : ₩552,000 − ₩200,000 = ₩352,000 ≥ ₩27,600(= ₩552,000 × 5%) → 익入(상여)

16. ③

① 일시적 조업중단에 따른 유휴설비는 정상적인 감가상각대상 자산에 포함한다.
② 리스자산 중 금융리스자산은 리스이용자의 감가상각자산으로 하며, 금융리스 외의 리스자산은 리스회사의 감가상각자산으로 한다.
④ 개발비에 대하여 내용연수를 신고하지 않은 경우에는 기준내용연수(5년)를 적용한다.
⑤ 기중에 발생한 자본적지출액은 기초에 발생한 것으로 가정하여 상각범위액을 계산한다.

17. ③

(1) 채권자불분명사채이자 관련 지급이자 손금불산입액
① 원천징수세액 : ₩2,475,000 → 손不(기타사외유출)
② 나머지 : ₩5,000,000 − ₩2,475,000 = ₩2,525,000 → 손不(상여)

(2) 업무무관자산관련 지급이자 손금불산입액

$$₩32,000,000 \times \frac{(₩13,000,000^{*1} + ₩7,000,000^{*2}) \times 365일}{(₩32,000,000 \div 8\%) \times 365일} = ₩1,600,000$$ → 손不(기타사외유출)

*1. 업무무관자산의 취득가액에는 특수관계인으로부터 고가매입한 자산의 시가초과액을 포함한다.
2. 중소기업이 아니므로 직원에 대한 주택자금대여액은 업무무관가지급금에 해당하며, 적정한 이자를 받고 있는 가지급금도 지급이자 손금불산입규정을 적용한다.
3. 종업원에 대한 급여가불금은 업무무관가지급금에서 제외한다.

(3) 기타사외유출로 소득처분되는 금액 : ₩2,475,000 + ₩1,600,000 = ₩4,075,000

18. ⑤

(1) 감자시 의제배당 : ① − ② = ₩1,000,000
① 감자대가 : (10,000주 × 50%) × ₩7,000 = ₩35,000,000
② 소각주식의 가액 : (10,000주 × 50%) × ₩6,800 = ₩34,000,000

* $\dfrac{5,000주 \times ₩10,000 + 2,000주 \times ₩0 + 3,000주 \times ₩6,000}{10,000주} = ₩6,800$

* 소각전 2년 내에 의제배당에 해당하지 않는 무상주가 없으므로 단기소각주식특례가 적용되지 않는다.

(2) 무상주 의제배당(주식배당) : 3,000주 × ₩6,000 = ₩18,000,000
(3) 2026년 의제배당액 : (1) + (2) = ₩19,000,000

19. ②

(1) 소급공제결손금

	공제전		소급공제 결손금		공제후
과세표준	₩500,000,000	−	x	=	③ ₩50,000,000*
산출세액	75,000,000		① ₩70,500,000		② 4,500,000
공제감면세액	(4,500,000)				
환급세액한도	70,500,000				

* 소급공제 결손금 공제후 산출세액(② ₩4,500,000)이 ₩18,000,000(= 2억원 × 9%) 이하이므로 소급공제후 과세표준은 ₩50,000,000(= ₩4,500,000 ÷ 9%)이다.

∴ x : ₩450,000,000(= ₩500,000,000 − ₩50,000,000)

(2) 소급공제결손금 중 감소금액 : ₩700,000,000(결손금감소액) − ₩550,000,000*1 = ₩150,000,000

*1. 이월결손금 : ₩1,000,000,000(제25기 결손금) − ₩450,000,000(소급공제결손금) = ₩550,000,000

2. 결손금 중 일부 금액만을 소급공제받은 경우에는 소급공제받지 아니한 결손금이 먼저 감소된 것으로 본다.

(3) 추가로 징수할 세액 : ₩70,500,000 × $\frac{₩150,000,000}{₩450,000,000}$ = ₩23,500,000

20. ④

① 해당 과세기간 종료일 10년 전부터 국내에 주소나 거소를 둔 기간이 5년 이하인 외국인 거주자의 국외원천소득에 대해서는 국내에서 지급되거나 국내로 송금된 것에 한하여 소득세를 과세한다.

② 근로소득과 연금소득은 필요경비적 성격으로 근로소득공제와 연금소득공제를 차감한 후의 금액을 각각의 소득금액으로 한다.

③ 비거주자는 국내에 거소를 둔 기간이 183일이 되는 날에 거주자로 한다.

⑤ 주한 외교관 및 그 외교관의 세대에 속하는 가족(단, 대한민국 국민은 예외)과 미군의 구성원 · 군무원 및 그 가족은 국내에 주소가 있는 지 여부 및 국내 거주기간에 불구하고 비거주자로 보므로 국내 원천소득에 대해 납세의무를 진다.

21. ①

(1) 금융소득의 구분

구 분	무조건 및 조건부 종합과세	비 고
직장공제회 초과반환금	−	무조건 분리과세
비영업대금이익	₩16,000,000	
외국법인배당	5,000,000	무조건 종합과세
집합투자기구로부터의 이익	3,000,000	
비상장법인 주식배당	2,000,000*	
합 계	₩26,000,000	

* Gross-up 가능배당(주식배당은 임의적립금 또는 미처분이익잉여금을 자본금으로 대체함으로써 신주를 발행 · 교부하는 것을 말하므로 어떠한 경우에도 의제배당으로 과세되며, Gross-up 가능배당에 해당한다.)

(2) 금융소득금액 : ₩26,000,000 + Min[₩2,000,000, ₩6,000,000] × 10% + ₩7,000,000(출자공동사업자 배당)
= ₩33,200,000

22. ②

(1) 금융소득금액 : ₩38,000,000 + ₩10,000,000 × 10% = ₩39,000,000

구분	금액	비고
비영업대금이익	₩20,000,000	25%
현금배당	10,000,000	Gross-up 가능배당
외국법인 배당	8,000,000	무조건 종합과세
합 계	₩38,000,000	

* 공익신탁의 이익은 비과세 금융소득이다.

(2) 사업소득금액 : ₩30,000,000

(3) 종합소득공제 : ₩5,100,000

(4) 종합소득과세표준 : ₩63,900,000

(5) 산출세액 : Max[①, ②] = ₩9,995,000

① 일반 : ₩20,000,000 × 14% + (₩63,900,000 − ₩20,000,000) × 기본세율 = ₩8,125,000

② 비교 : ₩20,000,000 × 25% + ₩18,000,000 × 14% + (₩63,900,000 − ₩39,000,000) × 기본세율 = ₩9,995,000

(6) 배당세액공제 : Min[①, ②] = ₩0

① ₩1,000,000

② ₩9,995,000(종합소득산출세액) − ₩9,995,000(비교산출세액) = ₩0

(7) 표준세액공제 : ₩120,000(성실사업자)

* 간편장부대상자가 복식부기가 아닌 간편장부로 기장시에는 기장세액공제를 적용하지 않는다.

(8) 결정세액 : ₩9,995,000 − ₩120,000 = ₩9,875,000

23. ④

(1) 연금계좌의 구성 및 평가액

구 분	평가액	연금수령	연금외수령
A 세액공제×	₩7,000,000	₩7,000,000	−
B 이연퇴직소득	−	−	−
C 세액공제○ − 운용손실	93,000,000	5,000,000	₩28,000,000
합 계	₩100,000,000	₩12,000,000[*1]	₩28,000,000[*2]

*1. 연간연금수령한도 : ₩100,000,000 × 12% (= $\frac{1}{11-1}$ × 120%) = ₩12,000,000

2. ₩40,000,000 − ₩12,000,000 = ₩28,000,000

(2) 소득구분

구 분	연금수령	소득구분	연금외수령	소득구분
A	₩7,000,000	과세×	−	−
B	−	−	−	−
C	₩5,000,000	연금소득 (종합과세 또는 분리과세)	₩28,000,000	기타소득 (분리과세)

(3) 원천징수세액 : ① + ② = ₩4,350,000

① 연금소득 : ₩5,000,000 × 3%* = ₩150,000

* 나이와 무관하게 종신형연금이므로 원천징수세율 3%(개정안)를 적용한다.

② 기타소득 : ₩28,000,000 × 15% = ₩4,200,000

(4) 소득세 원천징수후 지급받는 금액 : ₩40,000,000(인출액) − ₩4,350,000 = ₩35,650,000

24. ①

1. 종합소득에 합산되는 기타소득금액

구 분	기타소득금액	비 고
강연료	₩2,000,000	₩5,000,000 × (1 − 60%)
공익사업관련 지상권설정대가	1,100,000	₩3,000,000 − Max[₩3,000,000 × 60%, ₩1,900,000]
산업재산권 양도	800,000	₩2,000,000 × (1 − 60%)
서화 양도소득	−	무조건 분리과세
복권당첨금	−	무조건 분리과세
원고료수입	−	₩100,000 × (1 − 60%) = ₩40,000(5만원 이하) → 과세최저한
합 계	₩3,900,000	

2. 분리과세되는 기타소득의 소득세 원천징수세액 : ① + ② = ₩67,400,000

① 서화 양도소득에 대한 원천징수세액 : ₩7,000,000*1 × 20% = ₩1,400,000

*1. ₩70,000,000 − Max[₩70,000,000 × 90%, ₩55,000,000] = ₩7,000,000

2. 양도일 현재 생존해 있는 국내 원작자의 작품은 과세하지 않으나, 국외 원작자의 작품은 과세한다.

② 복권당첨금에 대한 원천징수세액 : ₩300,000,000* × 20% + ₩20,000,000* × 30% = ₩66,000,000

* ₩320,005,000 − ₩5,000 = ₩320,000,000

25. ②

① 공익사업과 관련하여 지역권 · 지상권을 설정하거나 대여함으로써 발생하는 소득은 기타소득에 해당한다.

③ 주거용 건물 외 부동산임대업에서 발생한 결손금은 다른 소득에서 공제할 수 없다.

④ 분철료는 부동산임대로 인한 총수입금액으로 보지 않는다. → 일반 사업소득(광업)에 해당한다.

⑤ 소득세법상 부동산임대업에서 발생한 결손금은 중소기업여부를 불문하고 소급공제할 수 없다.

26. ④

공동사업합산과세에서 합산대상소득은 사업소득만을 의미한다.

27. ⑤

사업소득과 양도소득에 대해서만 결손금, 이월결손금에 대한 내용이 규정되어 있다.

28. ③

퇴직소득금액에 대한 외국납부세액이 공제한도를 초과하는 경우에는 그 초과하는 금액은 이월공제를 적용받을 수 없다. → 종합소득세에 대한 외국납부세액공제와의 차이점

29. ④

(1) 인적공제액

구 분	기본공제	추가공제	인적공제
본인	○	₩1,000,000(한부모공제)	
부친	○	1,000,000(경로우대자)	
동생	○	2,000,000(장애인)	
장남	○	–	
장녀	×	–	
차남	○	–	
	(₩1,500,000 × 5명) +	₩4,000,000 =	₩11,500,000

*1. 본인은 배우자가 없는 사람으로서 기본공제대상자인 직계비속(또는 입양자)이 있으므로 한부모공제를 적용한다.

2. 장남의 복권당첨금품은 건별 200만원 이하이므로 과세최저한에 해당한다. → 나이 및 소득요건 충족

3. 장녀는 소득요건을 충족하지 못하였으므로 기본공제와 추가공제를 적용받을 수 없다.

(2) 연금보험료공제 : ₩2,600,000

* 사업소득자이므로 특별소득공제를 적용받을 수 없다.

(3) 종합소득공제 : (1) + (2) = ₩14,100,000

30. ③

하치장은 판매행위가 이루어지지 않는 장소이므로 사업장으로 보지 않으나 하치장을 설치한 자는 하치장을 둔 날부터 10일 이내에 하치장 관할세무서장에게 하치장설치신고서를 제출하여야 한다.

31. ④

토지의 공급은 면세이므로 토지를 현물출자한 경우 부가가치세를 거래징수할 의무는 없다.

32. ①

(1) 외상매출액	₩59,000,000	자기적립마일리지 결제액은 제외
(2) 거래처 유상 견본품	1,000,000	
(3) 판매장려물품	3,000,000	사업상 증여
(4) 매출환입*	(500,000)	
(5) 종업원 증정 제품	10,000,000	개인적 공급
(6) 판매목적타사업장 반출	4,800,000	₩4,000,000 × (1 + 20%)
합 계	₩77,300,000	

* 매출환입은 환입 등의 사유가 발생한 과세기간의 공급가액에서 매출환입액 등을 차감한다.

33. ①

(1) 과세 면세 면적 구분

구 분	면세면적	과세면적
건 물	50㎡	-
토 지	250㎡	350㎡

(2) 총임대료 : ① + ② = ₩6,120,000
① 임대료 : ₩1,500,000 × 3月 = ₩4,500,000
② 간주임대료 : ₩300,000,000 × 90일 × 2.19% × 1/365 = ₩1,620,000

(3) 과세표준 : ① + ② = ₩5,600,000
① 건물 : ₩0
② 토지 : ₩6,120,000 × 4억원/5억원 × 350㎡/600㎡ = ₩2,856,000

34. ②

① 전자세금계산서 의무발급 사업자로부터 받은 전자세금계산서가 국세청장에게 전송되지 아니하였으나 발급사실이 확인되는 경우 전자세금계산서 매입세액은 매출세액에서 공제한다.
③ 매입처별세금계산서합계표를 국세기본법에 의한 과세표준수정신고서, 경정청구서, 기한후과세표준신고서와 함께 제출하는 경우에 매입세액을 공제받을 수 있으며 가산세는 적용되지 아니한다.
④ 9인승 승용자동차에 관련된 부가가치세 매입세액은 공제된다.
⑤ 공급시기 이후에 세금계산서를 발급받은 경우라도 해당 공급시기가 속하는 과세기간에 대한 확정신고기한까지 발급받았다면 매입세액을 공제받을 수 있으나 가산세가 적용된다.

35. ④

(1) 매출세액 : ① + ② = ₩9,700,000
① 제과점매출 : ₩85,000,000 × 10% = ₩8,500,000
② 공통사용재화 공급 : ₩30,000,000 × 40%* × 10% = ₩1,200,000

* 직전 과세기간의 과세공급가액비율 : $\frac{₩40,000,000}{₩100,000,000}$ = 40%

(2) 매입세액 : ① + ② + ③ = ₩1,120,000
① 설탕매입액에 대한 매입세액 : ₩8,000,000 × 10% = ₩800,000
* 기업업무추진비 관련 매입세액은 공제하지 않는다.
② 세금계산서 수령분 공통매입세액(택배비) : ₩400,000 × 10% = ₩40,000(전액공제, 안분생략)
* 2026년 제1기 과세기간의 공통매입세액의 합계액이 5만원 미만으로 안분계산을 생략하고 전액 과세표준에서 공제한다.

③ 의제매입세액공제 : Min[a, b] = ₩280,000

a. 공제대상 : (₩13,260,000 + ₩1,200,000 × 85%*) × $\frac{2}{102}$ = ₩280,000

* 해당 과세기간의 과세공급가액비율 : $\frac{₩85,000,000}{₩100,000,000}$ = 85%

b. 한도 : ₩85,000,000* × 50% × $\frac{2}{102}$ = ₩833,333

* 공통사용재화인 트럭 매각관련 과세표준은 면세농산물과 관련된 과세표준이 아니므로 해당 과세기간의 과세공급가액비율 계산시 고려해서는 안된다.

(3) 납부세액 : ₩9,700,000 − ₩1,120,000 = ₩8,580,000

36. ⑤

① 비거주자 등으로부터 용역 또는 권리를 공급을 받은 자(과세사업자는 제외하되 매입세액이 불공제되는 용역 등을 공급받는 과세사업자는 포함함)는 부가가치세를 징수하여 납부할 의무가 있다.
② 예정신고시에는 대손세액공제를 적용받을 수 없다.
③ 사업자는 각 과세기간에 대한 과세표준과 납부세액(또는 환급세액)을 그 과세기간이 끝난 후 25일(폐업하는 경우에는 폐업일이 속한 달의 다음달 25일) 이내에 납세지 관할 세무서장에게 신고하여야 한다.
④ 일반과세자는 예정신고 및 조기환급신고시 이미 신고한 내용은 제외하고 과세표준과 납부세액을 확정신고하여야 한다.

37. ①

구 분	가산세	비고
A법인	₩7,000,000 × 1% + ₩1,000,000 × 0.5% = ₩75,000	지연발급 · 지연수취
B법인	₩20,000,000 × 0.3% = ₩60,000	전자세금계산서 지연전송
C법인	₩3,000,000(원가) × 2% = ₩60,000	세금계산서 미발급
D법인	–	사업상증여 → 세금계산서 발급거래×
E법인	–	가산세 없음

38. ④

상속재산가액	₩1,000,000,000	
추정상속재산	–*1	
증여재산가액	150,000,000	증여 당시의 시가
과세가액공제액	(310,000,000)*2	
상속세과세가액	₩840,000,000	

*1. 채무부담액이 상속개시일 전 2년 이내에 5억원 미만이므로 추정상속재산가액은 없다.
2. 과세가액공제액 : ① + ② = ₩310,000,000
① 채무부담액 : ₩300,000,000
② 장례비용 : a + b = ₩10,000,000
a. 일반장례비 : ₩4,000,000 → ₩5,000,000(최소 5백만원, 최고 10백만원)
b. 봉안시설 사용액 : Min[₩7,000,000, ₩5,000,000] = ₩5,000,000

39. ⑤

납세지 관할세무서장은 상속재산 중 법령에 따른 부동산과 유가증권의 가액이 해당 재산가액의 1/2을 초과하고 상속세 납부세액이 2천만원을 초과할 경우 물납을 허가할 수 있다.

40. ④

취득세 과세대상 자산은 다음과 같으며, 골프회원권과 같은 각종 권리도 여기에 포함된다.

① 부동산	토지, 건축물
② 부동산에 준하는 자산	차량, 기계장비, 입목, 항공기, 선박
③ 각종 권리	광업권, 어업권, 골프회원권, 승마회원권, 콘도미니엄회원권, 종합체육시설이용회원권, 요트회원권

세무사
실전 모의고사

과목	문항수	출제자	제한시간
세법	40문제	양소영	40분

1. 〈국세기본법〉 국세기본법상 납세의무의 성립과 확정 등에 관한 설명이다. 옳지 않은 것은?

① 청산소득에 대한 법인세는 그 법인이 해산하는 때에 납세의무가 성립한다.
② 소득세법에서 과세대상으로 정하는 소득이 있으면 해당 과세기간이 끝나는 때에 소득세 납세의무가 성립한다.
③ 소득세의 납세의무자가 과세표준 및 세액을 신고하지 아니한 경우에는 정부가 이를 결정하는 때에 납세의무가 확정된다.
④ 중간예납하는 소득세는 중간예납기간이 끝나는 때에 납세의무가 성립함과 동시에 확정된다.
⑤ 수입재화에 대한 부가가치세는 세관장에게 수입신고하는 때에 납세의무가 성립한다.

2. 〈국세기본법〉 국세기본법상 납부의무의 소멸에 관한 설명 중 옳은 것을 모두 고른 것은?

가. 부가가치세를 과세표준 신고와 함께 금전으로 납부를 한 경우 납세의무가 소멸한다.
나. 납세의무자의 납세의무는 해당 납세의무자의 납부에 의하여 소멸하지만, 기타 이해관계가 있는 제3자가 해당 납세의무자의 명의로 납부한 경우에는 소멸하지 아니한다.
다. 국세부과의 제척기간이 만료되거나 국세징수권의 소멸시효가 완성된 경우 납세의무는 소멸한다.
라. 납부할 국세 등과 국세환급금과 상계한 경우 납세의무가 소멸한다.
마. 국세징수권은 이를 행사할 수 있는 때로부터 5년(10억원 이상의 국세는 10년)간 행사하지 않으면 소멸시효가 완성된다.

① 가, 나, 다　　② 다, 마　　③ 가, 다
④ 나, 다, 마　　⑤ 가, 다, 라

3. 〈국세기본법〉 국세부과의 제척기간과 국세징수권의 소멸시효에 관한 설명으로 옳지 않은 것은?

① 국세부과의 제척기간이 만료되면 이미 성립한 납세의무는 확정되지 아니한 상태에서 장래를 향하여 소멸하게 된다.

② 납세자가 상속세 및 증여세를 제외한 일반적인 세목에 대해 법정신고기한까지 과세표준신고서를 제출하지 않은 경우의 제척기간은 7년이며, 상속세 및 증여세에 대해 법정신고기한까지 과세표준신고서를 제출하지 않은 경우의 제척기간은 10년이다.

③ 신고납세제도 국세에 있어서 중간예납 또는 예정신고의무가 있는 경우에도 해당 국세의 정기분 과세표준과 세액에 대한 확정신고기한의 다음날을 국세부과의 제척기간의 기산일로 한다.

④ 국세부과권의 제척기간에는 중단과 정지제도가 없지만 국세징수권의 소멸시효에는 중단과 정지제도가 존재한다.

⑤ 국세기본법에 따른 불복청구, 감사원법에 의한 심사청구 또는 행정소송법에 따른 소송에 대한 결정이나 판결이 확정됨에 따라 그 결정 또는 판결의 대상이 된 과세표준 또는 세액과 연동된 다른 과세기간(같은 세목)의 과세표준 또는 세액의 조정이 필요한 경우 해당 결정 또는 판결이 확정된 날부터 1년이 지나기 전까지는 경정결정이나 그 밖에 필요한 처분을 할 수 있다.

4. 〈국세기본법〉 다음 중 조세불복제도에 관한 설명으로 옳지 않은 것은?

① 불복청구에 대한 요건심리의 결과 청구가 형식적으로 부적법한 경우 각하결정을 내리고 본안심리의 결과 청구가 이유없다고 판단하는 경우 기각결정을 내린다.

② 이의신청, 심사청구 또는 심판청구는 세법에 특별한 규정이 있는 것을 제외하고는 해당 처분의 집행에 효력을 미치지 아니하나, 해당 재결청이 필요하다고 인정할 때에는 그 처분의 집행을 중지하게 하거나 중지할 수 있다.

③ 국세의 불복청구에 있어서 국세기본법에서 규정하고 있는 이의신청의 절차를 거치지 아니한 경우에도 심사청구를 할 수 있다.

④ 심사청구 또는 심판청구에 대한 재조사 결정에 따른 처분청의 처분에 대해서는 심사청구 또는 심판청구를 거치지 않을 경우 행정소송을 제기할 수 없다.

⑤ 불복청구인에는 부가가치세법상 신탁 관련 수탁자의 물적납세의무를 지는 자로서 납부고지서를 받은 자를 포함한다.

5. 〈국세징수법〉 다음 중 납세담보에 관한 설명으로 옳지 않은 것은?

① 선박, 항공기로 납세담보를 제공할 수 있으나, 자동차로 납세담보를 제공할 수는 없다.

② 금전으로 납세담보를 제공한 자는 그 금전으로 담보한 국세를 납부할 수 있지만, 금전 외의 담보를 제공한 경우에는 해당 담보물로 국세를 납부할 수 없다.

③ 현금, 납세보증보험증권 또는 유가증권으로 납세담보를 제공할 때에는 원칙적으로 담보할 국세의 110% 이상의 가액을 담보로 제공하여야 한다.

④ 토지를 제외한 건물·공장재단·광업재단·선박·항공기·건설기계를 납세담보로 제공하는 경우에는 화재보험에 가입되어 있어야 하며, 담보제공시에 그 화재보험증권을 제출하여야 한다.

⑤ 납부의 기한을 연장하는 경우 관할세무서장은 담보의 제공을 요구할 수 있으나 부득이한 사유로 정상적인 세금납부가 곤란하다고 인정하는 때에는 그러하지 아니한다.

6. 〈국세징수법〉 다음 중 국세징수법에 대한 설명으로 옳지 않은 것은?

① 국세 및 강제징수비의 징수에 있어서 교육세, 농어촌특별세, 교통 · 에너지 · 환경세, 그 밖의 국세, 강제징수비의 순서에 의하여 징수한다.

② 납세증명서란 발급일 현재 독촉장에서 정하는 기한의 연장에 관계된 금액, 압류 · 매각의 유예액 및 그 밖에 법령으로 정하는 금액을 제외하고는 다른 체납액이 없다는 것을 증명하는 문서를 말한다.

③ 국세의 징수에 관하여 국세기본법이나 다른 세법에 특별한 규정이 있는 경우를 제외하고는 국세징수법에서 정하는 바에 따른다.

④ 국세청장은 정당한 사유 없이 5천만원 이상의 국세를 체납한 자 중 대통령령으로 정하는 자에 대하여 법무부장관에게 출입국관리법에 따라 출국금지를 요청하여야 한다.

⑤ 납세증명서의 유효기간은 원칙적으로 그 증명서를 발급한 날로부터 30일간으로 한다.

7. 〈국세징수법〉 다음 중 국세징수법상 임의적 징수절차에 대한 설명으로 <u>옳지 않은</u> 것은?

① 관할 세무서장은 납세자가 국세를 지정납부기한까지 완납하지 아니한 경우 지정납부기한이 지난 후 10일 이내에 체납된 국세에 대한 독촉장을 발급하여야 한다.

② 관할 세무서장은 독촉에도 불구하고 납부되지 아니한 체납액을 징수하기 위하여 한국자산관리공사에 체납자의 재산 조사 등에 해당하는 징수 관련 사실행위를 위탁할 수 있다. 이 경우 한국자산관리공사는 위탁받은 업무를 제3자에게 다시 위탁할 수 없다.

③ 납세자가 재난 또는 도난으로 재산에 심한 손실을 입은 경우로 국세를 납부기한 또는 독촉장에서 정하는 기한까지 납부할 수 없다고 인정되는 경우 관할세무서장은 납부기한등을 연장(세액을 분할하여 납부하도록 하는 것 포함)할 수 있다.

④ 납부기한등의 연장 또는 납부고지의 유예를 받은 납세자가 관할 세무서장의 납세담보물의 추가 제공 또는 보증인의 변경 요구에 따르지 않아 지정납부기한등의 연장을 취소한 경우 그 국세에 대하여 다시 지정납부기한등의 연장을 할 수 없다.

⑤ 납부기한 전에 납부고지를 하는 경우 단축된 기한이 지난 후에 도달한 경우 도달한 날부터 14일이 지난 날을 지정납부기한으로 한다.

8. 〈국세징수법〉 다음 중 국세징수법상 강제적 징수절차에 대한 설명으로 <u>옳지 않은</u> 것은?

① 체납자 또는 제3자가 압류재산의 사용 또는 수익을 하는 경우 그 재산의 매각으로 인하여 권리를 이전하기 전까지 이미 거두어들인 천연과실에 대해서는 압류의 효력이 미치지 아니한다.

② 세무공무원은 체납자의 재산을 압류할 때에는 압류조서를 작성하며, 압류재산이 동산 또는 유가증권, 채권, 채권과 소유권을 제외한 그 밖의 재산권에 해당할 때에는 그 등본을 체납자에게 내주어야 한다.

③ 관할 세무서장은 체납발생일부터 1년이 지난 국세의 합계액이 2억원 이상인 체납자의 수입물품에 대한 강제징수를 세관장에게 위탁할 수 있으며, 세관장에게 강제징수를 위탁한 경우 즉시 그 위탁사실을 해당 체납자에게 통지하여야 한다.

④ 압류한 재산에 대하여 소유권을 주장하고 반환을 청구하려는 제3자는 그 재산의 매각 15일 전까지 소유자로 확인할 만한 증거서류를 관할 세무서장에게 제출하여야 한다.

⑤ 동산·유가증권의 압류는 세무공무원이 점유함으로써 행하며, 부동산·공장재단·광업재단·선박, 등록된 항공기·건설기계·자동차의 압류는 압류의 등기(또는 등록)를 관할 등기소 등에 촉탁함으로써 행한다.

9. **〈조세범처벌법〉 조세범처벌법에 대한 설명이다. 옳지 않은 것은?**

① 조세포탈범이 포탈세액 등에 대하여 국세기본법에 따라 법정신고기한이 지난 후 2년 이내에 수정신고를 하거나 법정신고기한 지난 후 6개월 이내에 기한후신고를 하였을 때에는 형을 감경할 수 있다.

② 조세범처벌법에서 조세란 관세를 제외한 국세를 말한다.

③ 면세유를 용도 외의 다른 용도로 사용·판매하여 조세를 포탈하거나 조세의 환급·공제를 받은 석유판매업자는 3년 이하의 징역 또는 해당 세액의 5배 이하의 벌금에 처한다.

④ 국제조세조정에 관한 법률상 해외금융계좌정보의 비밀유지의무 등을 위반한 사람은 5년 이하의 징역 또는 3천만원 이하의 벌금에 처한다.

⑤ 국세기본법에 따라 법인으로 보는 단체에 대해서는 양벌규정이 적용되지 않는다.

10. **〈조세범처벌법〉 다음의 조세범칙 중에서 정상에 따라 징역과 벌금은 병과할 수 있는 것은?**

① 가짜석유제품을 제조 또는 판매한 경우

② 납세증명표지를 위조하거나 변조한 경우

③ 무면허로 주류를 제조하거나 판매한 경우

④ 면세유를 부정유통한 경우

⑤ 재화 또는 용역을 공급받지 않고 세금계산서를 발급받은 경우

11. **〈소득세법〉 소득세법상 중간예납제도에 대한 다음의 설명 중 가장 옳지 않은 것은?**

① 사업소득 중 분리과세 주택임대소득만 있는 자는 중간예납의무를 지지 않는다.

② 고지납부시 납세지 관할세무서장은 중간예납세액을 납부하여야 할 거주자에게 11월 1일부터 11월 15일까지의 기간에 중간예납세액의 납부고지서를 발급하여야 하며, 거주자는 그 중간예납세액을 11월 30일까지 납부하여야 한다.

③ 중간예납세액이 1천만원을 초과하는 경우에는 정기분 납부와 같은 방법으로 다음연도 1월 31일까지 분할납부할 수 있다.

④ 중간예납세액이 50만원 미만일 때는 징수하지 않는다.

⑤ 해당 연도의 중간예납기간 중 사업소득이 있더라도 신규사업자 및 계속사업자 중 전년도에 납부하였거나 납부할 금액이 없는 자는 중간예납을 하지 않는다.

12. **〈소득세법〉 소득세의 신고 · 납부 · 결정 및 징수에 대한 설명이다. 옳지 않은 것은?**

① 연말정산대상 근로소득(일용근로소득은 제외)만 있는 자의 경우에도 그 원천징수의무자가 연말정산 등에 따라 소득세를 원천징수하지 않은 때에는 확정신고의무가 면제되지 않는다.

② 복식부기의무자가 재무상태표·손익계산서·합계잔액시산표 및 조정계산서를 제출하지 않은 경우에는 종합소득과세표준확정신고를 하지 않은 것으로 본다.

③ 해당연도의 종합소득금액·퇴직소득금액·양도소득금액이 있는 거주자는 그 과세표준을 다음연도 5월 1일부터 5월 31일까지 납세지 관할세무서장에게 신고하여야 하며, 해당연도의 과세표준이 없거나 결손금이 있는 경우에도 신고하여야 한다.

④ 수시부과 후 추가로 발생한 소득이 없을 경우에도 과세표준확정신고는 하여야 한다.

⑤ 종합소득 과세표준확정신고기한이 지난 후에 세무서장이 법인세 과세표준을 경정하여 익금에 산입한 금액이 배당 등으로 처분됨으로써 소득금액에 변동이 발생함에 따라 종합소득 과세표준확정신고의무가 없었던 자가 소득세를 추가 납부하여야 하는 경우, 해당 법인 등이 소득금액변동통지서를 받은 날이 속하는 달의 다음다음달 말일까지 추가신고한 때에는 확정신고기한까지 신고한 것으로 본다.

13. **〈소득세법〉 다음은 근로소득이 있는 거주자 갑씨(46세 남성이며, 일용근로자에 해당하지 않음)의 2026년도 종합소득세와 관련된 자료이다. 갑씨의 2026년도 교육비세액공제액으로 옳은 것은?**

(1) 갑과 생계를 같이 하는 부양가족은 배우자(45세), 장남(22세), 장녀(8세)가 있으며, 장남 이외는 모두 아무런 소득이 없고, 장애인에 해당하지 않는다. 장남은 양도소득금액 3,000,000원이 있으며, 장애인에 해당한다.

(2) 교육비 지출내역

① 배우자의 대학원 등록금 : 8,000,000원

② 본인의 직업능력개발훈련시설 교육비 : 12,000,000원

③ 장남 대학교 등록금(장애인 특수교육비에 해당하지 않음) : 11,000,000원

④ 장남의 법 소정 장애인재활교육비 납부액 : 10,000,000원

⑤ 장녀의 초등학교 교육비 : 3,200,000원*

* 장녀의 교육비에는 체험학습비 500,000원과 교복구입비 600,000원이 포함되어 있다.

⑥ 장녀의 태권도 학원비(1주 1회 이상 실시하는 월단위로 교습과정임) : 200,000원

(3) 갑씨는 종합소득공제 및 세액공제를 받기 위하여 필요한 모든 증빙자료를 제출하였으며, 세액공제 합계액은 근로소득산출세액 내의 금액인 것으로 가정한다.

① 3,750,000원　　② 3,690,000원　　③ 3,765,000원
④ 5,100,000원　　⑤ 5,040,000원

14. 〈소득세법〉 다음은 소득세 납세절차에 대한 설명이다. 옳지 않은 것은?

① 근로소득으로서 그 발생된 소득이 지급되지 아니함으로써 소득세가 원천징수되지 아니한 해당 소득이 종합소득에 합산되어 과세된 경우에 해당 소득을 지급하는 때에는 소득세를 원천징수하지 아니한다.

② 2026년 7월 5일에 비상장주식을 양도한 거주자는 2027년 2월 말일까지 양도소득과세표준 예정신고를 하여야 한다.

③ 부가가치세가 면세되는 사업을 영위하는 사업자는 해당 과세기간의 다음연도 2월 10일까지 사업장소재지 관할세무서장에게 사업장현황을 신고하여야 하는데, 2 이상의 사업장이 있는 사업자는 각 사업장별로 현황신고를 하여야 한다.

④ 과세표준확정신고를 하여야 할 거주자가 국외이주를 위하여 출국하는 경우에는 출국일이 속하는 과세기간의 과세표준을 출국일까지 신고하여야 한다.

⑤ 원천징수세액을 매 반기별로 납부할 수 있도록 승인을 얻은 자라고 할지라도 법인세법에 의하여 결정 또는 경정으로 처분된 상여·배당 및 기타소득에 대하여는 징수일이 속하는 달의 다음달 10일까지 납부하여야 한다.

15. 〈소득세법〉 다음은 김동현(43세, 남성)씨의 2026년 종합소득세와 관련된 자료이다. 김동현 씨의 2026년 세액공제액을 구하면 얼마인가?

(1) 김동현 씨의 2026년 종합소득금액으로는 기타소득금액 30,000,000원이 있으며, 다른 소득은 없다.

(2) 생계를 같이하는 가족의 현황

관계	나이	비 고
부 친	72세	퇴직소득금액 3,000,000원
모 친	59세	소득없음
장 남	22세	소득없음
차 남	–	2026년 7월 10일에 출생함

(3) 2026년도 지출내용

① 본인의 자동차보험료(보험기간 2026.7.1.~2027.6.30.)	1,300,000원
② 장남의 대학교 등록금	7,000,000원
③ 차남의 예방접종비	500,000원
④ 부친 명의 사회복지공동모금회 기부금	10,000,000원
⑤ 모친 명의 사회복지법인 기부금	22,000,000원

(4) 기부금세액공제액은 전액 종합산출세액에서 공제 가능한 것으로 가정한다.

① 2,000,000원 ② 4,340,000원 ③ 4,250,000원
④ 2,140,000원 ⑤ 1,920,000원

16. 〈소득세법〉 소득세법상 특별세액공제에 관한 설명으로 틀린 것은?

① 장애인전용보장성보험료와 일반보장성보험료는 이를 구분하여 각각 100만원을 한도로 하여 장애인전용보장성보험료의 15%와 일반보장성보험료의 12%에 해당하는 금액을 보험료세액공제액으로 한다.

② 교육비세액공제대상 교육비에는 초·중등교육법에 따른 학교에서 실시하는 방과후 학교 수업료 및 방과후 학교 교재구입비를 포함한다.

③ 해당 과세연도 9월 9일에 결혼하여 분가함에 따라 기본공제대상자에 해당하지 아니하게 된 아들을 위하여 결혼하기 이전에 지급한 의료비에 대하여는 의료비세액공제를 적용하지 아니한다.

④ 장애인(소득없음)인 부양가족에 대해서 부양가족교육비와 장애인특수교육비를 지출한 경우 부양가족교육비에 대한 교육비세액공제와 장애인 특수교육비에 대한 교육비세액공제를 모두 적용할 수 있다.

⑤ 사업소득만 있는 자(연말정산대상 사업소득만 있는 자는 제외함)는 기부금세액공제를 적용받지 못한다.

17. 〈소득세법〉 소득세법상 종합소득공제에 대한 관한 설명으로 옳은 것을 모두 고른 것은?

가. 종합소득공제를 모두 합한 금액이 종합소득금액을 초과하는 경우 그 초과하는 금액을 한도로 연금보험료공제를 받지 않는 것으로 본다. 나. 인적공제액의 합계액이 종합소득금액을 초과하는 경우 그 초과하는 공제액은 없는 것으로 한다. 다. 주택담보노후연금 이자비용공제는 종합소득이 있는 거주자에게 적용되므로 사업소득만 있는 거주자도 적용받을 수 있다. 라. 근로소득이 없는 거주자는 소득세법상 특별소득공제를 적용받을 수 없다. 마. 공동사업합산과세 규정에 따라 특수관계인의 소득금액이 주된 공동사업자에게 합산과세되는 경우, 주된 공동사업자의 특수관계인은 그 합산과세되는 소득금액 전액에 대하여 한도없이 주된 공동사업자와 연대하여 납세의무를 진다.

① 다, 마　　② 가, 나　　③ 가, 나, 다
④ 가, 나, 라　　⑤ 나, 다, 마

18. **〈소득세법〉 다음은 소득세법상 성실신고확인대상사업자 및 외부세무조정대상사업자에 대한 설명이다. 옳지 않은 것은?**

① 성실신고확인대상사업자는 종합소득과세표준 확정신고를 할 때에는 확정신고시 제출서류에 더하여 비치·기록된 장부와 증명서류에 의하여 계산한 사업소득금액의 적정성을 세무사 등이 확인하고 작성한 성실신고확인서를 납세지 관할세무서장에게 제출하여야 한다.

② 세무사가 성실신고확인대상사업자에 해당하는 경우에는 자신의 사업소득금액의 적정성에 대하여 해당 세무사가 성실신고확인서를 작성·제출해서는 아니된다.

③ 성실신고확인대상사업자가 성실신고서를 제출하는 경우에는 종합소득과세표준 확정신고를 그 과세기간의 다음 연도 5월 1일부터 6월 30일까지 하여야 한다.

④ 외부세무조정대상사업자의 조정계산서는 세무사, 공인회계사 또는 변호사에 해당하는 자로서 지방국세청장의 지정을 받은 조정반에 소속된 자가 작성하여야 한다.

⑤ 신고불성실가산세, 장부의 기록 · 보관 불성실 가산세 또는 성실신고확인서 미제출가산세가 동시에 적용될 때에는 그 중 큰 금액에 해당하는 가산세만을 적용하고, 가산세액이 같으면 성실신고확인서 미제출가산세만을 적용한다.

19. **〈소득세법〉 다음 자료를 이용하여 2026년 12월 31일에 퇴직한 거주자 장하다 씨(임원에 해당하지 않음)의 퇴직소득금액을 계산하면 얼마인가?**

> (1) 회사로부터 퇴직금 지급규정에 의해 지급받은 퇴직소득은 100,000,000원이다.
> (2) 국민연금법에 따라 일시금으로 47,000,000원을 수령하였으며, 그 내역은 다음과 같다.
> ① 2002. 1. 1(과세기준일) 이전에 불입한 연금보험료는 10,000,000원이며, 과세기준일 이전 납입한 연금보험료에 대한 이자는 1,000,000원이라고 가정한다.
> ② 과세기준일 이후 불입분 중 3,000,000원은 연금보험료공제를 적용받지 못했다.

① 137,000,000원　② 136,000,000원　③ 134,000,000원
④ 133,000,000원　⑤ 130,000,000원

20. 〈소득세법〉 다음 자료는 거주자 윤양복 씨(48세)의 2026년도 종합소득세 신고에 필요한 자료이다. 거주자 윤양복 씨의 종합소득산출세액에서 공제되는 세액의 합계액은 얼마인가? 단, 거주자 윤양복 씨는 사업소득만 있는 복식부기의무자로서 과세표준확정신고를 함에 있어 복식부기에 따라 기장하여 소득금액을 계산하였고, 법 소정의 성실사업자에 해당하지 않는다.

(1) 윤양복 씨의 사업소득금액(국내사업소득임) : 37,000,000원
(2) 윤양복 씨와 생계를 같이 하는 부양가족현황
  ① 장남 (21세) : 소득없음, 장애인
  ② 장녀 (4세) : 은행예금이자 2,000,000원
  ③ 차남 (생후 7개월) : 소득없음
   * 부양가족의 나이는 2026년말 현재 기준이다.
(3) 2026년도 지출내역은 다음과 같다.
  ① 장남을 피보험자로 하는 장애인보장성 보험료 : 1,200,000원
  ② 장녀의 어린이집 수업료 : 3,400,000원
  ③ 퇴직연금계좌 납입액 : 4,000,000원
  ④ 연금저축계좌 납입액 : 7,000,000원
(4) 세액공제의 합계액은 종합소득산출세액에서 공제가능한 것으로 가정한다.

① 2,070,000원 ② 2,370,000원 ③ 2,340,000원
④ 2,350,000원 ⑤ 2,470,000원

21. 〈법인세법〉 다음 자료를 이용하여 영리내국법인 ㈜A의 의제배당금액을 계산한 것으로 옳은 것은?

(1) 영리내국법인 ㈜B는 2026년 4월 20일(자본전입 결의일)에 주식발행초과금 1억원(채무의 출자전환으로 법인세법상 시가를 초과하여 발행된 금액 30,000,000원 포함)을 자본에 전입하는 무상증자를 실시하고, 무상주 10,000주를 발행하여 주주들에게 교부하였다.
(2) ㈜B의 주주인 ㈜A(무상증자 직전 지분율은 20%임)는 ㈜B의 자기주식에 배정하지 아니한 주식을 포함하여 무상주 3,000주를 수령하였다.
(3) ㈜B의 발행주식 1주당 액면가액은 10,000원이다.

① 0원 ② 9,000,000원 ③ 16,000,000원
④ 7,000,000원 ⑤ 6,000,000원

22. **〈법인세법〉 법인세법상 지급이자의 손금불산입에 관한 설명으로 옳지 않은 것은?**

① 거래일 현재 주민등록표에 따라 그 거주사실 등이 확인된 채권자가 차입금을 변제받은 후 소재불명이 된 경우의 차입금에 대한 이자는 손금불산입하고 대표자에 대한 상여로 처분하되, 그에 대한 원천징수세액 상당액은 기타사외유출로 소득처분한다.

② 사업용 유형자산 및 무형자산의 건설에 소요된지의 여부가 분명한 차입금 중 해당 건설이 준공된 후에 남은 차입금에 대한 이자는 각 사업연도의 손금에 산입한다.

③ 사업용 유형자산 및 무형자산의 건설에 소요된지의 여부가 분명한 차입금의 일부를 운영자금에 전용한 경우에는 그 부분에 상당하는 지급이자는 이를 손금으로 한다.

④ 지급이자의 손금불산입 규정을 적용시 익금산입액의 귀속자가 불분명하거나 추계로 과세표준을 결정·경정할 때에 대표자상여로 처분한 금액에 대한 소득세를 법인이 대납한 금액은 업무무관가지급금으로 보지 않는다.

⑤ 건설자금이자(특정차입금에 대한 이자)에는 지급이자뿐만 아니라 유사한 성질의 지출금도 포함하는데, 금융회사로부터 차입할 때에 지급하는 지급보증료도 여기에 속한다.

23. **〈법인세법〉 다음은 제조업을 영위하는 영리내국법인 ㈜경복궁의 제26기 사업연도(2026. 1. 1.~12. 31.)의 세무조정관련 사항이며, 제시된 자료 이외의 추가사항은 없다. 전기의 세무조정은 적정하게 이루어진 경우, 소득금액조정합계표와 자본금과 적립금 조정명세서(을)에 영향을 미치는 금액을 각각 순액으로 표시한 것으로 옳은 것은?**

(1) 2025. 4. 7에 인도한 제품에 대한 외상매출액 누락분 11,000,000원(부가가치세 포함)을 당기에 현금수취하면서 현금수취액 전액을 매출액으로 계상하였다. 전기분 부가가치세 납부는 적정하게 이루어졌다고 가정한다.
(2) 전기에 납부한 업무무관자산에 대한 재산세환급액 3,000,000원(환급금이자 200,000원 포함)이 손익계산서상 잡이익으로 계상되어 있다.
(3) 제26기 기부금 지출액은 12,000,000원이며, 기부금 한도는 5,000,000원이다.
(4) 전기에 특수관계가 없는 ㈜광화문으로부터 200,000,000원에 매입한 토지를 당기에 230,000,000원에 처분하여 손익계산서상 처분이익을 30,000,000원 계상하였다. 취득당시 토지의 시가는 150,000,000원이었다.

	소득금액조정합계표	자본금과 적립금 조정명세서(을)
①	(−)2,300,000원	(−)11,000,000원
②	(−)6,300,000원	(−)5,000,000원
③	(−)2,000,000원	(−)6,000,000원
④	(−)9,000,000원	(−)6,000,000원
⑤	700,000원	2,000,000원

24. **〈법인세법〉 준비금에 대한 다음 설명 중 옳은 것은 어느 것인가?**

① 비영리내국법인은 그 법인의 고유목적사업이나 특례기부금에 지출하기 위하여 고유목적사업준비금을 손금으로 계상한 경우에는 일정한 범위에서 이를 손금에 산입한다.

② 보험업 영위법인(보험업법에 따른 보험회사 제외)은 책임준비금을 결산상 비용으로 계상하지 않더라도 잉여금처분에 의한 신고조정으로 손금산입할 수 있다.

③ 비영리내국법인의 수익사업에서 발생한 소득에 대하여 법인세법 또는 조세특례제한법에 따른 비과세·면제, 준비금의 손금산입, 소득공제 또는 세액감면을 적용받는 경우에는 고유목적사업준비금의 손금산입 규정을 적용하지 않는다.

④ 회계감사대상이 아닌 비영리법인은 고유목적사업준비금을 설정할 수 없다.

⑤ 손금산입한 고유목적사업준비금의 잔액이 있는 비영리내국법인이 고유목적사업을 전부 폐지한 경우 그 잔액은 해당 사유발생일이 속하는 사업연도의 익금에 산입하며, 이 경우 법정산식에 따라 계산한 이자상당액을 해당 사업연도의 법인세에 가산하여 납부하여야 한다.

25. **〈법인세법〉 다음은 법인세법상 결손금소급공제제도에 관하여 설명한 것이다. 옳지 않은 것은?**

① 결손금소급공제를 신청한 경우라 하더라도 직전 사업연도의 토지 등 양도소득에 대한 법인세는 환급되지 않는다.

② 과세표준신고기한 내에 소급공제에 따른 환급신청을 하지 않은 경우에는 결손금을 이월공제하는 것이며, 국세기본법에 따라 경정 등의 청구를 하더라도 소급공제를 적용하지 않는다.

③ 해당 사업연도에 결손금이 발생한 내국법인이라고 할지라도 직전 사업연도의 소득에 대한 법인세의 과세표준 및 세액을 그 신고기한 내에 신고하지 않은 때에는 결손금소급공제의 대상이 되지 않는다.

④ 중소기업에 해당하지 않은 법인이 결손금 소급공제에 따른 법인세를 환급받은 경우에는 당초 환급세액 전액에 이자상당액을 가산한 금액을 해당 결손금이 발생한 사업연도의 직전 사업연도에 대한 법인세로서 징수한다.

⑤ 결손금 중 일부금액만을 소급공제 받아 법인세를 환급한 후 결손금이 발생한 사업연도에 대한 법인세의 과세표준과 세액을 경정함으로써 결손금이 감소된 경우에는 소급공제받지 않은 결손금이 먼저 감소된 것으로 보아 환급취소세액을 계산한다.

26. 〈법인세법〉 제조업을 영위하는 영리내국법인 ㈜알밥(중소기업 아님)의 제26기 사업연도(2026. 1. 1.~ 12. 31.)의 법인세 신고 관련 자료이다. ㈜A의 제26기 차감납부할 법인세액을 계산한 것으로 옳은 것은?

(1) 각 사업연도의 소득금액 : 120,000,000원

(2) 이월결손금의 내역

발생사업연도	발생액
제24기(2024. 1. 1.~.2024. 12. 31.)	100,000,000원*

* 이 중 5,000,000원이 2025.4.19. 채무면제이익으로 충당됨.

(3) 외국납부세액공제액: 200,000원

(4) 중간예납세액 : 220,000원

(5) 토지 등 양도소득에 대한 법인세액, 가산세, 추징세액은 없다.

(6) ㈜알밥은 유동화거래를 목적으로 설립된 법인이 아니며, 회생계획, 기업개선계획, 경영정상화계획을 이행 중에 있지 않다.

(7) 법인세율 자료

과세표준	세율
2억원 이하	10%
2억원 초과 200억원 이하	20%

① 2,250,000원
② 2,080,000원
③ 2,050,000원
④ 4,620,000원
⑤ 4,800,000원

27. 〈법인세법〉 법인세법상 과세소득의 범위와 사업연도 및 납세지에 관한 설명으로 옳은 것은?

① 비영리외국법인의 각 사업연도의 소득은 국내외원천소득 중 수익사업에서 생기는 소득만 해당한다.
② 주식의 양도로 인하여 생기는 수입은 비영리내국법인의 각 사업연도의 소득에 포함되지 않는다.
③ 외국정부나 외국지방자치단체가 국내에서 비사업용토지를 양도한 경우 법인세 납세의무가 있다.
④ 내국법인이 사업연도 중에 연결납세방식을 적용받는 경우에는 그 사업연도 개시일부터 연결사업연도 개시일까지의 기간을 1사업연도로 본다.
⑤ 법인이 법인세법에 따른 납세지 변경신고를 한 경우 부가가치세법상 사업자등록정정신고를 한 것으로 본다.

28. 〈법인세법〉 제조업을 영위하는 영리내국법인(중소기업에 해당하지 아니함)인 ㈜벚꽃(정관상 사업연도 : 1.1 ~ 12.31)는 2026. 3. 31에 설립된 회사이다. 다음 자료를 기초로 ㈜벚꽃의 기업업무추진비관련 세무조정의 결과 각사업연도소득금액에 미치는 순효과를 계산하면 얼마인가?

> (1) 기업회계기준에 따라 계산한 매출액은 600억원이며, 이 중 법인세법상 특수관계인과의 거래에서 발생한 수입금액은 없다.
> (2) 당기에 지출한 기업업무추진비는 총 140,000,000원으로, 100,000,000원은 손익계산서상 매출원가에, 40,000,000원은 재무상태표상 재고자산에 포함되어 있다.
> (3) 재고자산에 포함된 기업업무추진비 중 2,000,000원은 지출증명서류가 없는 귀속불분명한 금액이다.
> (4) (3)이외의 건당 3만원을 초과하는 기업업무추진비는 모두 신용카드(적격증명서류 수취분)로 결제되었으며, 문화기업업무추진비 및 전통시장기업업무추진비 해당액은 없다.

① 15,000,000원 ② 17,000,000원 ③ 8,000,000원
④ 4,000,000원 ⑤ 6,000,000원

29. 〈법인세법〉 법인세법상 손익의 귀속시기와 자산 · 부채의 취득가액 및 평가에 관한 설명으로 옳은 것은?

① 내국법인이 수행하는 계약기간 1년 미만인 건설 등의 제공으로 인한 익금과 손금은 그 목적물의 인도일이 속하는 사업연도의 익금과 손금에 산입하여야 한다.
② 상품 등 외의 자산의 양도로 인한 익금 및 손금의 귀속사업연도는 그 대금을 청산하기로 한 날이 속하는 사업연도로 한다.
③ 자본시장과 금융투자에 관한 법률에 따른 증권시장에서 증권시장업무규정에 따라 보통거래방식으로 한 유가증권의 매매로 인한 익금과 손금의 귀속사업연도는 매매계약을 체결한 날이 속하는 사업연도로 한다.
④ 유가증권의 평가는 원가법 중 개별법(주식의 경우에 한함), 총평균법 또는 이동평균법 중 법인이 납세지 관할세무서장에게 신고한 방법에 따른다.
⑤ 재고자산을 평가할 때 해당 자산을 제품 및 상품, 재공품, 원재료로 구분할 수는 있으나, 종류별·영업장별로 각각 다른 방법에 의하여 평가할 수 없다.

30. 〈법인세법〉 다음은 제조업을 영위하는 영리내국법인 ㈜봄날이 제26기(2026. 1. 1~12. 31)말에 해산하기로 결의한 후의 해산등기일 현재 재무상태 등에 관한 자료이다. ㈜봄날의 청산소득금액을 계산한 것으로 옳은 것은?

(1) 제26기 해산등기일(2026. 12. 31) 현재 재무상태표는 다음과 같다.

재무상태표 (단위 : 원)

현 금	2,000,000	차 입 금	40,000,000
토 지	32,000,000*	자 본 금	50,000,000
건 물	68,000,000*	자본잉여금	10,000,000
기계장치	13,000,000*	이익잉여금	15,000,000
합 계	115,000,000	합 계	115,000,000

* 청산과정 중 토지는 35,000,000원, 건물은 72,000,000원, 기계장치는 14,000,000원으로 환가하여 차입금 상환 등에 사용되었다.

(2) 건물에 대한 전기이월 상각부인액이 4,000,000원이 있으며, 기계장치에 대한 감가상각비 시인부족액으로 3,000,000원이 있다.

(3) 제26기말 현재 세무상 이월결손금은 30,000,000원이다.

(4) 합병이나 분할에 의한 해산이 아니며, ㈜봄날은 채무자의 회생 및 파산에 관한 법률에 따른 회생계획인가 결정 또는 기업구조조정촉진법에 따른 경영정상화계획의 이행에 대한 약정을 체결한 법인이 아니다.

① 34,000,000원 ② 33,000,000원 ③ 31,000,000원
④ 30,000,000원 ⑤ 29,000,000원

31. 〈부가가치세법〉 다음 중 부가가치세법상 재화의 공급의제에 대한 설명으로 <u>옳지 않은</u> 것은?

① 매입세액을 공제받지 못한 재화를 자산의 개인적인 목적을 위하여 대가를 지불하지 않고 사용시에는 공급으로 의제되지 않는다.

② 비영업용 소형승용차를 면세사업에 전용한 경우 재화의 공급의제 규정을 적용하지 아니한다.

③ 사업자가 사업과 관련하여 취득한 재화(매입시 매입세액이 공제되었음)를 다른 사업장의 원료로 사용하기 위하여 반출하는 경우에는 재화의 공급의제 규정이 적용되지 아니한다.

④ 주사업장총괄납부 적용 사업자가 판매목적으로 재화를 타사업장으로 반출하는 경우, 재화의 공급으로 의제되지 아니하나 세금계산서를 발급한 경우에는 재화의 공급으로 의제된다.

⑤ 사업자가 고객에게 추첨을 통해 경품으로 경차(매입시 매입세액이 공제되었음)를 무상으로 제공한 경우에는 재화의 공급의제 규정을 적용하지 아니한다.

32. 〈부가가치세법〉 부가가치세법상 재화 또는 용역의 공급시기에 관한 설명으로 잘못된 것을 고르시오.

① 사업자가 수입재화를 보세구역 내에서 보세구역 외의 국내에 공급하는 경우에는 해당 재화의 수입신고 수리일을 공급시기로 본다.

② 공급단위를 구획할 수 없는 재화나 용역을 계속적으로 공급하는 경우에는 대가의 각 부분을 받기로 한 때를 공급시기로 한다.

③ 공급시기가 도래하기 전에 재화 또는 용역에 대한 대가의 전부 또는 일부를 받고 그 받은 대가에 대하여 세금계산서를 발급하는 경우에는 세금계산서를 발급하는 때를 해당 재화의 공급시기로 본다.

④ 2 이상의 과세기간에 걸쳐 부동산임대용역을 공급하고 그 대가를 선불 또는 후불로 받는 경우에 월수에 따라 안분계산한 임대료는 예정신고기간 또는 과세기간의 종료일을 공급시기로 본다.

⑤ 중간지급조건부 공급 및 완성도기준지급조건부 공급의 경우로 재화가 인도되거나 이용가능하게 되는 날 이후에 받기로 한 대가의 부분은 대가의 각 부분을 받기로 한 때를 공급시기로 본다.

33. 〈부가가치세법〉 부가가치세법상 세금계산서 발급과 관련된 다음의 설명 중 가장 옳은 것은?

① 전자세금계산서를 의무적으로 발급하여야 하는 개인사업자는 직전연도 사업장별 재화 및 용역의 공급가액의 합계액이 8천만원을 초과하는 개인사업자이다.

② 숙박업, 미용·욕탕 및 유사서비스업, 여객운송업을 영위하는 일반과세자는 세금계산서 발급의무가 면제되므로 공급받는 자가 세금계산서의 발급을 요구하더라도 세금계산서를 발급할 수 없다.

③ 세금계산서를 발급한 후 계약의 해지 등에 따라 공급가액에 추가 또는 차감되는 금액이 발생한 경우에는 증감 사유가 발생한 날을 작성일로 적어 세금계산서를 수정하여 발급할 수 있다.

④ 재화 또는 용역을 공급한 자가 세금계산서 발급시기에 세금계산서를 발급하지 아니한 경우 그 재화 또는 용역을 공급한 자가 면세사업자에 해당하더라도 그 재화 또는 용역을 공급받은 자가 세금계산서를 발급할 수 있는 일반과세자에 해당하는 경우 그 공급받은 자는 관할세무서장의 확인을 받아 매입자발행세금계산서를 발행할 수 있다.

⑤ 건당 공급가액이 49,000원인 거래의 경우에는 매입자발행세금계산서 발행대상에 해당하지 않는다.

34. 〈부가가치세법〉 부가가치세 과세표준에 관한 설명으로 옳지 않은 것은?

① 사업자가 재화 또는 용역을 공급하고 금전 외의 대가를 받는 경우에는 자기가 공급한 재화 또는 용역의 시가를 과세표준으로 한다.

② 재화의 공급에 대하여 특수관계인에게 부당하게 낮은 대가를 받거나 대가를 받지 아니한 경우에는 자기가 공급한 재화의 시가를 과세표준으로 한다.

③ 확정된 대가의 지급지연으로 인하여 지급받은 연체이자는 과세표준에 포함하지 아니한다.

④ 반환조건으로 공급한 용기 또는 포장을 회수할 수 없어 그 용기대금과 포장비용을 변상금 형식으로 변제받을 때에는 과세표준에 포함하지 않는다.

⑤ 사업자가 보세구역 내에 보관된 재화를 다른 사업자에게 공급하고 해당 재화를 공급받은 자가 그 재화를 보세구역으로부터 반입하는 경우로서 세관장이 재화의 수입에 대한 부가가치세를 관세징수의 예에 따라 징수하기 전에 같은 재화에 대한 선하증권이 양도되는 경우에 해당 재화를 공급하는 자의 과세표준은 선하증권의 양수인으로부터 받은 대가로 할 수 있다.

35. 〈부가가치세법〉 다음은 ㈜스케치의 2026년 제1기(1. 1~6. 30)의 매출세액을 계산하기 위한 자료이다. 다음 자료를 이용하여 2026년 제1기 ㈜스케치의 매출세액을 계산하면 얼마인가? 단, ㈜스케치는 주사업장총괄납부를 적용받고 있다.

(1) 외상매출액 : 56,000,000원(매출할인 1,000,000원 차감되지 않은 금액임)

(2) 할부매출액 : 18,700,000원*

* 인도일(2026년 4월 1일)부터 20개월로 분할하여 매월말 1,000,000원씩 받기로 하고 판매한 재화에 대하여 현재가치로 계상한 매출액이며, 회사는 동 거래에 대하여 인도일에 판매대금전액을 공급가액으로 하여 세금계산서를 발급하였다.

(3) 판매목적으로 원가 6,000,000원(시가 9,000,000원)의 상품을 직매장에 반출하였으며 내부성과평가 목적으로 원가에 20%를 가산한 금액을 공급가액으로 하여 세금계산서를 발급하였다.

(4) ㈜스케치의 대손처리내역은 다음과 같다.

매출처	공급시점	대손금액(부가가치세 포함)	대손사유 확정시기
㈜미니	2020.12.12	16,500,000원	2026. 1. 25
㈜어처	2016. 3. 8	7,700,000원	2026. 7. 22

① 7,520,000원　② 6,720,000원　③ 6,820,000원
④ 7,620,000원　⑤ 7,700,000원

36. **〈부가가치세법〉 납부세액과 환급세액의 재계산에 관한 다음 설명 중 옳은 것은?**

① 감가상각자산은 물론이고 재고품에 대하여도 적용된다.

② 해당 사업자는 예정신고 및 확정신고시 납부세액과 환급세액을 재계산하여 재계산된 세액을 관할세무서장에게 신고·납부하여야 한다.

③ 해당 과세기간의 면세비율과 취득일이 속하는 과세기간(또는 재계산한 과세기간)의 면세비율간의 차이가 5%인 경우에는 재계산을 하지 않는다.

④ 해당 과세기간에 폐업하여 과세사업에 제공하던 감가상각자산이 폐업시 잔존재화에 해당하는 경우에는 재계산을 하지 않는다.

⑤ 공통매입세액을 안분계산한 과세기간의 다음 과세기간부터 해당 자산이 처분되는 과세기간까지 납부세액과 환급세액을 재계산하여야 한다.

37. **〈부가가치세법〉 다음은 전자제품 제조업을 영위하는 일반과세자인 (주)스케치가 2026년 제1기 예정신고기간(2026. 1. 1~3. 31) 중에 공급받은 재화 및 용역의 거래내역이다. (주)스케치의 2026년 제1기 예정신고기간의 매입세액공제액을 계산한 것으로 옳은 것은? 단, 별도의 언급이 없는 한 세금계산서 및 신용카드매출전표 등은 일반과세자로부터 적법하게 발급받았으며, (주)스케치는 발급받은 세금계산서 또는 영수증을 부가가치세법에 따라 적법하게 보존하고 있다.**

(1) 국내매입 분으로 세금계산서 수령내역은 다음과 같다.

일 자	내 역	공급가액
1월 3일	부재료 구입	2,000,000원
1월 8일	작업화 구입	1,500,000원
1월 18일	거래처증정용 홍삼선물세트 구입비	300,000원
3월 6일	출자임원(지분율 1%)이 사용하고 있는 사택의 전기료 지출	500,000원

(2) 신용카드매출전표 수령내역은 다음과 같다.

일 자	내 역	공급대가
3월 18일	복리후생목적 종업원간식비* 지출	2,750,000원
3월 20일	복리후생목적 종업원을 위한 에버랜드입장권 구입	440,000원
3월 25일	원재료 운반용 트럭 관련 수선비 지출	110,000원
3월 30일	비영업용소형승용차 관련 수선비 지출	220,000원

* 종업원 간식비 중 공급대가 1,430,000원은 일반과세자 발행한 금액이며, 공급대가 1,320,000원은 2026년 제1기 개업한 간이과세자가 발행한 금액이다.

① 450,000원　② 490,000원　③ 580,000원
④ 530,000원　⑤ 600,000원

38. 〈부가가치세법〉 학원사업(면세사업)을 하고 있는 ㈜스마트는 2026. 4. 1부터 요식업(과세사업)을 신규로 개시하게 되었다. 다음 자료를 이용하여 ㈜스마트의 2026년 제1기 과세기간(2026. 1. 1~6. 30)에 대한 부가가치세 납부세액(지방소비세 포함)을 계산한 것으로 옳은 것은?

(1) 요식업용으로 전용한 학원사업용 재화

구 분	취득일	매입가액	당초매입세액 불공제액	비고
건 물	2024. 8. 10.	40,000,000원	4,000,000원	일부전용
소모품	2025. 6. 11.	3,000,000원	300,000원	완전전용

(2) 과세기간별 공급가액

구 분	2025년 제2기	2026년 제1기
학원사업	400,000,000원	200,000,000원
요식업	–	300,000,000원
합 계	400,000,000원	500,000,000원

(3) 2026년 제1기의 매입세액

과세사업과 관련된 매입세액	6,000,000원
면세사업과 관련된 매입세액	5,000,000원
공통매입세액*	2,500,000원

* 공통매입세액은 2026. 5. 1에 구입한 트럭관련 매입세액으로 ㈜스마트는 2026. 6. 1에 해당 트럭을 20,000,000원에 처분하였다.

① 19,660,000원　② 21,660,000원　③ 21,960,000원
④ 19,460,000원　⑤ 21,460,000원

39. 〈국제조세조정에 관한 법률〉 다음 중 상호합의절차에 대한 설명으로 옳지 않은 것은?

① 상호합의가 이루어지지 않은 경우로서 우리나라와 체약상대국의 권한있는 당국 간에 상호합의절차를 계속 진행하기로 합의한 경우에도 상호합의절차의 종료일은 개시일의 다음날부터 8년을 초과할 수 없다.

② 조세조약의 적용·해석에 관하여 체약상대국과 협의할 필요가 있는 경우에는 기획재정부장관에게 상호합의절차의 개시를 신청할 수 있다.

③ 상호합의절차 개시의 신청을 받은 기획재정부장관 또는 국세청장은 내국법인 등이 과세사실을 안 날로부터 3년이 지나서 신청한 경우에는 해당 신청을 거부한다.

④ 체약상대국과 상호합의절차가 개시된 경우에 상호합의절차의 종료일의 다음날부터 1년간의 기간과 국세기본법이나 지방세기본법에 따른 제척기간 중 먼저 도래하는 기간의 만료일 후에는 국세나 지방세를 부과할 수 없다.

⑤ 상호합의절차의 개시일부터 종료일까지의 기간은 국세기본법 및 지방세법상 불복청구기간과 결정기간 및 행정소송제기기간에 산입하지 않는다.

40. 〈국제조세조정에 관한 법률〉 다음 중 국제조세조정에 관한 내용으로 옳지 않은 것은?

① 국제거래에서 과세의 대상이 되는 소득, 수익, 재산, 행위 또는 거래의 귀속에 관하여 사실상 귀속되는 자가 명의자와 다른 경우에는 사실상 귀속되는 자를 납세의무자로 하여 조세조약을 적용한다.

② 국외특수관계인으로부터 물품을 수입하는 거래와 관련하여 납세의무자가 과세당국에 법인세 등 과세표준신고서를 제출한 후 관세법에 따른 세관장의 경정처분으로 인하여 관세의 과세가격과 신고한 법인세 등의 과세표준 및 세액의 산정기준이 되는 거래가격(정상가격) 간에 차이가 발생한 경우에는 그 경정처분이 있음을 안 날(처분의 통지를 받은 때에는 그 받은 날)부터 1년 내에 과세당국에 법인세 등의 과세표준 및 세액의 경정을 청구할 수 있다.

③ 과세당국은 거주자와 국외특수관계인 간의 국제거래에서 그 거래가격이 정상가격보다 낮거나 높은 경우에는 정상가격을 기준으로 거주자의 과세표준 및 세액을 결정하거나 경정할 수 있다.

④ 국제조세조정에 관한 법률은 국세 및 지방세에 관하여 정하고 있는 다른 법률에 우선하여 적용된다.

⑤ 혼성금융상품 거래에 따라 발생하는 이자비용의 손금불산입 규정은 정상가격에 의한 과세조정 및 법인세법상 지급이자 손금불산입 규정에 우선하여 적용한다.

세무사 실전모의고사 해설

1. ④

중간예납하는 소득세는 중간예납기간이 끝나는 때 납세의무가 성립되고 납부고지에 의해 정부가 세액을 결정하는 때 납세의무가 확정된다.

2. ⑤

납세의무의 소멸사유

(1) 납세의무의 실현 소멸	① 납부 ② 충당
(2) 납세의무의 미실현 소멸	① 부과취소 ② 국세부과의 제척기간의 만료 ③ 국세징수권 소멸시효의 완성

나	납부라 함은 해당 납세의무자는 물론 연대납세의무자, 제2차 납세의무자, 납세보증인, 물적납세의무자 및 기타 이해관계가 있는 제3자 등에 의한 납부를 말한다. 그러므로 납세의무자의 납세의무는 납부에 의하여 소멸하므로 해당 납세의무자는 물론 기타 이해관계가 있는 제3자가 해당 납세의무자의 명의로 납부한 경우에도 소멸한다.
마	국세징수권은 이를 행사할 수 있는 때로부터 5년[5억원 이상의 국세(가산세 제외)는 10년]간 행사하지 않으면 소멸시효가 완성된다

3. ②

납세자가 상속세 및 증여세를 제외한 일반적인 세목에 대해 법정신고기한까지 과세표준신고서를 제출하지 않은 경우의 제척기간은 7년이며, 상속세 및 증여세에 대해 법정신고기한까지 과세표준 신고서를 제출하지 않은 경우의 제척기간은 15년이다.

4. ④

심사청구 또는 심판청구에 대한 재조사 결정에 따른 처분청의 처분에 대해서는 심사청구 또는 심판청구를 거치지 아니하고 행정소송을 제기할 수 있다.

5. ③

유가증권은 담보할 국세의 120% 이상의 가액을 담보로 제공하여야 한다.
납세담보를 제공할 때에는 다음의 가액에 상당하는 담보를 제공하여야 한다. 다만, 그 국세가 확정되지 않은 경우에는 국세청장이 정하는 가액으로 하여야 한다.

담보종류	담보로 제공하여야 하는 가액
현금, 납세보증보험증권 또는 은행법에 따른 은행의 납세보증서	담보할 국세의 110% 이상의 가액
그 밖의 담보	담보할 국세의 120% 이상의 가액

6. ①

국세 및 강제징수비의 징수에 있어서 ① 강제징수비, ② 국세(국세는 a. 교육세, b. 농어촌특별세, c. 교통 · 에너지 · 환경세, d. 그 밖의 국세의 순서) 순서에 의하여 징수한다.

7. ⑤

납부기한 전에 납부고지를 하는 경우 단축된 기한이 지난 후에 도달한 경우 도달한 날을 납부하여야 할 기한으로 한다.

8. ④

제3자가 세무서장이 압류한 체납자의 재산에 대하여 소유권을 주장하고 반환을 청구하고자 하는 경우에는 매각 5일 전까지 소유자로 확인할 만한 증거서류를 제출하여야 한다.

9. ⑤

양벌규정이 적용되는 법인에는 법인으로 보는 단체도 포함된다.

10. ⑤

다음의 죄를 범한 자에 대해서는 정상에 따라 징역형과 벌금형을 병과할 수 있다.
① 조세포탈범
② 재화 또는 용역을 공급하지 않거나 공급받지 않고 다음의 행위를 한 자
  a. 세금계산서(계산서)를 발급하거나 발급받은 행위
  b. 매출 · 매입처별 세금계산서(계산서)합계표를 거짓으로 기재하여 정부에 제출한 행위
③ 해외금융계좌정보의 비밀유지 의무 등의 위반
④ 해외금융계좌 신고의무 불이행

11. ⑤

③ 중간예납세액의 납부기한은 11월 30일이며, 해당 납부기한으로부터 2개월 이내에 분할납부할 수 있으므로 다음연도 1월 31일까지 분할납부할 수 있다. → 옳은 지문
⑤ 해당 과세기간 중 신규로 사업을 시작한 자는 중간예납의무를 지지 않는다. 그러나 계속사업자 중 복식부기의무자의 경우 전년도에 납부하였거나 납부할 금액이 없는 경우에도 해당 연도의 중간예납기간 중 사업소득이 있다면 중간예납을 하여야 한다.

12. ④

수시부과 후 추가로 발생한 소득이 없을 경우에는 과세표준확정신고를 하지 않아도 된다.

13. ⑤

교육비 세액공제액 : (① + ② + ③ + ④) × 15% = ₩5,040,000
① 본인 교육비 : ₩12,000,000
② 장남 장애인 특수교육비 : ₩10,000,000
③ 장남 일반교육비 : Min[₩11,000,000, ₩9,000,000] = ₩9,000,000
  * 교육비의 소득요건이 폐지되었으므로(개정안) 장남의 대학교등록금(일반교육비)도 공제대상 교육비에 해당한다.
④ 장녀 교육비 : a + b = ₩2,600,000(한도 3백만원 내)
  a. 초등학교 교육비[*1] : ₩3,200,000 − (₩500,000 − ₩300,000) − ₩600,000 = ₩2,400,000
  b. 태권도 학원비[*2] : ₩200,000

*1. 체험학습비는 30만원을 한도로 하며, 초등학생의 교복비는 교육비세액공제대상에 해당하지 않는다.
2. 장녀의 나이가 8세이므로 장녀의 태권도 학원비는 교육비세액공제대상에 해당한다.
→ 과세기간 종료일 현재 9세 미만 또는 2학년 이하인 사람에 대한 학원비는 교육비세액공제대상에 해당한다.(개정안)
3. 배우자의 대학원등록금은 교육비세액공제대상이 아니다.

14. ④

② 2026년 7월 5일에 비상장주식을 양도한 거주자는 2027년 2월 말일(양도일이 속하는 반기의 말일부터 2개월)까지 양도소득과세표준 예정신고를 하여야 한다. → 옳은 지문

④ 과세표준확정신고를 하여야 할 거주자가 국외이주를 위하여 출국하는 경우에는 출국일이 속하는 과세기간의 과세표준을 출국일 전일까지 신고하여야 한다.

15. ⑤

(1) 자녀세액공제 : ① + ② = ₩500,000

① 일반공제 : ₩0(8세 이상의 기본공제대상자인 자녀가 없음)

② 출산 · 입양공제 : ₩500,000(둘째)

(2) 기부금 세액공제 : (① + ②) × 15% = ₩1,350,000

① 특례기부금 : ₩0

* 기부금 세액공제의 대상이 되는 기부금은 거주자 본인이 지출한 기부금 뿐만 아니라 배우자 및 부양가족(나이의 제한을 받지 아니하며, 다른 거주자의 기본공제를 적용받은 사람은 제외함)이 지출한 기부금도 포함하나, 부친의 경우 소득요건을 충족하지 못하였으므로 기부금세액공제대상에 부친 명의 기부금은 포함하지 않는다.

② 일반기부금 : Min[₩22,000,000, ₩9,000,000*] = ₩9,000,000

* [₩30,000,000(기타소득금액) − ₩0(특례기부금)] × 30% = ₩9,000,000

(3) 표준세액공제 : ₩70,000

* 근로소득이 없으므로 보험료 · 의료비 · 교육비세액공제를 적용받을 수 없다.

(4) 세액공제의 합계액 : ₩1,920,000

16. ③

보험료 · 의료비 · 교육비세액공제를 적용함에 있어 과세연도 종료일 이전에 혼인 · 이혼 · 별거 · 취업 등의 사유로 인하여 기본공제대상자에 해당되지 아니하게 되는 종전의 배우자 · 부양가족 · 장애인 또는 과세기간 종료일 현재 65세 이상인 자를 위하여 이미 지급한 금액이 있는 경우 해당 사유가 발생한 날까지 지급한 금액에 해당 세액공제율을 곱한 금액을 종합소득산출세액에서 공제한다.

17. ④

다. 주택담보노후연금 이자비용공제는 연금소득이 있는 거주자만이 적용받을 수 있는 공제이다.

마. 공동사업합산과세 규정에 따라 특수관계인의 소득금액이 주된 공동사업자에게 합산과세되는 경우, 주된 공동사업자의 특수관계인은 그 합산과세되는 소득금액에 대하여 그의 손익분배비율에 해당하는 소득금액을 한도로 주된 공동사업자와 연대하여 납세의무를 진다.

18. ⑤

신고불성실가산세, 장부의 기록 · 보관 불성실 가산세가 동시에 적용될 때에는 그 중 큰 금액에 해당하는 가산세만을 적용하고, 가산세액이 같으면 신고불성실가산세만을 적용한다.

* 성실신고확인제도의 실효성을 높이기 위해 성실신고확인서 미제출가산세는 신고불성실가산세, 장부의 기록 · 보관 불성실 가산세와는 별도로 적용한다.

19. ④

(1) 현실적 퇴직금 : ₩100,000,000

(2) 국민연금 일시금 : Min[A, B] − ₩3,000,000(과세제외기여금) = ₩33,000,000

A : ₩47,000,000 − ₩11,000,000 = ₩36,000,000

B : ₩47,000,000 − ₩10,000,000 = ₩37,000,000

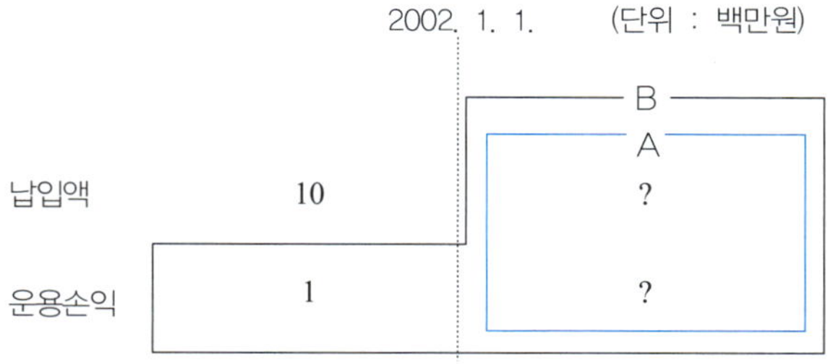

(3) 퇴직소득금액 : (1) + (2) = ₩133,000,000

20. ②

(1) 연금계좌세액공제 : Min[①, ②] × 15%* = ₩1,350,000

① Min[₩7,000,000, ₩6,000,000] + ₩4,000,000 = ₩10,000,000

② ₩9,000,000

* 종합소득금액이 4,500만원 이하이므로 15%를 적용한다.

(2) 자녀세액공제 : ① + ② = ₩950,000

① 기본공제 : ₩250,000(장남)

* 장남은 기본공제대상자에 해당하는 8세 이상 자녀이므로 자녀세액공제대상에 해당한다.

② 출산 · 입양공제 : ₩700,000(셋째)

(3) 표준세액공제 : ₩70,000

*1. 근로소득이 없으므로 보험료세액공제를 적용받을 수 없으며, 법소정의 성실사업자가 아니므로 의료비 · 교육비세액공제도 적용받을 수 없다.

2. 복식부기의무자이므로 기장세액공제를 적용받을 수 없다.

(4) 세액공제의 합계액 : (1) + (2) + (3) = ₩2,370,000

21. ③

(1) 본래의 의제배당소득

$$3{,}000주 \times \frac{₩30{,}000{,}000}{₩100{,}000{,}000} \times ₩10{,}000 = ₩9{,}000{,}000$$

(2) 지분율증가에 의한 의제배당소득

$$1{,}000주^{*} \times \frac{₩70{,}000{,}000}{₩100{,}000{,}000} \times ₩10{,}000 = 7{,}000{,}000$$

합 계 ₩16,000,000

* 3,000주 − 10,000주 × 20% = 1,000주

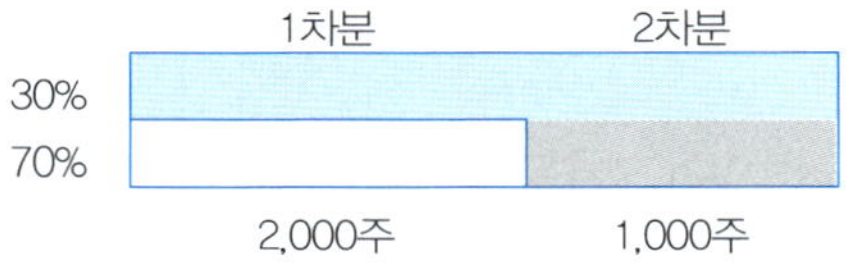

① 3,000주 × 30% × ₩10,000 = ₩9,000,000

② 1,000주 × 70% × ₩10,000 = ₩7,000,000

22. ①

거래일 현재 주민등록표에 따라 그 거주사실 등이 확인된 채권자가 차입금을 변제받은 후 소재불명이 된 경우의 차입금에 대한 이자는 채권자불분명사채이자에서 제외한다.

23. ④

익금산입 및 손금불산입			손금산입 및 익금불산입		
과목	금액	소득처분	과목	금액	소득처분
토지	₩5,000,000	유보	전기외상매출채권	₩11,000,000	△유보
			재산세환급금	3,000,000	기타
합계	₩5,000,000		합계	₩14,000,000	

* 소득금액조정합계표에는 기부금에 대한 한도시부인계산과 관련된 세무조정사항은 포함되지 않는다.

(1) 매출채권 관련 세무조정

	전기		당기	
구 분	차 변	대 변	차 변	대 변
B	–	–	현금 11,000,000	매출액 11,000,000
T	매출채권 11,000,000	매출액 10,000,000 VAT 예수금 1,000,000	현금 11,000,000	매출채권 11,000,000
D	〈익금산입〉 매출채권 ₩11,000,000 (유보) 〈손금산입〉 VAT 예수금 ₩1,000,000 (△유보)		〈손금산입〉 매출채권 ₩11,000,000 (△유보)	

* VAT 예수금에 대한 △유보는 2025년 1기 부가가치세 확정신고 · 납부시 추인한다.

(2) 재산세환급금

〈익금불산입〉 재산세환급금 ₩3,000,000 (기타)

* 업무무관자산에 대한 재산세는 당초 손금불산입항목이었으므로 환입시 익금불산입항목이 된다. 그러므로 익금불산입항목인 환급금이자를 포함한 재산세 환급금 전액을 익금불산입한다.

(3) 토지

① 전기말 토지 유보잔액 : ₩200,000,000 − ₩150,000,000 × 130% = ₩5,000,000(△유보)

② 당기 유보 추인 : 〈익금산입〉 토지 ₩5,000,000 (유보)

(4) 소득금액조정합계표에 영향을 미치는 금액 : ₩5,000,000 − ₩14,000,000 = △₩9,000,000

(5) 자본금과 적립금조정명세서(을)에 영향을 미치는 금액 : ₩5,000,000 − ₩11,000,000 = △₩6,000,000

24. ③

① 비영리내국법인은 그 법인의 고유목적사업이나 일반기부금에 지출하기 위하여 고유목적사업준비금을 손금으로 계상한 경우에는 일정한 범위에서 이를 손금에 산입한다.

② 책임준비금은 결산조정사항으로 신고조정이 허용되지 않는다.

④ 회계감사대상이 아닌 비영리법인도 고유목적사업준비금을 결산조정으로 설정할 수 있으나, 잉여금처분에 의한 신고조정이 허용되지 않는다.

⑤ 손금산입한 고유목적사업준비금의 잔액이 있는 비영리내국법인이 고유목적사업을 전부 폐지한 경우 그 잔액은 해당 사유발생일이 속하는 사업연도의 익금에 산입하며, 이 경우 이자상당액은 납부하지 않는다.

25. ④

중소기업에 해당하지 않은 법인이 결손금 소급공제에 따른 법인세를 환급받은 경우에는 당초 환급세액 전액에 이자상당액을 가산한 금액을 해당 결손금이 발생한 사업연도의 법인세로서 징수한다.

26. ②

(1) 과세표준 : ₩120,000,000 − ₩95,000,000* = ₩25,000,000

* Min[₩95,000,000(24기), ₩120,000,000 × 80%] = ₩95,000,000

(2) 산출세액 : ₩25,000,000 × 10%(법인세율) = ₩2,500,000

(3) 총부담세액 : ₩2,500,000 − ₩200,000(외국납부세액공제) = ₩2,300,000

(4) 차감납부할세액 : ₩2,300,000 − ₩220,000(중간예납세액) = ₩2,080,000

27. ③

① 비영리외국법인의 각 사업연도의 소득은 국내원천소득 중 수익사업에서 생기는 소득만 해당한다.

② 주식의 양도로 인하여 생기는 수입은 수익사업소득이므로 비영리내국법인의 각 사업연도의 소득에 포함된다.

④ 내국법인이 사업연도 중에 연결납세방식을 적용받는 경우에는 그 사업연도 개시일부터 연결사업연도 개시일의 전날까지의 기간을 1사업연도로 본다.

⑤ 납세지가 변경된 법인이 부가가치세법에 따라 그 변경된 사실을 신고한 경우에는 법인세법에 따른 납세지 변경신고를 한 것으로 본다. 그러나 법인세법에 따른 납세지 변경신고를 한 경우 부가가치세법상의 사업자등록정정신고를 한 것으로 보지 않는다.

28. ①

(1) 기업업무추진비 해당액(제조원가명세서상 기업업무추진비) : ₩140,000,000 − ₩2,000,000* = ₩138,000,000

* 제조원가명세서상 재고자산으로 계상한 기업업무추진비는 자산 계상 기업업무추진비 등에 해당하지 아니하나, 손금불산입항목은 재고자산이 될 수 없으므로 재고자산으로 계상한 증명서류 미수취 기업업무추진비는 손금산입과 손금불산입의 양쪽 세무조정을 해야 한다.

〈손금산입〉 재고자산 ₩2,000,000 (△유보)

〈손금불산입〉 증명서류 미수취 기업업무추진비 ₩2,000,000 (상여)

(2) 기업업무추진비 한도 : ① + ② = ₩123,000,000

① 기본한도 : ₩12,000,000 × 10/12 = ₩10,000,000

② 수입금액한도 : $100억원 \times \frac{3}{1,000} + 400억원 \times \frac{2}{1,000} + 100억원 \times \frac{3}{10,000}$ = ₩113,000,000

(3) 기업업무추진비 한도초과액 : (1) − (2) = ₩15,000,000(손금불산입, 기타사외유출)

(4) 각사업연도소득금액에 미치는 순효과 : △₩2,000,000 + ₩2,000,000 + ₩15,000,000 = ₩15,000,000

29. ③

① 건설 등의 제공으로 인한 익금과 손금은 다음의 어느 하나에 해당하는 경우에는 그 목적물의 인도일이 속하는 사업연도의 익금과 손금에 산입할 수 있다.
  a. 중소기업인 법인이 수행하는 계약기간이 1년 미만인 건설 등의 경우
  b. 기업회계기준에 따라 그 목적물의 인도일이 속하는 사업연도의 수익과 비용으로 계상한 경우
② 재고자산 이외의 자산(부동산매매업자의 매매목적용 부동산 포함)의 손익귀속시기는 대금청산일, 소유권이전등기(등록)일, 인도일, 사용수익일 중 가장 빠른날이 속하는 사업연도로 한다.
④ 유가증권의 평가는 원가법 중 개별법(채권의 경우에 한함), 총평균법 또는 이동평균법 중 법인이 납세지 관할세무서장에게 신고한 방법에 따른다.
⑤ 재고자산을 평가할 때 해당 자산을 제품 및 상품, 재공품, 원재료 등으로 구분하여 재고자산의 종류별 또는 영업장별로 각각 다른 방법으로 평가할 수 있다.

30. ②

청산소득금액 = 잔여재산가액 - 자기자본

(1) 잔여재산가액 : ₩2,000,000(현금) + ₩35,000,000 + ₩72,000,000 + ₩14,000,000 - ₩40,000,000 = ₩83,000,000
(2) 자기자본 : 자본금 + 세무상 잉여금 - 이월결손금(단, 세무상 잉여금 범위내에서 차감함)
  ₩50,000,000 + (₩10,000,000 + ₩15,000,000 + ₩4,000,000) - ₩29,000,000* = ₩50,000,000
  * Min[₩30,000,000, ₩29,000,000] = ₩29,000,000
(3) 청산소득금액 : (1) - (2) = ₩33,000,000

31. ⑤

사업자가 고객에게 추첨을 통해 경품으로 경차(매입시 매입세액이 공제되었음)를 무상으로 제공한 경우 사업상증여에 해당하여 부가가치세가 과세된다.

32. ⑤

중간지급조건부 공급 및 완성도기준지급조건부 공급의 경우로 재화가 인도되거나 이용가능하게 되는 날 이후에 받기로 한 대가의 부분은 재화가 인도되거나 이용가능하게 되는 날을 공급시기로 본다.

33. ③

① 직전연도 사업장별 재화 및 용역의 공급가액의 합계액이 8천만원 이상인 개인사업자는 전자세금계산서를 의무적으로 발급하여야 한다.
② 숙박업을 영위하는 사업자는 공급을 받는 사업자가 사업자등록증을 제시하고 세금계산서의 발급을 요구한 경우에는 세금계산서를 발급하여야 한다.
④ 재화 또는 용역을 공급한 자는 세금계산서 발급의무가 있는 사업자에 해당해야 하며, 공급받는 자는 간이과세자와 면세사업자를 포함한 모든 사업자가 매입자발행세금계산서를 발행할 수 있다.
⑤ 건당 공급가액이 ₩49,000인 거래의 경우 부가가치세를 포함한 공급대가가 ₩53,900으로 5만원 이상이므로 매입자발행세금계산서 발행대상에 해당한다.

34. ④

반환조건으로 공급한 용기 또는 포장을 회수할 수 없어 그 용기대금과 포장비용을 변상금 형식으로 변제받을 때에는 과세표준에 포함한다.

35. ②

거래내용	과세표준	세율	매출세액	비고
외상매출	₩55,000,000	10%	₩5,500,000	매출할인은 과세표준에서 제외함
할부매출	20,000,000	10%	2,000,000	장기할부판매의 경우 대가의 수령 여부에 관계없이 세금계산서를 선발급하는 때를 공급시기로 봄
직매장반출	7,200,000*1	10%	720,000	취득가액에 일정액을 가산하여 공급가액을 결정하는 경우 그 공급가액이 과세표준임
대손세액공제*2	–		(1,500,000)	₩16,500,000 × 10/110
	₩82,200,000		₩6,720,000	

*1. ₩6,000,000 × (1 + 20%) = ₩7,200,000

2. 대손세액공제

매출처	비고
㈜미니	법정대손기한내에 대손사유가 발생하였으며, 그 대손이 확정된 날이 속하는 과세기간(2026년 제1기)에 대손세액공제를 받을 수 있다.
㈜어처	법정대손기한내에 대손사유가 발생하였으며, 그 대손이 확정된 날이 속하는 과세기간(2026년 제2기)에 대손세액공제를 받을 수 있다.

36. ④

① 재계산은 감가상각자산에 한하여 적용되며, 재고품에 대하여는 적용되지 않는다.
② 납부세액과 환급세액의 재계산은 확정신고시에만 적용되며, 예정신고시에는 재계산을 하지 않는다.
③ 해당 과세기간의 면세비율과 취득일이 속하는 과세기간(또는 재계산한 과세기간)의 면세비율간의 차이가 5% 이상인 경우에는 재계산을 적용한다.
⑤ 공통사용재화를 처분한 과세기간에는 납부세액 또는 환급세액 재계산을 배제한다.

37. ②

(1) 세금계산서 수령분

구 분	매입세액공제액	비 고
부재료	₩200,000	
작업화	150,000	
거래처선물	–	기업업무추진비관련으로 매입세액불공제
출자임원 사택유지비	–	업무무관비용으로 매입세액불공제
합 계	₩350,000	

(2) 신용카드매출전표 수령분

구 분	매입세액공제액	비 고
종업원간식비*1	₩130,000	₩1,430,000 × 10/110
에버랜드입장권*2	−	
운반용 트럭수선비	10,000	₩110,000 × 10/110
비영업용소형승용차 수선비	−	비영업용소형승용차 관련 매입세액은 공제하지 않는다.
합 계	₩140,000	

*1. 신규사업자인 간이과세자(세금계산서 발급금지대상)가 발행한 신용카드매출전표상의 매입세액은 공제하지 않는다.

2. 입장권을 발행하여 경영하는 사업은 세금계산서 발급금지업종이므로 해당 업종으로부터 수취한 신용카드매출전표상의 매입세액은 공제하지 않는다.

(3) 매입세액공제액 : ₩350,000 + ₩140,000 = ₩490,000

38. ⑤

(1) 매출세액 : ① + ② = ₩32,000,000

① 일반 : ₩300,000,000 × 10% = ₩30,000,000

② 공통사용재화 공급 : ₩20,000,000 × 10% = ₩2,000,000

* 공통사용재화를 공급하는 날이 속하는 과세기간에 신규로 사업을 개시한 경우이므로 안분계산을 생략하고 전액을 과세표준으로 한다.

(2) 매입세액 : ① + ② + ③ = ₩10,540,000

① 과세사업관련매입세액 : ₩6,000,000

② 과세전환매입세액 : ₩4,000,000 × (1 − 5%×3) × 60%*1 = ₩2,040,000

*1. 해당 과세기간의 과세공급가액비율 : $\frac{₩300,000,000}{₩500,000,000}$ = 60%

2. 과세사업 전용 매입세액공제는 감가상각자산만을 대상으로 하므로 소모품은 제외한다.

③ 공통매입세액 : ₩2,500,000

* 공통사용재화를 공급하는 날이 속하는 과세기간에 신규로 사업을 개시한 경우에는 안분계산을 생략하고 전액을 과세표준으로 하기 때문에 이에 대한 매입세액도 안분계산을 생략하고 전액을 공제되는 매입세액으로 한다.

(3) 납부세액 : ₩32,000,000 − ₩10,540,000 = ₩21,460,000

39. ④

체약상대국과 상호합의절차가 개시된 경우에 상호합의절차의 종료일의 다음날부터 1년간의 기간과 국세기본법이나 지방세기본법에 따른 제척기간 중 나중에 도래하는 기간의 만료일 후에는 국세나 지방세를 부과할 수 없다.

40. ②

국외특수관계인으로부터 물품을 수입하는 거래와 관련하여 납세의무자가 과세당국에 법인세 등 과세표준신고서를 제출한 후 관세법에 따른 세관장의 경정처분으로 인하여 관세의 과세가격과 신고한 법인세 등의 과세표준 및 세액의 산정기준이 되는 거래가격(정상가격) 간에 차이가 발생한 경우에는 그 경정처분이 있음을 안 날(처분의 통지를 받은 때에는 그 받은 날)부터 3개월 내에 과세당국에 법인세 등의 과세표준 및 세액의 경정을 청구할 수 있다.

MEMO

2026 세법 말문제 OX

초판 발행 2025년 9월 20일

편 저 자 양소영
발 행 인 유용규
발 행 처 스케치스
신 고 번 호 2017-000101호
제 작 · 유 통 (주)가치산책컴퍼니
도서공급 문의 031-694-0905
F A X 02-6499-3533

ISBN 979-11-89985-68-4 13360
가격 26,000원